Edward L. Rowny

Tango z niedźwiedziem

Foto: Pentagon, 1976

Edward L. Rowny

Tango z niedźwiedziem

Wspomnienia generała i ambasadora Stanów Zjednoczonych, Amerykanina polskiego pochodzenia

Przełożył David M. Dastych

Oficyna **Imbir**

Tytuł oryginału: *It Takes One To Tango*

Oficyna **Imbir**
Mokotowska 46a/29, 00-543 Warszawa

Przekład: David M. Dastych
Redakcja: Elżbieta Kozakiewicz (rozdz. I–V)
dr Marek Tobera (rozdz. VI–IX)
Okładka i opracowanie graficzne: Jan Bokiewicz
Skład: Magraf, Warszawa
Druk: Drukarnia Naukowo-Techniczna, Warszawa

ISBN 83-60334-52-8
ISBN 978-83-60334-52-2

Wyłączna dystrybucja
„Składnica Księgarska" Sp. z o. o. w Warszawie
ul. Kolejowa 19/21, www.sk.com

SKŁADNICA KSIĘGARSKA

Dla Betty

Polski wydawca „Tanga z niedźwiedziem” dziękuje

Zbigniewowi Adamowi Cymermanowi oraz Fundacji Kultury

za pomoc w wydaniu książki.

Spis treści

Przedmowa autora do wydania polskiego 11

Słowo wstępne (Radosław Sikorski) 13

Rozdział I Życie przed kontrolą zbrojeń 19

Rozdział II Lata Nixona: o włos od niebezpieczeństwa 42

Rozdział III Krótkie panowanie Forda: twarde stanowisko 93

Rozdział IV Lata Cartera: unikanie katastrofy 128

Rozdział V Pierwsza kadencja Reagana: zmiana frontu 178

Rozdział VI Druga kadencja Reagana: wreszcie rezultaty 215

Rozdział VII Prezydent Bush: brak przekonania 270

Rozdział VIII Negocjowanie w zmiennym świecie 314

Epilog Moje życie i Polska 335

Słowniczek terminów wojskowych i kontroli zbrojeń 353

Indeks nazwisk 357

PRZEDMOWA AUTORA
do wydania polskiego

Pierwsze wydanie moich wspomnień „It Takes One to Tango" zostało napisane po angielsku dla Czytelników w USA. Wydanie polskie ma nieco zmieniony tytuł: „*Tango z niedźwiedziem*", bardziej zrozumiały dla Czytelników w Polsce. „Niedźwiedź" to Rosja i każdy w Polsce o tym wie.

Sporą część mojego życia politycznego i zawodowego zajęło wieloletnie „tango" z naszymi rosyjskimi (radzieckimi) adwersarzami: rokowania o ograniczeniu broni strategicznych (SALT II i START), które miały uczynić świat bezpieczniejszym. Historia tych rokowań i zarazem mego w nich udziału jest głównym wątkiem tej książki i – być może – także jednym z najważniejszych rozdziałów mojego życia.

Pragnąc bardziej zainteresować moich polskich Czytelników, dodałem najnowszy rozdział: „*Epilog – moje życie i Polska*". W rozdziale tym wyjaśniam powody, dla których byłem zdecydowanym „żołnierzem zimnej wojny". We wczesnych latach 70. XX wieku, Stany Zjednoczone i Związek Radziecki posiadały już dostatecznie wiele broni jądrowych, aby doszczętnie zniszczyć się nawzajem. Decydenci polityczni obu największych mocarstw mieli do wyboru dwie opcje: albo prowadzić wojnę, albo pogodzić się z istniejącym stanem rzeczy, rezygnując z dążeń do jego zmiany. Ja wybrałem zimną wojnę, jako pole pomiędzy dwiema krańcowymi opcjami, z których żadnej nie mogłem zaakceptować.

Głównym zadaniem, jakie postawiłem sobie spisując te wspomnienia, było ukazanie, w jaki sposób pięciu kolejnych prezydentów USA, dla których pracowałem, podchodziło do układania stosunków z ZSRR. Moja książka jest równocześnie historią negocjacji w sprawie kontroli zbrojeń, które w tym czasie, z powodzeniem, prowadziliśmy ze stroną radziecką.

W najnowszym, napisanym z perspektywy ostatnich kilkunastu lat rozdziale, w „*Epilogu*", podjąłem tematy szczególnie bliskie polskim Czytelnikom, takie jak znaczenie, jakie Stany Zjednoczone przywiązują do praw człowieka, wolności i demokracji. Szczególnie jeden z prezydentów USA – Ronald Reagan – udzielił zdecydowanego poparcia Solidarności, mając na celu uwolnienie Polski spod radzieckiego jarzma. „Epilog" przybliża czas tych wspomnień do roku wydania książki w Polsce: 2006.

Jestem szczególnie wdzięczny Davidowi M. Dastychowi, tłumaczowi moich wspomnień, za jego inicjatywę i wkład w doprowadzenie do ich wydania. Zbigniew Adam Cymerman szczodrze wsparł finansowo przekład i polskie wydanie mojej książki. Fundacja Kultury i jej prezes, dr Ryszard Żółtaniecki, wzięli na siebie trud prowadzenia promocji w Polsce, a wydawcy – Grzegorz Boguta i Zbigniew Zawadzki – zredagowali i opublikowali książkę. Andrzej Świderek również przyczynił się do urzeczywistnienia naszego projektu, współpracując ze wszystkimi i pomagając w rozpowszechnieniu książki w Polsce i za granicą. Wszystkim, również tu niewymienionym osobom, które wzięły udział w pracy nad moją książką, serdecznie dziękuję.

Edward L. Rowny
Waszyngton, USA, listopad 2006 r.

SŁOWO WSTĘPNE

Żołnierz polski, począwszy od amerykańskiej wojny o niepodległość, krwią pieczętował polsko-amerykańskie braterstwo broni. Piękną kartę bojową tego braterstwa zapisali Tadeusz Kościuszko i Kazimierz Pułaski, zdobywając w końcu XVIII wieku szlify generalskie w służbie Stanów Zjednoczonych Ameryki Północnej.

Casimir Delavigne pisząc w 1831 r. „Warszawiankę", jedną ze strof poświęcił polskim żołnierzom tułaczom:

(...) *„Lat dwadzieścia nasze męże, los po obcych ziemiach słał.*
Dziś o Matko kto polęże, na twym łonie będzie spał..."

Miał na myśli tych wszystkich, którzy od czasu Konfederacji Barskiej, a szczególnie po upadku Insurekcji Kościuszkowskiej, podejmowali próby odbudowy Rzeczpospolitej w sojuszu z Napoleonem, walcząc w szeregach Legionów Dąbrowskiego i Wojska Polskiego Księstwa Warszawskiego – od *Tybru i Nilu* przez *Marengo, Wagram, Jenę* – po *Kremlin i Drezno, Lipsk i Waterloo.* Delavigne wierzył święcie, że Ojczyzna wolna, wywalczona w listopadowym zrywie 1830 roku – przyjmie na swe łono wszystkich, którzy „*... legli w obcych krajach za kraj swój...*" Wierzył, że skruszenie carskich kajdan oznacza kres tułaczki. Nie przypuszczał, że Powstanie Listopadowe zapoczątkuje kolejne fale Wielkiej Emigracji – trwającej do lat osiemdziesiątych XX wieku – emigracji politycznej i zarobkowej.

Jednym z najmłodszych mężów, których *„los po obcych ziemiach siał"* jest generał-porucznik Armii Stanów Zjednoczonych Ameryki Północnej, Edward Leon Rowny (pol. Równy). Jego rodzice – ojciec, który wyjechał z mazowieckiej wioski Nagoszewo „za chlebem", i matka, już urodzona w USA – należeli jeszcze do pokolenia ciężko pracującego fizycznie, aby zapewnić swym dzieciom godziwe warunki egzystencji i możliwość awansu. Byli jednymi z tych, o których pisał Melchior Wańkowicz, że wychodząc do pracy o świcie i wracając o zmierzchu kredą znaczyli swą drogę z domu do fabryki. W trudnej walce o byt codzienny pokolenie dziadów i rodziców generała nie zapomniało o Kraju Ojców. Ich tożsamość utwierdzała wiara i kultura narodowa. Z jednej strony Kościół katolicki, z drugiej polska literatura i muzyka; szczególnie formatywny wpływ miała działalność wybitnego pianisty i kompozytora, również męża stanu, Ignacego Jana Paderewskiego, budzącego dumę i przecierającego całej polskiej diasporze drogę do sukcesu w Stanach Zjednoczonych Ameryki Północnej. Wyrazem więzi amerykańskiej Polonii ze Starym Krajem była Kościuszkowska Armia formowana z inicjatywy Paderewskiego z zamiarem realizacji – z bronią w ręku – 13 punktu deklaracji prezydenta Thomasa Woodrowa Wilsona, mówiącego o powstaniu Wolnej i Niepodległej Polski.

Generał Edward Leon Rowny przyszedł na świat w rodzinie, w której ojciec i dziadkowie ze strony matki urodzili się w Polsce i żywo kultywowali swe polskie korzenie. Urodził się w Baltimore, w stanie Maryland, 3 kwietnia 1917 roku. To data setnej rocznicy śmierci Tadeusza Kościuszki, obchodzonej we wszystkich polskich środowiskach *„od Chicago do Tobolska"* jako rok walki o hasło Najwyższego Naczelnika – odbudowy Polski *„Wolnej, Całej i Niepodległej"*. Przyszedł na świat w roku, w którym w USA formowała się Kościuszkowska Armia.

Na jego drodze życia splatają się dwa nurty – patriotyzm obywatela amerykańskiego i duma z polskiego pochodzenia. Kariera oficera Stanów Zjednoczonych łączy się w jego życiorysie z dziesiątkami wydarzeń i epizodów, w których Edward Rowny podkreśla swą polskość, swe korzenie, swoją więź z krajem przodków. Zaangażowanie w życie amerykańskiej Polonii łączył ze staraniami o dobre imię Polski i Polaków, z podkreślaniem naszego wkładu w rozwój światowej nauki i kultury, w walkę o uniwersalne wartości – wolność, niepodległość i demokrację – począwszy od wojny o niepodległość Stanów Zjednoczonych.

Czytelnik znajdzie w tej książce wiele interesujących wątków, bowiem jej Autor brał udział w kluczowych wydarzeniach minionego stulecia. Był ich uczestnikiem i bacznym obserwatorem, spoglądającym na dziejącą się historię z różnych szczebli dowodzenia i kierowania.

Podczas II wojny światowej, jako młody oficer Armii USA, służył w zachodniej Afryce i bił się we Włoszech, gdzie zetknął się z żołnierzami II Korpusu Polskiego. Uczestniczył również w planowaniu inwazji na Japonię.

Po wybuchu wojny koreańskiej ppłk Rowny został oficjalnym rzecznikiem generała McArthura. W Korei walczył na froncie, m. in. zaplanował i wziął udział w słynnej inwazji na port Inchon we wrześniu 1950 roku. Siedem lat później, w wojnie wietnamskiej, w roku 1962, wprowadzał do walki uzbrojone śmigłowce. Po roku prób, generał Rowny zorganizował pierwszą dywizję kawalerii powietrznej, dopisując tym ostatni rozdział do historii amerykańskiej kawalerii, którą po raz pierwszy sformował generał Kazimierz Pułaski.

Później dowodził 24. Dywizją Piechoty w Europie, a następnie pełnił funkcje dowódcze i sztabowo-administracyjne w Armii USA i w NATO, m. in. funkcję Zastępcy Przewodniczącego Komitetu Wojskowego NATO. Jako jeden z inicjatorów rokowań z ZSRR o Wzajemnej i Zrównoważonej Redukcji Sił Wojskowych (MBFR) zdobywał szlify dyplomatyczne, które miał okazję ujawnić podczas kolejnych, prowadzonych w latach 1973-1979, negocjacji z ZSRR o Ograniczeniu Zbrojeń Strategicznych (SALT II). Świadomy przewagi militarnej *„imperium zła"*, gen. Rowny zaprotestował w 1979 r. przeciwko podpisaniu układu SALT II i zrezygnował ze służby wojskowej. Jego moralnym zwycięstwem był, kilkanaście miesięcy później, wybór Ronalda Regana na kolejnego prezydenta Stanów Zjednoczonych i podjęta przez niego strategia *„pokoju przez siłę"*. Doświadczenie dyplomatyczne wykorzystał gen. Rowny w następnej, toczonej w latach 1981-1984, rundzie Rokowań nt. Redukcji Zbrojeń Strategicznych (START), w których był szefem delegacji amerykańskiej.

Podczas drugiej kadencji prezydenta Reagana (1985-1989), gen. Rowny był specjalnym doradcą prezydenta w randze ambasadora. Na tym stanowisku służył prezydentowi jako jego wysłannik do

Japonii, Chin, Korei Południowej i Australii. Spotykał się także z przywódcami państw komunistycznych – Czechosłowacji, NRD, Polski i Węgier – informując ich o stanowisku USA. Odwiedzał również papieża Jana Pawła II, którego informował o polityce Stanów Zjednoczonych wobec ZSRR, Polski i in. państw.

Ronald Reagan przyznał generałowi Rownemu Prezydencki Medal Zasługi Obywatelskiej [Presidential Citizens Medal], którego inskrypcja głosi, że *„Edward L. Rowny jest jednym z głównych architektów amerykańskiej polityki pokoju przez siłę..."* A 15 grudnia 2004 roku, w Ambasadzie RP w Waszyngtonie, generał Rowny został odznaczony Krzyżem Komandorskim z Gwiazdą Orderu Zasługi dla Rzeczypospolitej Polskiej, przyznanym mu wcześniej przez prezydenta Lecha Wałęsę.

W 1992 roku ambasador E. Rowny spełnił swój zamiar sprzed 50 lat, stając – jako honorowy przewodniczący – na czele amerykańskiego komitetu, który zorganizował uroczystości przeniesienia prochów Ignacego Jana Paderewskiego do Polski.

Jego pozycja w siłach zbrojnych Stanów Zjednoczonych, może być porównywana jedynie z karierą urodzonego w 1936 r. w Warszawie dowódcy wojsk NATO w Europie, przewodniczącego Połączonego Komitetu Szefów Sztabów Wojsk USA – gen. broni Jana Szalikaszwilego – syna Polki i Gruzina, oficera kontraktowego Wojska Polskiego, majora 1 Pułku Szwoleżerów Józefa Piłsudskiego – a także z osiągnięciami urodzonego w 1933 r. w „polskim" Chicago generała Lotnictwa USA Donalda Jana Kutyny – budowniczego bazy promów kosmicznych w Kalifornii, dowódcy Systemu Obrony Aerokosmicznej i szefa Sił Kosmicznych USA.

Generał Rowny w swej autobiografii stwierdza, że nauczanie polskiego papieża Jana Pawła II oraz powstanie Solidarności wstrząsnęły fundamentami komunizmu i stały się milowymi krokami na polskiej drodze do Wolności i Niepodległości. Wciąż niewiele wiemy, jaką rolę odgrywali nasi rodacy w procesie przyspieszającym upadek bloku radzieckiego w Europie i świecie. Autobiografia gen. Edwarda Rownego przybliża nam, czytelnikom w Kraju, tę wiedzę o postawie i wkładzie Polaków (czy raczej Amerykanów polskiego pochodzenia) zarówno w kształtowanie globalnej polityki Stanów Zjednoczonych, jak i w rozwój amerykańskich Sił Zbrojnych i NATO. Ukazuje ich starania o to, aby Polska powróciła do grona wolnych narodów – do wolnego świata i zajęła w nim należne jej miejsce. Gdy niedawno żartowano w obecności Zbigniewa Brzezińskiego, że żaden z Polaków nie miał w końcu XX wieku tak wielkiej władzy i tak wielkiego, bezpośredniego wpływu na losy świata – jak on, jako doradca prezydenta Stanów Zjednoczonych, profesor miał odpowiedzieć, że owszem – jeszcze większą władzę miał Feliks Edmundowicz Dzierżyński, ale w złej sprawie, niesłużącej Polsce i Polakom i było to na początku ubiegłego stulecia... Jak widać karta się odwróciła.

Gorąco polecam lekturę tej książki, z nadzieją, jaką ongiś wyrażał Casimir Delavigne, że Wolna i Niepodległa Ojczyzna, jak matka przygarnie wszystkich Rodaków, że będzie odtąd miejscem, które wszyscy Polacy będą użyźniać i pomnażać swoją pracą.

Z drugiej strony, jakże istotną siłę stanowi polska diaspora, wspierająca sprawę polską na arenie międzynarodowej, szukająca dla siebie miejsca w nowej rzeczywistości euro-atlantyckiej.

Radosław Sikorski
Minister Obrony RP

ROZDZIAŁ I

Życie przed kontrolą zbrojeń

W 1973 roku zostałem siłą wciągnięty w negocjacje SALT II przez jednego z moich najbliższych przyjaciół – senatora Henry'ego („Scoopa") Jacksona ze stanu Waszyngton. W tym czasie byłem zastępcą przewodniczącego Komitetu Wojskowego Organizacji Paktu Północnoatlantyckiego (NATO) i szefem zespołu przygotowującego rokowania na temat Wzajemnej Zrównoważonej Redukcji Sił Wojskowych (MBFR). Uważałem, że rozmowy MBFR, które miały na celu redukcję broni konwencjonalnych, były ważniejsze niż SALT – rokowania na temat ograniczenia zbrojeń strategicznych. Myślałem także, że znajduję się na szybkiej ścieżce do osiągnięcia życiowego celu każdego oficera – do promocji na czterogwiazdkowego generała armii. Wiedziałem, że jeśli przyłączę się do zespołu negocjatorów SALT II, to nigdy nie wyjdę poza rangę trzygwiazdkowego generała broni, ponieważ Armia USA rezerwuje najwyższe, czterogwiazdkowe, rangi dla generałów na stanowiskach dowódczych. Jednak dla Jacksona moje poglądy na temat względnej ważności rokowań MBFR i SALT, jak również moje ambicje, nie miały większego znaczenia. Czuł, że miałem wyjątkowe kwalifikacje, aby objąć posadę negocjatora do spraw broni strategicznej. Będąc w równym stopniu patriotą, co człowiekiem ambitnym, musiałem przyznać mu rację. Ale nigdy nie przypuszczałem, że spędzę resztę mojej kariery jako negocjator rozbrojeniowy.

To, co dziś wydaje się serią połączonych ze sobą wydarzeń, nieubłaganie pchało mnie ku stołowi rokowań. Pierwsze z nich miało miejsce czterdzieści lat wcześniej, gdy byłem na trzecim roku studiów na Uniwersytecie Johna Hopkinsa, przygotowując się do kariery inżyniera. Latem 1936 roku, kiedy przebywałem na stypendium w Europie, pojechałem na igrzyska olimpijskie do Berlina, gdzie widziałem, jak Jessie Owens zdobywa cztery złote medale. Byłem pod wrażeniem jego osiągnięć, ale jeszcze większe wrażenie zrobił na mnie wrzaskliwy ferwor hitlerowskiego SS i Hitlerjugend. Jadowity entuzjazm nazistów i nieskrywane już wielkie plany Hitlera przekonały mnie, że szybko zbliża się wojna i że Stany Zjednoczone zostaną w nią nieuchronnie wciągnięte.

Pochodzenie mojej rodziny być może uczuliło mnie bardziej na wydarzenia w Europie. Ojciec mój przybył do Stanów Zjednoczonych jako siedemnastoletni chłopiec, emigrant z małej wioski Nagoszewo w okolicach Warszawy, w 1912 roku. Zgłosił się na ochotnika do Armii USA po wybuchu I wojny światowej, ale go nie przyjęto, ponieważ jako cieśla okrętowy był bardziej potrzebny na krajowym froncie. Był człowiekiem ciężkiej pracy, ambitnym, zawsze szukającym sposobów, by wykonywać swą pracę bardziej wydajnie. Miał także bardzo niezależne poglądy. Te cechy charakteru wszczepił mi już we wczesnym dzieciństwie. Przymioty, które później uznałem za własne, przejąłem od niego dzięki jego przewodnictwu i osobistemu przykładowi. Jedna z rodzinnych historii, podkreślająca niezależność ojca, dotyczyła jego zachowania przy staraniu się o obywatelstwo USA. Kiedy przyszedł na egzamin z wiedzy obywatelskiej, miejscowy sędzia zadał mu zwykłe pytanie o podział władzy, zgodny z konstytucją. Kiedy ojciec wyrzucił z siebie odpowiedź, sędzia powiedział: – *No dobrze, zna pan te sprawy. A na którym statku przybył pan do Ameryki?* Czując instynktownie, że sędzia nie jest zbyt uważny, mój ojciec odpowiedział: – *Na Mayflower*. I udał mu się ten niewinny żart. Później przyjaciele radzili mi, abym zapisał się na członka General Society of Mayflower Descendants [Stowarzyszenia Potomków Imigrantów z *Mayflower*], zastrzeżonego wyłącznie dla potomków pielgrzymów ze statku *Mayflower*, którzy zeszli na ląd w Ameryce w 1620 roku.

Kiedy miałem sześć lat, zachorowała poważnie moja matka i wysłano mnie do jej rodziców, abym z nimi mieszkał. Dziadek, także z Polski, służył kiedyś jako podoficer w carskiej armii. Opowiadał mi wiele historii o swych przygodach i urokach służby wojskowej.

125 ludzi. Osobiście czuję się wybrańcem losu: gdy pocisk artyleryjski uderzył w dowództwo, liczące dziesięć osób, trzech oficerów zostało zabitych, sześciu rannych – tylko ja pozostałem niedraśnięty.

Pod koniec działań wojennych miałem pierwszą okazję, aby wystąpić jako negocjator. Nasza dywizja, w której byłem oficerem operacyjnym (G-3), przegrupowała się w miejsce zaznaczone na mapach jako granica francusko-włoska. Tymczasem Francuzi przesunęli swoje wojsko, obok naszej flanki, na odległość około piętnastu kilometrów na południe, próbując ponownie zająć terytorium, które – ich zdaniem – należało kiedyś do Francji. Nie mając uprawnień do podjęcia samodzielnej decyzji, która rozwiązałaby ten problem na miejscu, zwróciłem się do Waszyngtonu. Prezydent Truman zadziałał natychmiast i odciął dostawy amerykańskiego paliwa dla armii francuskiej. Rząd Francji, zaskoczony tak szybką i zdecydowaną reakcją, wycofał wojsko. Był to drobny spór, ale dał mi przedsmak dynamiki negocjacji. Nauczył mnie, że szybka i zdecydowana akcja na możliwie najwyższym szczeblu jest najlepszą drogą do rozwiązywania spornych problemów.

Dzień po zakończeniu wojny w Europie, w maju 1945 roku, Abe Lincoln – wtedy już generał brygady i główny planista Armii USA – poprosił o przydzielenie mnie do Waszyngtonu, do Sekcji Planowania Strategicznego (SPS) w Wydziale Operacyjnym (OPD). SPS była grupą wysoko wyspecjalizowaną, jedną z najbardziej prestiżowych w całej Armii Stanów Zjednoczonych. Sekcja składała się tylko z dwunastu oficerów. Jedenastu wybrańców było już mocno okopanych na stanowiskach. Ja dostałem szansę być tym dwunastym. W poprzednich miesiącach trzech innych oficerów próbowało starać się o tę posadę – i nie dostało jej. Moim zadaniem było opracowanie części planu ostatecznej inwazji na Japonię. Ponieważ było to bardzo trudne i zniechęcające zadanie, poprosiłem przyjaciela z czasów kadeckich, pułkownika (później generała) Andrew Goodpastera, aby przejrzał i ocenił wyniki mojej pracy.

– Twoje pomysły są świetne, ale nie zostały przedstawione tak, żeby zadowolić generała Marshalla – powiedział mi Goodpaster.

Poprawił mój plan, a ja przedstawiłem go do akceptacji generałowi. Następnego dnia gen. Marshall posłał po mnie i rzekł:

– Pułkowniku Rowny, próbowałem znaleźć odpowiednią osobę na wolne miejsce w Sekcji Planowania Strategicznego i znalazłem: posada jest pańska.

– Generale – odpowiedziałem – muszę panu uczciwie wyznać, że pomysły w tym planie są moje, ale ciężko pracował nad planem pułkownik Goodpaster.

– Młody człowieku – podsumował Marshall – nie urodziłem się wczoraj. To oczywiste, że Goodpaster napisał plan na nowo. Ale każdy, kto potrafi namówić Goodpastera, aby dla niego pracował, jest dosyć dobry i dla mnie i zasługuje na zakwaterowanie.

Plan, do którego dołożyłem cegiełkę, na szczęście nigdy nie został zrealizowany. Byłem szczególnie z tego zadowolony, gdyż – jak dowiedziałem się później – częścią polityki kadrowej generała MacArthura było wysyłanie planistów na wrogi brzeg w jednym z pierwszych desantów. Uważał, że poznanie spraw na miejscu *„wyostrzy ich umysły"* i będą potem lepiej planowali. Moja część planu obejmowała budowę sztucznego portu w Zatoce Tokijskiej, gdzie w razie silnego sztormu mogłyby schronić się jednostki desantowe i okręty z zaopatrzeniem. Wcześniej, w lipcu 1945 roku, otrzymałem depeszę, która brzmiała: *„Pańskie zamówienie na stal dla sztucznego portu w Sagami Wan (Zatoce Tokijskiej) zostało odrzucone. Podpisano: Okręgowy Inżynier Manhattanu"*. Oburzony tym, że jakiś „nowojorski inżynier" miesza się do mojego projektu, szturmem wdarłem się do biura generała Lincolna. On również wpadł w złość i rozkazał, abym natychmiast zaniósł depeszę prosto do generała Marshalla. Marshalla nie było, ale złożyłem ostrą skargę jego zastępcy – generałowi Thomasowi Handy'emu. Handy na to: – *Pułkowniku, cokolwiek chce Okręgowy Inżynier Manhattanu, zostaje automatycznie przyjęte*. Przygnębiony wróciłem do pracy, aby myśleć nad alternatywnym planem budowy sztucznego portu – bez pomocy stalowych pali, które miały służyć do cumowania. Dopiero po tym, jak Stany Zjednoczone zrzuciły bombę atomową na Hiroszimę, dowiedziałem się, ze *Manhattan District Engineer* [Okręgowy Inżynier Manhattanu] to zaszyfrowana nazwa programu budowy bomby atomowej – tzw. Projektu Manhattan. Sekret był tak ściśle chroniony, że nawet generał Lincoln, główny planista armii, nie miał o nim pojęcia.

Późną jesienią 1945 roku, po dniu zwycięstwa nad Japonią (V-J Day), generał Lincoln mianował mnie oficerem sztabowym, odpowiedzialnym za obsadzanie stanowisk przy realizacji planów generała MacArthura, opracowywanych dla powojennej administracji Japonii. Przeglądając i koordynując plany generała MacArthura w Pentagonie, miałem wyjątkową okazję poznania jego zdolności przewidywania, sprawności umysłu i odwagi. Większość urzędników w Waszyngtonie rozprawiała wówczas o tym, czy cesarz Japonii powinien być uwięziony, powieszony czy rozstrzelany. Odpowiedź MacArthura była inna. *„Nic podobnego. Będziemy potrzebowali prestiżu i władzy cesarza dla kontrolowania powojennej Japonii"*. Nalegał, aby cesarza publicznie nie upokarzać, lecz uczynić z niego przekaźnik, przez który będą wydawane instrukcje dla japońskich władz wojskowych i cywilnych. Okazało się, że była to bardzo mądra decyzja.

Potem, w 1945 roku, rozpocząłem pracę bezpośrednio dla generała-porucznika Laurisa C. Norstada, który przejął Wydział Operacyjny Armii. W tym czasie Abe Lincoln opuścił już Waszyngton. Zdecydował się oddać drugą gwiazdkę generalską i wrócić do stopnia pułkownika (najwyższego stopnia, dozwolonego profesorom na West Point), aby móc dalej wykładać w Akademii Wojskowej USA. Norstad, mój nowy szef, był niezwykle wysokiej klasy myślicielem – w skali globalnej. Często organizował niezaplanowane burze mózgów, sesje, na których stawiał nas przed wyzwaniami, mającymi w nas pobudzić wyobraźnię i stymulować tworzenie pomysłów na przyszłość. Na sesjach marzeń Norstada zrodziły się takie pomysły, jak budowa naziemnych międzykontynentalnych rakiet balistycznych (ICBM), rakiet wystrzeliwanych z okrętów podwodnych (SLBM), a także pomysł wysłania człowieka na Księżyc.

Norstad uważał, że kilku z nas, służących w Sekcji Planowania Strategicznego, powinno poszerzyć swe wykształcenie. Załatwił, aby czterech z nas mogło podjąć studia na najlepszych uniwersytetach (Harvard, Columbia, Princeton, Yale) i zgłębiać tam stosunki międzynarodowe. Była jednak poważna przeszkoda: dowództwo korpusu saperów – tej części armii, do której wszyscy należeliśmy – uważało, że powinniśmy studiować nauki inżynierskie, a nie stosunki międzynarodowe. Wyjątek uczyniono jedynie dla Goodpastera, który podjął studia międzynarodowe na Princeton; reszta została zobowiązana do studiowania na wydziałach inżynierskich. Nie chcąc zawęzić studiów wyłącznie do inżynierii, zapisałem się na dodatkowe kursy stosunków międzynarodowych. W tym czasie Uniwersytet Yale dysponował najliczniejszą w kraju kadrą wybitnych politologów, wśród nich teoretyków – jak Arnold Wolfers, William T. R. Fox, Bernard Brodie, Klauss Knorr i William Kaufman. Panowała tam podniecająca atmosfera, ponieważ nasi wykładowcy pracowali też bezpośrednio dla Pentagonu, rozwijając powojenną nuklearną doktrynę wojenną Stanów Zjednoczonych.

Gdy studiowałem na Yale, stało się oczywiste, że ZSRR będzie najważniejszym militarnym rywalem USA w całej dającej się przewidzieć przyszłości. Zacząłem więc studiować rosyjską historię, kulturę i język. Zainteresowałem się szczególnie zachowaniem Rosjan w negocjacjach, co miało być zapowiedzią późniejszej kariery. Dokładnie zbadałem całą dostępną literaturę na temat amerykańsko-radzieckich rokowań i przeprowadziłem wywiady z wieloma osobami, które brały w nich bezpośredni udział. Wśród nich byli tacy oficerowie, jak generał-major John R. Deane, który był członkiem zespołu negocjującego warunki amerykańskich dostaw *lend-lease* dla Związku Radzieckiego, oraz generał Lucius Clay, który stał na czele amerykańskiego zespołu negocjującego warunki czterostronnej okupacji Berlina pod koniec drugiej wojny światowej. Próbowałem ustalić, dlaczego Stany Zjednoczone – jak się wydawało – w negocjacjach ze Związkiem Radzieckim zawsze znajdowały się w niekorzystnej sytuacji. Po uważnym przestudiowaniu około dwudziestu pięciu książek powody wyszły na jaw. Ułożyłem ich listę – dziesięciu najważniejszych nakazów i zakazów, które amerykańscy negocjatorzy powinni wziąć pod uwagę, w celu zapewnienia sobie lepszych wyników. Nie miałem wówczas pojęcia, jak ważne okażą się w przyszłości.

1. *Ponad wszystko pamiętaj o celu.* Amerykanie są mistrzami w rozwiązywaniu problemów – dziedzicami greckiej tradycji racjonalistycznej – i wierzą, że wszystkie problemy można rozwiązać, jeśli tylko poświęci się im odpowiednio wiele ciężkiej pracy i uwagi. Rosjanie nie akceptowali tego podejścia. Stawiali sobie z góry określone cele, podczas gdy nasze cele były często niejasne.
2. *Bądź cierpliwy.* Moskwa zawsze umieszczała swoje cele w szerszym kontekście i w dłuższym czasie niż Waszyngton. Amerykanie chcą działać szybko – by uporać się ze sprawą. Amerykanie grali w pokera; Rosjanie – w szachy. Dlatego w negocjowaniu traktatów radzieccy negocjatorzy tradycyjnie odnosili sukcesy – po prostu przeczekując nas.
3. *Dochowuj tajemnic.* W zupełnym przeciwieństwie do Stanów Zjednoczonych, Związek Radziecki był społeczeństwem zamkniętym i otaczającym się tajemnicą. Przywódcy polityczni w Moskwie zazdro-

śnie strzegli stanowisk negocjacyjnych ZSRR – nawet przed własnymi delegatami – aż do ostatniego momentu. My, odwrotnie, byliśmy skłonni publicznie rozważać nawet najbardziej delikatne inicjatywy – i to na pierwszych stronach największych gazet i czasopism. W połączeniu ze skłonnością amerykańskich urzędników do organizowania przecieków istotnych informacji w celu obrony własnych pozycji – kosztem konkurencyjnych agend biurokracji rządowej – było praktycznie niemożliwe, aby strona amerykańska podjęła negocjacje ze stroną radziecką bez ujawnienia im wcześniej naszego ostatecznego stanowiska.

4. *Weź pod uwagę różnice między dwiema strukturami politycznymi.* To oczywiste, ale rzeczy oczywiste były często przez nas lekceważone. Radzieccy obywatele mieli nad sobą władzę scentralizowaną, nieporównywalną z naszymi niezależnymi i wzajemnie kontrolującymi się władzami ustawodawczymi i sądowymi. Nasza struktura polityczna wymaga dokładnego rozważenia szans akceptacji naszych stanowisk negocjacyjnych przez Kongres. Radzieccy negocjatorzy nie mieli żadnych takich ograniczeń.

5. *Strzeż się „Greków niosących dary".* Rosjanie uważali kompromis za słabość. Stosowali maksymę *naszego nie ruszać, wasze można negocjować.* Kiedy, z ociąganiem, uznali wreszcie konieczność wymiany negocjowanych punktów, domagali się, by wymieniać je na własną korzyść. W tych niezmiernie rzadkich przypadkach, kiedy radzieccy negocjatorzy z własnej woli oferowali koncesje, Amerykanie powinni reagować szczególnie ostrożnie. Takie „prezenty" wiązały się ze zobowiązaniami i wymagały od nas większej rekompensaty w innym miejscu.

6. *Pamiętaj o tym, że dla Rosjan forma równa się treści.* Radzieccy negocjatorzy uważali, że ustalenie porządku dziennego negocjacji przed ich rozpoczęciem, fizyczny kształt stołu i liczniejsza od naszej delegacja po ich stronie są niezwykle ważne. Amerykanie skłaniali się do minimalizowania znaczenia formy. W rezultacie tego często znajdowaliśmy się na gorszej pozycji. Rosjanie uważali przestrzeganie porozumień za element formy, podczas gdy Amerykanie kładli nacisk na treść.

7. *Nie daj się zwieść radzieckim obawom przed inwazją.* Od wczesnych lat obywatelom ZSRR, nawet dzieciom, wpajano przesadny lęk przez obcym najazdem jako uzasadnienie dla utrzymywania niepropor-

cjonalnie wielkich sił militarnych. To prawda, że Rosja, a potem Związek Radziecki, ucierpiały od obcych najazdów. Ale już w 1898 roku rosyjski sztab generalny obliczył, że na trzydzieści osiem większych wojen, w których Rosja brała udział, trzydzieści sześć było zaczepnych, a tylko dwie obronne. Związek Radziecki zaś nie mógłby zająć jednej szóstej powierzchni globu, prowadząc tylko walki obronne.

8. *Nie daj się zwieść słowom.* Dla Rosjan słowa znaczą tylko tyle, ile chcą, aby znaczyły. Dla nich demokracja oznacza głosowanie na jedynego kandydata, a nie zgodną z prawem rywalizację między osobami o spornych poglądach. Radzieccy negocjatorzy uparcie stosowali własne i im tylko służące definicje słów i wyrażeń z podstawowego leksykonu amerykańskich pojęć. Zawsze byli skłonni do zniekształcania takich pojęć, jak wolność, równość i wzajemność – aby służyły ich przewadze.

9. *Strzeż się porozumień co do zasad.* Sposobem na ukrywanie prawdziwych intencji były dla radzieckich negocjatorów tak zwane porozumienia co do zasad. Przez taką taktykę negocjacji przedstawiciele ZSRR chcieli skłonić Stany Zjednoczone do udzielenia poparcia dla rzekomo uzasadnionego, choć źle sformułowanego celu. Ale porozumienia co do zasad nigdy nie określały właściwych środków dla osiągnięcia zamierzonych celów. Dlatego było nieuniknione, że Rosjanie zawsze będą próbowali narzucić Stanom Zjednoczonym własną interpretację, oszukując i odmawiając negocjacji, gdy protestowaliśmy przeciwko ich manipulatorskiemu postępowaniu, zorientowanemu na własne korzyści.

10. *Strzeż się negocjowania na pięć przed dwunastą.* Radzieccy adwersarze zawsze byli mistrzami negocjacji w ostatniej chwili. Czekali do końca, mając nadzieję naciskiem wymóc na nas koncesje wtedy, gdy bardzo zależy nam na osiągnięciu porozumienia.

Jesienią 1949 roku, po skończeniu studiów na Uniwersytecie Yale, zostałem wysłany do Japonii do sztabu planistów generała MacArthura. Kiedy przyleciałem do Tokio, dowiedziałem się, że z powodu przekłamań w łączności przybyłem miesiąc wcześniej niż oczekiwano. Nie wiedząc, co ze mną począć, Armia USA podarowała mi otwarty bilet uprawniający do podróżowania po Japonii statkiem, samolotem i pociągiem. Miałem ogromne szczęście, odbywając tę podróż razem z profesorem Douglasem Morrowem, antropologiem i agronomem z Uniwersytetu Wisconsin, który opracowywał zasady reformy rolnej dla Japonii. Morrow był wspaniałym towarzyszem podróży i doświadczonym przewodnikiem, który wiele nauczył mnie o japońskiej historii i kulturze. Podczas tej wyprawy zaobserwowałem, że wszędzie po drodze amerykańskie wojsko okupowało japońskie miasta, wsie, a nawet małe przysiółki. Nie bardzo rozumiałem, jakie zadania mieli tam wykonywać nasi żołnierze; na pewno nie wszędzie byli potrzebni do utrzymywania bezpieczeństwa. Faktycznie, jak się wydawało, wtrącali się w sprawy powojennej odbudowy japońskiej polityki i gospodarki. Łatwo było zauważyć, że powodowali tym niechęć Japończyków, którzy po wojnie szybko organizowali na nowo hierarchię władzy i rzetelnie wypełniali zalecenia MacArthura, rozpowszechniane w całym kraju w imieniu cesarza.

Po powrocie do Tokio napisałem raport skierowany do szefa sztabu MacArthura, proponując w nim, aby Stany Zjednoczone wycofały wojsko z dotychczasowych pozycji, przegrupowując je w jednostki bojowe stacjonujące w licznych obozach, pozostałych po armii japońskiej. Choć większość oficerów w sztabie MacArthura nie zgadzała się ze mną, generał Edward (Ned) Almond, który wcześniej był moim dowódcą dywizji we Włoszech, a teraz sprawował funkcję szefa sztabu, zgodził się z moimi wnioskami i przesłał je do głównodowodzącego. Generałowi MacArthurowi spodobały się moje pomysły i obarczył mnie zadaniem konsolidacji wojsk USA w Japonii. Zlecił mi także opracowanie planu, według którego Japończycy mogliby sami zapewnić utrzymanie prawa i porządku w przypadku zamieszek lub klęsk żywiołowych. W ten sposób stworzyłem plan utworzenia Japońskich Sił Samoobrony (JSDF), wzorowanych na Gwardii Narodowej w Stanach Zjednoczonych. Rozwinięcie tych planów wymagało ścisłej współpracy z cywilną i wojskową administracją japońską. Urzędnikom spodobały się moje pomysły i stałem się dość popularną postacią w oficjalnych kręgach Japonii.

Wiosną 1950 roku funkcja sprawowana w sztabie planistycznym generała MacArthura pozwoliła mi na wgląd w depesze z raportami z Korei. Północni Koreańczycy zostali zachęceni przemówieniem sekretarza stanu USA – Deana Achesona – w którym niefortunnie przekazał on sygnał, że obrona amerykańskich interesów w Azji nie będzie obejmowała Korei. Przekonany o tym, że północni Koreańczycy niebawem zaatakują Koreę Południową, napisałem o tym raport.

Generał Charles A. Willoughby, szef wywiadu (G-2) u MacArthura, przeciwstawił się mojej opinii i zażądał, by zabroniono mi pisania dalszych analiz wywiadowczych. Ale generał Almond zignorował protest Willoughby'ego i wysłał mój raport do generała MacArthura. Po przeczytaniu go MacArthur wydał rozkaz generałowi Waltonowi K. Walkerowi – dowódcy Ósmej Armii w Japonii – aby przyspieszył wycofywanie wojska z zadań okupacyjnych, skonsolidował siły i zaczął je ćwiczyć do walki. Decyzja nie była przedwczesna. 25 czerwca 1950 roku armia północnokoreańska wkroczyła do Seulu. Natychmiast po tym generał MacArthur zwrócił się do prezydenta Trumana z apelem o poproszenie Organizacji Narodów Zjednoczonych o pomoc. ONZ odpowiedziała niezwłocznie i piętnaście państw członkowskich, oprócz USA i Korei Południowej, zobowiązało się wysłać do Korei siły morskie, lądowe i lotnicze. Szczęśliwym trafem w dniu przedłożenia przez USA prośby o pomoc Radzie Bezpieczeństwa ONZ, przedstawiciel Związku Radzieckiego w Radzie – Jakow Malik – był nieobecny. W innym przypadku na pewno mielibyśmy radzieckie weto.

26 czerwca, w dzień po inwazji na Koreę Południową, rzecznik prasowy generała MacArthura (nazwisko pominę, aby oszczędzić mu wstydu) wypił nieco za dużo drinków dla uspokojenia nerwów przed spotkaniem z prasą. Kilka godzin później dostałem krótki rozkaz od głównodowodzącego. Brzmiał następująco:

Sprawa: Mianowanie Oficjalnego Rzecznika
Do: Ppłk. Edwarda L. Rownego

1. Obowiązuje od zaraz – będzie pan działał jako mój oficjalny rzecznik. Obowiązki te będzie pan wykonywał niezależnie od obecnych zadań służbowych.
2. Będzie pan przekazywał prasie wszystko, co powinna wiedzieć i nic, czego wiedzieć nie powinna.

Podpisano: MacArthur

Następne sześć tygodni były dla mnie przykrym doświadczeniem. Wielu najlepszych dziennikarzy amerykańskich przyleciało do Tokio. Choć nie byli tak wymagający jak Sam Donaldson czy Helen Thomas w latach 90., to jednak – w najlepszym razie – byli trudni we współpracy. Ponadto miałem na głowie normalne obowiązki, do których należało opracowywanie planu pomocy dla naszych oblężonych wojsk wypartych na południe, na sam dół Półwyspu Koreańskiego.

Byłem jednym z trzech oficerów, którym przydzielono zadanie opracowania planu inwazji na zachodnie wybrzeże Korei. Od każdego z nas generał MacArthur wymagał przedstawienia mu swoich koncepcji osobiście. Jeden z moich kolegów zaproponował dokonanie inwazji na linii frontu, pomiędzy wojskami USA i Korei Północnej, na klasycznej osi, gdzie zwykle przypuszczano atak. Drugi oficer planował głębszą inwazję, około pięć kilometrów na północ od linii frontu. Jego pomysł zakładał zaskoczenie wroga, nawet wówczas jeśli atakujący nie otrzymaliby pełnego wsparcia ogniowego. Mój plan przewidywał lądowanie dziesięć kilometrów na północ. Choć siły atakujące byłyby wtedy pozbawione wsparcia artyleryjskiego, zyskałyby na wyższym stopniu zaskoczenia.

Generał MacArthur pozwolił nam skończyć, nie przerywał. Potem podszedł do mapy Korei i narysował na niej szeroką strzałę – przez Inchon prosto do Seulu. To było ponad 200 kilometrów na północ od linii frontu.

– Jesteście małoduszni – powiedział. – Wylądujemy tu: w Inchon. Zawsze trzeba dążyć prosto do celu. – I dodał – Celem jest Seul, stolica Korei. Są jakieś sprzeciwy? – spytał.

Jeden z kolegów powiedział, że atak będzie zbyt głęboki; nie ma jak zapewnić osłony artyleryjskiej i jest za daleko, by nawiązać szybką łączność z naszymi siłami na froncie.

Drugi dodał, że plaża w Inchon jest prawdopodobnie silnie ufortyfikowana, także minami i przeszkodami podwodnymi.

Ja zwróciłem uwagę, że przypływy i odpływy morza w Inchon różnią się o dziewięć i pół metra i należą do najwyższych pływów na świecie (wyższe, 9,75 metra są tylko w zatoce Fundy), a kiedy nasze barki desantowe skorzystają z wysokiej fali przypływu, trzeba będzie czekać dwanaście godzin na następny przypływ, by dostarczyć na ląd kolejne grupy wojsk inwazyjnych i sił pomocniczych. MacArthur odrzucił wszystkie zastrzeżenia, ostro napominając nas: – Nie szukajcie usprawiedliwienia w swych obawach!

Wszyscy trzej połączyliśmy siły i opracowaliśmy plan inwazji. MacArthur poczynił kilka drobnych uwag, zatwierdził plan i wysłał do Waszyngtonu. Pentagon szybko plan odrzucił. MacArthur, nie chcąc na to pozwolić, odwołał się do niezwykłego i śmiałego kroku: poprosił Połączony Komitet Szefów Sztabów o przyjazd do Tokio, aby móc osobiście wytłumaczyć, dlaczego Inchon jest odpowiednim miejscem do wysadzenia desantu.

Siedziałem w tylnym rzędzie, kiedy generał MacArthur przedstawiał swój plan przewodniczącemu i czterem pozostałym szefom sztabów. Szef sztabu wojsk lądowych przemówił jako pierwszy, twierdząc, że armia nie ma wystarczających sił wojskowych przygotowanych do desantu.

– A więc uzupełnimy je o piechotę morską – replikował MacArthur.

– To nie wystarczy – dodał dowódca *marines*.

Szef Operacji Morskich (CNO) powiedział, że Inchon jest marnym miejscem do lądowania z powodu wysokich pływów oraz min i przeszkód podwodnych. MacArthur pouczył CNO tak samo jak nas, że nie należy szukać usprawiedliwienia we własnych obawach.

Szef sztabu lotnictwa sugerował, nie bardzo dyplomatycznie, że inwazja w ogóle nie jest potrzebna. Utrzymywał, że długotrwałe bombardowanie lotnicze zmusi wojsko wroga do poddania się.

MacArthur odrzucił jego zastrzeżenia krótko i stanowczo. – Lotnictwo nie zajmie i nie utrzyma terytorium.

Generał J. Lawton Collins, przewodniczący Połączonego Komitetu Szefów Sztabów, zabrał głos ostatni, mówiąc, że każdy z szefów znalazł powód, aby nie lądować pod Inchon. Suma ich zastrzeżeń sprowadza się do wniosku, że lądowanie tam byłoby zbyt wielkim wojskowym ryzykiem.

Przez następnych kilka godzin byłem świadkiem najbardziej mistrzowskiej prezentacji, jaką kiedykolwiek widziałem. MacArthur odpowiadał kolejno na każdy zarzut. Połączył ze sobą odniesienia do słynnych światowych bitew i dokładną wiedzę na temat możliwości wojskowych Korei Północnej i Południowej, ich politycznych zalet i słabości. To było przedstawienie godne Johna Barrymore'a. Choć odpowiadał osobno na zastrzeżenia każdego z szefów sztabów, skupił się na przewodniczącym, licząc na to, że jeśli zdoła go przekonać, to pozostali ustąpią. I udało się. Kiedy generał Collins przyznał, że sądzi, iż inwazja pod Inchon ma szansę na sukces, inni szefowie sztabów podzielili jego zdanie.

Po spotkaniu z szefami sztabów generał MacArthur wezwał mnie i innych planistów do swego biura. Uściskał każdego z nas i powiedział – *Inchon przejdzie do historii jako dwudziesta druga najsławniejsza bitwa świata.* (W West Point studiowaliśmy osiemnaście najsławniejszych bitew świata. Słuchając MacArthura, dowiedziałem się, że od czasu moich studiów dodano jeszcze trzy.)

Odetchnąłem z ulgą, dowiedziawszy się, że wkrótce będę mógł przekazać komuś innemu moje dodatkowe obowiązki oficjalnego rzecznika. Kiedy ostatnie poprawki do planu były gotowe, około 15 sierpnia 1950 roku mianowano mnie dowódcą saperów X Korpusu – sił wyznaczonych do inwazji. Choć nadal w stopniu podpułkownika, zostałem tymczasowo mianowany generałem brygady, o dwa stopnie w górę.

Inwazja pod Inchon okazała się nawet łatwiejsza niż przewidywał MacArthur. Wylądowaliśmy tam 15 września i pięć dni później byliśmy już na południowym brzegu rzeki Han, niedaleko Seulu. Opór wroga był słaby, a miny i zapory podwodne nie tak groźne. Inwazja zakończyła się całkowitym sukcesem. Nie znalazłem dotąd żadnego historyka, który nazwałby Inchon dwudziestą drugą najważniejszą bitwą świata. Uważam, że ktoś powinien to zrobić. Odwaga MacArthura umocniła we mnie przekonanie, że tylko śmiałe czyny prowadzą do wielkich sukcesów.

Oszołomiony zwycięstwem i pewny siebie generał MacArthur popełnił później błąd, rozkazując X Korpusowi dokonać drugiego desantu na wschodnim wybrzeżu Korei. Tym razem port w Wonsan był gęsto zaminowany i częściowe oczyszczenie go z min zajęło kilka tygodni. 1. Dywizja Piechoty Morskiej mogła wylądować na brzegu dopiero 25 października. 7. Dywizja Armii wylądowała dalej na północ, w porcie Iwan, i pomaszerowała do granicy Chin, docierając 17 października do rzeki Jalu rozdzielającej Koreę i Chiny.

Tymczasem otrzymywaliśmy fragmentaryczne raporty wywiadu donoszące o tym, że Chińczycy weszli do Korei Północnej, być może już 14 października. Generał Willoughby, szef wywiadu (G-2) MacArthura, lekceważył te raporty i utrzymywał dalej, że Chińczycy nie przystąpią do wojny. 29 października Dywizja Stołeczna Republiki Korei napotkała wojsko chińskie i wzięła do niewoli szesnastu jeńców. Willoughby – nadal sceptyczny – poleciał do Wonsan, aby osobiście zobaczyć jeńców. Amerykański oficer śledczy, przekonany, że jeńcy byli Chińczykami, był sfrustrowany faktem, że Willoughby nie dał mu wiary. Próbując pomóc śledczemu, powiedziałem – Można stwierdzić, że są Chińczykami. Spójrzcie tylko na fałdę w rogu oka, na ich powiekach. Willoughby, zły, że nadal wtrącam się w jego interes i pamiętając o mojej znajomości z antropologiem Douglassem Morrowem, stwierdził sarkastycznie – Nie wciskaj mi tego antropologicznego kitu!

Chińczycy zerwali kontakt z siłami południowokoreańskimi, a Willoughby umocnił się w przekonaniu, że miał rację. Jednak gdy 24 listopada wojsko chińskie przypuściło masowy atak na 31. Pułkowy Oddział Bojowy 7. Dywizji, Willoughby musiał uznać swą porażkę.

Po chińskim ataku Ósma Armia zaczęła się kruszyć. Byłem nadal bardzo zaangażowany w działania wojenne. Kiedy pułk dowodzony przez pułkownika Lewisa („Chesty'ego") Pullera został odcięty przez Chińczyków od głównych sił na płaskowyżu, nieopodal zbiornika wodnego Chosin, kierowałem budową lotniska, z którego miano wysyłać zaopatrzenie dla otoczonego pułku Pullera i ewakuować setki jego rannych i przemarzniętych *marines*. Zaplanowałem wówczas i wykonałem zrzut prefabrykowanego mostu, który umożliwił piechocie morskiej przerzucenie przeprawy nad przepaścią w okolicy zbiornika wodnego i wyrwanie się z okrążenia na niższe tereny. Potem obarczono mnie zadaniem ewakuowania amerykańskich żołnierzy i sprzętu z Hungnam; byłem ostatnią osobą, która opuściła ten port.

Nie będę tu szczegółowo opisywał tragicznych skutków naszej nieudanej inwazji na wschodnie wybrzeże. Wystarczy powiedzieć, że drugą lekcją, którą wyciągnąłem z decyzji MacArthura było to, że wielkie ryzyko może skończyć się wielkimi stratami.

Po powrocie do X Korpusu, który został ponownie rozmieszczony w południowej części Korei, zostałem zastępcą dowódcy 38. Pułku Piechoty (noszącego nazwę „Skała Marny"). Sześć miesięcy później zostałem mianowany dowódcą tego pułku i wzięliśmy udział w wielu krwawych bitwach. 15 września 1951 roku mój pułk otrzymał rozkaz zajęcia Wzgórza 1215. Wzgórze to, o wysokości 1215 metrów, było kluczem do wygrania innych bitew na niższych wzgórzach na naszej flance. Zmobilizowałem każdego gryzipiórka, każdego kucharza i nawet załogę czołgu do noszenia na plecach amunicji, bez przerwy przez siedemdziesiąt dwie godziny, do baz ogniowych położonych na grzbiecie Wzgórza 1215. Droga pod górę do baz ogniowych zabierała żołnierzom sześć godzin, a droga powrotna – dwie godziny, po czym pozwalałem im na cztery godziny odpoczynku. Niektórzy żołnierze odpadli z powodu przemęczenia, ale większość nadal gromadziła zapasy amunicji – tysiące pocisków moździerzowych i rakiet. To pozwoliło nam obłożyć broniącego wzgórza wroga niezwykle silnym i niespodziewanym ogniem – prawie dziesięciokrotnie silniejszym od normalnego. Chociaż ponad 200 chińskich żołnierzy zostało zabitych lub rannych, nasz pułk nie poniósł żadnych strat. I choć krytykowano mnie potem za marnowanie amunicji, 15 września 1951 roku uważam za najbardziej zaszczytny dzień w całej mojej karierze wojskowej i nadal jestem z niego dumny.

Następne sześć miesięcy było pełne napięć. Rozpoczęły się negocjacje w sprawie przerwania ognia, a mój pułk został wyznaczony do intensywnego patrolowania, które miało na celu poznanie zamiarów przeciwnika – abyśmy nie zostali zaskoczeni nagłym atakiem. Jednakże, ponieważ Waszyngton chciał uniknąć krytyki za zakłócanie negocjacji, nie pozwolono mi na angażowanie do tych zadań większych sił niż trzydziestoosobowy pluton. Pod wielką presją dowódcy dywizji, który domagał się konkretnych wyników patrolowania, rozkazałem jednemu z plutonów zaatakować wzgórze, pomiędzy linią frontu wroga, a naszą, gdzie – jak widzieliśmy – duża grupa chińskich żołnierzy zainstalowała posterunek zwiadowczy, wysunięty przed nasze pozycje. Podczas ataku zostaliśmy obłożeni niespodziewanie silnym ogniem wroga, który przygwoździł nasz pluton do ziemi. Nasi żołnierze nie mogli iść dalej i ponieśli straty, kiedy próbowali się wycofać. Temperatura spadła do –20°C i żołnierze zamarzali na pozycjach, nie mogąc zrobić żadnego ruchu. Aby przerwać impas, rozkazałem pozostałej części kompanii, w sile około stu ludzi, przypuścić atak przez pozycje przygwożdżonego do ziemi plutonu, wziąć do niewoli żołnierzy wroga pozostałych na posterunku zwiadowczym i wrócić. Atak się udał, a kompania wzięła dwóch jeńców.

Kilka godzin później generał brygady Hayden Boatner, sprawujący obowiązki dowódcy dywizji, przybył do kwatery dowództwa mojego pułku. Powiedział mi, że otrzymał z Waszyngtonu rozkaz, by pozbawić mnie dowodzenia, ponieważ zaangażowałem do walki więcej niż jeden pluton. Kiedy wytłumaczyłem Boatnerowi, co się wydarzyło, odpowiedział, że wykonałem jedyny możliwy ruch i że pogwałcenie przeze mnie rozkazu miało charakter czysto techniczny. Boatner wysłał wiadomość do Waszygtonu, wyjaśniając, co się zdarzyło, i dodając, że pozostawia mnie na dowództwie. Kilka godzin potem otrzymał ponowną wiadomość z Waszyngtonu, z pouczeniem, by wykonał pierwotny rozkaz. Odpisał – Pułkownik Rowny podjął właściwe działania w istniejących okolicznościach. Ponownie wprowadziłem go na stanowisko dowódcy i nie zwolnię go. Jeśli musicie kogoś zwolnić, zwolnijcie mnie. Wobec tak szczerego i odważnego postępowania Waszyngton ugiął się i odpisał, że Boatner może nie brać pod uwagę poprzednich rozkazów.

W ostatnich miesiącach służby w Korei zainteresowałem się negocjacjami o przerwaniu ognia. Choć nie byłem w nie zaangażowany bezpośrednio, śledziłem przebieg rozmów i wielokrotnie udawałem się do Panmundżonu, by rozmawiać tam z admirałem C. Turnerem Joy'em i innymi negocjatorami. Dowiedziałem się, że zespół negocjatorów Korei Północnej działał według taktyki i technik zalecanych przez Moskwę. Negocjatorzy północnokoreańscy próbowali kontrolować agendę rozmów, celowo opóźniali je i wymyślali różne pułapki. Stosowali każdy negocjacyjny trick z radzieckich instrukcji.

Po wojnie koreańskiej zostałem przydzielony do Szkoły Piechoty w Fort Benning, w stanie Georgia, abym pomógł zrewidować taktykę armii, wykorzystując nasze doświadczenia z Korei. Badałem nowe pomysły, takie jak użycie uzbrojonych helikopterów i ewentualne zastosowanie taktycznej broni jądrowej. Ponieważ oba te pomysły wybiegały poza przyjętą doktrynę i pomijały normalne linie odpowiedzialności służbowej, rozwijałem je po służbie na ochotniczych sesjach, które nazwałem PROFIT (Professional Improvement Time – Czas Doskonalenia Zawodowego). W jednej z tych sesji wziął udział bardzo dobrze poinformowany kapitan rezerwy, który odbywał obowiązkowe, dwutygodniowe szkolenie. Był nim kongresman ze stanu Washington – Henry („Scoop") Jackson. Podobało mu się to, co usłyszał, i parę dni później zadzwonił do mnie, aby mi powiedzieć, że przekazał szefowi sztabu armii, iż moje pomysły powinny stać się częścią oficjalnej doktryny Armii USA. Po wielu dniach zostałem wezwany do Waszyngtonu. Miałem nadzieję, że mnie pochwalą, ale zamiast tego zostałem upomniany za wywoływanie rywalizacji pomiędzy służbami. Rozkazano mi zamknąć sesje PROFIT i pouczono, że moje nauczanie powinno odzwierciedlać wyłącznie zaaprobowaną doktrynę i mam je prowadzić w ramach zaplanowanych regularnych zajęć. To oczywiste, że nauczyłem się zbyt wiele od poprzednich szefów, z których większość wykazywała się skłonnością do innowacji i ponoszenia ryzyka. Czego mi brakowało? Na pewno siły przebicia czterogwiazdkowego generała.

Rok później z kłopotliwej sytuacji w Fort Benning wybawił mnie generał Norstad, prosząc, by przydzielono mnie do dowództwa NATO, gdzie sam służył na stanowisku zastępcy generała Alfreda Guenthera – Naczelnego Dowódcy Sił Sprzymierzonych w Europie (SACEUR). Tam przyczyniłem się do zmiany amerykańskiej polityki nuklearnej, która w tym czasie polegała wyłącznie na zmasowanym odwecie w odpowiedzi na atak jądrowy. Norstad rozwijał strategię elastycznej odpowiedzi i wysuniętej obrony, strategię, która wymagała rozmieszczenia wojska na wysuniętych pozycjach w razie ataku naziemnego i na wymiernej odpowiedzi na atak wroga. Jeśli byłoby to konieczne, podejmowane kroki odwetowe zawierałyby selektywne zastosowanie taktycznej broni jądrowej. Mój udział w formułowaniu tej nowej polityki wojskowej NATO przyniósł mi później korzyści w rokowaniach z radzieckimi negocjatorami.

W 1961 roku otrzymałem pierwszą gwiazdkę generalską i jako nowo promowany generał brygady zostałem pomocniczym dowódcą 82. Dywizji Spadochroniarzy. Kilka miesięcy później sekretarz obrony USA – Robert McNamara – polecił armii zebrać wszystkie samoloty i helikoptery w Fort Bragg, w stanie Północna Karolina. Generał Hamilton („Ham") Howze otrzymał polecenie opracowania sposobów powiększenia do maksimum potencjału armijnego lotnictwa dla zwiększenia mobilności oddziałów oraz siły ognia. Zostałem mianowany dyrektorem testów prowadzonych dla tzw. Zarządu Howze'ego, i prowadziłem eksperymenty z udziałem lotnictwa armii w trzech typach operacji wojskowych. Pierwsza polegała na zastosowaniu helikopterów w związku z możliwym użyciem taktycznej broni jądrowej. Pracowałem nad tym pomysłem, nazwanym „Rój Pszczół", podczas sesji PROFIT w Fort Benning. Celem było wysadzenie żołnierzy, w ubraniach ochronnych, w oku eksplozji jądrowej – po naszym ataku. Oddziały te miały szybko zająć teren, gdy wróg był jeszcze w szoku. Drugi typ eksperymentu stał się znany pod nazwą operacji „Sky Cav" (Kawalerii Powietrznej). Pomysł był prosty – otoczyć i wymanewrować wroga, transportując wojsko helikopterami zamiast pojazdami naziemnymi. Trzecia seria eksperymentów badała możliwości zastosowania helikopterów do walki z terrorystami i powstańcami. Lecąc szybko i na niskim pułapie, helikoptery mogły wysadzić wojsko na flankach lub tyłach partyzantów i pojmać ich. Broń zamontowana na pokładzie helikopterów mogła prowadzić celniejszy i bardziej skuteczny ogień w kierunku wroga niż mniej celne bombardowanie z samolotów.

Testy „Zarządu Howze'ego" były wysoce udane. W 1962 roku, po ich zakończeniu, zostałem mianowany generałem dywizji (dwugwiazdkowym) i przydzielono mnie do dowództwa 1. Dywizji Kawalerii (Powietrznej) w Korei. Nigdy tam nie dotarłem, a moja promocja została opóźniona, ponieważ Cyrus Vance – wówczas sekretarz obrony – zdecydował o wysłaniu mnie do Wietnamu w celu wprowadzenia uzbrojonych helikopterów do walki z Vietcongiem.

To nie było łatwe zadanie, głównie z tego powodu, że znalazłem się w samym środku walki poszczególnych służb wojskowych o role i misje. Lotnictwo uważało, że prowadzenie ognia z jednostek latających powinno należeć do jego wyłącznych kompetencji. Marynarka wojenna, choć sama kontrolowała jednostki lotnicze na lotniskowcach, obawiała się, że ruchy armii mogą naruszyć jej prerogatywy i z tego powodu poparła lotnictwo. Można się było spodziewać, że będę miał wsparcie wojsk lądowych. Ale nic z tego. Najwyższe dowództwo było w tym czasie zdominowane przez oficerów, którzy popierali szersze użycie sił pancernych. Dla nich, w erze ograniczonych środków, każdy helikopter kupiony dla armii, to o jeden czołg mniej. Ponadto, generał Earle („Bus") Wheeler, szef sztabu wojsk lądowych, miał ambicję zostać przewodniczącym Połączonego Komitetu Szefów Sztabów. To oczywiste, że najlepszą drogą do awansu było niewykazywanie stronniczości, dlatego ugiął się i poparł stanowisko lotnictwa i marynarki. Mimo braku poparcia ze strony służb eksperymenty z użyciem helikopterów w Wietnamie zakończyły się pomyślnie i doprowadziły do późniejszego rozmieszczenia dywizji sił powietrznych w Wietnamie.

Chociaż (z opóźnieniem) otrzymałem dwie gwiazdki generalskie – stopień generała dywizji – zapłaciłem cenę za sukces helikopterów w Wietnamie. Generał Harold K. Johnson, który zastąpił Wheelera jako szef sztabu armii, nadal popierał pogląd, że każdy helikopter, nabyty przez armię, to o jeden czołg mniej. Podobnie jak Wheeler chciał uniknąć stronniczości. Nie lubił tego, co robiłem, i powiedział, że jeśli kiedykolwiek dostanę promocję, to tylko po jego trupie. Słowa dotrzymał. Dopiero po niespełna czterech latach, gdy zastąpił go na stanowisku szefa sztabu generał William Westmoreland, zostałem promowany do stopnia generała trzygwiazdkowego (generała broni).

Jako generał broni dostałem w 1971 roku przydział do NATO w charakterze zastępcy generała Johannesa Steinhoffa, niemieckiego oficera lotnictwa. Steinhoff był wysoce kompetentnym i odważnym oficerem. Podczas II wojny światowej należał do najwybitniejszych pilotów Niemiec i został wyznaczony na dowódcę pierwszej grupy myśliwców odrzutowych. Walcząc przeciwko angielskim bombowcom w dzień i amerykańskim w nocy, Steinhoff bronił rozpadającej się Trzeciej Rzeszy. W styczniu 1945 roku, kiedy marszałek lotnictwa Rzeszy – Herman Goering – wydał rozkaz użycia myśliwców odrzutowych Me 262 jako bombowców, Steinhoff i pięciu innych oficerów podjęło próbę usunięcia marszałka ze stanowiska. Nie mając możliwości udania się z tym do Hitlera, zdecydowali, że przeciwstawią się Goeringowi sami. Goering wysłuchał, co mieli mu do powiedzenia, i skończył dyskusję, oskarżając ich o bunt, grożąc, że ich rzecznik, oberst (pułkownik) Franz Luetzow, zostanie rozstrzelany. Wrócili więc do swych jednostek, aby tam, tak jak mogą, walczyć do końca wojny. Kilka dni przed zakończeniem wojny odrzutowiec Steinhoffa rozbił się, a on sam został ciężko poparzony.

O odwadze Steinhoffa świadczy też sposób, w jaki potraktował swoje rany. W katastrofie stracił uszy, nos, wargi i powieki. Przez dwadzieścia trzy lata, poddając się ponad dwudziestu operacjom plastycznym, odbudował twarz. I chociaż nie stracił wzroku, musiał co godzinę zakraplać lekarstwo do oczu. Mimo tak ciężkich obrażeń ciała Steinhoff awansował na stanowisko szefa powojennej Luftwaffe, a następnie – jako pierwszy Niemiec – został mianowany przewodniczącym Komitetu Wojskowego NATO.

Wiele państw członkowskich NATO, pamiętając krzywdy doznane od niemieckich nazistów, protestowało przeciwko mianowaniu Niemca szefem Komitetu Wojskowego. Steinhoffowi, na przykład, nigdy nie pozwolono na odwiedzenie wojsk NATO w Norwegii. On sam odnosił się ze zrozumieniem do przejawów obrazy i lekceważenia go. – Gdybym był w ich sytuacji – wyznał mi – także nie byłbym zadowolony, widząc Niemca na czele Komitetu Wojskowego.

Kiedy przybyłem do Brukseli, Steinhoff obarczył mnie obowiązkiem przygotowania planu rokowań o Wzajemnej i Zrównoważonej Redukcji Sił Wojskowych (MBFR). Dwa lata wcześniej, w 1969 roku, sekretarz generalny KPZR Leonid Breżniew ogłosił, że chce *„spróbować smaku wina"* i zbadać możliwość redukcji konwencjonalnych sił wojskowych w Europie. Stany Zjednoczone w tym czasie nie były na to przygotowane. Mianując mnie – amerykańskiego oficera – na stanowisko szefa grupy roboczej składającej się z przedstawicieli wszystkich państw członkowskich NATO, której zadaniem było przygotowanie MBFR, Steinhoff wymanewrował Stany Zjednoczone i zmusił je do współpracy. Rok później USA zmieniły swoją politykę i poparły MBFR.

Na początku 1973 roku zostałem wezwany do Waszyngtonu, do admirała Toma Moorera – przewodniczącego Połączonego Komitetu Szefów Sztabów (JCS). Myślałem, że ściągnięto mnie do kraju, abym złożył raport o postępach rokowań MBFR. Zamiast tego admirał Moorer powiedział mi, że Henry Kissinger – w tym czasie doradca do spraw bezpieczeństwa narodowego prezydenta Richarda Nixona – powiadomił go, że mam być przedstawicielem JCS na rozmowach SALT (Rozmowy o Ograniczeniu Zbrojeń Strategicznych). Powiedziałem Moorerowi, że wolałbym pozostać na stanowisku w NATO, bo lubię pracować dla Steinhoffa i wierzę, że posuwanie naprzód rokowań MFBR jest ważniejsze niż moje przyłączenie się do SALT-u.

– Świetnie – odpowiedział Moorer. – Na to stanowisko umyśliłem już sobie admirała marynarki. Poza tym nikt mi nie będzie mówił, kogo powinienem wyznaczyć jako mojego przedstawiciela na rozmowy SALT. Tylko po moim trupie pan będzie moim przedstawicielem.

Byłem tym zachwycony, ale następnego dnia Moorer posłał po mnie znowu. Kiedy wszedłem do jego biura, wychylił się do tyłu na krześle, rozłożył ręce i rzekł –Jestem trupem! Powiedział mi, że dowiedział się o zawarciu latem 1972 roku porozumienia między Kissingerem i Jacksonem, zgodnie z którym Jackson poprze układ o ABM (obronie przeciwrakietowej), a ja zostanę przedstawicielem JCS przy rozmowach SALT. Moorer powiedział mi także, że Kissinger poszedł z tą sprawą do prezydenta i że *„Niemiec uzyskał zgodę”*.

Pojechałem zobaczyć się z przyjacielem „Scoopem” Jacksonem.

– Czemu mi to robisz? – zapytałem. – Dlaczego znów wtrącasz się do mojej kariery?

– Bo ty jesteś najlepiej wykwalifikowanym oficerem USA nadającym się na to stanowisko – odpowiedział mi. – Studiowałeś politykę nuklearną i teorię odpowiedzi jądrowej, studiowałeś taktykę Sowietów, wiesz, jak negocjują, i mówisz po rosyjsku.

Jego wykład na temat obowiązku, honoru, ojczyzny i uczciwego poświęcenia się sprawie bezpieczeństwa narodowego pozbawił mnie możliwości repliki, chociaż dobrze wiedziałem, że jeśli zostanę przedstawicielem JCS, to już nigdy nie zdobędę upragnionej przez całe życie czwartej generalskiej gwiazdki.

Przez wiele lat kariery wojskowej faktycznie zdobyłem wyjątkowe kwalifikacje, by zostać negocjatorem rozbrojeniowym. Moje wykształcenie i znajomość radzieckiego sposobu myślenia, doświadczenie wojenne i obycie z zagranicznymi rządami i innymi narodami, moja praca w NATO i w planowaniu wojskowym oraz przy wdrażaniu doktryn – dały mi solidne zaplecze, niezbędne dla uczestnika gry wokół kontroli zbrojeń. A osobisty stosunek do senatora Jacksona, w tym czasie człowieka o ogromnych wpływach w rządzie, był kluczem otwierającym drzwi do kariery, która miała zdominować resztę mojego życia. Była to kariera, która umożliwiła mi bliski kontakt z pięcioma amerykańskimi prezydentami.

Miałem się przekonać, że często będę musiał spędzić tyle samo czasu, negocjując z silnymi osobistościami z rządu USA, co z nieprzejednanymi Rosjanami. Chwilami bywałem przerażony brakiem osądu i wiedzy okazywanym przez prezydenta lub sekretarza stanu. Przy innych okazjach podnosiły mnie na duchu przejawy mądrości okazywane przez naszych przywódców.

Zaczynając nową karierę w tych pełnych zamieszania dniach drugiej kadencji Nixona, miałem do czynienia z dwoma najbardziej intrygującymi postaciami we współczesnej historii USA: Richardem Nixonem i Henrym Kissingerem. Każdy z nich miał już za sobą nieprzeciętne doświadczenia w polityce zagranicznej; Nixon miał mniejsze w polityce wewnętrznej. Wkrótce miałem otrzymać możliwość niespodziewanego wglądu w politykę i osobowość obu tych wybitnych postaci.

ROZDZIAŁ II

Lata Nixona: o włos od niebezpieczeństwa

Richard Nixon był pierwszym prezydentem, który wprowadził „wiązanie spraw" jako składnik amerykańskiej polityki zagranicznej. Uważał – jak się potem okazało, niesłusznie – że Związek Radziecki tak silnie pragnął porozumienia w sprawie kontroli zbrojeń, że będzie współpracował z USA w rozwiązywaniu innych, spornych problemów rywalizacji międzynarodowej, szczególnie problemu Wietnamu – w zamian za udział Stanów Zjednoczonych w negocjacjach na temat kontroli zbrojeń. Jako prezydent, Nixon przedstawił tę koncepcję na swej pierwszej konferencji prasowej 27 stycznia 1969 roku. Po wyjaśnieniu, że jego administracja będzie zachęcała do podjęcia rozmów na temat zbrojeń strategicznych, Nixon dodał ważny warunek: rozmowy powinny być prowadzone w taki sposób, aby *„równocześnie sprzyjały, jeśli to możliwe, postępowi w rozwiązywaniu innych, ważnych problemów politycznych"*.

Nixon w pełni rozumiał, że radzieckie dążenie do podpisania ze Stanami Zjednoczonymi porozumienia na temat kontroli zbrojeń opiera się na kalkulowaniu własnych korzyści. Wiedział o tym, że przywódcy ZSRR spodziewają się, dzięki złagodzeniu strategicznych napięć z USA, wymiernych korzyści w postaci bardzo oczekiwanego napływu zachodnich towarów i technologii, który ożywi ospałą radziecką gospodarkę. Ponadto Nixon rozumiał, jakie są pierwszoplanowe cele polityki zagranicznej ZSRR i jakimi metodami posługują się Rosjanie. Wiedział o tym, że chcą wykorzystać proces kontroli zbrojeń jako argument wspierający ich pretensje do statusu światowego supermocarstwa, jak również do propagowania wrażenia, że to oni są awangardą pokoju światowego. Nixon rozumował, że radziecką taktykę można wykorzystać na korzyść USA. Ale przywódcy ZSRR mieli inne priorytety. Uważali, że przemożne pragnienie Nixona wyplątania USA z wojny w Wietnamie da im silne argumenty przetargowe, których mogą użyć dla przedłużania procesu kontroli zbrojeń bez większych ustępstw lub dla łączenia negocjacji rozbrojeniowych ze współpracą z USA w innych dziedzinach.

Jeszcze przed oficjalnym zaprzysiężeniem nowego prezydenta człowiek, którego Nixon wybrał na swego doradcę do spraw bezpieczeństwa narodowego – Henry Kissinger uzyskał pozytywną odpowiedź Moskwy na nieoficjalną próbę zaprezentowania polityki „wiązania spraw". Według słów Kissingera: *„Radzieccy przywódcy uznali, że nasze wzajemne stosunki mogłyby zyskać na rozwiązaniu problemu Wietnamu, na politycznym rozwiązaniu problemu bliskowschodniego i na „realistycznym podejściu w Europie...* ". Jednakże, gdy miesiąc później sekretarz stanu William Rogers po raz pierwszy spotkał się z radzieckim ambasadorem w USA – Anatolijem Dobryninem, ten powiedział mu, że choć przywódcy ZSRR są przygotowani na postęp w rozmowach SALT, nie podoba im się pomysł, że rząd USA pragnie wiązać postęp w tych negocjacjach z postępem w innych dziedzinach. Radzieccy przywódcy nie wyjaśnili, dlaczego zmienili zdanie. Mimo to Nixon nadal wierzył, że dostrzegą zalety polityki „wiązania" i być może będą bardziej skłonni do współpracy. Nixon trwał w uporze, chociaż zdawał sobie sprawę z tego, że jego wysiłki w realizacji polityki „wiązania" napotkają opór amerykańskiej opinii publicznej, która nie chce, aby stawiano jakiekolwiek warunki na drodze do porozumienia o kontroli zbrojeń.

Z poprzednich doświadczeń politycznych, szczególnie z okresu, gdy był wiceprezydentem u Dwighta Eisenhowera, Nixon wyniósł głęboką niechęć i brak zaufania do rządowej biurokracji. W swym uprzedzeniu kwestionował nawet zaangażowanie urzędników w realizację polityki prezydenta. Sądził, że jeśli jego inicjatywy mają być realizowane z powodzeniem, to on sam i Henry Kissinger będą musieli utrzymać całkowitą kontrolę nad aparatem polityki zagranicznej, działając w głębokiej tajemnicy. Z tego powodu 17 lutego 1969 roku oznajmił ambasadorowi Dobryninowi, że wszystkie szczególnie delikatne sprawy będą załatwiane w sposób tajny, raczej za pośrednictwem Kissingera niż przez Departament Stanu. To otworzyło puszkę Pandory – całą serię wydarzeń, które potem rykoszetem uderzyły w Nixona. Kissinger zaczął korzystać z tajnego kanału w sposób bardzo szeroki – potem zaś nadużywał go – co doprowadziło do bezprecedensowej i niebezpiecznej koncentracji władzy w ręku urzędnika niepochodzącego z wyboru.

Tajny kanał wykorzystano kilka tygodni później, kiedy Kissinger powiedział Dobryninowi, że stosunki amerykańsko-radzieckie znalazły się na rozdrożu i Stany Zjednoczone są *„przygotowane do ich naprawy... na szerokim froncie"*. Podkreślił, że główną przeszkodą w uzyskaniu postępu jest wojna wietnamska i że Stany Zjednoczone pragnęłyby pomocy ZSRR w rozpoczęciu rokowań w celu jej zakończenia. Kissinger zaproponował wysłanie do Moskwy Cyrusa Vance'a (późniejszego sekretarza stanu u prezydenta Cartera) – pozornie dla przedyskutowania rozmów SALT, lecz faktycznie na tajne spotkanie z przedstawicielami Wietnamu Północnego – aby położyć podwaliny pod przyszły układ pokojowy. Kissinger dodał, raczej złowieszczo, że jeśli amerykańskie propozycje zakończenia wojny nie zostaną odwzajemnione, to Stany Zjednoczone nie będą miały innego wyjścia, jak tylko szybko doprowadzić do eskalacji wojny, ze szkodą dla stosunków amerykańsko-radzieckich. – Porozumienie w sprawie Wietnamu jest kluczem do wszystkiego – powiedział.

Dobrynin zadał mu szczere pytanie czy Stany Zjednoczone stawiają rozstrzygnięcie w sprawie wojny wietnamskiej jako warunek wstępny do uzyskania postępu w rokowaniach SALT. Kissinger zajął pozycję wyczekującą, obawiając się, że zbyt silny nacisk na „wiązanie" mógłby zakłócić dialog o kontroli zbrojeń, który właśnie próbował nawiązać. Odpowiedział więc tylko, że postęp w stosunkach amerykańsko-radzieckich byłby szybszy, jeśli udałoby się zakończyć wojnę wietnamską. Ambasador Dobrynin replikował nieszczerze, że Związek Radziecki ma tylko ograniczony wpływ na Wietnam Północny i że Chiny dążą do zatrucia stosunków amerykańsko-radzieckich. Eskalacja wojny – powiedział – służyłaby tylko chińskim interesom. Zapewnił Kissingera, że przekaże jego poglądy wyższym władzom. Ale Moskwa nigdy nie odpowiedziała na propozycję Kissingera dotyczącą misji Vance'a.

Miesiąc później, zdając sobie sprawę z tego, że początkowa próba wiązania negocjacji SALT z zakończeniem wojny w Wietnamie doprowadziła donikąd, Nixon odwołał się do publicznej dyplomacji. W przemówieniu, wygłoszonym 14 maja 1969 roku, zaapelował wprost do Wietnamu Północnego o doprowadzenie do zakończenia wojny. Nie wspomniał bezpośrednio ani o Związku Radzieckim, ani o Chinach, ale powiedział, że jeśli Stany Zjednoczone miałyby wycofać się jednostronnie i dopuścić do militarnego zwycięstwa Północy, to dojdzie do nasilenia konfrontacji międzynarodowej i era negocjacji zostanie zakończona.

Choć Nixon pragnął wykazać cierpliwość i dać polityce „wiązania" więcej czasu na działanie, narastające w USA publiczne naciski, by rozpocząć negocjacje SALT, zmusiły go do zmiany taktyki. Kiedy nie udało mu się przekonać krytyków w kraju, że nie odwleka rozpoczęcia rozmów SALT, wówczas - 11 czerwca 1969 roku - wydał polecenie sekretarzowi stanu Williamowi Rogersowi, by powiadomił Moskwę, że Stany Zjednoczone są przygotowane do rozpoczęcia rozmów o ograniczeniu zbrojeń.

Jeszcze przed powzięciem tej decyzji Nixon zdawał sobie sprawę z tego, że musi uzyskać dodatkowe dźwignie negocjacyjne, aby uniknąć sytuacji, w której opinia publiczna mogłaby zmusić go do przyjęcia niekorzystnego dla USA porozumienia o kontroli zbrojeń. Po bardzo dokładnym przestudiowaniu możliwości, w marcu 1969 roku Nixon zapowiedział, że zwróci się do Kongresu o wyrażenie zgody na budowę systemu obrony przeciwko rakietom balistycznym - pod nazwą Safeguard. W odróżnieniu od poprzedniego systemu Sentinel, który pierwotnie został zaplanowany jako obrona amerykańskich miast przed ograniczonym atakiem jądrowym Chin, głównym zadaniem systemu Safeguard miała być obrona amerykańskich naziemnych wyrzutni rakietowych przed pierwszym uderzeniem jądrowym ze strony Związku Radzieckiego. Nixon wiedział, że Safeguard nie spełni swej misji bez zainwestowania weń większych sum niż Kongres mógłby zaaprobować.

Aby odeprzeć ataki krytyków, zarzucających mu porzucenie obrony amerykańskich miast, Nixon wysunął propozycję budowy dwunastu stanowisk przeciwrakietowych systemu Safeguard, z równoczesną rozbudową systemu ochrony radarowej, obejmującego całe kontynentalne terytorium USA. - Rzeczywisty walor systemu Safeguard - dowodził Nixon - polega na uzyskaniu przewagi w negocjacjach nad ZSRR, który rozwija już własny system obrony rakietowej (ABM). Swą propozycję skierował do Senatu, gdzie – jak się spodziewał – doszło do ożywionej debaty. W końcu, przewagą tylko jednego głosu (który oddał wiceprezydent Spiro Agnew), Senat zaaprobował rozmieszczenie przeciwrakiet Safeguard. Niezdecydowana aprobata Senatu dla tego systemu była dla władz ZSRR wyraźnym sygnałem, że poparcie dla Nixona wewnątrz kraju jest słabe i w końcu podminuje jego politykę „wiązania".

Karta chińska

Podejście Nixona do negocjacji ze Związkiem Radzieckim skomplikowała jego determinacja, by jednocześnie odbudowywać stosunki z Chińską Republiką Ludową. Uważny obserwator mógł dostrzec nowe podejście do ChRL, formułowane w umyśle Nixona. Rok przed wyborem na prezydenta Nixon napisał ważny artykuł dla *Foreign Affairs*, sugerując w nim podjęcie nowej inicjatywy wobec Chin komunistycznych. Artykuł kończył się wnioskiem: „*W dalszej perspektywie nie możemy sobie pozwolić na wykluczenie Chin na zawsze z rodziny narodów*". Nixon wierzył, że otwierając stosunki dyplomatyczne z ChRL, skorzysta z pogarszających się stosunków chińsko-radzieckich i zdobędzie przewagę, którą mógłby „wymienić" na współpracę z ZSRR w sprawie Wietnamu. Od marca do grudnia 1969 roku Rosjanie i Chińczycy zaangażowali się w serię zbrojnych starć granicznych i w obu stolicach utrzymywało się wysokie napięcie.

W pierwszych miesiącach prezydentury Nixon nie uczynił wiele dla swego projektu liberalizacji stosunków z Chinami. Faktycznie zaś liczne, wprowadzające zamieszanie wypowiedzi na temat chińskiego zagrożenia pogarszały te stosunki. Mimo to – zdaniem Nixona – starcia na granicy chińsko-radzieckiej stwarzały okazję do nawiązania bliższych związków z ChRL.

Choć później Kissinger przypisał sobie większą część zasług, początkowo nie podzielał entuzjazmu Nixona dla poszerzonych stosunków z Chinami, do czego przyznaje się w swoich wspomnieniach. Inicjatywa wobec Chin była wyłącznie pomysłem Nixona, a opierała się na rozumowaniu, że USA mogłyby skorzystać na napięciu chińsko-radzieckim. Kissinger był bardziej zainteresowany polepszeniem stosunków amerykańsko-radzieckich i obawiał się, że próba rozegrania Chin i Związku Radzieckiego przeciwko sobie może podważyć nasze stosunki z Rosjanami. Ale obecność przy narodzinach historycznego momentu była dla Kissingera zbyt atrakcyjną okazją, by odwrócić się do niej plecami.

Latem 1969 roku Nixon udał się w podróż zagraniczną do wielu krajów. Podczas podróży – ostrożnie dobierając słów – napomykał o tym, że Stany Zjednoczone są zainteresowane polepszeniem stosunków z ChRL. Otwarto dyplomatyczny tajny kanał do Pekinu przez Rumunię i Pakistan – jedne z niewielu państw utrzymujących dobre stosunki zarówno ze Stanami Zjednoczonymi, jak i z Chinami. Pod koniec roku przygotowania zostały ukończone i dyplomatyczny trójkąt Waszyngton-Pekin-Moskwa zaczął nabierać kształtu. Nixon działał pomysłowo i wkładał wiele wysiłku w zapewnianie świata, a szczególnie Moskwy, że polepszenie stosunków między USA a ChRL nie będzie się odbywało kosztem jakiegokolwiek innego kraju. Ale prawdziwe znaczenie wstępnych rokowań Nixona z Chinami nie umknęło uwagi Moskwy i bez wątpienia nie wpłynęło zachęcająco na współpracę ZSRR z USA w dziedzinie kontroli zbrojeń – w dalszej części 1969 roku.

Doktryna Nixona

Jesienią 1969 roku, po powrocie z podróży zagranicznej, Nixon skierował uwagę na główny problem, którym było zakończenie wojny w Wietnamie. Jedną z najważniejszych obietnic, złożonych w kampanii wyborczej było przyrzeczenie zakończenia wojny wietnamskiej i powrotu wojska do domu. Choć prezydent już w czerwcu zaczął realizację tego ostatniego celu, wycofując z Wietnamu 25 000 żołnierzy, trwały pokój pozostawał nadal nieosiągalny.

Sekretarz obrony Melvin Laird był autorem niezgrabnego terminu *wietnamizacja*, ogłoszonego w marcu 1969 roku jako uzasadnienie dla redukcji sił wojskowych USA w Azji. Choć wysiłki w tym kierunku miały szerokie publiczne poparcie w USA, zapowiedź całkowitego wycofania amerykańskiego wojska z Indochin wywołała zaniepokojenie na forum międzynarodowym. Rozumiano tę decyzję jako jednostronną redukcję wojskowych zobowiązań USA w Azji i rezygnację z międzynarodowej odpowiedzialności.

Nixon dał odpór tym obawom, formułując szeroki program nowego podejścia do amerykańskich zobowiązań za granicą. Doktryna

Nixona podkreślała znaczenie ekonomicznej i materialnej pomocy USA, a zawężała warunki użycia większych kontyngentów wojsk USA do zagranicznych operacji militarnych. Plan przewidywał rozwój regionalnych mocarstw, które – z pomocą USA – mogłyby opanowywać niezbyt intensywne konflikty na obszarach swych interesów. Stany Zjednoczone mogłyby zachować częściową kontrolę nad tymi państwami, wykorzystując do tego pomoc gospodarczą i wojskową.

Jeśli w teorii, na papierze, plan ten sprawiał dobre wrażenie, w praktyce miał wiele wad przy zastosowaniu go bezpośrednio do wojny w Wietnamie. Po pierwsze, i co najważniejsze, drastycznie ograniczał zakres negocjacji z Wietnamem Północnym. Gdyby przywódcy Wietnamu Północnego chcieli trzymać Nixona za słowo, dlaczego mieliby negocjować porozumienie pokojowe, jeśli wycofanie wojsk amerykańskich było tylko kwestią czasu?

Ale Nixon nie zamierzał całkowicie opuścić południowych Wietnamczyków. Był przekonany, że stopniowa redukcja wojsk amerykańskich zostanie zrównoważona przez połączenie dwóch czynników: znacznej pomocy wojskowej dla Południa oraz szerokiego wsparcia taktycznego lotnictwa USA i uzbrojonych w broń konwencjonalną strategicznych ciężkich bombowców B-52 dla armii południowowietnamskiej. Trik polegał na przekonaniu Północy, jak również ZSRR, że prezydent jest gotów użyć tych sił mimo przewidywanego negatywnego wpływu tej decyzji na opinię publiczną w USA.

Tymczasem wysiłki Nixona w sprawie Chin oraz jego decyzja o rozbudowie obrony przeciwko rakietom balistycznym zaczęły przynosić dywidendy. 20 października 1969 roku ambasador Dobrynin poinformował prezydenta, że Rosjanie są przygotowani do rozpoczęcia rozmów o ograniczeniu broni strategicznych. Nixon – uradowany niewątpliwym sukcesem swych manewrów – raz jeszcze spróbował „wiązania" tych rozmów z wojną wietnamską. Poinstruował Kissingera, by wywarł nacisk przez tajny kanał, aby Rosjanie ustosunkowali się do sprawy Wietnamu. Namówił też Kissingera, aby powiedział radzieckim przywódcom, że Stany Zjednoczone są zdecydowane podjąć nadzwyczajne środki w celu zakończenia wojny. Kissinger, wiedząc, że USA nie mają planów eskalacji konfliktu i obawiając się, że zbyt ostra gra może zniszczyć kiełkujące dopiero negocjacje SALT – zignorował instrukcje Nixona. Ta sprawa zapoczątkowała narastające napięcia między prezydentem a jego doradcą do spraw bezpieczeństwa narodowego. Kiedy w 1973 roku zostałem negocjatorem kontroli zbrojeń, słyszałem przy różnych okazjach, jak personel Kissingera przytacza jego opinię, że Nixon obrał złą drogę w rokowaniach ze Związkiem Radzieckim.

Krótko przed przyłączeniem się do ekipy Nixona również Kissinger opublikował artykuł w *International Affairs*, w którym sceptycznie odniósł się do możliwości zwycięstwa USA w wojnie wietnamskiej i zachęcał Wietnam Południowy do większego zaangażowania sił wojskowych i wzięcia na siebie większej odpowiedzialności za prowadzenie wojny. Jak się wydaje, zabiegi Nixona, aby połączyć Wietnam i SALT jedynie potwierdziły przekonania Kissingera i pogłębiły jego rozczarowanie polityką „wiązania". Poza tym częste dyskusje z ambasadorem Dobryninem i ministrem spraw zagranicznych ZSRR Andriejem Gromyką doprowadziły Kissingera do wniosku, że negocjacje z Rosjanami o kontroli zbrojeń są o wiele ważniejsze dla interesów USA niż wczesne zakończenie wojny w Azji Południowo-Wschodniej.

Dobrynin – z bliska obserwujący to, co działo się w Białym Domu – wyczuwał kierunek wysiłków Nixona, mimo że Kissingerowi nie udało się przekazać mu ostrzeżenia od prezydenta. Gdy radziecki ambasador poinformował Nixona o gotowości Moskwy do rozpoczęcia negocjacji SALT, równocześnie ostrzegł, że proponowana przez Nixona metoda rozwiązania konfliktu wietnamskiego przez użycie siły jest niezwykle niebezpieczna. Dobrynin, zdając sobie sprawę z zamiarów Nixona rozpoczęcia wstępnych rokowań z ChRL, dodał, że jeśli Stany Zjednoczone pragną wyciągnąć korzyści z pogarszających się stosunków chińsko-radzieckich kosztem ZSRR, to taki zamiar może okazać się poważnym błędem.

Uwagi Dobrynina wzburzyły Nixona i jego odpowiedź była równie bezkompromisowa. W swej autobiografii pod tytułem *R. N.* Nixon napisał potem, że odpowiedział Dobryninowi, iż: *„jedynym beneficjentem amerykańsko-radzieckich nieporozumień w sprawie Wietnamu są Chiny i teraz jest ostatnia okazja, aby zakończyć wojnę wietnamską"*. Bliski histerii Nixon dodał: *„Możecie uważać, że potraficie mnie złamać... Możecie wierzyć, że sytuacja wewnątrz USA jest nie do opanowania, [lecz] chciałbym, aby pan zrozumiał, że Związek Radziecki będzie skazany na mnie przez następne trzy lata i trzy miesiące. Jeśli Związek Radziecki nie pomoże nam w uzyskaniu pokoju, to będziemy musieli uciec się do własnych metod doprowadzenia tej wojny do końca"*.

Mimo napięcia negocjacje o kontroli zbrojeń rozpoczęły się w Helsinkach, w Finlandii, 17 listopada 1969 roku. Trwały w sumie dwa i pół roku i złożyło się na nie siedem osobnych rund rozmów. Podczas pierwszej rundy SALT negocjatorzy radzieccy robili wrażenie zainteresowanych dyskusją o nałożeniu ograniczeń na wysoko destabilizujące, naziemne międzykontynentalne rakiety balistyczne (ICBM), co było pierwszorzędnym celem USA. Ale podczas drugiej rundy, rozpoczętej w kwietniu 1970 roku w Wiedniu, strona radziecka odwróciła kierunek swych poprzednich propozycji, dążąc do wyłączenia z negocjacji rakiet ICBM. Nowy radziecki program skupił się wyłącznie na ograniczeniu obronnych systemów przeciwrakiet balistycznych (ABM).

Stany Zjednoczone uparcie podkreślały, że nałożenie limitów na rakiety ICBM jest sprawą najwyższej wagi. Każdej redukcji systemów obronnych powinno towarzyszyć jednoczesne nałożenie ograniczeń na strategiczną broń ofensywną. Tymczasem Rosjanie, nie wyrażając chęci nałożenia limitów co do liczby, rozmiarów i udźwigu głowic (*throw weight)* rakiet ofensywnych, sygnalizowali gotowość ograniczenia liczby głowic niezależnie naprowadzanych na cel (MIRV), przenoszonych na rakietach. Zdawali sobie sprawę z tego, że Stany Zjednoczone przodują w technologii MIRV. Nałożenie limitów na głowice MIRV pozwoliłoby im zachować przewagę w strategicznej zdolności ofensywnej. Dokładnie z tego powodu Pentagon nie godził się na eliminację głowic MIRV i przekonywał prezydenta Nixona do obrony swego stanowiska. Gdy więc Stany Zjednoczone nie miały zamiaru nakładać ograniczeń na środki obrony strategicznej, jeśli nie towarzyszyłyby im równoczesne limity dla broni ofensywnych, chcieliśmy, aby limity te sprowadzić do liczby, rozmiarów i zdolności do przenoszenia ciężaru głowic rakiet balistycznych, a nie do samej liczby głowic przenoszonych na tych rakietach.

Henry kto?

Stosunki wzajemne Nixon–Kissinger były czynnikiem decydującym o postawie prezydenta wobec polityki zagranicznej. Kissinger był znakomity i energiczny, bystry i zagadkowy. Zamknięty w sobie i melancholijny, prawie natychmiast potrafił stać się otwartym i wylewnym.

Po raz pierwszy usłyszałem o nim od oficerów, którzy we wczesnych latach 60. studiowali na Uniwersytecie Harvarda, gdzie Kissinger wykładał stosunki międzynarodowe i dyplomację nuklearną. Słyszałem też wiele o Kissingerze od mego bliskiego przyjaciela – dra Fritza Kraemera, który służył sekretarzom obrony USA jako doradca do spraw polityki zagranicznej w latach 60. i 70. Kraemer i ja byliśmy kolegami w tej samej klasie National War College w 1958 roku. Na ostatnim semestrze studiów miałem przyjemność dzielić z Kraemerem pierwsze miejsce w dorocznym konkursie prac egzaminacyjnych. Było zwyczajem, że zwycięzca odczytywał swoją pracę publicznie i obaj zostaliśmy wezwani do prezentacji. Prezentacja Kraemera była wspaniała. Jak doświadczony aktor odegrał role wszystkich czterech bohaterów swej pracy, każdą w innym języku. Podobnie jak wszyscy w klasie byłem oczarowany i zapomniałem prawie wszystkiego, co miałem do powiedzenia w swoim wystąpieniu.

Kraemer – z urodzenia i temperamentu Prusak – wyjechał z Niemiec do Stanów Zjednoczonych pod koniec lat 30., nie mogąc już nic więcej zrobić, by zapobiec objęciu władzy przez Hitlera. Został zmuszony do pozostawienia w Niemczech żony – Britty, urodzonej w Szwecji, oraz synka w wieku niemowlęcym – Svena. Wiele lat później Sven, jako pracownik Narodowej Rady Bezpieczeństwa (NSC), wszedł do ekipy Kissingera, gdy ten został doradcą prezydenta do spraw bezpieczeństwa narodowego.

Fritz Kraemer przybył do USA w 1939 roku, mając niewiele pieniędzy i nielicznych przyjaciół. Zmieniał stale pracę, starając się o uzyskanie obywatelstwa amerykańskiego i próbując przekonać FBI, że nie jest niemieckim szpiegiem. W końcu, w 1943 roku – tego samego dnia, gdy stał się obywatelem wybranej ojczyzny – został wzięty z poboru do Armii USA. Bardzo pragnąc przyłączyć się do wojny przeciwko tym, którzy zmusili go do opuszczenia domu i ojczyzny przodków, wygrał spór z amerykańskimi urzędnikami, którzy uważali, że jako Niemiec nie powinien być wysłany na wojnę w Europie. Potem dowiódł swego pruskiego uporu, domagając się prawa do noszenia monokla, kiedy był w mundurze. Kraemer był jedynym żołnierzem Armii USA, który otrzymał to wyjątkowe prawo.

W ostatnich dniach wojny w Europie Kraemer, który służył w 84. Dywizji Piechoty, dowiedział się, że jednostka z Trzeciej Armii generała Pattona wyzwoliła wioskę, gdzie – w domku myśliwskim należącym do rodziny – schroniła się jego żona wraz z synem. Napisał memorandum do generała Pattona, przekazane drogą służbową, prosząc go o odszukanie swej rodziny i zapewnienie jej ochrony. Jako człowiek wysokich zasad uważał za niestosowne prosić o zgodę na opuszczenie jednostki, gdy nadal trwały walki. W dniu zwycięstwa w Europie (V-E Day) poprosił o tygodniowy urlop i otrzymał go. Dzień później, wjeżdżając do wioski, zauważył swoją żonę. Nie chcąc publicznie okazywać uczuć, poprosił kierowcę o odwiezienie go na skraj wioski. Następnie wysłał go po panią Kraemer. Dopiero gdy przywieziono ją na miejsce, przeżyli razem radość z połączenia się po przymusowym sześcioipółletnim rozstaniu.

Kraemer odkrył Kissingera w okolicznościach dość niezwykłych. Podczas drugiej wojny światowej Kissinger służył w Armii USA jako szeregowiec, przydzielony do specjalnej jednostki składającej się z żołnierzy wybitnie inteligentnych (z bardzo wysokim IQ). Armia poszukiwała sposobu na wykorzystanie talentów tych wybitnie zdolnych poborowych i zgrupowano ich w jednym batalionie, zamierzając posłać na specjalne przeszkolenie, czego później zaniechano. Kraemer i Kissinger spotkali się w 1944 roku w stanie Luizjana, kiedy przydzielono ich do 84. Dywizji Piechoty na normalne szkolenie wojskowe.

Kraemer, mimo wybitnego intelektu i wysokich stopni naukowych, był jeszcze szeregowym żołnierzem. Później miał otrzymać wojenny patent oficerski i zostać porucznikiem – najstarszym wiekiem porucznikiem w Armii USA. Tymczasem naukowe kwalifikacje szeregowego Kraemera pomogły przekonać dowódcę, by zezwolił mu na wygłoszenie pogadanki dla specjalnej grupy utalentowanych żołnierzy na temat wojennych celów Stanów Zjednoczonych. Odnalazł ich, podczas odpoczynku, w drodze na poligon w Luizjanie i w ciągu 20 minut wygłosił do nich podnoszącą na duchu przemowę: *„O co walczymy"*. Jak opowiedział mi później jeden z uczestników tej pogadanki, Kraemer wygłosił swą płomienną mowę z trybuny na masce dżipa. Ożywiony i spocony z emocji, przyjął potem owację otaczających go żołnierzy.

Tego samego dnia, po południu, Kraemer otrzymał list z wyrazami uznania od szer. H. Kissingera. Kissinger poprosił o spotkanie w celu przedyskutowania ważniejszych punktów pogadanki. Kraemer uprzejmie odpowiedział i odbyli dwugodzinną rozmowę. – Pierwsze wrażenie, jakie zrobił na mnie Kissinger – powiedział mi potem Kraemer – to jego błyskotliwość. Był niewątpliwie bardzo utalentowany. Nic nie wiedział, ale wszystko rozumiał.

Przypadkowe spotkanie zapoczątkowało długoletnią przyjaźń obu mężczyzn. Na pierwszym spotkaniu Kissinger powiedział Kraemerowi, że ma nadzieję zostać księgowym. Kraemer zasugerował młodemu żołnierzowi, że mógłby mierzyć wyżej i osiągnąć więcej. Nie wiedział wówczas, że uderzył w czułe miejsce młodego Kissingera. Jego ojciec był księgowym i Henry chciał pójść w jego ślady. Ale Kraemer poradził mu, by studiował sprawy międzynarodowe. Kissinger poszedł za jego radą i otrzymał stypendium na Uniwersytecie Harvarda, na wydziale stosunków międzynarodowych.

Po uzyskaniu stopnia licencjata Kissinger pozostał na Harvardzie na studiach magisterskich. Jego rozprawa doktorska, zatytułowana *A World Restored* (Świat odbudowany), została później opublikowana i jest przez wielu uważana za najtrwalszy produkt intelektualny Kissingera. Roger Morris – pisarz i były współpracownik Kissingera – tak ocenił tę pracę: *„Głębokie, czasami skrzywione studium dyplomatów i dyplomacji pierwszej dekady po wojnach napoleońskich, niewątpliwie owoc intelektualnej miłości. W tę pracę Kissinger włożył najbardziej twórcze i praktyczne przemyślenia na temat polityki zagranicznej"*.

W 1957 roku, gdy miał trzydzieści cztery lata, Kissinger – wówczas nauczyciel akademicki na Harvardzie – stał się na krótko sławny po opublikowaniu nagrodzonej książki *Broń nuklearna a polityka zagraniczna*. Pisał ją dla prestiżowej Rady Stosunków Międzynarodowych (CFR), przewodnicząc grupie uczestników studiów nad polityką nuklearną. Kissinger namówił Radę, aby pozwoliła mu na zredagowanie i rozszerzenie tej pracy, na podstawie rekomendacji grupy. W książce, która potem powstała, ujawnił, że jego własne podejście do stosunków międzynarodowych było mieszaniną cynizmu i pragmatycznego realizmu.

W 1958 roku Kissinger przygotował specjalny raport na temat problemów bezpieczeństwa narodowego, tym razem dla Fundacji Braci Rockefellerów (RBF). Dzięki tej pracy poznał Nelsona Rockefellera, który – na całe życie – stał się jego przyjacielem i dobroczyńcą. W tym samym roku został mianowany zastępcą dyrektora prestiżowego Centrum Spraw Międzynarodowych na Uniwersytecie Harvarda.

Pierwsze doświadczenia w rządzie Kissinger zdobył w1961 roku, kiedy – na krótko – został konsultantem Narodowej Rady Bezpieczeństwa (NSC) w administracji prezydenta Kennedy'ego.

Dla młodego naukowca nie było to zbyt ciekawe doświadczenie, czemu dał wyraz w książce *White House Years* (*Lata w Białym Domu*):

„Rzeczywista natura konsultacji zewnętrznej i moja własna natura akademickiego egocentryzmu, dotąd nie utemperowanego przez codzienne naciski prezydentury, złożyły się na frustrujące pod każdym względem doświadczenie. Mając małe pojęcie o tym, jak funkcjonuje urząd prezydencki, zużywałem całą energię, oferując niechciane rady i – podczas rzadkich kontaktów – narzucając prezydentowi Kennedy'emu swe uczone rozprawy, z których nie miałby żadnego pożytku, nawet w tym nie bardzo prawdopodobnym przypadku, gdyby wzbudziły jego zainteresowanie".

Jak na ironię, Kissinger wyszedł z tych frustrujących doświadczeń zwycięsko, nauczywszy się lekcji o kapitalnym znaczeniu: plasowania się blisko centrum władzy. Później wyznał dziennikarce, Orianie Fallaci: *„To, co mnie [najbardziej] interesuje, to jak wykorzystać władzę".* Kiedy zaczął pracować dla Nixona, jego priorytetem było jak najszybsze zajęcie takiej pozycji, z której mógłby zdobyć i utrzymać zaufanie prezydenta.

Krótko po wyborze Nixona na prezydenta USA komitet wyborczy zaprosił Kissingera i zaaranżował spotkanie z prezydentem elektem w jego biurze, w hotelu Pierre w Nowym Jorku. Kissinger – za zgodą Nelsona Rockefellera, którego Nixon pokonał w wyścigu do nominacji na kandydata republikanów – przedstawił Nixonowi opracowany przez siebie zestaw dokumentów doradczych na temat różnych zagadnień polityki zagranicznej, pierwotnie przygotowany dla kampanii wyborczej Rockefellera. Nie będąc pewnym celu tego spotkania, Kissinger miał nadzieję, że – w najlepszym razie – otrzyma ofertę pracy na stanowisku szefa Grupy Planowania Polityki (PPG) w Departamencie Stanu. Lecz ku jego wielkiemu zaskoczeniu, szczególnie w świetle tego, że Nixon go nie znał i że żywił powszechnie znane uprzedzenia wobec liberalnego establishmentu Wschodniego Wybrzeża, prezydent poprosił Kissingera, aby został jego doradcą do spraw bezpieczeństwa narodowego.

Oferując to stanowisko Kissingerowi, Nixon zamierzał skorzystać z autorytetu, jaki mógłby wnieść do jego administracji doradca z Ivy League – jak nazywano absolwentów najlepszych uniwersytetów. Ze swej strony Kissinger pożądał władzy i prestiżu, które mógłby zdobyć na wysokim stanowisku w administracji prezydenta. W książce Marvina L. Kalba i Bernarda Kalba *Kissinger* autorzy przytoczyli wypowiedź Williama Safire'a, późniejszego autora przemówień Nixona, który tak opisuje dziwne wzajemne stosunki, łączące Nixona i Kissingera:

„Trzeba pamiętać o tym, że Nixon – delikatnie mówiąc – nie zawsze cieszył się szacunkiem intelektualistów. Słyszał o Kissingerze – jednym z diamentów w diademie Rockefellera. Wiedział, że potrzebuje intelektualistów do swej administracji. A był bogaty – bogaty we władzę. Mógł dać Kissingerowi propozycję nie do odrzucenia – że posłużę się tu terminologią z Ojca Chrzestnego. *Mógł oferować mu możliwość działania, władzę, pozycję w centrum, coś, czego nie mógłby dać wcześniej, aby go oderwać od Rockefellera. I sprawiło mu to niewątpliwą przyjemność"*.

Kissinger przyjął ofertę skwapliwie, mimo swych poprzednich złych doświadczeń na stanowisku doradcy prezydenta. Kiedyś w tajemnicy wyznał koledze z Uniwersytetu Harvarda – Waszyngton to okropne miejsce. Każdy podcina drugiemu gardło. Tylko sukinsyn może tam odnieść sukces. – Nie trwało długo – powiedział mi ten kolega – a sam Kissinger zaczął żyć zgodnie z własną receptą na sukces.

Kissinger był zręczny w doborze przyjaciół, którzy mogli mu pomóc w karierze. Do najbliższego grona dobierał sobie tych, którzy byli przydatni, odrzucając tych, którzy już nie byli potrzebni. – Sekret mojego sukcesu – powiedział kiedyś Kissinger – polega na tym, że zapominam swych starych przyjaciół.

Między swym spotkaniem z Nixonem a zaprzysiężeniem go na prezydenta Kissinger opracował pomysłowy plan, w którym doradca do spraw bezpieczeństwa narodowego miał górować nad Departamentem Stanu i Departamentem Obrony w formułowaniu polityki zagranicznej Stanów Zjednoczonych. Jego plan skupiał się na umieszczeniu siebie pomiędzy członkami rządu (i aparatami, które reprezentowali) a prezydentem. Wszystkie rekomendacje, dotyczące polityki zagranicznej, miały przechodzić przez ręce Kissingera, który miał dodawać do nich swe oceny i opinie, zanim przedstawi je prezydentowi.

Podsekretarz stanu do spraw politycznych – U. Alexis Johnson, człowiek numer trzy w Departamencie Stanu – zdawał sobie sprawę, że Kissinger zmajstrował sobie pomysłowe dojście do prezydenta i próbował zastopować plan Kissingera przed jego realizacją. Kissinger, przewidując sprzeciw, poprosił generała Goodpastera, który zarządzał Narodową Radą Bezpieczeństwa (NSC) za kadencji prezydenta Eisenhowera, aby poparł jego plan. Reputacja Goodpastera była tak wysoka, że Melvin Laird i William Rogers – sekretarze obrony i stanu – uznali jego ocenę za zobowiązującą. Jestem pewien, że mój stary przyjaciel i dawny kolega z wojska – Goodpaster – nie miał pojęcia, że mógł być pomocny w ustanowieniu procedur, które miały potem zostać wykorzystane przez Kissingera dla uzyskania pełnej kontroli nad aparatem polityki zagranicznej.

Kiedy Nixon sprowadził go do Waszyngtonu, Kissinger stał się cotygodniowym gościem w domu Fritza Kraemera, gdzie szukał rady i wylewał z siebie najbardziej intymne nadzieje i obawy. Kraemer miał wysokie poważanie dla błyskotliwości Kissingera jako historyka dyplomacji. Ich długie dyskusje na temat takich kluczowych dla historii osobistości jak Bismarck i Metternich były dla obu stałym źródłem satysfakcji. Choć Kraemer nigdy nie dzielił tajemnic Kissingera ze mną, to jednak opowiedział mi wiele o tym skomplikowanym człowieku. Dla Kraemera Kissinger był Machiavellim (z zamiłowania do intryg), Talleyrandem (uwielbiał negocjacje) i Rasputinem (przez wpływ na życie innych) – wszystkie te cechy zbiegały się w nim.

Kissinger był człowiekiem trudnym we współpracy i wręcz nieznośnym dla tych, którzy dla niego pracowali. Jego zmienne usposobienie i szorstkie maniery były legendarne. Przy jednej z okazji posadzono mnie obok urzędnika Departamentu Stanu na zebraniu, gdzie omawialiśmy propozycję, jak postępować wobec rosnącego arsenału radzieckich ciężkich rakiet. Podczas dyskusji mój sąsiad przekazał mi notatkę z pytaniem: – Czy wypowiedzi Henry'ego są słuszne?

– Nie – odpisałem – on się myli.

– Czy mam go skorygować? – nagryzmolił.

– Tylko wtedy, jeśli chce pan być zwolniony – szepnąłem. – Niech pan powie mu to prywatnie, później. Jeśli powie mu pan teraz, Henry wybuchnie – bo nie znosi krytyki.

Sąsiad zignorował moją radę. Sugerował, dokładnie dobierając słowa i z wielkim szacunkiem, że Kissinger mógłby sprawdzić dane. Twarz Kissingera momentalnie zbladła. Po czym, odzyskując równowagę, chłodno mu podziękował. Następnego dnia mój znajomy dowiedział się, że zostanie bezceremonialnie wysłany na placówkę zagraniczną.

Wkrótce po tym, jak zostałem mianowany przedstawicielem Połączonego Komitetu Szefów Sztabów (JCS) na rozmowy SALT II, w marcu 1973 roku, zostałem także głównym doradcą przewodniczącego JCS w sprawach kontroli zbrojeń i miałem wiele okazji do bezpośrednich obserwacji zmiennej osobowości Kissingera. Brałem udział we wszystkich spotkaniach Narodowej Rady Bezpieczeństwa (NSC) poświęconych kontroli zbrojeń i widziałem, jak arogancko Kissinger traktował tych, którzy nie zgadzali się z jego poglądami, nie wykluczając swych najbardziej zaufanych doradców – takich jak Bill Hyland, Larry Eagleburger i Hal Sonnenfeld.

Kissinger miał własne wyobrażenie o tym, jak wykorzystywać ekspertów, analityków i planistów w swym zespole. Podobnie jak Nixon uważał biurokratów za zło konieczne. Biurokracja była mu potrzebna jedynie do tworzenia iluzji, że różne agencje rządowe są konsultowane, a ich rekomendacje brane pod uwagę. Faktycznie nie cierpiał wtrącania się z zewnątrz do tego, co uważał za swoją osobistą działkę. Częściej niż to było potrzebne włączał biurokrację do pracy nad mniej lub bardziej istotnymi, lecz w ostatecznym wyniku pozbawionymi znaczenia, aspektami ważnych spraw.

Byłoby eufemizmem stwierdzenie, że w stosunkach z innymi Kissinger nie znosił głupców (lub im podobnych). W swym odczuciu intelektualnie górował nad większością współpracowników i uważał ich za niekompetentnych, nawet Billa Clemensa, pierwszego zastępcę sekretarza obrony w administracji Nixona. Clemens odnosił się do Kissingera z szacunkiem i uległością, ale jego gotowość do trzymania się w cieniu powodowała, że był tym bardziej narażony na złośliwe traktowanie.

Na posiedzeniu rządu w 1974 roku, krótko po powrocie Kissingera z udanego spotkania z radzieckim ministrem spraw zagranicznych – Andriejem Gromyką, Clemens pogratulował Kissingerowi.

– Henry – powiedział. – Wykonałeś dobrą robotę w Moskwie. Na to Kissinger obrócił się na pięcie i sarkastycznie warknął – Nie myśl sobie, że możesz mnie zmiękczyć pochlebstwami. – Myślałem, że Kissinger żartuje, ale nawet się nie uśmiechnął. Dla wszystkich tam obecnych było jasne, że celowo upokarzał Clemensa.

Zdumiony i wzburzony Clemens nie potrafił nawet pomyśleć o odpowiedzi. Za to odebrał lekcję, że w stosunkach z czcigodnym doktorem Kissingerem nawet prosty komplement może być niebezpieczny.

Pomijając osobiste uprzedzenia Kissingera, zachowałem dla niego wiele podziwu i szacunku. Zawsze przekonywałem się, że był zręczny, agresywny, umiał jednocześnie utrzymywać w powietrzu wiele piłek i w myśleniu był innowatorem, na którego zawsze można było liczyć, że znajdzie jakiś nowy aspekt w każdej sprawie. Podziw przychodził mi tym łatwiej, że Kissinger nigdy nie odważył się skarcić mnie tak, jak to czynił z innymi. Traktował mnie inaczej, jak myślę dlatego, że z powodu doświadczeń wojennych zachował sporo respektu dla wyższych szarż oficerskich. Zauważyłem, że zawsze odnosił się do swych doradców wojskowych – Alexandra Haiga i Brenta Scowcrofta – lepiej niż do współpracowników cywilnych. Łaskawość Kissingera wobec mnie wynikała prawdopodobnie po części z tego, że wiedział o mojej długoletniej przyjaźni z senatorem „Scoopem" Jacksonem. Kissinger zawsze pamiętał o potrzebie współpracy z Kongresem i nie miał zamiaru zniechęcać do siebie potężnego senatora ze stanu Washington.

Jako zespół negocjacyjny Nixon i Kissiger wzajemnie się uzupełniali. Nixon rozumiał mentalność Rosjan i szybko przyswajał sobie ogólne aspekty kontroli zbrojeń, podczas gdy Kissinger był mistrzem w rozgrywaniu wielu skomplikowanych szczegółów. Czasami Nixon wciągał Kissingera w dyskusję o specyficznych szczegółach negocjacji, ale wystrzegał się rywalizowania z nim w sprawach technicznych. Niektórzy członkowie najbliższego personelu Kissingera uważali, że Nixon unikał takich konfrontacji, ponieważ czuł się intelektualnie gorszy. Nie podzielam tego poglądu. Nixon, choć nigdy nie czuł się bezpieczny, z natury wyróżniał się wysoką inteligencją (zarówno college, jak i studia prawnicze ukończył jako prymus). Fritz Kraemer, który znał dobrze obu, uważał, że Nixon dorównuje intelektem Kissingerowi, ale po prostu nie ma odpowiedniego temperamentu, aby zajmować się bardziej złożonymi punktami i tak skomplikowanych amerykańskich propozycji w dziedzinie kontroli zbrojeń. W końcu do tego zatrudnił Kissingera.

Prezydent traktował Kissingera z szacunkiem. Bardzo rzadko krytykował go – nigdy publicznie. Kissinger zaś regularnie ośmieszał Nixona za jego plecami. Pewnego razu, w 1973 roku, kiedy Kissinger wysłuchiwał informacji swych doradców przed posiedzeniem NSC,

Nixon posłał po niego. Bliski doradca Kissingera powiedział mi potem, że Kissinger tak odpowiedział posłańcowi

– Powiedz temu głąbowi, swemu prezydentowi, że będę u niego za parę minut. Ale w obecności Nixona, Kissinger wygłaszał tylko pochwały.

Dla Nixona i Kissingera korzystanie z nieoficjalnych kanałów komunikowania się było zgodne z ich zamiłowaniem do tajemnic i z patologiczną potrzebą panowania. Kanał nieoficjalny, jeśli używa się go oszczędnie i rozsądnie, może być efektywnym i nawet niezbędnym mechanizmem do popychania negocjacji naprzód. Lecz nie to było głównym celem Kissingera w utrzymywaniu tajnych linii komunikowania się z Moskwą. Mówiąc wprost, Kissinger próbował omijać cały proces negocjacji kontroli zbrojeń tylko po to, by samemu panować nad tym, co było negocjowane, i zapewnić sobie całkowitą swobodę kształtowania pozycji USA. Zarówno on, jak i Nixon usprawiedliwiali takie podejście jako niezwykle ważne dla prowadzenia polityki „wiązania". Ale powszechnie rozumiano, że prawdziwym powodem było to, że żaden z nich nie dowierzał urzędnikom.

To ściśle tajne podejście miało wiele wad. Po pierwsze, utrzymywało w niewiedzy amerykański zespół negocjatorów co do tego, co było dyskutowane na wyższych szczeblach. Radziecki ambasador Dobrynin, z którym Kissinger zwykle się komunikował, często informował swoją delegację o tym, co jest rozważane kanałem nieoficjalnym. Fakt ten stawiał negocjatorów amerykańskich w niezwykle trudnej sytuacji – w relacjach z ich radzieckimi odpowiednikami, którzy często wydawali się być lepiej niż my poinformowani o zmianach w polityce amerykańskiej.

Po drugie, choć zespół negocjatorów radzieckich był informowany o tym, co się dzieje, rzadko otrzymywał instrukcje z Moskwy, jak realizować decyzje, które Kissinger uważał za uzgodnione z Dobryninem. Negocjatorzy amerykańscy, ponieważ trzymano ich w niewiedzy, nie mogli wywierać nacisku na radzieckich, by wypełniali porozumienia zawarte między Kissingerem a Dobryninem. Praktycznym efektem było to, że przy stole negocjacyjnym wykonywano niewiele produktywnej pracy w przekładaniu porozumień nieoficjalnych na język traktatowy.

I wreszcie, zdarzały się przypadki, kiedy Kissinger samowolnie przekraczał instrukcje prezydenta, dyskutując o sprawach lub nawet ustalając sprawy, do których poruszania nie był upoważniony. To było szczególnie widoczne w przypadku niektórych aspektów końcowego porozumienia SALT I w 1972 roku.

Ambasador Gerard Smith i przedstawiciel Departamentu Stanu w zespole SALT I – Raymond Garthoff – odnosili się krytycznie do wykorzystywania przez Kissingera kanału nieoficjalnego. Niezadowolenie Smitha było zrozumiałe, jeśli wziąć pod uwagę, że on – główny negocjator – był pomijany i trzymany w niewiedzy. Garthoff zauważył, że kanał nieoficjalny odpowiada stylowi Kissingera i uznał, że czasami Kissinger działa błyskotliwie. Ale powiedział też, że Kissinger *„nie uznał roli, jaką mogliby odegrać zawodowi... dyplomaci"*. Odrzucenie przez Kissingera *„potrzebnego doradztwa"* oznaczało, że *„ucierpiały interesy USA"*.

Helmut Sonnenfeld, członek najbliższego personelu Kissingera, nie zgadzał się z krytyką Garthoffa, opierając swoje argumenty głównie na przesłankach konstytucyjnych. Napisał, że *„... jest zupełnym absurdem sugerowanie, że prezydent Stanów Zjednoczonych nie posiada uprawnień do [utrzymywania] stosunków z... ministrami.... innych rządów"*. Jednakże nie wierzę, by sprawa, którą podniósł Sonnenfeld dotyczyła uprawnień konstytucyjnych. Prezydent i jego przedstawiciel mają oczywiście uprawnienia do nawiązywania poufnych stosunków z innymi rządami. Raczej, jak przypuszczam, sprawa dotyczy tego, czy objęcie tych stosunków ścisłą tajemnicą, aż do przesady, nie zawiera w sobie ryzyka, że Stany Zjednoczone zostaną obarczone potencjalnie niekorzystnymi porozumieniami. Sam Sonnenfeld wydawał się sugerować rozwiązanie, które polegało na utrzymywaniu *„oficjalnych i nieoficjalnych kanałów... w pewnej harmonii"*. Podczas okresu rządów Nixona i Kissingera te dwa podejścia były po prostu dalekie od równowagi.

Stosunki między Nixonem a Kissingerem były z początku harmonijne. Ich pierwszy poważny spór dotyczył odbycia wczesnego szczytu z przywódcami ZSRR na temat kontroli zbrojeń. Nixon był z natury sceptyczny i nie wierzył, aby spotkania na szczycie prezydenta USA [z Rosjanami] kiedykolwiek spełniły oczekiwania wyznaczone im przez amerykańską opinię publiczną. Był na tyle politycznym realistą, by rozumieć, że długotrwałe różnice ideologiczne rzadko można przezwyciężyć w atmosferze wielkiego nacisku, którą tworzą bezpośrednie negocjacje w cztery oczy. Mimo to wiosną 1970 roku Nixon zdecydował o realizacji pomysłu na szczyt amerykańsko-radziecki. Uważał, że zgłaszając dramatyczną inicjatywę pokojową na tym spotkaniu, mógłby wymanewrować demonstrantów przeciwko wojnie wietnamskiej. I że taki odważny gest mógłby pomóc republikanom wprowadzić do Kongresu swych kandydatów w następnych wyborach.

Kissinger się nie zgadzał. Czuł, że nie było odpowiednich warunków do spotkania twarzą w twarz. Po pierwsze, przyszłość negocjacji o kontroli zbrojeń była jeszcze niepewna. Po drugie, Rosjanie nie zaproponowali pomocy w rozwiązaniu problemów w Azji Południowo-Wschodniej i dramatycznie wzmagali napięcia na Bliskim Wschodzie. Wreszcie, choć nie powiedział tego Nixonowi wprost, Kissinger wyznał swym doradcom, że nie wierzy, aby prezydent mógł sprostać bezpośredniemu spotkaniu na szczycie z przywódcą ZSRR – Leonidem Breżniewem.

Nixon upierał się przy swej chęci spotkania się z Rosjanami i powiedział Kissingerowi, aby zbadał – nieoficjalnym kanałem przez Dobrynina – możliwości odbycia szczytu. W tym samym czasie radzieccy przywódcy zdecydowali się zagrać własną wersją karty chińskiej. Pod koniec czerwca 1970 roku główny negocjator radziecki w Wiedniu – Władimir Siemionow – niedyskretnie zasugerował szefowi delegacji amerykańskiej – Gerardowi Smithowi, że jeśli nuklearną prowokację miałby przygotować kraj trzeci, to Stany Zjednoczone i Związek Radziecki powinny powiadomić się wzajemnie o grożącym kryzysie. Dodał, że jeśli taki wrogi akt skończyłby się faktycznym atakiem, każda ze stron byłaby zobowiązana do akcji odwetowej przeciwko agresorowi. Związek Radziecki faktycznie proponował utworzenie amerykańsko-radzieckiego kondominium bezpieczeństwa przeciwko Chinom. Stosunki chińsko-radzieckie były w tym okresie mocno sporne, a wstępne rokowania USA z Chinami – nadal w stanie embrionalnym. Nixon szybko rozszyfrował, o co chodziło Rosjanom, i poinstruował Smitha, aby sugestię Siemionowa odrzucić.

Kilka lat później, krótko po tym, jak włączyłem się do delegacji na rozmowy SALT II, osobiście widziałem strach i głęboką nienawiść Rosjan do Chińczyków. Podczas rozmowy na koktajlu z radzieckim generałem-pułkownikiem Iwanem Bieleckim, Boris Klosson, przedstawiciel Departamentu Stanu na rozmowy o kontroli zbrojeń, zażartował, że Rosjanie są przeczuleni na punkcie zagrożenia ze strony Chin. – Kiedy Napoleon zaatakował Rosję – powiedział – Rosjanie spalili wszystkie swoje miasta pomiędzy granicą wschód–zachód a Moskwą. Niech Pan pomyśli, ile miast trzeba by spalić pomiędzy granicą Chin a Moskwą.

Guz na czole Bieleckiego - pozostałość po kontuzji podczas II wojny światowej – stał się purpurowy i zaczął migać jak światełko kontrolnej lampki w maszynie do gry w pin-balla. A Klosson szybko zmienił temat.

Jak tylko przywódcy radzieccy otrzymali stanowcze nie dla swej chińskiej intrygi, Dobrynin powiedział, że Związek Radziecki jest zainteresowany szczytem i poprosił Kissingera o dostarczenie mu projektu porządku obrad. Kissinger powiedział, że Stany Zjednoczone mają zamiar dyskutować o SALT, lecz także o bezpieczeństwie europejskim i wzmagającym się napięciu na Bliskim Wschodzie. Przywódcy ZSRR wydawali się przygotowani do odbycia szczytu na temat kontroli zbrojeń, ale nie widzieli powodu, by dyskutować o bezpieczeństwie europejskim i o Bliskim Wschodzie, gdyż wydarzenia w tamtych regionach rozwijały się – z ich punktu widzenia – pomyślnie. Stany Zjednoczone, raz jeszcze, nie posiadały odpowiednich środków nacisku, aby „wiązanie" zadziałało – i szczyt nie doszedł do skutku.

SALT I

W czerwcu 1970 roku Stany Zjednoczone rozpoczęły rozmieszczanie niezależnie naprowadzanych na cel głowic (MIRV) na rakietach strategicznych (ICBM) *Minuteman* III. Rakiety te – każda przenosząca trzy takie głowice – w istotny sposób wzmocniły zdolności ofensywne USA. Rozmieszczenie głowic MIRV na rakietach spowodowało trwającą przez cały rok serię nieoficjalnych negocjacji między Kissingerem a Dobryninem. Strona radziecka, wyraźnie zaniepokojona, czyniła intensywne i skuteczne wysiłki, aby wypełnić powstałą – jej zdaniem – lukę strategiczną. Rosjanie ciężko pracowali na tym, by uzyskać ilościowy parytet z USA w rakietach ICBM i wykazywali tendencję do przewyższenia nas. Ich nowe rakiety były nie tylko większe, lecz także potężniejsze od naszych.

Stany Zjednoczone zdecydowały się nie podejmować rywalizacji mającej pokazać, kto rozmieści więcej rakiet. Jednostronnie zamroziły rozmieszczanie nowych ICBM i skupiły się na uzbrajaniu w głowice MIRV rakiet już istniejących. To posunięcie, połączone z proponowanym rozmieszczeniem sytemu obrony przeciwrakietowej (ABM), zostało pomyślane jako przeciwwaga wobec uporu Rosjan dążących do pozyskania i utrzymywania większej liczby coraz potężniejszych rakiet strategicznych. Strona radziecka domagała się ograniczeń jedynie obrony, co miało niewiele wspólnego z rzekomą destabilizacją systemów obronnych. Dążyła do tego, by Amerykanie ograniczyli swe systemy obrony przeciwrakietowej, bez równoczesnego ograniczenia liczby i mocy ofensywnych rakiet radzieckich. Tymczasem, starając się powiększyć swą przewagę ofensywną, Rosjanie rozwijali własną technologię MIRV.

Stany Zjednoczone nadal poszukiwały sposobów ograniczenia zarówno systemów ofensywnych, jak i defensywnych, ale nie zgadzały się na powstrzymanie rozwoju technologii MIRV, dopóki ZSSR nie wykaże skłonności do zapewnienia całkowitej równowagi w systemach ofensywnych. 20 maja 1971 roku ogłoszono coś, co miało być rozwiązaniem kompromisowym. Oba państwa zobowiązały się do wypracowania limitów obrony przeciwrakietowej (ABM) i zgodziły się na *„pewne środki, odnoszące się do ograniczenia ofensywnych broni strategicznych"*. Był to raczej kosztowny kompromis, ponieważ nie określono ściśle, co oznaczają owe pewne środki, odnoszące się do systemów ofensywnych. Ten tak zwany kompromis wyraźnie faworyzował stronę radziecką. Proponował bowiem ograniczenie systemów obronnych, w których Stany Zjednoczone przewodziły, w zamian za obietnice ograniczenia ofensywnych zdolności ZSRR.

Bardzo niewiele osiągnięto w miesiącach, które nastąpiły po tak zwanym kompromisie. Aby wrócić do gry, Nixon zdecydował się na ponowne rozmowy na szczycie. Chciał odbyć takie rozmowy z Rosjanami nawet wówczas, gdyby jedynym punktem ich programu była kontrola zbrojeń. Nixon uważał, że jeśli udałoby się skłonić radzieckich przywódców do spotkania się z nim, mógłby poszerzyć temat dyskusji i namówić ich do zajęcia się rozwiązaniem problemu Wietnamu. Tym razem Kissinger zgodził się z nim, przekonany, że jego stosunki z Dobryninem i Gromyką mogłyby doprowadzić do zadowalającego obie strony porozumienia na temat broni strategicznych. Udany szczyt poświęcony kontroli zbrojeń mógłby przynieść korzyść Stanom Zjednoczonym i – nie przypadkowo – jemu samemu.

W kwietniu 1972 roku, na pięć dni przed odlotem Kissingera do Moskwy, gdzie miał utorować drogę do odbycia majowego spotkania na szczycie, stosunki amerykańsko-radzieckie zostały poddane trudnej próbie. 15 kwietnia 1972 roku, w odpowiedzi na silną ofensywę wojsk Wietnamu Północnego wobec Południa, Nixon udzielił zgody na bombardowanie celów wojskowych wokół Hanoi i Hajfongu. W odróżnieniu od bombardowań miejsc chronienia się komunistów w Kambodży w 1969 roku, obecna akcja łamała zakaz bombardowania celów w Wietnamie Północnym wydany w listopadzie 1968 roku przez prezydenta Lyndona Johnsona. Bombardowanie Północy oznaczało znaczną, ponowną eskalację wojny. Priorytety Nixona były jasne: najpierw Wietnam, potem kontrola zbrojeń. Mimo tej decyzji Nixona jego doradca do spraw bezpieczeństwa narodowego uczynił to, co sam uważał za najlepsze: na pierwszym miejscu listy spraw do przedyskutowania na majowym szczycie umieścił kontrolę zbrojeń.

Na obronę Kissingera przemawia wyjaśnienie złożone przez Rosjan, że Wietnam nie będzie głównym tematem rozmów na szczycie. Chociaż potępili bombardowania, dali znać, że mimo to szczyt odbędzie się w planowanym terminie. Perspektywa polepszenia stosunków między supermocarstwami i możliwość zawarcia porozumienia z USA na temat kontroli zbrojeń były dla Rosjan ważniejsze niż demonstracja niezadowolenia z powodu bombardowania Wietnamu.

20 kwietnia 1972 roku Kissinger przyjechał do Moskwy na tajne rozmowy poprzedzające zaplanowany szczyt. Nie dość, że pominął waszyngtońską biurokrację, lecz nawet nie poinformował o tych rozmowach naszego ambasadora w Moskwie – Jacoba Beama. Bez wiedzy Beama Kissinger przybył do Moskwy z własną limuzyną i zespołem współpracowników. Beam był wściekły, gdyż nie poinformowano go wcześniej o zamierzonym przyjeździe Kissingera i odczuł to jako podważenie swej pozycji jako przedstawiciela Stanów Zjednoczonych w ZSRR. Lecz takie zachowanie, łamiące zwyczaje dyplomatyczne, nie było dla Kissingera niczym nowym. Nie tylko pozwalało mu na całkowite panowanie nad sytuacją, lecz również odpowiadało jego zamiłowaniu do niespodzianek, intryg i konspiracji.

Kiedy Kissinger przybył do Moskwy, Nixon zmienił stosunek do porządku dziennego na szczycie. Przekonany o tym, że klucz do rozwiązania problemów USA w południowo-wschodniej Azji znajduje się w Moskwie, nie chciał dopuścić, aby jedynie przypadek zdecydował o dyskusji na temat, który chciał poruszyć. Wydał więc dokładne instrukcje Kissingerowi, by tak ustalił z Rosjanami porządek dzienny spotkania na szczycie, aby wpierw omawiano problem Wietnamu, a dopiero potem kontroli zbrojeń. Powiedział Kissingerowi, że jeśli Rosjanie nie zgodzą się, to on spakuje manatki i wróci do domu. Lecz jeśli Nixon był przygotowany do ewentualnego storpedowania szczytu, Kissinger nie chciał do tego dopuścić. Przekonany, że Rosjanie nie będą chcieli dyskutować na temat Wietnamu, zignorował instrukcje Nixona i zawęził porządek dzienny rozmów na szczycie do dyskusji na temat kontroli zbrojeń.

Wiele z tego, o czym Kissinger rozmawiał w Moskwie w kwietniu z Gromyką i Breżniewem, było już wcześniej załatwione tajnym kanałem z Dobryninem. Na przykład ustalono, że obie strony ograniczą rozmieszczanie swych przeciwrakiet jedynie do dwóch obszarów: pierwszego wokół National Command Authority (NCA) w Waszyngtonie i podobnego w Moskwie, a drugiego – w wybranym przez każdą ze stron innym rejonie rozmieszczenia rakiet ICBM. To była łatwa część porozumienia. Część trudna, dotycząca strategicznych broni ofensywnych, miała być rozpatrzona w przyszłości.

Kissinger świetnie zdawał sobie sprawę z negatywnych opinii w USA wywołanych faktem, że wcześniejszy kompromis w sprawie porozumienia o ograniczeniu strategicznych broni ofensywnych jest mało precyzyjny. Przede wszystkim swe zaniepokojenie wyrażał Pentagon, zmuszając Kissingera do wywarcia nacisku na Dobrynina, aby strona radziecka zgodziła się na dokładnie określone ograniczenia ofensywnych rakiet strategicznych. Dobrynin proponował zamrożenie ICBM na czas, który miał zostać ustalony później. Ale o rakietach balistycznych, wystrzeliwanych z łodzi podwodnych (SLBM), nawet nie wspomniano.

Urzędnicy z Pentagonu gwałtownie zareagowali na wiadomości o proponowanym zamrożeniu ICBM. Jaką korzyść USA miałyby odnieść z zamrożenia rakiet ofensywnych, jeśli wykluczono by SLBM? Rosjanie bardzo agresywnie rozwijali budowę nowych, bardziej zaawansowanych technicznie łodzi podwodnych, a tymczasem Stany Zjednoczone odłożyły na później produkcję rakiet dla własnych łodzi. Każde zamrożenie rozwoju systemów ofensywnych, jeśli nie obejmowałoby SLBM, byłoby korzystne dla ZSRR. Waszyngtońska biurokracja otwarcie się buntowała. Kissinger musiał więc znaleźć sposób, by w porozumieniu uwzględniono rakiety SLBM – bez ryzyka zerwania rozmów przez stronę radziecką.

Kiedy Kissinger nadal obmyślał sposób skłonienia Rosjan do porozumienia, oni sami niespodziewanie przyszli mu w sukurs. Powiadomili go, że mogliby zgodzić się na zamrożenie ofensywnych systemów ICBM na okres pięciu lat i równocześnie na ograniczenie liczby swoich rakiet SLBM do 950 na 62 łodziach podwodnych. Lecz uczyniliby to jedynie wówczas, gdyby strona amerykańska zapewniła ich, że mogą nadal rozwijać swój obecny potencjał 740 rakiet SLBM w zamian za zniszczenie starszych typów rakiet ICBM i SLBM. Wykorzystując tę propozycję jako okazję do ograniczenia SLBM, Kissinger zgodził się.

Po powrocie Kissingera do Waszyngtonu i na krótko przed rozpoczęciem rozmów na szczycie Nixon raz jeszcze zaryzykował, prowokując ZSRR. 8 maja ogłosił decyzję o zaminowaniu portu w Hajfongu i nasileniu bombardowań Wietnamu Północnego. Był to kolejny dowód na to, że prezydent zdecydowanie bardziej pragnął zakończyć wojnę, niż odbyć spotkanie na szczycie. Mimo straty radzieckich statków i ich załóg, spowodowanej decyzją Nixona, Moskwa nie zgodziła się na to, by wydarzenia w Wietnamie wykoleiły spotkanie na szczycie. Dla dalekosiężnych celów przywódców ZSRR zakończenie wojny w Wietnamie było drugorzędne. Ale dla Nixona wojna w Indochinach była osią jego polityki „wiązania" i nie dopuszczał do siebie myśli, że mógłby zostać pierwszym prezydentem USA, który przegrał wojnę.

Tymczasem Kissinger, który doszedł do wniosku, że zakończenie wojny na warunkach korzystnych dla USA ma niewielką szansę powodzenia, tym bardziej był przekonany, że sprawę Wietnamu trzeba odsunąć na dalszy plan. Pragnął postępu w dziedzinie, którą uważał za ważniejszą dla polityki zagranicznej Stanów Zjednoczonych – polepszenia stosunków z ZSRR. Kissinger sądził, że kontynuacja odprężenia – zmniejszanie napięć w stosunkach z ZSRR – jest najwyższym priorytetem polityki zagranicznej USA. Był przekonany, że rozwijając politykę odprężenia Stany Zjednoczone mogą ograniczyć rosnącą potęgę Związku Radzieckiego i zmniejszyć ryzyko wojny jądrowej. I wreszcie, Kissinger wierzył – zupełnie błędnie – że polityka *détente* skłoni przywódców ZSRR do zaakceptowania istniejącego porządku na świecie i porzucenia ekspansjonistycznych celów.

Senator „Scoop" Jackson i inni wybitni politycy konserwatywni nie zgadzali się z Kissingerem. Uważali, że Rosjanie wykorzystują odprężenie jako dyplomatyczną osłonę przy wywieraniu nacisku na

Stany Zjednoczone, by zaakceptowały doktrynę Breżniewa, która utrzymywała, że Związek Radziecki ma prawo rozpowszechniać swoją wersję socjalizmu na inne kraje, także drogą militarną. Odmawiając zgody na politykę „wiązania" i manipulując rosnącym zainteresowaniem administracji USA wobec porozumienia o kontroli zbrojeń, przywódcy radzieccy zamierzali pokonać Nixona.

Sekretarz obrony – Melvin Laird i przewodniczący Połączonego Komitetu Szefów Sztabów (JCS) – admirał Thomas Moorer zgadzali się z Jacksonem i innymi konserwatystami w sprawie odprężenia. Nixon znalazł się między dwoma obozami. Pragnąc – ponad wszystko – wyplątać Stany Zjednoczone z Wietnamu, prowadził podwójną grę, pozwalając Kissingerowi kontynuować politykę odprężenia i – jednocześnie – popierając twarde stanowisko Departamentu Obrony i Połączonego Komitetu Szefów Sztabów. Nixon liczył na to, że jego polityka kija i marchewki doprowadzi do możliwego do przyjęcia dla USA rozwiązania w Wietnamie. *Détente* Kissigera miało być marchewką; militarnym kijem miała być groźba, że Stany Zjednoczone użyją całej swej potęgi wojskowej, aby pokonać sojusznika ZSRR.

W warunkach takich podziałów wewnętrznych spotkanie na szczycie w Moskwie, poświęcone SALT I, rozpoczęło się 22 maja 1972 roku. Zaraz po tym nastąpiły cztery nerwowe dni negocjacji Kissingera z Gromyką. Obaj politycy co pewien czas informowali o wynikach rozmów Nixona i Breżniewa, lecz nie swoich negocjatorów. Te spotkania należały do najdziwniejszych w całej historii negocjacji amerykańsko-radzieckich. Gerard Smith – główny negocjator USA na rozmowy SALT – napisał potem: *„Moskiewska faza szczytu jest nadal nieco mroczna"*. Było to kolosalne niedopowiedzenie, biorąc pod uwagę fakt, że negocjacje między delegacjami USA i ZSRR toczyły się w Helsinkach w tym samym czasie, kiedy Kissinger i Gromyko negocjowali w Moskwie. Nie było żadnego dokładnego stenogramu z tego, co oficjalnie wynikało podczas rozmów moskiewskich – ponieważ nie uczestniczyli w nich amerykańscy tłumacze. Już to było wielkim błędem, ponieważ dosłowne notatki tłumaczy są tradycyjnie najlepszym zapisem przebiegu negocjacji.

Kissinger czasami wysyłał depesze do Smitha i otrzymywał odpowiedzi, lecz przez większość czasu obaj prowadzili rozmowy bez wzajemnego ich uzgadniania. W kilku przypadkach negocjacje w Moskwie dotyczyły spraw już uzgodnionych w Helsinkach. W innych rozmowy moskiewskie poruszały nowe kwestie. Smith opisał to, co miało miejsce w Moskwie jako *„przypadek negocjacji zbyt ważnych, by powierzyć je negocjatorom"*.

Istotne różnice powstały wokół pułapu zamrożenia rakiet SLBM, uzgodnionego przez Kissingera w trakcie jego kwietniowego wyjazdu do Moskwy. Projekt porozumienia stawiał wymaganie, żeby Związek Radziecki ograniczył się do 950 wyrzutni rakiet na 62 łodziach podwodnych, a Stany Zjednoczone do 710 wyrzutni na 44 łodziach. Przy omawianiu tej sprawy powstały przynajmniej dwie ważne wątpliwości dotyczące proponowanych pułapów. Po pierwsze, brakowało konkretnych danych o tym, jak wiele radzieckich łodzi podwodnych uzbrojonych w SLBM znajdowało się w czynnej służbie, a ile – w budowie. Rosjanie twierdzili, że tych pierwszych mieli 48. Wywiad amerykański utrzymywał, że od 41 do 43. Jeśli szacunkowa ocena amerykańska była prawidłowa (potem okazało się, że były faktycznie 42), pozwolenie Rosjanom na górny pułap 62 łodzi okazałoby się znaczącym ustępstwem. Oznaczało to, że Kissinger – aby uratować twarz – wynegocjował pułap SLBM, który był o prawie 50 proc. wyższy niż amerykańskie szacunkowe oceny liczby radzieckich łodzi podwodnych. Ten pułap był jednocześnie dość wysoki, aby nie przeszkodzić w planowanej przez Rosjan rozbudowie SLBM.

Inną przeszkodą, o którą potykały się rozmowy, była sprawa uwzględnienia w ogólnym rachunku SLBM 100 radzieckich rakiet starszego typu, rozmieszczonych na łodziach podwodnych klasy G i H. Stany Zjednoczone chciały je włączyć do rachunku, a Związek Radziecki się nie zgadzał. Wreszcie uzyskano kompromis: 30 rakiet SLBM miało być uwzględnionych w pułapie 950, a nie zaliczono do niego 70 rakiet na łodziach starszej klasy G.

Powstały też większe spory wokół rozmiarów silosów naziemnych rakiet strategicznych (ICBM). Stany Zjednoczone domagały się pozostawienia silosów radzieckich w dotychczasowych rozmiarach, aby udaremnić Rosjanom wymianę lekkich rakiet na cięższe i potężniejsze. Mimo że delegacja USA w Helsinkach była przeciwna każdemu powiększeniu silosów, Kissinger zgodził się w Moskwie na raczej mętną formułę *„żadnych znaczących powiększeń"*. Znaczące – według Kissingera – miałoby być powiększenie silosów o 10 proc. do 15 proc. Nie zostało dopracowane, czy powiększenie dotyczy tylko jednego wymiaru – długości, czy dwóch wymiarów – długości i średnicy. Jeżeli ograniczenie to dotyczyłoby tylko długości, wówczas wzrost objętości nie przekraczałby 15 proc. Jeśli jednak dopuszczalne powiększenie silosów dotyczyłoby obu wymiarów (długości i średnicy), wzrost objętości wynosiłby nawet 37,5 proc. Sytuacja była dodatkowo zagmatwana, ponieważ obie delegacje w Helsinkach rozmawiały o rozmiarach silosów, podczas gdy negocjacje w Moskwie skupiały się na objętości rakiet.

Smith powiedział później, że jeśli zaakceptowalibyśmy formułę moskiewską, czyli ograniczenie objętości rakiet, Stany Zjednoczone nie mogłyby modernizować rakiet *Minuteman* III, ponieważ ich objętość byłaby o ponad 15 proc. większa niż objętość rakiet *Minuteman* I. Smith napisał, że *„byłoby wielką ironią w historii SALT i kontroli zbrojeń, gdyby przywódcy nieumyślnie wpadli w pułapkę kontroli MIRV..."* Nawet w przypadku opcji wykluczającej MIRV nasze rakiety *Minuteman* III okazały się fałszywym alarmem. Kissinger przyjął w końcu formułę z Helsinek w sprawie określenia rozmiarów silosu. Wówczas obie delegacje rozmawiały przynajmniej na tej samej długości fal.

Zasługą Gerarda Smitha jest to, że zajął odważne stanowisko w Helsinkach. Uznając dążenie USA do ograniczenia strategicznych broni ofensywnych, Smith dodał do traktatu ABM jednostronne oświadczenie, które umożliwiało stronie amerykańskiej wybrnięcie z sytuacji. Oświadczenie to brzmiało: *„Jeśli porozumienie, obejmujące bardziej kompleksowe ograniczenie broni strategicznych nie zostanie osiągnięte w ciągu pięciu lat, to najważniejsze interesy Stanów Zjednoczonych zostaną naruszone. Jeśli to miałoby nastąpić, będzie to podstawą do wycofania się USA z układu ABM"*. Patrząc wstecz, źle się stało, że Stany Zjednoczone nie powołały się na jednostronne oświadczenie Smitha przy pierwszym lub drugim pięcioletnim przeglądzie traktatu ABM. I choć udało się nam doprowadzić tylko do tymczasowego porozumienia o ograniczeniu zbrojeń ofensywnych, nie chcieliśmy narazić na niebezpieczeństwo traktatu ABM, który – z upływem lat – nabrał znaczenia.

Tymczasem Rosjanie, stosując swe ulubione techniki, wprowadzili na obrady szczytu element zaskoczenia. 25 maja po południu Breżniew zaprosił Nixona na wycieczkę do swej daczy, pragnąc tam porozmawiać z nim w cztery oczy przed kolacją. Breżniew zabrał Nixona na dziką wyprawę łodzią motorową po rzece Moskwie, a potem zasugerował spotkanie w celu przedyskutowania ważnych spraw. Przez następne trzy godziny – jak potem powiedział Nixon – Breżniew zmieniał ton z uprzejmego na groźny. Nixon napisał później:

„Bombardował mnie gorzko i emocjonalnie w sprawie Wietnamu. Chwilami wspominałem doktora Jekylla i pana Hyde'a, kiedy Breżniew, który przed chwilą śmiał się i klepał mnie po plecach, zaczął gniewnie krzyczeć, że zamiast uczciwie pracować nad zakończeniem wojny w Wietnamie próbuję użyć Chińczyków jako narzędzia nacisku na Rosjan, by interweniowali u północnych Wietnamczyków. Przy kolacji było znów wiele śmiechu, żartów i opowiadania historyjek – tak jakby zjadliwa rozmowa na dole nigdy się nie odbyła".

Dopiero po północy Nixon z Kissingerem wrócili na Kreml i wtedy Kissinger i Gromyko przystąpili do pracy nad pozostałymi, nierozstrzygniętymi problemami. Około 1:00 w nocy Kissinger powiadomił Nixona, że Rosjanie nadal podtrzymują swoje stanowisko, niewątpliwie uważając, że wewnętrzne naciski na Nixona zmuszą go w końcu do dodatkowych ustępstw. Nixon powiedział Kissingerowi, by nie ustępował – nad ranem Kissinger i Gromyko przerwali spotkanie, a negocjacje nadal tkwiły w impasie. Nieco później tego samego dnia do apartamentu Nixona przyszedł Dobrynin z wiadomością, że Biuro Polityczne KPZR odbyło posiedzenie i wyraziło zgodę na propozycje amerykańskie. Cierpliwość Nixona przyniosła owoce.

Ambasador Smith został powiadomiony, że ma przyjechać do Moskwy 26 maja 1972 roku wieczorem, o 18:30. Tego samego dnia, o 20:00 miała się odbyć uroczystość podpisania traktatu. Powiedziano mu też, że może zaprosić swego radzieckiego odpowiednika – Władimira Siemionowa – aby poleciał do Moskwy razem z nim. Już w samolocie dwaj szefowie delegacji przeczytali i parafowali układ ABM oraz tymczasowe porozumienie o broniach ofensywnych. Mimo dokładnego czytania przeoczyli kilka błędów, co wymagało ponownego parafowania dokumentów. I dobrze, że tak się stało, ponieważ dokument został napisany na maszynie na zwykłym papierze, miast na specjalnym – ze znakami wodnymi, zazwyczaj używanym do zapisywania traktatów.

Podczas lotu z Helsinek do Moskwy Smith i Siemionow pili piwo, gdy niespodziewana turbulencja spowodowała rozlanie się napoju na papiery. Obawiali się, że będą zmuszeni przedstawić swym przywódcom nasiąknięte piwem dokumenty.

Ponieważ pracowali nad ostatecznym tekstem porozumień dłużej, a później niż planowano opuścili Helsinki, Smith i Siemionow przylecieli do Moskwy dopiero około godziny 21:00. Kiedy tam przybyli, Smith otrzymał wiadomość od sekretarza stanu Rogersa z instrukcją, że ma wziąć udział w konferencji prasowej w Ambasadzie USA o godzinie 22:00. Tymczasem radzieccy urzędnicy, którzy przyjechali na lotnisko, powiedzieli Smithowi, że jest pilnie oczekiwany na Kremlu. Kiedy Smith dotarł na Kreml, nie było już tam nikogo z delegacji amerykańskiej i nikt nie mógł mu wyjaśnić, dlaczego go wezwano. Zdając sobie sprawę, że popełniono błąd, Smith pojechał do Spaso House (rezydencji ambasadora USA), gdzie właśnie kończyła się oficjalna kolacja, wydana z okazji podpisania układu. Nie chcąc przerywać uroczystości, Smith udał się do ambasady, aby tam oczekiwać na rozpoczęcie konferencji prasowej.

Krótko po 22:00 przybył tam Kissinger i niespodziewanie powiedział reporterom, że Smith wygłosi dla nich briefing. Zaskoczony Smith próbował to zrobić, lecz wkrótce przekonał się, że nie jest pewien tego, co faktycznie wypracowano w Moskwie na temat zamrożenia rakiet SLBM. Kiedy kilku dziennikarzy zarzuciło mu, że unika odpowiedzi na ich pytania, Smith próbował wybrnąć z sytuacji, twierdząc, że chodzi o delikatną sprawę. W tym momencie Kissinger arogancko wysunął się przed zmęczonego i sfrustrowanego Smitha. Wystąpił naprzód i powiedział dziennikarzom, że nie czuje się tak skrępowany jak Smith, a jeśli atmosfera tajemniczości otacza sprawę rakiet na łodziach podwodnych, to on sam wyjaśni tę sprawę na następnej konferencji prasowej – jeszcze tego wieczoru.

Smith – upokorzony i przygnębiony – wrócił na Kreml, aby tam być świadkiem oficjalnej ceremonii podpisania układu. Kiedy Nixon i Breżniew podpisywali dokumenty, Kissinger raz jeszcze zdenerwował Smitha, szepcząc do niego gniewnie – *I co pan próbował zrobić, szerzyć panikę?*

Zmęczony, głodny i emocjonalnie wyczerpany Smith miał się przekonać, że najgorsze jeszcze przed nim. Herb Klein – szef łączności Białego Domu – przekazał Smithowi, że prezydent nie życzy sobie jego udziału w drugiej konferencji prasowej. Kiedy zdumiony Smith zapytał, czy jest to osobista decyzja prezydenta, Klein odpowiedział, że

„tak i została uzgodniona z Kissingerem”. Smith, przekonany o tym, że Kissinger nie chce ryzykować konfrontacji z nim, domyślił się, że Henry poszedł do prezydenta i powiedział mu, że wolałby sam spotkać się z dziennikarzami. Nie widząc żadnej możliwości odwołania się od tej decyzji, Smith wrócił do rezydencji Spaso House i poszedł spać.

Druga konferencja prasowa odbyła się następnego dnia wczesnym rankiem – w źle oświetlonym i zadymionym hotelowym barze w centrum Moskwy. Choć Kissinger zręcznie tańczył wokół problemu SLBM, nie potrafił ukryć przed bardziej dociekliwymi dziennikarzami dziury w układzie, którą spowodowało nieujęcie w ogólnym rachunku rakiet SLBM na starszych łodziach podwodnych klasy G.

Ostatecznym wynikiem porozumienia SALT I było to, że Stany Zjednoczone zgodziły się na ograniczenie rakiet obronnych (ABM) w zamian za weksel wystawiony im przez Związek Radziecki, który wyrażał zgodę na wyrównanie poziomów strategicznych broni ofensywnych w ciągu pięciu lat. Był to weksel, którego ZSRR nigdy nie honorował. Kissinger dopiął swego – kosztem wszystkich, którzy negocjowali to porozumienie przez wiele lat. Co gorsze, dopiął swego, wystawiając na szwank interesy USA.

Reakcje w kraju

Traktat SALT I sprowokował długotrwałą debatę w Kongresie, która ujawniła, że wielu senatorów wyrażało przynajmniej obawy wobec podpisanych porozumień. „Scoop” Jackson, obawiając się, że Rosjanie zdobędą przewagę nad USA, wprowadził instrument prawny z 30 września 1972 roku, znany potem jako Jackson Amendment (Poprawka Jacksona). Ten projekt ustawy, który Kongres później zatwierdził, stał się dla obu izb mandatem dla poszukiwania *„bardziej trwałych i dalekosiężnych porozumień, które nie ograniczą Stanów Zjednoczonych do niższego poziomu międzykontynentalnych sił strategicznych.... niż Związek Radziecki”*. Poprawka Jacksona stała się podstawą amerykańskiej polityki kontroli zbrojeń na całą następną dekadę.

Później senator Jackson powiedział mi, że na początku popierał inicjatywy Nixona i chciał współpracować z prezydentem w duchu dwupartyjności. Podobał mu się sposób, w jaki Nixon odrzucił to, co wydawało mu się słabością w podejściu Lyndona Johnsona do Związku

Radzieckiego. Jednakże Jackson stopniowo rozczarował się polityką Kissingera, który – jak wyczuwał – popchnął Nixona w kierunku niepewnego porozumienia. Jackson wyznał mi w zaufaniu, że miał zamiar nadal popierać Nixona, lecz stało się to niemożliwe z powodu silnego wpływu, jaki wywierał na prezydenta Kissinger.

W końcu Senat przegłosował (88 głosami przeciwko 2) ratyfikację układu SALT I. Jednak Poprawka Jacksona dała zarówno Nixonowi, jak i Kissingerowi do zrozumienia, że Kongres nie będzie w przyszłości aprobował porozumienia, które nie nałoży na obie strony równych ograniczeń poziomu strategicznych broni ofensywnych.

Podczas rokowań SALT I, a następnie ratyfikacji tego układu przez Senat, przebywałem w Brukseli, piastując stanowisko w NATO. W tym czasie odwiedzałem często Waszyngton i utrzymywałem kontakt z szefami sztabów, z senatorem „Scoopem" Jacksonem i innymi. Wówczas nie miałem pojęcia o tym, że wkrótce sam zostanę wciągnięty do rokowań SALT.

7 listopada 1972 roku Nixon odniósł znaczące zwycięstwo nad senatorem Georgem McGovernem w wyborach prezydenckich. Na początku grudnia Kissinger rozpoczął nową rundę rokowań z członkiem Biura Politycznego północnowietnamskiej partii – Le Duc Tho. Niestety, rokowania zostały wkrótce zerwane. Mając zamiar przyciągnąć Tho ponownie do stołu rokowań i chcąc szybko zakończyć wojnę, Nixon ponowił bombardowania Hanoi i Hajfongu. Tak zwane Bożonarodzeniowe bombardowania w grudniu 1972 roku, które trwały jedenaście dni, odniosły wreszcie spodziewany skutek. W styczniu 1973 roku północni Wietnamczycy zgłosili chęć powrotu do rokowań.

Od 8 do 23 stycznia Kissinger i Tho negocjowali prawie bez przerwy. W końcu uzyskano kompromis, na mocy którego Północ miała prawo pozostawić na Południu te swoje oddziały, które już tam stacjonowały, a w zamian Wietnam Północny zrezygnował z żądania ustąpienia prezydenta Wietnamu Południowego – Nguyena Van Thieu'a. Wstrzymanie ognia weszło w życie 27 stycznia, a ostatnie oddziały USA zostały wycofane dwa miesiące później. Nixon pozbył się wreszcie swego koszmaru. Teraz mógł pójść dalej drogą kontroli zbrojeń, bez „wiązania" tej kwestii z postępem rokowań w sprawie Wietnamu.

W zespole SALT II

Po ponownym wyborze Nixona Gerard Smith zrezygnował ze stanowiska szefa zespołu negocjatorów USA, a na jego miejsce powołano U. Alexisa Johnsona, zawodowego dyplomatę, który wcześniej bez powodzenia próbował przeszkodzić Kissingerowi w zabiegach o podporządkowanie sobie Departamentu Stanu. Próbując inteligentnie przeciwstawić się krytyce, że Stany Zjednoczone podpisały układ ABM, lecz na temat strategicznych broni ofensywnych zdołały tylko podpisać tymczasowe porozumienie, Nixon chciał natychmiast rozpocząć rokowania nad trwalszym porozumieniem w sprawie kontroli tych właśnie broni. Sekretarz generalny KPZR – Leonid Breżniew miał odwiedzić Waszyngton w czerwcu 1973 roku i Nixon chciał, by nowy układ został przygotowany w tym terminie.

Po użyciu odpowiednich nacisków Kissingerowi udało się nieoficjalnym kanałem skłonić Rosjan do wyrażenia zgody na rozpoczęcie negocjacji SALT II. Lecz niebawem okazało się, że nie można szybko osiągnąć żadnego porozumienia w sprawie broni ofensywnych. Stany Zjednoczone – zgodnie z Poprawką Jacksona – pragnęły układu opartego na równej liczbie centralnych strategicznych systemów przenoszenia broni. Rosjanie – ze swej strony – pragnęli utrzymać przewagę liczebną, którą uzyskali w układzie SALT I, i usankcjonować ją w ostatecznym dokumencie.

Przyłączyłem się do zespołu negocjatorów SALT II 1 marca 1973 roku – jako przedstawiciel wojskowy. Dowiedziałem się, że „Scoop" Jackson nie był zadowolony ze sposobu, w jaki mój poprzednik – generał-porucznik Royal B. Allison – reprezentował interesy wojskowych w rokowaniach SALT I.

Spędziłem wiele tygodni, zapoznając się z informacjami i instrukcjami, jakie przekazywali mi sztabowcy z Połączonego Komitetu Szefów Sztabów oraz służb wojskowych. Jedną z podstawowych trudności, które napotkał mój poprzednik, był brak bliższych stosunków z szefami sztabów – poczyniłem więc energiczne kroki, by to naprawić. Szybko przekonałem się, że szefowie sztabów bardzo nerwowo reagowali na to, co działo się przy stole rokowań. Obawiali się, że możliwości wojskowe USA zostaną poświęcone bez odpowiedniej rekompensaty i bez zmniejszenia radzieckiego zagrożenia.

Zapewniłem szefów sztabów, że – oprócz podążania za ich radami i informowania ich o stanie negocjacji – nie pozwolę na jednostronne redukcje amerykańskiego potencjału militarnego. Powiedziałem im, że będąc zwolennikiem zawarcia porozumienia o kontroli zbrojeń z Rosjanami, uważam, że – jeśli miałbym je poprzeć – takie porozumienie powinno być bezstronne i możliwe do zweryfikowania. W innym przypadku zrezygnuję ze stanowiska i ogłoszę to publicznie.

Zanim przyłączyłem się do rokowań, toczyły się one już od kilku miesięcy i popadły w rutynę. Sesje w Genewie trwały od ośmiu do dziesięciu tygodni, po czym negocjatorzy wracali do swoich baz w kraju na podobny okres.

Zazwyczaj odbywaliśmy dwa spotkania formalne co tydzień, zwykle w każdy wtorek i czwartek. I choć program ten nie wygląda na przeładowany, faktycznie każdy roboczy tydzień był długi i ciężki. Poniedziałki spędzaliśmy głównie na przekładaniu porcji ogólnych instrukcji z Waszyngtonu na treść precyzyjnie wyrażonego oficjalnego oświadczenia, które mieliśmy odczytać Rosjanom następnego dnia. We wtorki odczytywanie oficjalnych oświadczeń obu delegacji zabierało nam około dwóch godzin, uwzględniając czas potrzebny na tłumaczenie. Potem następowały nieoficjalne dyskusje trwające od dwu do czterech godzin. Nasz zespół spędzał resztę dnia we wtorek na wewnętrznych dyskusjach o tym, co powiedzieli negocjatorzy radzieccy, i na wysyłaniu raportów do Waszyngtonu. W środy i czwartki powtarzaliśmy schemat poniedziałku i wtorku. Piątki poświęcaliśmy na opracowywanie tego, co nie zostało dokończone, i na konsultacje z ekspertami. Piątek był też dniem zarezerwowanym na twórcze myślenie i planowanie tego, co chcieliśmy zrobić w przyszłym tygodniu. Soboty, czasem także niedziele, spędzaliśmy na przyjmowaniu gości, wśród których znajdowało się wielu senatorów, kongresmenów i członków ich biur poselskich.

Podstawowa zasada informowania członków Kongresu była słuszna, lecz większość odwiedzających nas osobistości z Waszyngtonu zdawała się bardziej zainteresowana wykorzystaniem negocjacji jako pretekstu do urządzenia sobie wycieczki. Genewa jest malowniczym miastem, tylko godzinę jazdy samochodem od dobrych tras zjazdowych w górach i dwie godziny lotu od Paryża i Londynu. Prawdopodobnie jeden na pięciu gości był poważnie zainteresowany aktualnym stanem negocjacji. Lecz pozostali także poczuwali się do obowiązku spotkania się z nami na krótką rozmowę i briefing, aby mieć spokojne sumienie, że przyjechali do Genewy służbowo. Wziąwszy pod uwagę te wszystkie obowiązki, nie należy się dziwić, że w tygodniu odbywały się tylko dwa formalne posiedzenia.

Zmienialiśmy miejsce posiedzeń. Sesje wtorkowe odbywały się w biurowcu, gdzie pracowała delegacja amerykańska, a czwartkowe – w zamkniętym, podobnym do więzienia budynku radzieckim. Zmieniała się też atmosfera obrad – kiedy przechodziliśmy z jasnych i obszernych sal naszego kompleksu, z widokiem na piękne Jezioro Genewskie, do zatłoczonego, pozbawionego okien budynku Rosjan.

Wiele najtrudniejszych negocjacji nie odbywało się z Rosjanami, lecz wśród członków naszego własnego zespołu. Poza głównym negocjatorem każdy członek zespołu USA reprezentował jakąś agencję rządową: Departament Stanu, Departament Obrony, Agencję do spraw Kontroli Zbrojeń i Rozbrojenia oraz Połączony Komitet Szefów Sztabów. W skład pełnego zespołu wchodził jeszcze tłumacz i protokolant. Główny negocjator USA otrzymywał tylko ogólne wytyczne z Waszyngtonu, co pozwalało każdemu z członków zespołu na dowolną ich interpretację, stanowiącą część propozycji, które składaliśmy Rosjanom. Ambasador U. Alexis Johnson, próbując być obiektywny, często zbierał cięgi od członków swego zespołu, także ode mnie, gdyż każdy z nas był adwokatem innego urzędu. Czasami, starając się znaleźć kompromis, Johnson zgadzał się na sformułowania niejednoznaczne. W 1982 roku, kiedy zostałem głównym negocjatorem, próbowałem ograniczyć czas, który spędzaliśmy, negocjując między sobą, i trzymałem na biurku słynny rysunek satyryczny z podpisem: *„Znaleźliśmy wroga – to my!"*.

Na naszych spotkaniach Rosjanie zawsze siadali tam, skąd mogli obserwować drzwi. Ich główny negocjator – Władimir Siemionow – wyjaśnił, że takie usytuowanie dawało im możliwość obserwowania, kto wchodzi i wychodzi z sali obrad. Kiedy próbowaliśmy zerwać z tą rutyną i sadzać ich tyłem do drzwi, po prostu nie zwracali na to uwagi i siadali tam, gdzie chcieli. Taki układ nie czynił żadnej różnicy w biurowcu radzieckim, gdzie nie było okien, ale u nas nie było to tak oczywiste. Z jednej strony, z powodu blasku bijącego z okien nie mogliśmy obserwować wyrazu twarzy delegatów radzieckich. Lecz z drugiej – było nam przyjemnie spoglądać na Jezioro Genewskie i w bezchmurnym dniu – na Mont Blanc. Minister Siemionow zawsze domagał się posadzenia go na wyższym krześle – w obu budynkach. – Wszyscy jesteśmy równi – mawiał z całą powagą – ale ja jestem równiejszy niż inni. Chwalił się nawet, że przyjeżdża na spotkania wynajętym mercedesem, kiedy jego podwładni podróżują volkswagenami.

W naszej siedzibie oferowaliśmy naszym partnerom świeży sok pomarańczowy, raczej rarytas dla Rosjan. Kiedy oni byli gospodarzami, podawali nam ciepłą wodę mineralną, która miała zapach i smak siarki. Ciężko było ich przekonać, że wolimy wodę z kranu.

Po uściskach dłoni zajmowaliśmy miejsca. Goście mieli prawo przemawiać jako pierwsi i zaczynali, czytając przygotowane oświadczenie. Nasze oświadczenia były przygotowywane w Genewie na podstawie wytycznych, które otrzymywaliśmy z Waszyngtonu. Oświadczenia Rosjan były pisane dla nich w Moskwie. Podczas negocjacji SALT I projekty oświadczeń amerykańskich musiały być aprobowane przez Waszyngton przed ich wygłoszeniem. Lecz kiedy pod koniec 1972 roku kierownictwo delegacji USA na SALT II przejmował ambasador U. Alexis Johnson, nie zgodził się, jako główny negocjator, aby ktoś inny w kraju współredagował jego oświadczenia. – Jestem dużym chłopcem – mówił – wyższym urzędnikiem Departamentu Stanu... mam równie wysokie kwalifikacje jak każdy gryzipiórek w Waszyngtonie, by interpretować instrukcje prezydenta. – Johnson powiedział, że jeśli Waszyngton się nie zgodzi, to niech sobie szuka innego negocjatora. Ponieważ większość poprawek z Waszyngtonu sprowadzała się do cyzelowania słów, urzędnicy byli zachwyceni, że ktoś w końcu zdecydował się ponosić całą odpowiedzialność. Taki układ zwalniał ich z obowiązku odpowiadania do Genewy w krótkim terminie i z niekończących się targów przez telefon o to, czy w oświadczeniu powinno się napisać *„mógł"* czy *„mógłby"*. Praktyka aprobowania naszych oświadczeń w Genewie bez odwoływania się do Waszyngtonu była potem kontynuowana przez cały okres sprawowania przeze mnie stanowiska głównego negocjatora rokowań START.

Te formalne oświadczenia stawały się częścią oficjalnych zapisów, które zobowiązywały nasze rządy i do których obie strony mogły się odnieść w celu umocnienia lub podważenia interpretacji poszczególnych klauzul układu. Zapisy te okazały się bardzo ważne dla negocjatorów pracujących nad układem ABM. Rosjanie twierdzili, że nasze oświadczenia wzmacniały wąską interpretację rodzaju prób, na które zezwalały odpowiednie klauzule układu, a my uważaliśmy, że nasze oświadczenia wspierają szeroką interpretację.

We wtorki i czwartki, po odczytaniu formalnych oświadczeń przez szefów obu delegacji, dzieliliśmy się na grupy nieformalne. Na nieformalnych spotkaniach obie strony podawały kawę, herbatę, ciastka i orzeszki. Ich kawa i herbata były mocne, a ciastka i orzeszki – zwykle nieświeże. W obu miejscach spotkań miseczki z orzeszkami były stale na nowo napełniane. Obliczyłem, że na jednej sesji zjadałem od dziesięciu deko do pół kilo orzeszków, zależnie od czasu trwania spotkania. Podczas rokowań SALT I, na spotkaniach nieformalnych, podawano również alkohol. Rosjanie tak samo uwielbiali nasz burbon i szkocką, jak my ich wódkę. Nic dziwnego, że niektóre z tych sesji były dość hałaśliwe i niezborne. Ta praktyka została przeniesiona na SALT II, ale gdy ambasador Johnson, który jak każdy cenił sobie dobrą szkocką, zauważył po pierwszych takich sesjach, że Rosjanie lepiej tolerują alkohol i bardziej trzymają na wodzy języki, zdecydował, że alkoholu nie będzie się więcej podawać.

W czasie nieformalnych posiedzeń, tzw. *bilats*, negocjacje toczyły się wokół szerokiego wachlarza problemów. Czasami skupiały się na którymś z punktów poruszonych w formalnych oświadczeniach. Innym razem bardziej szczegółowo dyskutowaliśmy nad jakimś wcześniej poruszonym zagadnieniem. Wystąpienia na *bilats*, w odróżnieniu od wystąpień formalnych, miały charakter rozpoznawczy – nie wchodziły do oficjalnych protokołów i nie obowiązywały naszych rządów. Jeśli któraś ze stron życzyła sobie, aby jakiś punkt z nieformalnych dyskusji mógł być przywołany w przyszłości, mogła umieścić ten punkt w następnym oficjalnym oświadczeniu.

W dyskusjach nieformalnych Rosjanie zwykle powtarzali to, co wcześniej już powiedzieli w oficjalnych oświadczeniach. Ich mottem wydawało się być *„powtarzaj, powtarzaj i znów powtarzaj"*. My, przeciwnie, staraliśmy się wychodzić poza formalne oświadczenia – albo by dowiedzieć się, co delegaci radzieccy myślą o jakimś nowym pomyśle, albo by lepiej wypracować sobie uzasadnienie dla własnych pozycji. Dyskusje wkrótce stały się jednokierunkowe, ponieważ delegaci ZSRR nie pozwalali sobie na nowe lub oryginalne pomysły. Niewątpliwie trzymani na krótkiej smyczy, musieli czekać na instrukcje z Moskwy, zanim odważyli się zareagować na cokolwiek, co powiedzieliśmy.

Poza sesjami negocjacyjnymi, zwykle przynajmniej raz w tygodniu spotykaliśmy się na gruncie „towarzyskim". Ująłem to wyrażenie w cudzysłów, gdyż spotkania towarzyskie z Rosjanami przeczą swej nazwie. Tylko w wyjątkowych przypadkach takie spotkanie było wydarzeniem swobodnym. Rosjanie niezmiennie uważali je za przedłużenie sesji roboczych i szybko podnosili na nich ważne sprawy.

Przy jednej z okazji zaprosiłem radzieckich negocjatorów na wspólną wycieczkę statkiem po Jeziorze Genewskim. Nie potrafiąc inaczej skłonić ich do odprężenia się, wyjąłem harmonijkę ustną. Kiedy zagrałem na niej *„Poliuszko, polie"* (piosenkę dziecięcą), zaczęli ją nucić. Kiedy zagrałem im *„Podmoskowskije wieczera"*, zaczęli tańczyć. W odpowiedzi na moje wykonanie pieśni *„My komunisty"* utworzyli taneczny wąż i buszowali po całym statku.

Ale to nie koniec zabawy. Później minister Władimir Siemionow zebrał od zaskoczonych występem widzów kolekcję dolarów, rubli oraz szwajcarskich i francuskich franków. – *Podzielimy się fifty-fifty* – powiedział do mnie. Ale gdy wyciągnąłem rękę po swoją część, włożył pieniądze do kieszeni. – *Miałeś 100-procentową przyjemność, grając. Ja będę miał 100-procentową przyjemność, wydając pieniądze* – dodał. *Fifty-fifty.* Tak Rosjanie rozumieli uczciwy interes.

Dwaj moi kontrpartnerzy byli trzygwiazdkowymi generałami: generał-pułkownik Konstantin Trusow i generał-pułkownik Iwan Bieleckij. Trusow pochodził z Federacji Rosyjskiej, Bieleckij – z Ukrainy. I choć Bieleckij został mianowany na ten sam stopień wojskowy wcześniej niż Trusow, ten drugi występował jako rzecznik delegacji. Gdy kiedyś zapytałem Bieleckiego o przyczynę, odpowiedział z ponurą miną – *Jestem tylko Ukraińcem, a nie Rosjaninem.* – To przyznanie się do niższości świadczyło o ścisłej hierarchii wśród radzieckich narodów. Trusow, uprzejmy i uważnie dobierający słów, był ekspertem od uzbrojenia, który awansował w hierarchii sztabowej. Bieleckij, głośny i ulegający emocjonalnym wybuchom, był dowódcą wojskowym, który jako porucznik kawalerii walczył z Niemcami w 1943 i 1944 roku. Trusow i Bieleckij nie mogli bardziej się różnić, a mimo to świetnie się uzupełniali. Obaj osaczali mnie, a kiedy jeden uderzał mnie wysoko, drugi zadawał cios nisko.

We wczesnych latach mojego uczestnictwa w negocjacjach czyniłem wysiłki, aby zidentyfikować dziedziny, gdzie nie obowiązywała niezmienna linia partyjna Moskwy. Z uwagą przysłuchiwałem się temu, co mówili moi kontrpartnerzy i studiowałem dokładnie ich język ciała, lecz wydawało się, że w każdej sprawie obowiązywała moskiewska linia partyjna. Po wielu długich i wyczerpujących sesjach nadal dziwiłem się, dlaczego zajmuję się dalej grą, która wydaje się bezsensowna. Czy nie lepiej byłoby po prostu wymieniać oświadczenia plenarne i tak to zostawić? Jeśli tak byśmy robili, Rosjanie znaliby nasze oficjalne pozycje i mieliby mniej okazji wbijać klin pomiędzy nas. Ale czułem gdzieś wewnątrz, że powinniśmy iść dalej naszą drogą. My, Amerykanie, czujemy się odsunięci od obowiązków, jeśli musimy milczeć. Mówienie czyni nas tymi, którymi jesteśmy, i pozwala nam myśleć, że przynajmniej staramy się coś osiągnąć.

Rosjanie zawsze otwierali negocjacje z pozycji krańcowych, gdy my tradycyjnie otwieraliśmy sesje, wysuwając propozycje bliższe ostatecznym celom, do których dążyliśmy. Kiedyś próbowałem wytłumaczyć generałowi Trusowowi, jak Amerykanie rozwijają swe pozycje wyjściowe.

– Powołujemy dwa zespoły – powiedziałem mu – jeden reprezentuje interesy USA, a drugi to, co w naszym pojęciu jest radzieckim punktem widzenia. Po przedyskutowaniu sprawy zespół amerykański pozostawia nieco pola do negocjacji, lecz przystępuje do stołu z pozycją bliską wynikowi, który chcemy osiągnąć. Pragniemy wypaść rozsądnie i uczciwie. Przyjmijmy, że najlepszy wynik dla nas obu znajduje się pośrodku tego pokoju – wyjaśniałem. – Kiedy wchodzimy z pozycją metr od środka, wy, Rosjanie wchodzicie z pozycją za przeciwległą ścianą.

– Nie czyńcie nam żadnych względów – odparł Trusow. – Jeżeli czujecie, że przyszliśmy z pozycją zza tej ściany, powinniście wycofać się za drugą ścianę. Nie możemy wrócić do Moskwy, przyznając się, że ustąpiliśmy więcej niż wy.

Bez sensu było wyjaśniać Trusowowi, że Amerykanie po prostu nie potrafią rozpoczynać negocjacji z pozycji skrajnej. Był to dobry przykład kulturowej luki, która nas dzieli.

Kiedyś opowiedziałem Bieleckiemu podczas jednej z nieoficjalnych rozmów o sześciu punktach, które dzielą nas w określonej sprawie. Sugerowałem, że Stany Zjednoczone mogą ustąpić w trzech punktach, które Rosjanie uważają za najważniejsze, pod warunkiem, że oddadzą nam pozostałe trzy, które są najważniejsze dla nas. – To jest – wyjaśniłem mu – to, co analitycy nazywają rozwiązaniem sumy zerowej, na którym obie strony zyskują. Ponieważ Bielecki nie oponował przeciwko temu rozwiązaniu, poprosiłem swego szefa – Johnsona – o zgodę na formalne przedstawienie tej propozycji kompromisu.

Podczas następnej sesji plenarnej Johnson oddał mi głos. – W imieniu Stanów Zjednoczonych – powiedziałem – jesteśmy gotowi oferować wam punkty A, B i C. – Na znak dany przez Bieleckiego delegaci radzieccy wstali i opuścili salę.

– Chwileczkę – powiedziałem – jeszcze nie skończyłem. Nie powiedziałem o D, E i F, które my chcemy.

– My uważamy, że pan skończył – odparł Bieleckij. – Nie jesteśmy gotowi do oddania czegokolwiek.

Po tej lekcji otworzyłem następną sesję plenarną stwierdzeniem:

– Jeśli oddacie nam D, E oraz F, powiem wam, co jesteśmy w stanie wam oddać.

– *Szto wy dumajetie* – spytał Bieleckij. – *My idioty?*

Czasami rozmowy stawały się nawet bardziej dziwaczne, jako że radzieccy negocjatorzy uciekali się do wysoce niekonwencjonalnej techniki prezentowania nam „niedokumentów". Jeden z negocjatorów mówił mi, przy wyjściu ze spotkania: – Oto „niedokument", może pan go przeczytać, jeśli ma pan ochotę. Ale jeśli przypisze go pan mnie, ja zaprzeczę. – Liczył na to, że jeśli pomysł mi się spodoba, mógłbym go przedstawić na następnym spotkaniu jako własny. Rosjanie mogliby potem wysłać „amerykańską propozycję" do analizy w Moskwie. Jeśli Moskwa ją zaaprobuje, „nasza propozycja" byłaby przyjęta. Jeśli zaś Moskwa na nią się nie zgodzi, to radzieccy negocjatorzy nie mogliby zostać oskarżeni o to, że ją sugerowali.

Ten dziwaczny sposób negocjacji jeszcze bardziej by się skomplikował, jeśli uważalibyśmy, że pomysł wymaga uściślenia. W takich przypadkach dalibyśmy naszym kontrpartnerom „odpowiedź na niedokument". Jeśli nic byśmy od nich nie usłyszeli, byłby to sygnał, że nie lubią naszych zmian. Ale czasami mogliby odpowiedzieć na nasz „niedokument" innym „niedokumentem". W taki niekonwencjonalny, czasami głupi sposób toczyły się gry, które posuwały negocjacje naprzód.

Pokojowe próby jądrowe

Już w trakcie trwania negocjacji SALT II otrzymałem dodatkowe zadanie, by wystąpić jako wojskowy członek amerykańskiego zespołu negocjatorów prowadzącego rozmowy z Rosjanami na temat pokojowych prób jądrowych (PNE). Istniały dwa powody, dla których Stany Zjednoczone pragnęły zakazać wykorzystywania podziemnych prób jądrowych dla celów pokojowych. Po pierwsze, każde urządzenie jądrowe poddawane próbom w celu wykorzystania go dla celów pokojowych może być równocześnie testowane jako broń. Po drugie, opad radioaktywny z takich prób zagrażał nie tylko obywatelom Związku Radzieckiego, lecz również reszcie świata.

Generał-major Siergiej Makarow występował jako mój odpowiednik. Zadał sobie wiele trudu, by przekonać mnie, że ZSRR potrzebował wybuchów jądrowych dla jak najlepszego wykorzystania swych zasobów naturalnych. Opisywał mi opracowany szczegółowo plan odwrócenia biegu płynącej na północ rzeki Kamy za pomocą wybuchów jądrowych, które miały przebić nowe koryto rzeki przez niewysoki łańcuch górski. Oceniał, że wszystko, co potrzeba dla wykonania tej pracy, to około dwunastu eksplozji jądrowych. Odwrócenie biegu Kamy – wyjaśniał mi – spowodowałoby, że jej wody spływałyby do Wołgi, dostarczając niezbędną ilość wody do irygacji i dla podniesienia poziomu Morza Kaspijskiego. – Morze to – powiedział – stopniowo wysycha, a dodatkowy dopływ wody mógłby uratować jesiotry i upadający przemysł produkcji kawioru. Wyjaśniłem Makarowowi, że takie wybuchy jądrowe bez wątpienia uwolniłyby do atmosfery ogromną ilość promieniowania i skażonego radioaktywnie materiału, a szeroko rozprzestrzenione skażenie terenu miałoby niszczący wpływ na ludzi – nie tylko na mieszkańców Związku Radzieckiego, ale i krajów sąsiednich. Powiedziałem mu, że Stany Zjednoczone w pewnym krótkim okresie brały pod uwagę wykorzystanie wybuchów jądrowych dla przebicia kanału morskiego przez Nikaraguę, równoległego do Kanału Panamskiego, lecz projekt ten (nad którym również ja pracowałem) został zarzucony z powodu niszczących skutków, jakie wywołałoby uwolnienie do atmosfery wielkich ilości materiału radioaktywnego.

– Wy, Amerykanie – odparł Makarow – jesteście zbyt przeczuleni. Nie zdajecie sobie sprawy z tego, że można wystawić na ryzyko życie niewielu osób, jeśli ma to przynieść większe dobro dla narodu jako całości.

Słuchając jego wywodów, odczułem zimny dreszcz na plecach, widząc lekceważący stosunek radzieckich urzędników do zdrowia i dobrobytu rodaków. Z tym większą determinacją upierałem się przy wstrzymaniu wszelkich wybuchów jądrowych dla celów niemilitarnych i minimalizacji zagrożeń dla środowiska naturalnego. Byłem więc zadowolony, że udało się nam zablokować porozumienie, które zezwalałoby na dokonywanie pokojowych wybuchów jądrowych.

Wiele lat później, podczas spotkania na szczycie w Rejkiawiku, w 1986 roku, marszałek Siergiej Achromiejew powiedział mi, że Radziecka Akademia Nauk przekonała Michaiła Gorbaczowa, by zarzucił projekt odwrócenia biegu rzeki Kamy. Wypadek w elektrowni jądrowej w Czernobylu, gdzie około dwa miliony ludzi ucierpiały z powodu opadu radioaktywnego, ostro uczulił Gorbaczowa na niebezpieczeństwa wynikające z promieniowania. – Nawet jeśli projekt zmiany biegu Kamy byłby urzeczywistniony bez wykorzystania wybuchów nuklearnych – wyjaśnił mi Achromiejew – nieznane skutki ekologiczne sztucznego odwrócenia biegu rzeki byłyby zbyt wielkie.

Negocjacje SALT II

Wkrótce po tym, jak zaangażowałem się w negocjacje SALT II, uświadomiłem sobie, że Rosjanie mają zupełnie odmienny niż Amerykanie pogląd na temat treści rozszerzonego porozumienia w sprawie broni ofensywnych. Amerykańskie stanowisko było prostolinijne: pragnęliśmy układu, opartego na zasadzie całkowitej równości strategicznych systemów przenoszenia broni. Tymczasem Związek Radziecki miał zamiar utrzymać przewagę w dziedzinie nośników broni, które uzyskał w traktacie SALT I. Ponadto radzieccy przywódcy chcieli, by każde stałe porozumienie kompensowało im amerykańską przewagę w Europie, którą zapewniały systemy wysuniętych baz broni nuklearnej (FBS) oraz siły jądrowe, rozmieszczone w Wielkiej Brytanii i Francji, zdolne do zaatakowania terytorium ZSRR.

Sprawa nałożenia ograniczeń na rakiety wielogłowicowe (MIRV) stała się szczególnie sporna. Moi radzieccy kontrpartnerzy dali mi do zrozumienia, że chcieliby ograniczyć nasze systemy MIRV, natomiast będą bronić się przed każdym zamiarem ograniczenia własnych systemów. Kissinger nie chciał dać wiary ich słowon. Czuł, że ponieważ Stany Zjednoczone zdołały już opanować tę nową technologię, Rosjanie powinni byli dążyć do osiągnięcia porozumienia ograniczającego ich własne systemy MIRV, pod warunkiem że porozumienie to nałoży ograniczenia również na nasze. To nie pierwszy i nie ostatni raz, kiedy Kissinger próbował skorzystać z taktyki lustrzanego odbicia, wierząc, że Rosjanie pójdą za nim drogą, która jemu wydawała się logiczna.

Szefowie sztabów byli jednak przekonani, że Rosjanie nie zgodziliby się na porozumienie, które ograniczałoby ich własne możliwości zastosowania nowej, ważnej technologii MIRV. Szefowie sztabów chcieli utrzymać przewagę technologiczną, która – zdaniem wspólnoty wywiadowczej USA – była możliwa, by przeciwstawić się szybko rosnącej radzieckiej przewadze liczebnej w dziedzinie ofensywnej broni rakietowo-jądrowej. Ponadto szefowie sztabów nie widzieli żadnych realnych środków dla weryfikacji limitów nałożonych na radzieckie MIRV. Zakaz, którego nie można zweryfikować, a więc także zrealizować, byłby po prostu otwartą zachętą dla strony radzieckiej do oszukiwania nas.

Kiedy szefowie sztabów dowiedzieli się, że Kissinger proponował kanałem nieoficjalnym ograniczenie MIRV, ich obawy tylko wzrosły. Poprosili mnie, abym spróbował zablokować porozumienie na temat ograniczenia MIRV, które Kissinger mógł osiągnąć drogą tajnych negocjacji. Ponieważ sam byłem zdecydowanym przeciwnikiem zakazu MIRV, było to zadanie, na które chętnie się zgodziłem.

Rozmowy posuwały się naprzód wolno i stało się oczywiste, że rozszerzone porozumienie nie zostanie osiągnięte przed czerwcem, kiedy Breżniew miał odwiedzić Stany Zjednoczone. Tymczasem afera Watergate zaczęła wpływać na stosunki USA z zagranicą. Próbując odeprzeć falę krytyki w kraju z powodu rosnącego skandalu, Nixon coraz bardziej oddalał się od spraw międzynarodowych. Jednak chciał zademonstrować, że stosunki z ZSRR ulegają poprawie, i w ten sposób odwrócić uwagę od Watergate. Nixon i Kissinger, czując, że przynajmniej niektóre elementy rozszerzonego porozumienia powinny zostać uzgodnione podczas wizyty radzieckiego sekretarza generalnego, skorzystali ze sposobu, który miał przynieść rozwiązanie raczej kosmetyczne. Zaproponowali zestaw „*Podstawowych zasad negocjacji na temat ograniczenia broni strategicznych*", który miał wskazywać drogę do rozszerzonego porozumienia. Ponieważ dla Rosjan doprowadzenie nas do zaakceptowania zestawu nieprecyzyjnych zasad, które mogliby interpretować na swoją korzyść, wydawało się pożądane, skwapliwie podchwycili ten pomysł.

Rosjanie zawsze preferowali szerokie wytyczne zamiast szczegółowych propozycji, ponieważ czuli, że mogą lepiej wykorzystać bardziej ogólnikowe formuły. Kiedy dowiedziałem się od moich radzieckich kontrpartnerów w Genewie, że *„Podstawowe zasady"* były omawiane kanałem nieoficjalnym, zawiadomiłem o tym szefów sztabów i powiedziałem im, że powinni dowiedzieć się, co się faktycznie dzieje. Wykryli wkrótce, że Rosjanie odgrzebali starą formułę, domagając się *„równości i równego bezpieczeństwa"*. Był to kolejny niezbyt subtelny sposób, by wprowadzić do układu sformułowania legitymizujące ich wcześniej odrzucone żądanie, aby amerykańskie systemy rakietowe rozmieszczone w wysuniętych bazach (FDS), zostały uwzględnione w traktacie SALT II.

Szefowie sztabów, którym udało się ujawnić informacje o negocjacjach prowadzonych przez Kissingera kanałem nieoficjalnym na temat *„Podstawowych zasad"*, domagali się, by w porozumieniu znalazła się po prostu formuła równości. W końcu między Kissingerem a Dobryninem doszło do kompromisu, którego zapis brzmiał: *„Obie strony będą kierować się uznaniem równych interesów bezpieczeństwa każdej ze stron"*. Nie było to sformułowanie, które preferowaliby szefowie sztabów, ale zawężało pole niekorzystnej interpretacji i przynajmniej nie sankcjonowało w oczywisty sposób radzieckiej przewagi.

Sekretarz generalny Breżniew przybył do Waszyngtonu 18 czerwca 1973 roku, a *„Podstawowe zasady"* podpisano cztery dni później. Ponieważ były zbyt ogólnikowe, by uznać je za wytyczne, ich jedyną zaletą było to, że zobowiązywały Stany Zjednoczone i Związek Radziecki do podjęcia prób osiągnięcia stałego porozumienia na temat ograniczenia broni ofensywnych – do końca 1974 roku.

Z Breżniewem spotkałem się po raz pierwszy, gdy przybył do Waszyngtonu na spotkanie na szczycie. Był to duży, tęgi mężczyzna z ciemnymi, krzaczastymi brwiami. Kiedy pozdrowiłem go po rosyjsku, uścisnął mnie miażdżącym „niedźwiedziem". Byłem na to przygotowany, usłyszawszy wcześniej, że Breżniew lubi wyrażać uczucia przez kontakt fizyczny. Nie byłem jednak gotowy na jego okropnie śmierdzący oddech.

– Stany Zjednoczone mają tajną broń – powiedział Breżniew – generała-jastrzębia, który mówi po rosyjsku.

– Nie jestem jastrzębiem – odparłem, próbując złagodzić swą reputację twardogłowego. – Jestem krzyżówką kurczaka i gołębia.

Breżniew nie zrozumiał mojego porównania do kurczaka. Jego tłumacz wyjaśnił, że w amerykańskim slangu „kurczak" oznacza kogoś tchórzliwego albo bojaźliwego.

– Ale dlaczego tylko w części gołębiem? – zapytał Breżniew.

– Ponieważ – odpowiedziałem mu – ornitolodzy mówią, że gołębie są jedynym gatunkiem ptaków, który zabija swoich.

Nie chcąc zakończyć tej rozmowy, Breżniew dodał: – A wie pan, generale, co Clemenceau powiedział na temat wojny? Że jest zbyt ważną rzeczą, by pozostawiać ją generałom

– Wiem – odpowiedziałem – i właśnie dlatego jestem członkiem zespołu negocjatorów. Pokój jest też zbyt ważny, by pozostawić go dyplomatom.

– *Mołodiec!* – wykrzyknął Breżniew, co znaczyło dzielny facet. Ale do tłumacza powiedział

– Przypomnij mi, abym ostrzegł naszych negocjatorów przed generałem Rownym. Nie uznaje autorytetów i łatwo się nie poddaje.

Później, jeszcze w czerwcu 1973 roku, powróciliśmy do stołu negocjacji w Genewie, gdzie przez szereg następnych miesięcy nie osiągnęliśmy prawie żadnego postępu. Tymczasem Kissinger kontynuował swój plan, poszukując limitów dla MIRV, dając tej sprawie priorytet ponad wszystkie inne amerykańskie cele w kontroli zbrojeń. Kissinger opisuje rozbieżności poglądów między nim a szefami sztabów, także między nim a mną, w swojej książce *Years of Upheaval* (*Lata wstrząsów*):

„...Szefowie sztabów z uporem domagali się równych liczb (to jest równej sumy ogólnej nośników broni); w zamian byli gotowi zrezygnować z prób ograniczenia MIRV, w ten sposób zamieniając radziecką przewagę w liczbie głowic na naszą przewagę w liczbie nośników broni. Szefowie utrzymywali to stanowisko aż do jesieni; w pewnym momencie ich przedstawiciel, generał-porucznik Edward Rowny dowodził, że szefowie nie widzą niczego, czym mogliby odpłacić za porozumienie w sprawie testowania MIRV na MLBM (ciężkich rakietach), a co byłoby tego warte."

Dowiedziałem się, że typowym zachowaniem Kissingera było wykorzystywanie dowolnego argumentu na swoją korzyść poprzez takie jego ustawienie, jakie odpowiadało jego własnym założeniom. Jego błędne rozumowanie w tej sprawie sprowadzało się do tego, że jeśli odstąpimy od żądania równych liczb nośników broni, to Rosjanie nie wprowadzą MIRV na swoich ciężkich rakietach. Ale Rosjanie nie wykazali żadnego zainteresowania porozumieniem w sprawie ograniczenia MIRV (chyba że chodziłoby o ograniczenie tylko naszych MIRV) i chcieli, aby porozumienie zezwalało im zarówno na więcej rakiet, jak również na więcej głowic niż posiadały Stany Zjednoczone.

Pentagon przeciwko Kissingerowi

Na jesieni 1973 roku stosunki wzajemne między Połączonym Komitetem Szefów Sztabów a Kissingerem stały się bardziej napięte. Kilku członków zespołu Kissingera, pragnąc umocnić pozycję swego przełożonego, powiedziało szefom sztabów, że Nixon upoważnił Kissingera (który teraz był zarówno sekretarzem stanu, jak i doradcą prezydenta do spraw bezpieczeństwa narodowego), by dokonał własnej oceny, wybierając między opcjami, które miały się znaleźć w układzie SALT II. Ta raczej niezwykła rezygnacja z części uprawnień prezydenta wyraźnie oznaczała, że naciski związane z aferą Watergate odwracały uwagę prezydenta od problemów kontroli zbrojeń. Nixon przestał bywać na posiedzeniach Narodowej Rady Bezpieczeństwa (NSC) i pozwolił przewodniczyć jej Kissingerowi. Kissinger zwykł spisywać komentarze innych uczestników tych posiedzeń i załączać do nich swoje rekomendacje. Osoba bliska Nixonowi powiedziała mi, że Nixon często parafował dokumenty podsuwane mu przez Kissingera – nawet nie czytając ich.

W październiku 1973 roku Egipcjanie i Syryjczycy zaatakowali Izrael. W Waszyngtonie spowodowało to natychmiastowe odwrócenie uwagi od SALT II i zajęcie się Bliskim Wschodem. Biały Dom wydał rozkaz alarmu dla wszystkich amerykańskich sił strategicznych i konwencjonalnych na całym świecie. Wkrótce zaczęły krążyć plotki o tym, że to Kissinger szybko przekonał Nixona do wydania tego rozkazu, a Nixon – pochłonięty sprawą Watergate – wyraził zgodę, bez zastanowienia się nad poważnymi konsekwencjami decyzji. Z tego, czego zdołałem się dowiedzieć od przyjaciół z Białego Domu, plotki były oparte na faktach. Szefowie sztabów, pozostający już w niezgodzie z Kissingerem z powodu kontroli zbrojeń, teraz obawiali się, że Kissinger bezprawnie wpływa na decyzje, które miał prawo wydawać jedynie głównodowodzący (prezydent) i to po konsultacjach z najważniejszymi doradcami wojskowymi. I choć alarm został później odwołany, linia frontu między szefami sztabów a Kissingerem pozostała.

W styczniu 1974 roku James Schlesinger, który zastąpił Elliotta Richardsona na stanowisku sekretarza obrony, zainicjował zmianę polityki, jeszcze bardziej jednocząc Pentagon w opozycji do Kissingera, od dawna próbującego ograniczyć MIRV. Schlesinger zapowiedział nową doktrynę wyznaczania celów, która dawała Stanom Zjednoczonym szerszy wybór opcji dla przeciwstawiania się radzieckiemu zagrożeniu nuklearnemu. Nowa polityka Schlesingera zobowiązywała USA do selektywnego wyznaczania celów, takich jak umocnione radzieckie silosy ICBM i inne cele militarne, a nie tylko radzieckie miasta.

Aby to nowe podejście nabrało mocy, potrzebne były dodatkowe środki finansowe na badania i rozwój – m. in. na zwiększenie celności amerykańskich rakiet oraz siły wybuchu głowic jądrowych, które miały niszczyć umocnione cele. Kissinger twierdził, że taka polityka jeszcze bardziej utrudni mu osiągnięcie porozumienia z Rosjanami. Schlesinger odpowiadał na to, że osiągnięcie porozumienia jest celem drugorzędnym, gdyż prezydent Stanów Zjednoczonych powinien mieć do dyspozycji jak najwięcej sposobów powstrzymania ataku lub – jeśli obrona by zawiodła – do odniesienia zwycięstwa w wojnie jądrowej.

Prezydent stanął wobec trudnej decyzji. Podobał mu się pomysł wzmocnienia wiarygodności obrony przez zwiększenie wyboru rodzajów odwetu, ale równocześnie pragnął skutecznie doprowadzić do porozumienia z Rosjanami na temat kontroli zbrojeń, by uciszyć wrzawę wokół afery Watergate. Nixon zdecydował się działać w obu kierunkach. Poparł starania Schlesingera o dodatkowe fundusze na wprowadzenie w życie jego polityki i równocześnie wydał Kissingerowi instrukcje, aby naciskał na radzieckich przywódców w sprawie porozumienia o kontroli zbrojeń. Aby zaoferować coś, co wyglądało atrakcyjnie, Nixon zaproponował ograniczyć liczbę amerykańskich rakiet, które będą uzbrajane w głowice MIRV, pod warunkiem, że strona radziecka zgodzi się na równowagę w dziedzinie siły nośnej rakiet. Ale Rosjanie nie skorzystali z propozycji ograniczenia amerykańskich głowic MIRV.

W miarę jak afera Watergate rozwijała się do rozmiarów wielkiego skandalu, Nixon kontynuował politykę rozmów na szczycie, aby odwrócić uwagę opinii publicznej od swych kłopotów w kraju. Kissinger, który nie do końca był przekonany o celowości urządzania szczytów, zgadzał się na nową inicjatywę Nixona, ponieważ czuł, że pomoże mu ona w prowadzeniu polityki odprężenia i doprowadzi do porozumienia o kontroli zbrojeń. Ponadto inicjatywa ta mogłaby mu pozwolić na przezwyciężenie lansowanej przez senatora Jacksona tezy, że to on, Kissinger, zawierając tajne porozumienie z Rosjanami w 1972 roku, spowodował niebezpieczną lukę w kwestii SLBM. Rosjanie zgodzili się na kolejny szczyt, gdyż uważali, że prezydent stojący przed groźbą *impeachment* (odwołania z urzędu) będzie tym bardziej skłonny do ustępstw w sprawach kontroli zbrojeń.

Moskiewski szczyt rozpoczął się 25 czerwca 1974 roku, a zakończył 3 lipca. Chociaż słyszałem wiele anegdot na temat upartej natury i hiobowej wręcz cierpliwości radzieckiego ministra spraw zagranicznych – Andrieja Gromyki – to dopiero na drugim szczycie w Moskwie mogłem sam być tego świadkiem. Wiedziałem, że Gromyko był ministrem spraw zagranicznych przez dwadzieścia siedem lat i lubił chwalić się tym, że przetrzymał trzynastu amerykańskich sekretarzy stanu. Jedna z historyjek o Gromyce, często powtarzana i zazwyczaj przypisywana Nikicie Chruszczowowi, mówi o tym, że Gromyko jest tak cierpliwy, że mógłby siedzieć na bryle lodu dopóty, dopóki się nie roztopi. Po spotkaniu z Gromyką, wiem, że to nieprawda: – jeśli Gromyko usiadłby na bryle lodu, nigdy by nie stopniała; byłem przekonany, że ten człowiek miał w żyłach lodowatą wodę.

Rozpaczliwie poszukując porozumienia, Nixon zaoferował Rosjanom przewagę w dziedzinie zdolności rakiet do przenoszenia ciężaru głowic (*throw-weight*), jeśli w zamian zgodziliby się na amerykańską przewagę w rakietach z głowicami MIRV. Rosjanie szybko odrzucili tę propozycję, mając nadzieję, że kłopoty Nixona w kraju przyniosą im korzyść w postaci ustępstw USA.

Według radzieckiej oceny krajowe kłopoty Nixona weszły teraz w drugą z trzech przewidywanych faz. Początkowo Moskwa uważała Watergate za spisek, który miał postawić w kłopotliwej sytuacji Breżniewa i został uknuty przez przeciwników kontroli zbrojeń i odprężenia. W pierwszych dniach szczytu w 1974 roku, zdając sobie sprawę z tego, że afera Watergate nie była sztuczką, Rosjanie zaczęli myśleć, że Nixon może zostać zmuszony do ustępstw, aby zrównoważyć swe krajowe porażki. Rozumowali, że Nixon oprze się na tym, iż amerykański elektorat będzie go nadal potrzebował jako prezydenta, po to, by doprowadzić do końca sprawę porozumienia o kontroli zbrojeń. Wreszcie Rosjanie uznali, że Nixon posunie się tylko do pewnej granicy i nie przyzna im znaczących koncesji, których oczekiwali. Doszli także do wniosku, że nawet jeśli porozumienie z Nixonem zostanie osiągnięte, będzie miało niewielkie szanse na uzyskanie aprobaty w Kongresie. Zatoczywszy pełne koło, Breżniew stracił zainteresowanie porozumieniem w sprawie kontroli zbrojeń i szczyt moskiewski doprowadził donikąd.

Chociaż brałem udział w wielu sesjach spotkania na szczycie, odbywających się w warunkach ostrej kontroli na Kremlu, jedno wydarzenie szczególnie zapisało się w mojej pamięci jako przykład humoru i ironii, które serwował nam radziecki reżim. Jechałem w trzeciej limuzynie konwoju składającego się z czterech aut. Konwój został zatrzymany przez funkcjonariusza ochrony u wrót Kremla. Strażnik odmówił mi prawa wjazdu, ponieważ nie nosiłem *znaczoka,* znaczka wpiętego w klapę marynarki, oznaczającego, że jestem uprawniony do wejścia. Strażnik zażądał ode mnie innego *pozitiwnogo* stwierdzenia tożsamości. Powiedziałem mu, że pamiętam go z poprzedniego dnia i że on powinien także mnie pamiętać. Nic nie pomogło. Pokazałem mu legitymację Departamentu Stanu. Strażnik obejrzał ją i zwrócił mi: – Wiele osób posiada takie karty – powiedział. – Wyciągnąłem więc przepustkę do Pentagonu, mając nadzieję, że jako żołnierz ustąpi przed moim stopniem wojskowym. – *Niet* – brzmiała odpowiedź.

Inni pasażerowie zaczęli się denerwować, obawiając się spóźnienia na spotkanie. Zdesperowany wyjąłem swoją kartę kredytową Master Card. Przykryłem kciukiem żółte kółko na karcie, pozostawiając na widoku kółko czerwone. – *Wot* – powiedziałem strażnikowi po rosyjsku – *krasnaja i krasiwaja.*

Na ten widok strażnik zareagował szerokim uśmiechem, stuknął obcasami, raźnie mi zasalutował i przepuścił nas.

Master Card powinien więc zacząć używać sloganu podobnego do reklamy American Express: *„Jeśli chcesz dostać się na Kreml, nie wychodź bez niej z domu”.*

W ostatnim dniu szczytu, po tym jak nasze spotkania zakończyły się fiaskiem, przygotowywałem się do powrotu do domu. Nagle zostałem wezwany z powrotem na Kreml, aby wziąć udział w ponowionych negocjacjach. Podobno Nixon i Breżniew doszli do porozumienia w sprawie dobrowolnych inspekcji w miejscach rozmieszczenia broni nuklearnej.

Kiedy zebraliśmy się ponownie, postanowiłem się dowiedzieć, na co dokładnie zgodzili się Nixon i Breżniew. Zapytałem więc otwarcie swego radzieckiego kontrpartnera: – Co faktycznie oznacza dobrowolna inspekcja na miejscu?

– Uważamy – odpowiedział mi bez żenady – że wy, Amerykanie, możecie dobrowolnie zgłaszać swój zamiar przyjazdu na inspekcję, a my możemy dobrowolnie odpowiedzieć „nie". – Nie wierzyłem swoim uszom. Ta sprawa doprowadziła nasze negocjacje do nagłego impasu.

Szczyt zakończył się wnioskiem obu stron, że doprowadzenie do stałego porozumienia na temat ograniczenia strategicznych broni ofensywnych przed końcem 1974 roku jest niemożliwe. Trzeciego lipca Kissinger powiedział dziennikarzom, że fiasko w sprawie ograniczenia MIRV doprowadzi w najbliższym czasie do *„eksplozji technologii i eksplozji liczby rakiet, po czym będziemy szczęśliwi, jeśli uda nam się utrzymać obecną stabilność". – Co, na Boga, oznacza przewaga strategiczna?* – zapytał. Kissinger, który starał się jak najusilniej uzyskać porozumienie w sprawie MIRV, był gorzko zawiedziony. Nixon był przygnębiony. Dla niego niemożliwość doprowadzenia do porozumienia oznaczała tylko pogorszenie kłopotów w kraju. Odleciał do Waszyngtonu, by stawić czoło konsekwencjom Watergate.

Porażka Nixona

Nie wątpię, że prezydent Nixon byłby zadowolony, mogąc podpisać stałe porozumienie ograniczające broń strategiczną jako dodatkowy dokument układu ABM. Na jego korzyść przemawia fakt, że nie był gotów poświęcić interesów bezpieczeństwa USA dla osiągnięcia porozumienia. Gdyby miał możliwość uzyskać to porozumienie na równych prawach, w pełni zdawałby sobie sprawę z tego, że zawierałoby ono pewne dodatkowe korzyści, takie jak – prawdopodobnie – poddanie radzieckich sił jądrowych dokładniejszej inspekcji na miejscu. To z kolei dałoby wyższy stopień przewidywalności i ustabilizowałoby stosunki amerykańsko-radzieckie.

Dążenia Kissingera też pozostały niespełnione. Bardziej niż na czymkolwiek innym zależało mu na tym, by zostać architektem odprężenia i współautorem historycznego porozumienia z ZSRR na temat kontroli zbrojeń. Latem 1974 roku zarówno on, jak i Nixon (ale każdy z innych powodów) znaleźli się niebezpiecznie blisko zaangażowania Stanów Zjednoczonych w porozumienie dotyczące MIRV, które – moim zdaniem – mogłoby narazić na szkodę długoterminowe interesy USA. Szczęściem dla nas z nieznanych nam powodów kierownictwo radzieckie sprzeciwiło się temu.

Skłonność prezydenta Nixona do tajemniczości i zaskakiwania, jego zbytnie poleganie na Kissingerze i odmowa włączenia do swych inicjatyw części administracji i Kongresu, przyczyniły się do porażki polityki „wiązania". W końcu afera Watergate zadała mu tak głęboką ranę, że zniszczyła wpływy prezydenta i zniweczyła wszelką nadzieję na osiągnięcie porozumienia z ZSRR. To smutna ironia losu, że Nixon – ze swym trzeźwym podejściem do spraw zagranicznych w ogóle i z wiedzą o ZSRR i rozumieniem Rosjan w szczególności – doznał porażki swej polityki, która upadła pod ciężarem jego własnych intryg.

Po Nixonie – jak wiadomo – nastąpił Gerald Ford, który miał się okazać o wiele bardziej stanowczym prezydentem niż wielu w Waszyngtonie kiedykolwiek przypuszczało. I choć Kissinger pozostał jako licząca się siła, jego swoboda manewru została znacznie ograniczona. Skutkiem tej zmiany miała być nowa, mniej swobodna era w amerykańskiej polityce zagranicznej i w kontroli zbrojeń.

ROZDZIAŁ III

Krótkie panowanie Forda: twarde stanowisko

Gerald Ford został wybrany na wiceprezydenta u Richarda Nixona po rezygnacji Spiro Agnewa w październiku 1973 roku. Do jego wyboru przyczynił się głównie były sekretarz obrony – Melvin Laird. Laird uważał, że dla poszerzenia swej bazy politycznej Nixon będzie potrzebował zagorzałego konserwatysty ze Środkowego Zachodu jako nowego zastępcy. Później – 9 sierpnia 1974 roku – kiedy Nixon został zmuszony do ustąpienia z powodu afery Watergate, Ford przeprowadził się do Owalnego Biura w Białym Domu. Bardziej niż jego poprzednik Ford był skłonny korzystać ze swych bogatych doświadczeń i wiedzy o rządowej biurokracji. Z tego powodu ja również spędzałem więcej czasu w Waszyngtonie niż wówczas, gdy prezydentem był Nixon.

Podobnie jak Nixon Ford dobrze orientował się w polityce zagranicznej ZSRR. Uważał też, jak Nixon, że porozumienie z tym państwem na temat broni strategicznej jest tylko jednym z wielu celów polityki zagranicznej Stanów Zjednoczonych. Jednak dążąc do porozumienia z Rosjanami, Ford – w odróżnieniu od Nixona – nie kierował się nadmiernie przesłankami politycznymi. Ani też nie pozostawał pod tak silnym jak Nixon wpływem Henry'ego Kissingera.

Często oskarżany na początku kadencji o brak wiedzy na temat spraw międzynarodowych, Ford wkrótce udowodnił krytykom, że się mylą. W dziedzinie kontroli zbrojeń bardzo szybko przyswoił sobie skomplikowane problemy strategiczne. Zanim podjął decyzję, niezmiennie zadawał swym doradcom podstawowe pytanie: – Czy będzie to zgodne z najlepszym interesem Stanów Zjednoczonych? – Kiedy na posiedzeniu Narodowej Rady Bezpieczeństwa, pod koniec 1974 roku, Henry Kissinger powiedział mu, że amerykańska opinia publiczna wyraźnie preferuje rychłe zawarcie porozumienia ze Związkiem Radzieckim, Ford nie przejął się tym. Odpowiedział, że zadaniem prezydenta jest *„kształtować opinię publiczną, a nie ulegać jej"*.

Chociaż zwykli Amerykanie postrzegali Forda jako człowieka, który przywrócił w Białym Domu uczciwość i otwartość, liderzy Partii Republikańskiej, szczególnie ci bardziej konserwatywni, nie odnosili się do jego prezydentury z entuzjazmem. Wielu nie pochwalało wyboru liberalnego republikanina – Nelsona Rockefellera – na wiceprezydenta. Inni sprzeciwiali się temu, że Ford nadal dążył do odprężenia. W 1975 roku, w szczytowym okresie kłopotów prezydenta z Kongresem, Senat bardziej krytykował Forda niż wcześniej Nixona w najsłabszym okresie jego kariery politycznej.

„Imperialny Kongres" – jako odpowiedź na postrzeganą przez niektórych *„Imperialną Prezydenturę"* Nixona – zaczął wyłaniać się nawet przed rezygnacją prezydenta. Władza ustawodawcza była zdecydowana ograniczyć swobodę pierwszego urzędnika w państwie w formułowaniu i prowadzeniu polityki zagranicznej. Już wcześniej, w 1973 roku, Kongres napiął polityczne muskuły, uchwalając War Powers Act (Ustawę o uprawnieniach na czas wojny). Ten akt ustawodawczy drastycznie ograniczał tradycyjnie nielimitowane uprawnienia prezydenta jako głównodowodzącego w zakresie wysyłania sił zbrojnych do walki bez uprzedniej zgody Kongresu. Ten akt prawny dawał do zrozumienia ówczesnemu wiceprezydentowi Fordowi, że Kongres nie będzie więcej tolerował swobodnego stylu zawierania porozumień międzynarodowych, tak typowego dla ery Nixona–Kissingera.

Do tego wyzwania przyłączyło się inne: rosnące niezadowolenie społeczne wynikające z faktu, że Ford był prezydentem, który objął urząd bez wyborów powszechnych. Nagły i nieoczekiwany akt łaski dla Richarda Nixona, dokonany przez Forda zaledwie miesiąc po objęciu urzędu, pogłębił tylko jego trudności. W obliczu dramatycznego spadku popularności Ford czuł się zobowiązany – krótko po wprowadzeniu się do Białego Domu – ogłosić swą kandydaturę w wyborach przypadających w 1976 roku. Zdawał sobie sprawę, że gdyby tego nie uczynił, to poparcie dla niego w kraju nadal malałoby, a on sam nie byłby w stanie skutecznie prowadzić polityki zagranicznej i negocjacji międzynarodowych z braku niezbędnego zaufania społecznego. Obserwując polityczny upadek Nixona, Ford przekonał się, że żaden z prezydentów USA nie jest w stanie uzyskać sukcesów międzynarodowych, jeśli kwestionowane jest jego polityczne poparcie w kraju.

Większość nowych prezydentów ma do dyspozycji trzymiesięczny okres przejściowy – 100 dni – aby przygotować się do zakresu odpowiedzialności i zorganizować swoją administrację. Ford nie miał takiego luksusu. W tej sytuacji zdecydował się na kontynuację i zwartość na najwyższych szczeblach hierarchii rządowej – utrzymując na stanowiskach większość gabinetu Richarda Nixona. Chociaż nie miał ochoty pozostawiać Henry'ego Kissingera na stanowisku sekretarza stanu i doradcy do spraw bezpieczeństwa narodowego – Ford szybko umocnił swą władzę nad nim. Już w drugim dniu prezydentury wydał Kissingerowi polecenie zwołania Narodowej Rady Bezpieczeństwa (NSC). Kissinger uchylił się i próbował przekonać prezydenta, by odłożył spotkanie z NSC na później. Powiedział Fordowi, że tak szybkie zwołanie Narodowej Rady Bezpieczeństwa po objęciu przez niego prezydentury skłoni ZSRR do myślenia, że w USA nastąpił jakiś kryzys. Lecz Ford się nie ugiął. Wbrew sprzeciwom Kissingera zwołał dzień później posiedzenie NSC.

Mimo wysłania tak wczesnego sygnału do Kissingera w sprawie polityki zagranicznej, prezydent wkrótce całkowicie poświęcił się polityce wewnętrznej. Przez kolejne tygodnie wielu z nas miało wrażenie, że Kissinger sam prowadzi politykę zagraniczną. Przykładem na to było pojawienie się serii Memorandów nt. Bezpieczeństwa Narodowego (NSDM) poświęconych sprawom kontroli zbrojeń. Te zalecenia, dotyczące kierunku prowadzenia rokowań w sprawie kontroli zbrojeń zostały wydane bez uprzedniej dyskusji na posiedzeniach NSC i – według naszej wiedzy – bez uzgodnienia z prezydentem.

Mimo to Ford bardzo szybko dał znać, że woli bezpośrednio i otwarcie konsultować się z pełnym gremium doradców, miast uprawiać ściśle tajny styl prowadzenia spraw prezydenta Nixona. Lecz po sześciu miesiącach prób skoordynowania działalności sześciu czy ośmiu doradców do spraw zagranicznych Ford postanowił się obwarować. Zdawał sobie sprawę, że skutecznie prowadząc politykę wewnętrzną, zaniedbywał sprawy zagraniczne, a szczególnie kontrolę zbrojeń. Wydał więc polecenie szefowi swego gabinetu – Donaldowi Rumsfeldowi – by przeglądał i koordynował te sprawy, zanim trafią do niego.

Zgodnie z polityką kontynuacji Ford nadal utrzymywał Jamesa Schlesingera na stanowisku sekretarza obrony. Choć wielu byłych kolegów z Kongresu miało narzekać do Forda, że Schlesinger traktuje ich obcesowo i pogardliwie, prezydent wysoko sobie cenił doświadczenie Schlesingera w sprawach strategicznych. I, ku wielkiemu niezadowoleniu Kissingera, zaczął zasięgać rad na temat wojskowych aspektów kontroli zbrojeń w pierwszej kolejności u swego sekretarza obrony. Choć było zrozumiałe, że prezydent powinien wpierw szukać rady w tych sprawach u sekretarza obrony, Kissinger narzekał na to do swych współpracowników. Przyzwyczaił się bowiem, że takich rad zawsze udzielał Nixonowi sam, a dopiero potem prezydent wysłuchiwał opinii sekretarza.

Ford szczególnie cenił stosunek Schlesingera do amerykańskiej polityki odstraszania. Doktryna Schlesingera opierała się na opcjach ograniczonego odwetu, które pozwalały Stanom Zjednoczonym na dokonywanie ograniczonych uderzeń jądrowych przeciwko umocnionym silosom radzieckich ICBM i innym celom wojskowym zamiast zmasowanego uderzenia jądrowego w odpowiedzi na wrogi atak. Chociaż wybór strategicznych celów tego rodzaju wymagał zastosowania udoskonalonych, bardzo celnych i zarazem kosztownych rodzajów broni, nowa doktryna dawała prezydentowi dodatkowe pole manewru przy wyborze odpowiedzi jądrowej na ograniczony akt agresji – w taki sposób, by odwet nie prowadził do natychmiastowej i śmiertelnej dla obu stron eskalacji wojny jądrowej.

Prezydent Ford wiedział, że Związek Radziecki jest niebezpiecznym przeciwnikiem wojskowym, lecz czuł, że to państwo, podobnie jak Stany Zjednoczone, nie chciało podejmować ryzyka wywołania wojny jądrowej. Zdawał sobie sprawę również z tego, że Rosjanie próbowali zbić kapitał na rosnącym pragnieniu narodu amerykańskiego, by zawrzeć porozumienie o kontroli zbrojeń. Żeby przeciwstawić się radzieckiej taktyce, Ford zalecał naszej delegacji w Genewie, by wysuwała twarde, lecz uczciwe żądania wobec strony przeciwnej. Jeżeli delegacja radziecka nie będzie zdolna do natychmiastowego ich przyjęcia – mówił prezydent – powinniśmy okazać cierpliwość. Być może Rosjanie dostrzegą, że zwlekanie z odpowiedzią jest bezskuteczne, a wówczas przeważy rozsądek. Rady Forda podobały mi się, lecz nie byłem do końca przekonany, że Rosjanie pozwolą na to, aby zwyciężył rozsądek.

Tak jak przewidywaliśmy, po zaprzysiężeniu Forda sesje negocjacyjne w Genewie nie stały się bardziej produktywne. Przywiązani do formy negocjatorzy radzieccy przyjęli postawę wyczekującą, próbując wyczuć kierunek polityki nowego prezydenta. Lecz Ford znajdował się pod stale rosnącą presją opinii publicznej, która domagała się postępów w kontroli zbrojeń. Nie chcąc zostać oskarżonym o hamowanie postępu, Ford, będący zaledwie dwa miesiące u władzy, wysłał Kissingera do Moskwy, aby zbadał na osobistym spotkaniu z ministrem spraw zagranicznych Andriejem Gromyką, jakie są szanse na przyspieszenie rokowań SALT II. Zalecił Kissingerowi, by nie posługiwał się przy tym polityką „wiązania", gdyż doszedł do wniosku, że ta doktryna realizowana wcześniej przez Nixona nie przyniosła spodziewanych wyników. Ford chciał, aby Kissinger z Gromyką dokonali tylko przeglądu dwóch głównych problemów kontroli zbrojeń, w których poglądy USA i ZSRR były rozbieżne, i ustalili, czy możliwy jest postęp.

Pierwszy punkt dyskusji dotyczył całkowitej liczby strategicznych systemów jądrowo-rakietowych, które obie strony miałyby zachować w ramach porozumienia SALT II. Drugim punktem miało być zbadanie, czy istniała możliwość porozumienia w sprawie nałożenia limitu na rakiety wielogłowicowe (typu MIRV). Przebywając jeszcze w Moskwie po rozmowach z Gromyką i Breżniewem, Kissinger wysłał depeszę do prezydenta, zawiadamiając go, że obie strony są bliżej porozumienia niż poprzednio sądzono. Ford był zadowolony z tej informacji. Poinstruował Kissingera, aby zbadał możliwość zorganizowania spotkania na szczycie w terminie i miejscu zbieżnym z jego planowaną na przyszły miesiąc podróżą na Daleki Wschód. Kissinger wywiązał się z zadania i przygotowania do szczytu we Władywostoku rozpoczęły się na dobre.

Najważniejszym celem, który – miałem nadzieję – moglibyśmy osiągnąć we Władywostoku, było uzyskanie gwarancji, że obie strony zgodzą się na równą liczbę strategicznych systemów jądrowo-rakietowych. Jedną z dróg podejścia do realizacji tego celu było rozszerzenie liczby kategorii broni, które byłyby objęte porozumieniem. Układ SALT I miał na celu jedynie ograniczenie liczby rakiet balistycznych, tego rodzaju broni, w której Rosjanie mieli przewagę zarówno co do rozmiarów, jak i liczby. W rokowaniach SALT II Rosjanie upierali się, że bombowce strategiczne, w których Stany Zjednoczone miały przewagę liczbową, powinny być także wliczone w ramy porozumienia. Nasze pierwotne sztywne stanowisko w SALT II odrzucało to radzieckie żądanie. Utrzymywaliśmy niezmiennie, że będziemy poszukiwać równowagi z ZSRR jedynie w dziedzinie rakiet balistycznych, wyłączając z równania ciężkie bombowce.

Chociaż rakiety balistyczne są przede wszystkim bronią pierwszego uderzenia, a bombowce nadają się tylko do drugiego, odwetowego scenariusza wojny, argumentacja Rosjan nie była zupełnie bezzasadna. Bombowce, podobnie jak rakiety balistyczne, mogłyby zadać przeciwnikowi znaczące straty jako broń strategiczna o międzykontynentalnym zasięgu. Ale włączenie ciężkich bombowców do ogólnego rachunku strategicznych systemów rażenia wyraźnie faworyzowałoby stronę radziecką. I tak Rosjanie mieli o wiele więcej rakiet balistycznych niż my. I nawet gdyby wliczono do ogólnego rachunku nasze bombowce strategiczne, ZSRR nadal miałby więcej strategicznych systemów rażenia niż USA. Jeśli osiągnęlibyśmy rzeczywistą równość co do liczby systemów strategicznych, to wciąż Rosjanie musieliby zredukować dużo więcej rakiet balistycznych.

Sprawa równowagi – militarnej czy innej – między USA i ZSRR wywoływała u przywódców radzieckich głęboko zakorzenione negatywne reakcje psychologiczne. Dla nich „więcej i wyżej"– choć nie zawsze „lepiej" – było po prostu koniecznością. Czy chodziło o wielkość budynków, szerokość ulic czy o rozmiary rakiet, Rosjanie nigdy nie byli usatysfakcjonowani, dopóki ich obiekty nie były liczniejsze i większe niż nasze. Dążąc do legitymizacji uzurpowanego sobie prawa do przewagi, Rosjanie posługiwali się iście orwellowskim argumentem, twierdząc, że po to by uzyskać równość, muszą być „równi" bardziej niż my. Na nasze żądanie równości w strategicznych systemach rażenia odpowiadali, że muszą uzyskać *„równość plus równe bezpieczeństwo"*. Mieli nadzieję w ten sposób osiągnąć nie tylko parytet z USA, lecz ponadto zrównać się z każdą kombinacją sił innych państw, które mogłyby sprzymierzyć się przeciwko ZSRR. Taki sposób rozumowania uzasadniał radzieckie żądanie, aby Stany Zjednoczone włączyły rakiety Francji i Wielkiej Brytanii do ogólnego rachunku strategicznych systemów rażenia. Był to klasyczny przykład sposobu, w jaki Rosjanie próbowali wykorzystać swe obsesyjne obawy przed inwazją.

Ponieważ członkowie Połączonego Komitetu Szefów Sztabów kładli nacisk na absolutną równość, mnie jako pierwszemu przypadł obowiązek zaproponowania ich poglądów adwersarzom w imieniu amerykańskiego zespołu negocjatorów. Wyjaśniałem kiedyś jednemu z moich radzieckich kontrpartnerów, generałowi Konstantinowi Trusowowi, że Stany Zjednoczone nigdy nie zgodzą się na strategiczną nierówność ze Związkiem Radzieckim. Za każdym razem, kiedy naciskałem na termin *równość*, Trusow przeciwstawiał mi *równość i równe bezpieczeństwo*. Próbując przemówić do jego matematycznego umysłu, podszedłem do tablicy i napisałem na niej równanie:

$$(USA)\ R = (ZSRR)\ R + (ZSRR)\ RB$$

– To jest wasza formuła – powiedziałem – ale równanie jest wyraźnie zaburzone. Nasza formuła: *(USA) R = (ZSRR) R*, reprezentuje właśnie równość. Jeśli odejmie się *R* z każdej strony waszego równania, to wyjdzie: *0 = (ZSRR) RB*. A więc, jak pan widzi – mówiłem dalej – nic nie zostanie po naszej stronie, a *równe bezpieczeństwo* zostanie po waszej.

Mogłem potem stwierdzić, że Trusow zdawał sobie sprawę z tego, że udowodniłem swoją tezę, lecz nigdy nie mógł się do tego przyznać. Jego pokrętna odpowiedź brzmiała więc: – Każdy wie, że stosunki międzynarodowe przekraczają ramy czystej matematyki. – Mimo to czułem, że Trusow i być może inni radzieccy negocjatorzy zaczynali rozumieć, że Stany Zjednoczone nie zgodzą się na nic innego – tylko na równość.

Tymczasem Kissinger jak zwykle przekroczył swoje uprawnienia. W trakcie przygotowań do spotkania na szczycie nie podzielił się z prezydentem najważniejszymi wynikami swych negocjacji z radzieckimi przywódcami. Podobnie jak w 1972 roku, gdy Nixon wysłał go do Moskwy, tak i teraz – jak mówiono – wziął na siebie obowiązek skompletowania, bez względu na wszelkie intencje i cele, listy tematów, które miały być przedyskutowane na szczycie. Wierzył, że Rosjanie będą upierać się przy utrzymaniu większej liczby wyrzutni rakiet strategicznych, aby przeciwstawić się technologicznej przewadze USA w dziedzinie rakiet wielogłowicowych (typu MIRV). Mimo to jednak wysunął wariant równych liczb łącznych jako uzupełnienie opcji, która zezwalała Rosjanom na rozmieszczenie większej liczby wyrzutni rakiet strategicznych pod warunkiem, że Stanom Zjednoczonym pozwolono by rozmieścić większą liczbę rakiet wielogłowicowych (MIRV). Ku zaskoczeniu Kissingera Breżniew odpowiedział, że Rosjanie zgodziliby się na każdą z tych opcji. Kissinger jednak powiadomił prezydenta tylko o tym, że Breżniew zaakceptował jego propozycję, która wymieniała wyższą liczbę wyrzutni dla ZSRR i więcej wyrzutni rakiet wielogłowicowych (MIRV) dla USA. Tymczasem Schlesinger i szefowie sztabów zapowiedzieli, że mogliby zaakceptować tylko równą ogólną liczbę wyrzutni rakiet strategicznych. Kissinger, wiedząc, że Breżniew już się na to zgodził, powiedział Schlesingerowi i szefom sztabów, że będzie twardo negocjował na rzecz ich stanowiska. We Władywostoku zaś powiedział Gromyce, że Stany Zjednoczone, po rozważeniu sprawy, preferują równą liczbę wyrzutni. Wiedział, rzecz jasna, o tym, że Breżniew wcześniej już wyraził zgodę także i na to rozwiązanie. Tym samym stworzył wrażenie, że to on bronił i – po ciężkiej walce – obronił stanowisko negocjacyjne Schlesingera i Połączonego Komitetu Szefów Sztabów. To jeszcze jeden przykład na to, w jaki sposób Kissinger prowadził własne rozgrywki z waszyngtońską administracją.

Co gorsza, Kissinger zapewnił także Rosjan, że ich bombowce, zwane przez nas *Backfire*, nie zostaną uznane przez USA jako samoloty o zasięgu międzykontynentalnym. Innymi słowy, bombowce *Backfire* nie zostaną objęte limitem, nałożonym na radzieckie bronie strategiczne. Zapewnienie Kissingera przyznało więc ZSRR bezpodstawną koncesję, która w końcu okazała się wielce szkodliwa dla USA. Opisane epizody są jeszcze jednym dowodem na to, jakie szkody może przynieść prowadzenie negocjacji tajnym kanałem i bez żadnego nadzoru.

Ford i Władywostok

Spotkanie na szczycie we Władywostoku było, mówiąc ogólnie, sukcesem. Obaj przywódcy zgodzili się na podstawowe ramy negocjacji układu SALT II i bardzo złagodzili obawy amerykańskich wojskowych, godząc się na równe dla obu państw łączne liczby systemów strategicznych. Nie każdy jednak podzielał moją opinię, że Władywostok był triumfem Stanów Zjednoczonych. Mój przyjaciel „Scoop" Jackson spierał się ze mną, że Rosjanie oszukali Amerykanów, wmawiając nam, że osiągnięto równość strategiczną, gdy w istocie to oni umocnili swą strategiczną przewagę. Po pierwsze, Jackson uważał, że łączna liczba 2400 strategicznych systemów broni była zbyt wysoka. I chociaż Rosjanie musieliby wyeliminować kilkaset swoich, my nie mieliśmy zamiaru budować dodatkowych systemów, aby osiągnąć założony pułap. Po drugie, radziecka przewaga 3 do 1 w łącznej liczbie megatonażu rakiet – narzekał Jackson – została zamieciona pod dywan. Mimo to byłem optymistą. Uważałem, że osiągnięty przez nas sukces co do zasady równości liczby systemów broni, sprawi, że w przyszłości zostanie rozwiązany również problem równości megatonażu.

Ku memu przyjemnemu zaskoczeniu Rosjanie nie podjęli we Władywostoku problemu rakiet *cruise* wystrzeliwanych z samolotu (ALCM). W Genewie rozgorzała ożywiona dyskusja nad radzieckim żądaniem, żeby do proponowanego pułapu 2400 dozwolonych strategicznych systemów broni zaliczyć nie tylko bombowce strategiczne, lecz również każdą z osobna rakietę ALCM, którą one przenoszą. Nasz kontrargument brzmiał, że rakiety ALCM to tylko pociski czyniące z bombowca jeden system strategiczny i wobec tego nie ma sensu wliczać każdej z osobna rakiety *cruise* do łącznej liczby 2400 systemów.

Radziecki zespół negocjatorów, czując, że Breżniew powinien był podnieść problem ALCM na spotkaniu na szczycie, nalegał, aby rakiety ALCM zostały wymienione w komunikacie końcowym. Za pomocą prostego zabiegu – opuszczenia słowa *balistyczne* przed słowem *rakiety* – Rosjanie próbowali rozszerzyć zakres porozumienia tak, aby obejmowało także rakiety *cruise*, które nie lecą po trajektoriach balistycznych. Sprzeciwiłem się temu. Przecież ta sprawa nie została przedyskutowana na żadnej z sesji negocjacyjnych we Władywostoku, a włączenie jej do oficjalnych protokołów ze spotkań było całkowicie nieuzasadnione.

Po szczycie Kissinger przez wiele dni nie zgadzał się na radziecką wersję komunikatu końcowego. Rozumował logicznie, że jeśli ostateczna wersja komunikatu nie będzie zawierała słowa *balistyczne*, to jego treść uwzględni także rakiety *cruise* (ALCM). Pod wpływem narastającej presji opinii publicznej i mediów domagających się wydania komunikatu końcowego opór Kissingera zaczął słabnąć. Obawiając się tego, że opinia publiczna mogłaby ocenić szczyt we Władywostoku jako porażkę USA, Kissinger w końcu poddał się i przestał domagać się włączenia słowa *balistyczne* do komunikatu. W konsekwencji pozwoliło to Rosjanom utrzymywać, że komunikat końcowy ze szczytu uwzględnił rakiety ALCM. Ustępstwo Kissingera stworzyło problem, który utrzymywał się przez wiele lat i nie znalazł rozwiązania przed 1991 rokiem, kiedy przeprowadzono ostatnie rokowania nad układem START.

We Władywostoku sprawa włączenia amerykańskich systemów taktycznych broni jądrowych i samolotów rozmieszczonych w Europie do ogólnej liczby strategicznych systemów broni (po stronie USA) została rozegrana tak, jak wcześniej streścił mi to radziecki generał Konstantin Trusow.

W Genewie problem systemów broni w wysuniętych bazach (FBS) stał się przedmiotem intensywnego sporu między generałem Trusowem a mną. Trusow uważał, że amerykańskie taktyczne bronie jądrowe oraz samoloty rozmieszczone w europejskich krajach NATO, a mające dostateczny zasięg, by razić terytorium ZSRR, powinny być włączone do ogólnej liczby strategicznych systemów broni po stronie USA. Od samego początku tłumaczyłem Trusowowi, że amerykańskie systemy broni o zasięgu mniejszym niż międzykontynentalny zostały rozmieszczone w Europie w odpowiedzi na radziecką przewagę w broniach konwencjonalnych, jak również w odpowiedzi na zagrożenie, które wynikało z istnienia radzieckich broni jądrowo-rakietowych średniego zasięgu. Podkreślałem, że zgodnie z artykułem V układu o NATO, atak na jedno z państw należących do sojuszu jest traktowany jako atak na wszystkich członków NATO. Inaczej mówiąc, jeśli ZSRR zaatakowałby siły USA, nie ma znaczenia, gdzie stacjonują nasze wojska. Atak na oddziały Stanów Zjednoczonych, gdziekolwiek na świecie, jest równoznaczny z agresją przeciwko USA.

Przez prawie rok generał Trusow i ja prowadziliśmy gorący spór na temat zalet i wad broni rozmieszczonych w wysuniętych bazach (FBS). Ku mojemu zaskoczeniu pewnego dnia latem 1974 roku, podczas jednego z naszych wspólnych spacerów w parku, z dala od zasięgu słuchu tłumaczy i innych radzieckich pracowników, generał Trusow powiedział mi, że moje argumenty są zasadne. W sposób wysoce nietypowy dla radzieckich negocjatorów Trusow przyznał się do tego, że problem FBS był jedynie taktyką dywersyjną, której używała Moskwa, nie pozwalając jednak na to, by sprawa ta zakłóciła generalnie zadowalające porozumienie. Powiedział mi też, że Breżniew miał nadzieję zawrzeć z USA porozumienie o kontroli zbrojeń, a wiedząc, jak wielką wagę amerykańscy wojskowi przywiązują do kwestii FBS, nie pozwolił, by problem ten zaszkodził sprawie.

Podniesiony na duchu tym przełomem pobiegłem przekazać dobrą nowinę szefom sztabów. Oni jednak odnieśli się to tego bardzo sceptycznie. Byli przekonani, że jeśli Rosjanie tak długo podtrzymywali swoje poglądy na temat FBS i wyrażali je z tak wielkim naciskiem, to nigdy z tego nie ustąpią. Ja z kolei nadal podkreślałem, że przywódcy radzieccy zmienili podejście i że Trusow przekazał mi prawdę. W końcu uzyskałem zgodę szefów sztabów, aby przedyskutować to z sekretarzem obrony – Schlesingerem.

Podobnie jak szefowie sztabów Schlesinger bardzo powątpiewał, że Rosjanie ustąpią w sprawie FBS, ale zgodził się przedyskutować ten temat z prezydentem Fordem. Prezydent przekonany, że FBS nie powinny być zaliczane do systemów strategicznych, poinstruował Kissingera, by dał odpór Rosjanom w sprawie FBS i nie proponował im żadnego kompromisu. Kissingerowi nie podobało się polecenie prezydenta. Głęboko wątpił, aby przywódcy ZSRR ustąpili i uważał, że gdyby sam był na ich miejscu, kwestia FBS byłaby nie do wynegocjowania. Lecz wbrew własnym przekonaniom Kissinger posłuchał rozkazów i we Władywostoku ostro przeciwstawił się radzieckiej argumentacji w sprawie FBS. Ku jego wielkiej uldze i jeszcze większemu zaskoczeniu Gromyko nie podjął tematu. Kissinger mógł więc odnieść korzyści. I chociaż pojawiło się potem wiele wyjaśnień, dlaczego Rosjanie ustąpili, byłem przekonany, że fakty zgadzały się z tym, co wyjawił mi Trusow. W odróżnieniu od wielu innych byłem pewien, że w końcu możemy wygrać ten spór, pod warunkiem, że zachowamy twarde stanowisko – i tak się stało. To była jeszcze jedna lekcja, której nauczyłem się, negocjując z Rosjanami: pójdą na rękę jedynie wówczas, gdy będą całkowicie przekonani o tym, że jesteśmy stanowczy i w pełni popieramy przedstawione im własne stanowisko.

Sposoby weryfikacji porozumienia z Władywostoku, choć nie tak precyzyjnie jak sobie tego życzyliśmy, były jednak lepsze niż całkowity brak środków weryfikacji, tak jak w układzie SALT I. Później dowiedziałem się z wielu radzieckich źródeł, że Breżniew pokonał obiekcje swoich wojskowych w sprawie weryfikacji, by osiągnąć porozumienie z USA. Podniesieni na duchu postępowaniem Breżniewa nabraliśmy przekonania, że uzgodnione we Władywostoku ramy układu SALT II wkrótce zostaną wprowadzone w życie i całkowite porozumienie w sprawie SALT II zostanie osiągnięte w połowie 1975 roku. W Waszyngtonie panowało wówczas powszechne przekonanie, że jeśli układ nie zostanie do tego czasu podpisany, to administracja Forda nie będzie w stanie przeprowadzić procesu jego ratyfikacji.

Poniesiony euforią sekretarz prasowy prezydenta Forda – Ron Nessen – pochwalił się przed dziennikarzami, że Ford przez trzy miesiące dokonał więcej dla osiągnięcia porozumienia w sprawie kontroli zbrojeń niż Nixon przez pięć lat. Jednak wkrótce po szczycie we Władywostoku Nessen przyznał się, że przesadził. Oświadczył, że wiele jeszcze trzeba wykonać pracy, zanim układ SALT II będzie gotowy do podpisu. Kissinger zaś przedstawił bezpodstawne i mylące oświadczenie, nieroztropne w każdym procesie negocjacji, że za postęp odpowiadają Rosjanie, gdyż to oni poczynili najwięcej ustępstw. Naśladując przedwczesny optymizm Nessena, Kissinger oświadczył, że układ SALT II jest w 90 procentach gotowy. Nie dopuszczał myśli, że w rokowaniach z Rosjanami ostatnie 10 procent przyszłego układu będzie wymagało więcej czasu niż poprzednie 90. Gdy prezydent Ford wrócił z Władywostoku do Waszyngtonu, zauważyliśmy, że stał się bardziej ostrożny w pozostawianiu Kissingerowi swobody działania. Prezydent musiał uznać za oczywiste, że w miesiącach poprzedzających rezygnację Nixona Kissinger stał się zbyt niezależny i coraz bardziej angażował się w zakulisowe rozmowy z ambasadorem Dobryninem w Waszyngtonie i z ministrem spraw zagranicznych Gromyką w Moskwie. Prezydent Ford niewątpliwie musiał słyszeć ponure opowieści o nieskoordynowanym szczycie w 1972 roku, gdzie powstały dwie wersje stanowiska negocjacyjnego, gdyż negocjatorzy prowadzili rokowania niezależnie od siebie. Sposób, w jaki Kissinger prowadził sprawę wspólnego komunikatu po szczycie we Władywostoku, a w szczególności jego podejście do problemu ALCM, jeszcze bardziej zirytowały prezydenta. Ford wolał uniknąć podobnych gaf w przyszłości.

Dopiero po Władywostoku dowiedzieliśmy się, że podczas negocjacji poprzedzających spotkanie na szczycie Kissinger zaakceptował żądanie strony radzieckiej, by nie włączać bombowca *Backfire* do strategicznych systemów rażenia. Prawdopodobnie przekonany o tym, że Rosjanie nigdy nie ustąpią w sprawie swego bombowca, Kissinger porzucił swe zastrzeżenia i naraził Stany Zjednoczone na poparcie kontrowersyjnego stanowiska – bez wcześniejszej konsultacji z prezydentem, z Pentagonem i innymi zainteresowanymi stronami. Teraz podejrzenia prezydenta potwierdziły się: Kissinger to „samotna armata", działająca na własną rękę.

Kissinger szybko wyczuł niezadowolenie Forda z powodu swej rzucającej się w oczy niezależności. Chociaż jako sekretarz stanu pozostał głównym architektem amerykańskiej polityki zagranicznej, uznał, że rozsądek nakazuje mu być bardziej przezornym. Jeśli więc nadal korzystał z nieoficjalnych kanałów negocjacji, czynił to z większym umiarem. Stało się oczywiste, że prezydent Ford pragnie nadawać ton w polityce zagranicznej i równie jasne, że Kissinger nie zechce ryzykować utraty swej pozycji jako główny doradca prezydenta w tej dziedzinie.

SALT II i polityka „wiązania"

Na początku 1975 roku, gdy wznowiono negocjacje, delegaci radzieccy częściej niż zwykle stosowali obstrukcję. Powodem ich oburzenia była poprawka Jacksona-Vanika do Amerykańsko-Radzieckiego Traktatu Handlowego, która uzależniała ułatwienia w handlu USA z ZSRR od liberalizacji polityki emigracyjnej wobec radzieckich Żydów.

Ale jeszcze większą niechęć Rosjan wywoływała poprawka Stevensona do ustawy o Banku Eksportu i Importu (ExIm Bank). Ograniczała ona dostęp ZSRR do amerykańskich kredytów finansowych, ustanawiając limit w wysokości 300 milionów dolarów na okres czterech lat. Patrząc z szerszej perspektywy, przed wprowadzeniem poprawki ZSRR otrzymał prawie 470 milionów dolarów w formie kredytów finansowych. Rosjanie nadal pilnie potrzebowali okresowych zastrzyków kapitału zagranicznego z powodu niewymienialności rubla, niewielkiego eksportu za waluty wymienialne i szybko starzejącej się bazy przemysłowej. Z tych powodów uważali poprawkę Stevensona za celową próbę opóźnienia wzrostu gospodarczego i rozwoju ich kraju oraz za niedopuszczalną ingerencję w jego politykę wewnętrzną. Poprawka Stevensona, podobnie jak i poprawka Jacksona-Vanika, była wyrazem Nixonowskiej polityki „wiązania" realizowanej przez Kongres. Polityki, która zawsze była obecna, choć rzadko o niej dyskutowano.

Rosjanie nadal forsowali pogląd, że negocjacje na temat zbrojeń strategicznych są same w sobie tak ważne, że żadne inne warunki nie powinny utrudniać drogi ku porozumieniu. Z tego powodu przeciągali negocjacje, ponieważ – w ich rozumieniu – poprawki Jacksona-Vanika i Stevensona stanowiły dobitny dowód na to, że polityka „wiązania" ma bezpośredni i negatywny wpływ na negocjacje rozbrojeniowe.

Trzy pierwszorzędne sprawy zostały zawieszone z powodu radzieckiej decyzji o przeciąganiu rokowań: (1) weryfikacja rakiet wielogłowicowych (typu MIRV), (2) ograniczenie rakiet *cruise* wystrzeliwanych z samolotów (ALCM) i (3) sprawa zakwalifikowania bombowca *Backfire* jako systemu strategicznego.

Backfire

Od początku negocjacji SALT II zajmowałem twarde stanowisko na temat bombowca *Backfire*. Po uzyskaniu wyczerpujących ekspertyz na temat możliwości tego samolotu byłem przekonany, że jest to bombowiec strategiczny i że powinien być wliczony do całkowitej liczby radzieckich strategicznych systemów broni. Członkowie Połączonego Komitetu Szefów Sztabów zgadzali się ze mną w tej sprawie. *Backfire* był ogromnym samolotem, rozmiarami zbliżonym raczej do ciężkiego niż do średniego typu bombowca, większym niż planowany amerykański bombowiec B-1. Przeważająca liczba ocen amerykańskiego wywiadu bezwzględnie wskazywała, że *Backfire* ma zdolności międzykontynentalne.

Negocjatorzy radzieccy próbowali podważyć nasze oceny na trzech poziomach. Pierwszy to poziom semantyczny. Uważali, że w języku rosyjskim przedmioty nieożywione, takie jak samolot, nie mogą mieć „zdolności". Maszyny – twierdzili – nie mają własnej woli i są „zdolne" tylko do tego, co potrafią robić kierujący nimi ludzie. Rosjanie odmawiali dyskusji nad „zdolnościami" bombowca *Backfire*. Odpowiadałem na to, że nie ma znaczenia, czy odnosimy się do możliwości technicznych *Backfire'a* jako do „zdolności", czy jako do jego charakterystyki. Ważne jest to, że w czasie wojny Rosjanie mogliby użyć *Backfire'a* jako bombowca międzykontynentalnego przeciwko Stanom Zjednoczonym.

Drugim argumentem radzieckim była tajność. Mówili, że nie mogą dyskutować o charakterystyce technicznej *Backfire'a*, gdyż wtedy musieliby wyjawić tajemnice wojskowe. Moja odpowiedź na to była prosta i bezpośrednia: – Żadne rokowania na temat kontroli zbrojeń nigdy nie przyniosłyby owoców, gdyby charakterystyki systemów broni nie były przedmiotem otwartej dyskusji. – Odnosząc się do wielu tabel i wykresów, zamieszczonych w czasopiśmie *Interavia* ukazującym się w Szwajcarii, wykazałem generałowi Trusowowi, że *Backfire* ma zdolności międzykontynentalne lub – używając ich terminologii – charakterystyki międzykontynentalne. Lecz Trusow nie ustąpił. W obłędnym stylu radzieckich negocjatorów oświadczył: – Nie przedstawił pan obiektywnych argumentów, lecz tylko oceny inżynierów.

Próbując nadziać mnie na szpikulec powiedzonka, którego często używałem w stosunku do Rosjan, Trusow powiedział: *Liczby kłamią, a kłamcy liczą. Dlatego pańskie poglądy są subiektywne. Sam Leonid Breżniew oświadczył, że ZSRR nigdy nie użyje bombowca Backfire przeciwko USA. I to jest obiektywna prawda.* – Jego wypowiedź wywołała u mnie niedowierzanie i odebrała mi mowę.

Trzeci argument radziecki stał się znany pod nazwą „promień działania a zasięg". Rosjanie utrzymywali, że *Backfire* nie ma możliwości wystartowania z bazy w Związku Radzieckim, uderzenia w cel w Stanach Zjednoczonych, a później powrotu do punktu wyjścia. Nie zaprzeczaliśmy, że samolot ten nie był zdolny do wykonania tak odległej misji i do powrotu z niej; żaden samolot amerykański również nie był do tego zdolny. Wskazałem jednak na fakt, że od czasów misji generała Jimmiego Doolittle'a żadne lotnictwo nie wykonywało podobnych zadań. Generał Doolittle, wielokrotnie odznaczany pilot II wojny światowej, wystartował z lotniskowca, uderzył w cel w Japonii, po czym wylądował w Chinach. Dzisiaj – wyjaśniałem – amerykańskie plany na czas wojny zakładają, że bombowce wylecą z misją uderzenia na cele w ZSRR, a wracając wylądują na terenie trzeciego kraju, takiego jak Turcja czy Grecja. Moja argumentacja sprowadzała się do tego, że *Backfire* mógłby wystartować z bazy w ZSRR, uderzyć w cel w USA, a potem wylądować na Kubie.

Rosjanie nie przyjmowali tej argumentacji, twierdząc, że taki plan równał się samobójstwu, że to misja kamikadze. Na przyjęciu dyplomatycznym w Moskwie marszałek Nikołaj Ogarkow – radziecki szef sztabu generalnego – po prostu zbeształ mnie za stanowisko w tej sprawie.

– Niech pan wystartuje na *Backfire* – powiedział – przeleci nad USA i skieruje się na Kubę. Tam pańska była żona, teraz już wdowa, będzie oczekiwała z kwiatami, które rozrzuci na pańskim morskim grobie, gdyż nigdy pan na Kubę nie dotrze!

– Polecę tam – odpowiedziałem – lecz tylko pod warunkiem, że będzie mi pan towarzyszył. Tylko wówczas będę pewien, że bombowiec wystartował z pełnym bakiem paliwa.

Sekretarz obrony Schlesinger, początkowo sceptyczny wobec ocen wywiadu USA co do zasięgu *Backfire'a*, poprosił grupę bardzo zdolnych i szanowanych analityków, aby dokładnie przestudiowali ten problem. Po sześciu tygodniach wyczerpujących badań analitycy przekazali wyniki Schlesingerowi podczas sześciogodzinnego spotkania, w którym również ja wziąłem udział. Schlesinger wielokrotnie próbował podważyć ich dane, założenia i oceny, starając się je zdyskredytować wszelkimi sposobami. Lecz w końcu przekonali go, że *Backfire* ma rzeczywiście zdolności międzykontynentalne. To dało mi pewność, że mogę bronić swej pozycji wobec sceptyków z Departamentu Stanu, którzy stali się dla mnie większą przeszkodą niż moi nieprzejednani kontrpartnerzy radzieccy.

Kłótnia o *Backfire'a* dała mi okazję do żartów z generałem Trusowem. Jako przedstawiciel szefów sztabów (JCS) często wykorzystywałem dostęp do amerykańskich ocen wywiadowczych, by wywierać wrażenie na Rosjanach, ukazując im zakres swej wiedzy o ich potencjale wojskowym. Jednak przy jednej z okazji generał Trusow przygwoździł mnie pytaniem o *Backfire'a*, na które nie znalazłem odpowiedzi.

– Muszę wrócić do swego komputera – powiedziałem – i dam panu odpowiedź po lunchu.

Podczas przerwy na lunch znalazłem poszukiwaną odpowiedź w wydruku raportu oceniającego bombowiec *Backfire*, przygotowanego dla Schlesingera. Gdy spotkaliśmy się ponownie, otworzyłem raport na odpowiedniej stronie i udzieliłem Trusowowi odpowiedzi na jego pytanie. Był zaskoczony. Myślał bowiem, że w przerwie na lunch zwróciłem się do Waszyngtonu i natychmiast otrzymałem informację. Nie powiedziałem mu, że informację tę przywiozłem ze sobą z Waszyngtonu. Pozwoliłem mu wierzyć, że możemy otrzymywać natychmiastowe odpowiedzi na pytania za pomocą terminalu komputerowego, który mam w swoim biurze. Trusow, któremu rzadko zezwalano na korzystanie z najnowocześniejszego wówczas urządzenia w radzieckim biurze – z jedynego faksu ministra Siemionowa – był pod wielkim wrażeniem.

A dla mnie była to jedna z wielu gier umysłowych, które my – negocjatorzy – prowadziliśmy jeden przeciw drugiemu.

Rosjanie także prowadzili takie gry, a niektóre z nich były dość subtelne. Władimir Pawliczenko, wysokiej rangi agent KGB uplasowany w radzieckiej delegacji, miał zwyczaj łapania amerykańskich negocjatorów za guzik marynarki i częstowania ich porcjami prawdziwych informacji. Kiedy uzyskał pewien stopień wiarygodności, wrzucał im znaczącą informację, która była fałszywką. Pewnego razu, pozyskawszy zaufanie jednego z członków naszego zespołu z Departamentu Stanu, Pawliczenko powiedział mu, że Moskwa powzięła decyzję, aby nie modyfikować dalej swych ciężkich rakiet SS-18, lecz pozostawić je w stanie przestarzałym. Fakty świadczyły o czymś wręcz przeciwnym. A ja byłem rozczarowany tym, że tak często członkowie naszego zespołu ulegali taktyce Pawliczenki, który serwował im dezinformację.

Ulubioną grą umysłową Rosjan było – jak się wydaje – bezustanne powtarzanie tej samej opinii. Po pewnym czasie łapaliśmy się na tym, że coś wydawało nam się prawdziwe tylko dlatego, że tak często słyszeliśmy to z ust radzieckich delegatów. Mimo autosugestii przeważnie byliśmy świadomi ich gry i dawaliśmy im to odczuć. Na przykład przez pewien czas powtarzałem Wiktorowi Karpowowi wymówki, które czyniła mi w dzieciństwie matka, gdy przynosiłem jej ze sklepu inne mydło zamiast jej ulubionego *Ivory*.

– Nie kupiłeś odpowiedniego mydła – mówiła – Czy nie wiesz, że *Ivory* jest w 99,44 procentach czyste, tak czyste, że pływa? Słyszała reklamę tego mydła tak często, że uwierzyła w jej prawdziwość. – Mamo, mydło, które ci przyniosłem, jest tak samo czyste – broniłem się. – *Ivory* pływa nie dlatego, że jest czyste, lecz ponieważ zostało ubite jak piana. – Z lekcji chemii wiedziałem, że uwięzienie powietrza w mydle sprawia, że jest ono mniej gęste i pływa.

Karpow z kolei wykorzystywał takie okazje, by przypominać mi o złych cechach kapitalizmu, który – jak mawiał – marnuje środki na reklamowanie produktów, które powinny być kupowane po prostu dla ich zalet. Mimo wszystko nauczył się czegoś o wpływie Madison Avenue na Amerykanów. Często odczuwałem, że – jak ulubione mydełko mojej mamy – radzieckie argumenty utrzymywały się na powierzchni tylko dlatego, że nasycono je dużą ilością gorącego powietrza.

Brytyjski dyplomata, który negocjował z Rosjanami, powiedział mi, że rozmowa z nimi przypomina wkładanie monet do popsutego automatu. Można kopać w maszynę, potrząsać nią, ale nigdy nic z niej nie wypadnie. Nawet nie można odzyskać swoich monet. Ambasador Alexis Johnson, sfrustrowany brakiem wymiany poglądów z Rosjanami, zdecydował się na zadawanie im bezpośrednich pytań.

Jego kontrpartner, minister Władimir Siemionow, zareagował na to, przeszukując stosik kartek z notatkami w nadziei, że znajdzie w nich odpowiedzi na pytania. Gdy znalazł notatkę, która odpowiadała na pytanie przewidziane w Moskwie, odczytywał odpowiedź. Jednak częściej odczytywał po prostu odpowiedź na inne pytanie, na które miał gotową odpowiedź, nawet jeśli nie miała związku z poruszonym właśnie tematem. Kiedy Johnson żalił się, że Siemionow nie odpowiada na jego pytania, ten – patrząc mu w oczy – ripostował, że nie zadaje właściwych pytań. W pewnym momencie Johnson nie puścił mu tego płazem. – Obstaję przy tym – powiedział – że zadałem panu właściwe pytanie.

– Niech tak będzie – odpowiedział Siemionow – udzieliłem panu właściwej odpowiedzi, tylko że pan nie odczytał jej między wierszami.

Alex Johnson wysilał się, by namówić Siemionowa do nawiązania zwyczajnej rozmowy, ale i to mu się nie udawało. W pewnym momencie wyznał mu, że jest już po sześćdziesiątce i przeżył atak serca. Na to Siemionow: Ja także. Johnson mówi, że musi się ograniczać do jednego koktajlu dziennie, na co Siemionow znów: Ja również.

– Co więc sprawia, że jest pan taki młodzieńczy i pełen wigoru? – pyta Johnson, starając się dyplomatycznie nieco mu schlebiać. – To proste – odpowiada Siemionow – moja żona sprawia, że czuję się młodo; jest baletnicą i ma niewiele ponad dwadzieścia lat. – Johnson miał nadzieję, że ta opowieść nie dotrze do uszu jego żony.

Przy innej okazji Siemionow, który interesował się stylowymi meblami, pochwalił się, że jego moskiewskie mieszkanie jest umeblowane w stylu Ludwika XV.

– Z jakiego okresu pochodzą pańskie meble? – pyta Siemionow.

– Z wczesnego johnsonowskiego – odpowiada złośliwie Alex.

Namówienie innych członków radzieckiej delegacji do zwyczajnej rozmowy było co najmniej tak trudne, jak skłonienie do niej ich szefa. W tych nielicznych przypadkach, gdy to się nam udawało, radzieccy negocjatorzy czuli się nieswojo, byli podejrzliwi, ksenofobiczni i zażenowani. Zawsze doszukiwali się ukrytych znaczeń w tym, co do nich mówiliśmy. Na przykład, kiedyś wspomniałem generałowi Konstantynowi Trusowowi o tym, że mój syn, który wiosłował w reprezentacji swego college'u, jadał codziennie na śniadanie stek z jajecznicą. Zamiast pominąć tę przypadkową uwagę, Trusow wywnioskował, że czynię ubliżające porównanie sposobów odżywiania się Amerykanów i Rosjan.

– Czy wie pan, że potrzeba ośmiu funtów zboża, aby osiągnąć kilogram przyrostu wagi młodego wołu, a mięso na stek stanowi zaledwie dziesięć procent masy ciała? – zapytał. – Czy nie lepiej hodować drób, który wymaga tylko dwóch funtów zboża dla uzyskania jednego funta wagi kurczaka?

Czy więc mój syn nie dyskryminuje biednych Amerykanów, zmuszając ich do zjadania parówek? Głupi sposób przesłuchiwania mnie przez Trusowa w tej błahej sprawie uświadomił mi, że w ogóle nie powinienem poruszać z nim takich tematów.

Przypominam sobie jeszcze inny przypadek, kiedy rosyjska skłonność do poszukiwania ukrytych znaczeń wyszła na jaw w dziwaczny sposób. Podczas odwiedzin w miejscu prowadzenia negocjacji senator Charles Mathias ze stanu Maryland wyjaśniał ministrowi Siemionowowi, że satelity szpiegowskie i urządzenia podsłuchowe są niewystarczające dla odpowiedniej weryfikacji porozumień na temat kontroli zbrojeń. – To, czego potrzeba – mówił – to inspekcja na miejscu. – Aby lepiej wesprzeć swoją tezę, Mathias powiedział Siemionowowi, że jego matka, zanim kupi kobiałkę truskawek, wysypuje jej zawartość na tacę. W ten sposób może się przekonać, czy truskawki na dnie kobiałki są tak samo dorodne jak na wierzchu.

Tego wieczoru senator przyniósł ze sobą kobiałkę truskawek na przyjęcie, które wydaliśmy dla Rosjan. Zaciągnął Siemionowa do kąta i wysypał truskawki na tacę. Tak jak przypuszczał, owoce na dnie kobiałki ustępowały tym na wierzchu. Ale Siemionow nie dostrzegł pointy. Odwrócił kobiałkę dnem do góry i odnotował napis na dnie: *Produkt izraelski*. Siemionow zwrócił się do towarzyszącego mu asystenta i powiedział: – Widzisz, nawet senatorowie USA próbują przekazać nam informacje o trzecich krajach.

Miałem podobne zdarzenie krótko przed przerwą na Boże Narodzenie, kiedy otrzymałem butelkę wódki jako prezent od generała

Trusowa. Odwdzięczając się, podarowałem mu kalkulator firmy Texas Instruments. Generał Trusow przyjrzał się podejrzliwie prezentowi. Zauważył przy tym, że być może powątpiewam w ścisłość podanej nam liczby radzieckich rakiet albo myślę, że on nie potrafi dobrze liczyć. Nie mogąc uwierzyć, że Trusow mówi to na serio, próbowałem zbagatelizować sprawę. Ale wtedy Trusow zauważył, że wewnątrz kalkulatora jest plakietka *Made in Japan*.

– Czy próbuje mi pan przekazać wiadomość na temat krajów trzecich? – zapytał. Poddałem się i zdecydowałem, że na przyszłość będę go obdarowywał butelką burbona. To będzie najbezpieczniejsza forma wymiany prezentów.

Przez cały okres rozmów Rosjanie, zawsze poszukując przewagi psychologicznej, podejmowali próby dowiedzenia się tego, jak odnoszą się do siebie członkowie naszego zespołu. Generał Iwan Bieleckij wiedział o tym, że w weekendy grywam w golfa z Alexem Johnsonem. Na pierwszym spotkaniu w następnym tygodniu Bieleckij często wypytywał mnie o wyniki gry, mając nadzieję wywnioskować z tego nastrój ambasadora Johnsona i przewidzieć, jakie sukcesy delegaci radzieccy mogliby odnieść przy stole rokowań. Pewnego ranka powiedziałem Bieleckiemu, że tym razem miałem mniej punktów karnych niż Johnson. Nie wierząc mi, zapytał: – Czy to znaczy, że rzeczywiście pobił pan swego szefa? – Gdy potwierdziłem, że tak, Bieleckij trzeźwo i bardzo poważnie wyznał: – To nigdy nie mogłoby się zdarzyć w zespole radzieckim. Zawsze znajduję sposób, aby dać swemu szefowi wygrać.

Chociaż nie byliśmy przeważnie zainteresowani zgadywaniem zmian nastrojów u negocjatorów radzieckich, oni zawsze próbowali odgadywać nasze. Niezmiennie zaczynałem rozmowy od pytania: *Kak dieła?* To rosyjskie pytanie odpowiada mniej więcej amerykańskiemu *How is it going?* albo francuskiemu *Ça va?* Kiedy Amerykanie i Francuzi zwykle odpowiadają na to jakimś komunałem w rodzaju *okay* albo *va bien*, Rosjanie zawsze dają dokładne odpowiedzi: *charaszo, normalno* albo *płocho*.

Kak dieła? – stało się moim znakiem firmowym. Kiedyś, gdy radziecki negocjator zapytał mnie – *Kak dieła?* – odpowiedziałem mu rymowanką: – *Kak saża bieła* (jak sadza jest biała). To nie było zbyt oryginalne – gdzieś to wcześniej przeczytałem, ale Rosjanie uważali, że ja to wymyśliłem, i od tego czasu wychodzili z siebie, aby dać mi jak najoryginalniejszą odpowiedź. Innym razem, gdy oba zespoły negocjatorów były bardzo zajęte pracą, zapytałem znów na przywitanie: – *Kak dieła?* I wówczas otrzymałem odpowiedź: – *Dzieła idut, kontora piszut,* co można swobodnie przełożyć jako: – *sprawy idą naprzód, a biuro pisze jak wariat.* Innym razem, gdy sprawy bardzo się skomplikowały, dostałem odpowiedź, która w wolnym tłumaczeniu oznaczała: *Sprawy jak generalskie epolety – wężykowate i trudno je przejrzeć na wylot.* Podczas całego okresu negocjacji zebrałem w mojej kolekcji ponad trzydzieści różnych odpowiedzi.

Czasami, nie zdając sobie nawet z tego sprawy, Rosjanie obdarzali nas trzeźwą myślą. Przy jednej z takich okazji główny negocjator Siemionow powiedział mi, że najważniejszy jest według niego *timing* (wybór odpowiedniej chwili) – w miłości, na wojnie i przede wszystkim w uczestniczeniu w spotkaniach. Wyjaśnił, że kiedyś zaproszono go, jako przedstawiciela radzieckiego MSZ, na spotkanie z Ławrientijem Berią, osławionym szefem KGB.

– Czułem w kościach, że nie powinienem tam iść – powiedział – i posłałem kogoś innego. Podczas spotkania u Berii wtargnął tam pododdział wojska i aresztował wszystkich obecnych. Beria został później rozstrzelany, a innych wysłano na Syberię. Wy, Amerykanie – dodał Siemionow – lubicie mówić, że zawsze musicie wiedzieć, kiedy wykładać karty, a kiedy je chować. Ale ważniejsze jest, abyście wiedzieli, kiedy pójść, a kiedy nie iść na spotkania.

Siemionow dokładnie studiował Biblię (angielskie wydanie Króla Jakuba), jak mawiał *„tylko dla jej wartości literackich"*. Poza tym czytywał Szekspira i *„Mitologię"* Bullfincha. Mawiał, że znajomość Biblii, mitologii i Szekspira jest wystarczająca dla obcokrajowca, by wiedzieć, jak odpowiednio rozmawiać z Amerykanami.

Siemionow często używał cytatów z tych trzech podstawowych źródeł, aby udzielić nam bezpośredniej lub zaszyfrowanej odpowiedzi na pytania, na które nie chciał odpowiadać. Na przykład, parafrazując Biblię, powiedział kiedyś Johnsonowi, aby ten *„przeszukał dom w poszukiwaniu talentów"*. Innym razem zacytował Szekspira: *„... Tak prędko, tak lekko skoczyć w kazirodne łoże..."* [„Hamlet", tłum. Józef Paszkowski, wyd. PIW 1976 r. – przyp. tłumacza]. Ulubionym powiedzonkiem Siemionowa było: *„Sowa Minerwy wychodzi tylko w nocy"*. Początkowo uważaliśmy to za zabawne, ale wkrótce te dobrze wykalkulowane wykręty Siemionowa zaczęły nas denerwować.

Rosjanie czasami próbowali uzasadnić swoje stanowisko, przypisując je wyższej władzy. Oczekiwali, że zrobią na nas wrażenie, kiedy z całą powagą i celebrą twierdzili, że to, co powiedzieli, ma aprobatę Moskwy. Kiedy okazało się, że nie robi to na nas żadnego wrażenia, wytaczali jakiś cytat z oświadczeń sekretarza generalnego Leonida Breżniewa. Wydawali się zawiedzeni tym, że nie podzielamy ich czci dla radzieckiego przywódcy i że nie spieszymy się godzić na coś, co miało być ważne, bo tak powiedział Breżniew. W ostatniej instancji cytowali swoje najwyższe bóstwo – Lenina. Jak powiedział nam jeden z radzieckich negocjatorów: – Mamy pod ręką cały zestaw cytatów. Cytując władze wyższe, nigdy nie popadniemy w kłopoty.

Nawet podczas nieoficjalnych spotkań, gdy staraliśmy się podtrzymać dyskusję, zadając Rosjanom pytanie o coś, co powiedzieli wcześniej, zawsze uciekali się do powtarzania sztywnych oświadczeń. Nigdy nie odpowiadali na poważne pytanie, jeśli wcześniej nie było poddane analizie i zaaprobowane w Moskwie.

Kiedy pragnęli przeciągać negocjacje, monopolizowali dyskusję, uciekając się do wywołującej naszą wściekłość techniki powtarzania swego stanowiska. Próbując odeprzeć te ogłupiające radzieckie wysiłki, przyniosłem kiedyś ze sobą na spotkanie zegar notujący dwa różne czasy – taki, którego używa się podczas oficjalnych meczów szachowych w celu ograniczenia czasu dozwolonego na posunięcie. Minister Siemionow, zdając sobie sprawę z tego, o co mi chodzi, udał wielkie oburzenie. Poskarżył się, że potraktowałem poważne negocjacje jak zwykłą sportową grę.

Weryfikacja MIRV

Próbując przełamać impas w dziedzinie weryfikacji rakiet wielogłowicowych (MIRV), Kissinger spotkał się z radzieckim ministrem spraw zagranicznych Gromyką w Wiedniu w dniach 19–20 maja 1975 roku. Problem weryfikacji był skomplikowany, ponieważ Rosjanie posiadali na dwóch wyrzutniach – Dzierażnaja i Pierwomajsk (D & P) – zarówno rakiety wielogłowicowe (typu MIRV), jak i jednogłowicowe. Nasi analitycy wywiadu przestudiowali dokładnie zdjęcia satelitarne, ale nie byli w stanie rozróżnić na nich tych dwóch rodzajów rakiet. Wobec tego nasze oficjalne stanowisko sprowadzało się do założenia, że wszystkie radzieckie silosy zawierają rakiety wielogłowicowe.

Rosjanie zaprzeczali temu. – Tylko część rakiet jest wyposażona w wiele głowic (MIRV) – powtarzali, dodając, że powinniśmy po prostu przyjąć ich zapewnienie, że niektóre z rakiet są wyposażone w wiele głowic, a inne nie. Problem D & P, jak się okazało, był jeszcze bardziej skomplikowany z tego powodu, że również my posiadaliśmy zarówno rakiety jednogłowicowe, jak i wielogłowicowe (MIRV), rozmieszczone w bazie lotnictwa (Malmstrom Air Force Base) w stanie Montana. Poinformowaliśmy Rosjan, że silosy w Malmstrom zawierają oba typy rakiet.

– Pokrywy silosów tych rakiet są jednak różne – mówiliśmy – i można rozróżnić typy rakiet na podstawie danych z rekonesansu satelitarnego. Rosjanie odpowiadali na to, że ich zdolności wywiadowcze nie są aż tak dobre, jak sądzimy, a ich analitycy nie potrafią rozróżnić między dwoma typami silosów.

Czyniąc wysiłki, by przełamać tę barierę, zwróciłem się do szefów sztabów z prośbą o zezwolenie na zaproszenie radzieckich inspektorów na oględziny silosów w bazie Malmstrom. Szefowie, przerażeni takim pomysłem, odmówili. Uważali bowiem, że Rosjanie sprawdzą nasze silosy rakietowe, ale nie pozwolą nam na sprawdzenie swoich. Nie rezygnując z pomysłu, powiedziałem szefom sztabów, że powinniśmy nalegać na *quid pro quo* (coś za coś) i – z powodu obsesji radzieckich negocjatorów na punkcie tajemnicy – moglibyśmy coś zyskać, jeśli zaakceptują naszą ofertę. W końcu szefowie udzielili zgody na inspekcję.

Po powrocie do Genewy powiedziałem swym kontrpartnerom:

– W imieniu Stanów Zjednoczonych zapraszam radzieckich przedstawicieli na inspekcję naszych silosów w Malmstrom Air Force Base.

Zanim zdołałem przedstawić warunki, generał Trusow odpowiedział:

– *Niet*, jeśli przeprowadzimy inspekcję waszych silosów, wy będziecie chcieli obejrzeć nasze, a na to nigdy nie pozwolimy. – Szefowie sztabów odetchnęli z ulgą, ale uzyskaliśmy dodatkowy punkt w negocjacjach, pokazując, że jesteśmy skłonni do większej otwartości niż oni.

Do końca 1975 roku negocjacje toczyły się wolno naprzód. Po części z powodu zaniepokojenia Rosjan tym, że były sekretarz obrony Melvin Laird opublikował obraźliwy, ich zdaniem, artykuł w lipcowym wydaniu *Reader's Digest*, oskarżając Rosjan o oszustwa w realizacji Układu ABM i Tymczasowego Porozumienia. Artykuł obciążał stronę radziecką odpowiedzialnością za rozmieszczenie bardzo silnych radarów w fazowym szyku antenowym, to znaczy w sposób naruszający Układ ABM. Laird oskarżał ich również o umieszczenie w tych samych silosach, dotąd zawierających stare typy rakiet, nowych, potężniejszych rakiet balistycznych. To posunięcie radzieckie – sugerował – jest naruszeniem Tymczasowego Porozumienia na temat broni ofensywnych. Chociaż w zasadzie słuszne, zarzuty Lairda w sprawie radzieckich rakiet nie były całkiem dokładne. Umieszczając nowe, potężniejsze rakiety w starych silosach Rosjanie naruszali porozumienie, na które wyrażono zgodę, ale nie naruszali bezpośrednio żadnego określonego punktu układu ABM. Rzecz jasna, że łamali ducha porozumienia, ale to nie było dla nas żadnym zaskoczeniem, ponieważ i tak mieli niewielki szacunek dla ducha jakiegokolwiek porozumienia.

Koniec odprężenia

Ford i Breżniew spotkali się ponownie w Helsinkach w lipcu 1975 roku na Konferencji Bezpieczeństwa i Współpracy w Europie (KBWE). Choć wcześniej widziałem już obu przywódców, w Helsinkach uderzyło mnie ich fizyczne podobieństwo. Obaj byli wysocy i silnej budowy ciała, choć Ford był w lepszej kondycji. U Breżniewa widać było skutki wielu lat bezustannego palenia papierosów i nadużywania alkoholu. Mimo to, gdy Breżniew zaczynał mówić, stawał się bardziej ożywiony niż Ford. Był również bardziej przebiegły. Pewnego razu, podczas jednego z wystąpień Forda Breżniew wydawał się drzemać, co skłoniło prezydenta USA do niezbyt starannego prześlizgnięcia się przez kolejne punkty przemówienia. Gdy Ford skończył, Breżniew dał mu odpór punkt po punkcie, odpowiadając argumentem na każdy argument. Oczywiście nie spał, lecz zastawił na Forda pułapkę, udając drzemkę. Ford opuścił gardę, a wówczas Breżniew wściekle go zaatakował.

Próbując obejść naszą propozycję dotyczącą inspekcji na miejscu, Breżniew powiedział nam, że nasza propozycja weryfikacji rakiet wielogłowicowych (MIRV) nie stanowi już dla niego poważnego problemu. Rosjanie zezwolą na policzenie wszystkich wyrzutni D & P jako wyrzutni rakiet wielogłowicowych i zaakceptują podaną przez nas liczbę wyrzutni rakiet wielogłowicowych i jednogłowicowych w Malmstrom. Zauważył przy tym, że nadal pozostają nierozwiązane ważne problemy – rakiet *cruise* i bombowca *Backfire*.

Problemy te staraliśmy się rozwiązywać przez całą jesień 1975 roku, lecz negocjatorzy radzieccy nadal bojkotowali porozumienie w tej sprawie. Na stanowisko Rosjan niewątpliwie wpływało przekonanie, że prezydent Ford napotyka na coraz większe trudności w Kongresie. Mimo apelu prezydenta o dodatkową pomoc w celu odparcia interwencji Kuby i ZSRR w wojnie domowej w Angoli, Kongres stanowczo odmówił uwzględnienia jego prośby. Wcześniej, w tym samym roku, gdy Republice Wietnamu Południowego groził natychmiastowy upadek, Kongres również odmówił zwolnienia wcześniej zaplanowanej pomocy finansowej dla naszego dotychczasowego sojusznika. Zdobycie Sajgonu przez siły komunistyczne w kwietniu 1975 roku stało się dramatyczną ilustracją narastającej bezsilności władzy wykonawczej wobec dominującego Kongresu. Ford zwrócił się do narodu amerykańskiego z apelem, by wojnę wietnamską uznać za zakończoną, lecz nie mógł uniknąć obaw, że upadek Wietnamu Południowego, w połączeniu z odmową pomocy dla Angoli, był dla innych sojuszników USA czytelnym sygnałem o braku poparcia Kongresu dla prezydenta. Wierząc, że osłabiony prezydent będzie próbował odzyskać popularność, podpisując układ o kontroli zbrojeń, Rosjanie zaparli się i oczekiwali, że Ford poczyni ustępstwa na ich korzyść.

Wkrótce stało się oczywiste, że podczas gdy my skupialiśmy uwagę na stosunkach z ZSRR i Chinami, w Trzecim Świecie powstawało nowe wyzwanie. Gotowość USA do załatwienia innych spraw, poza kontrolą zbrojeń, drogą zachęcania Związku Radzieckiego do powściągania jego klientów w Trzecim Świecie po prostu nie przynosiła wyników. Nawet wówczas, gdy bezpośrednie zaangażowanie ZSRR w konflikty w Trzecim Świecie było oczywiste – jak w przypadku wysłania radzieckich oddziałów do Angoli – Kongres nie był skłonny zareagować na radziecką wojowniczość w konstruktywny sposób. Zdecydowałem więc, że muszę uczynić to, co w mojej mocy, by wpłynąć na zmianę naszej polityki odprężenia.

Wiedziałem, że Kissinger stanowczo pragnął kontynuacji polityki odprężenia i wcześniej przekonał Nixona do tego, że jest to najlepsza droga. Siła perswazji Kissingera była tak wielka, że odprężenie (*détente*) stało się bardziej czymś w rodzaju teologii polityki zagranicznej niż strategią polepszania stosunków z ZSRR. Byłem przekonany o tym, że odprężenie daje korzyści Rosjanom i uważałem *détente* za synonim polityki porozumienia bez gwarancji. Na Zachodzie często sądzono, że my i Związek Radziecki mamy te same cele w polityce zagranicznej: zbliżenie oparte na wzajemnej powściągliwości i utrzymywaniu międzynarodowego *status quo*. Ale Rosjanie nie postrzegali odprężenia jako czynnika mającego wpływ na ich stosunki z innymi krajami, poza USA. W rezultacie *détente* służyła im tylko do powściągania polityki Stanów Zjednoczonych.

Mój pogląd na politykę odprężenia poparła pani dr Winifred Joshua – bystry i stanowczy analityk wywiadu – która poświęciła temu tematowi wiele uwagi. Streszczenie jej wniosków zaniosłem sekretarzowi obrony Schlesingerowi. Zgodził się z tym, że argumentacja przeciwko *détente* jest zasadna.

– Ale – dodał – dotykacie jednej ze świętych krów Henry'ego. On jest przekonany o tym, że wynalazł tę koncepcję i nigdy z niej nie zrezygnuje.

Mimo to nadal zajmowałem się tą sprawą, a Schlesinger w końcu zorganizował briefing dla prezydenta Forda.

Schlesinger przekonująco przedstawił argumenty, które wskazywały, że polityka *détente* nie wspomaga interesów naszej strategii zagranicznej, a działa jedynie na korzyść ZSRR. Prezydent był pod wrażeniem. Być może już wcześniej doszedł do tego samego wniosku albo dostrzegł wyraźnie, jak napis na ścianie, rosnące niezadowolenie Kongresu z tej polityki. Trudno powiedzieć. Lecz wkrótce potem Ford zatelefonował do Kissingera i powiedział mu, że jego administracja nie będzie dalej prowadziła polityki *détente*. Poinstruował także Kissingera, że urzędnicy amerykańscy nie powinni więcej używać słowa *détente* w żadnych przemówieniach lub komunikatach. Powinni je zastąpić innym terminem, takim jak *pokój przez siłę*. Jak przewidywał Schlesinger, Kissinger był wściekły. Odprężenie było fundamentem, na którym opierała się cała jego koncepcja stosunków z ZSRR. Kissinger nadal próbował przekonać prezydenta, lecz Ford pozostał niewzruszony. Na początku następnego roku termin *détente* znikł na dobre ze słownika politycznego administracji Forda.

W moich stosunkach z Fordem zawsze czułem, że jeśli uda mi się zgromadzić odpowiednie fakty i sformułować przekonujące argumenty, to prezydent nie zawaha się powziąć decyzji, które będą odbiegały od powszechnych przekonań. Mimo rosnących wymagań urzędu, który sprawował, Ford rzadko wydawał się tracić kontrolę lub okazywać skrępowanie sprawami poddawanymi pod dyskusję. Znając obraźliwe powiedzonko Lyndona Johnsona, że Ford zbyt długo grał w futbol bez kasku, chciałem się przekonać, czy prezydent nie zawiedzie. Nie zawiódł. Zawsze sprawiał wrażenie uprzejmego i wyznającego dżentelmeńskie zasady prezesa firmy; był pewny siebie, lecz nigdy nie apodyktyczny. Przypominam sobie jedno spotkanie, kiedy Kissinger i Schlesinger – niewątpliwie dążący do decydującego starcia – zaczęli podnosić głos. Zamiast pozwolić im na konfrontację, Ford stanowczo przerwał:

– Wiem, o co chodzi; przejdźmy do dalszych spraw.

Zawsze byłem pewien, że prezydent ma na uwadze przede wszystkim bezpieczeństwo państwa.

Topór spada

Wieczorem 1 listopada 1975 roku byłem w gabinecie sekretarza Schlesingera, dyskutując z nim, jak przełamać impas w sprawie rakiet *cruise* i bombowca *Backfire*. Schlesinger w niedbałej pozie – róg koszuli wystawał mu ze spodni, a stopy w skarpetach trzymał wyciągnięte na biurku – wydawał się czymś zaabsorbowany. Nie miałem pojęcia, że wcześniej, w tym samym dniu, poważnie pokłócił się z prezydentem na temat proponowanego budżetu resortu obrony.

Próbując zwrócić jego uwagę, powiedziałem:

– Wydaje się pan zmartwiony, panie sekretarzu. Ale na pewno nie jest aż tak źle.

– Niestety, jest – odpowiedział Schlesinger. – Jakby się pan czuł, gdyby prezydent powiedział, że sprawił mu pan przykrość?

– No nie – powiedziałem, próbując lekko potraktować sytuację. – Prezydent żartował; pan nam wszystkim ciągle sprawia przykrość.

Faktycznie przyzwyczaiłem się już do grubych manier Schlesingera i do jego niewybrednego stylu, choć wcześniej i mnie to raziło. Na naszym pierwszym spotkaniu nie zgodził się z moim argumentem. Oczekiwałem, że poprosi mnie o wyjaśnienie, dlaczego tak uważam, lecz zamiast tego usłyszałem: *Rowny, pieprzy pan od rzeczy*. Przy innej okazji, kiedy przekazywałem mu informacje, wstał, odwrócił się do mnie tyłem i demonstracyjnie spoglądał w okno.

Przed upływem dwudziestu czterech godzin od chwili, gdy wspomniał o kłótni z prezydentem, Schlesinger został zwolniony ze stanowiska. Byłem tym kompletnie zaskoczony. Ponieważ spędzałem większość czasu za granicą, nie miałem pojęcia o biurokratycznych bataliach w Waszyngtonie. Zapytałem więc przyjaciół pracujących w stolicy, jak mogą wyjaśnić mi to, co się stało. Nikt nie potrafił udzielić mi zadowalającej odpowiedzi. Niektórzy podejrzewali, że Schlesinger naraził się na gniew członków Kongresu, notorycznie spóźniając się na spotkania i odzywając się do nich z pogardą. Inni mówili mi, że zbyt otwarcie rozmawiał z dziennikarzami, a to denerwowało Forda. Jeszcze inni uważali, że Schlesinger został zwolniony, ponieważ otwarcie nie zgadzał się z prezydentem na temat wielkości budżetu wojskowego.

Od początku swej prezydentury Ford zaczął podejrzewać, że Schlesinger nie należy do podwładnych, nad którymi można zapanować. Niedługo po objęciu przez Forda urzędu ukazały się w mediach niepokojące doniesienia, sugerujące, że wysokiej rangi dowódcy wojskowi zostali wcześniej uprzedzeni o rezygnacji Nixona. Insynuacją było stwierdzenie, że oficerowie, wdzięczni Nixonowi za jego wysiłki w celu doprowadzenia do zwolnienia amerykańskich jeńców wojennych [z Północnego Wietnamu – przyp. tłum.], mieliby podjąć działania, aby zapobiec jego upadkowi.

W Waszyngtonie rozpowszechniano plotki, że źródłem tych doniesień prasowych był Schlesinger. Pragnąc wyjaśnić sprawę do końca, prezydent Ford doprowadził do konfrontacji z sekretarzem obrony i zażądał od niego wyjaśnienia: kto był źródłem tych nieprawdziwych doniesień? Schlesinger kategorycznie zaprzeczył, jakoby on sam był w to zamieszany. Lecz Ford napisał w swej autobiografii, że – jak o wiele później ustalił – Schlesinger faktycznie był temu winien i gdyby nie zależało mu na zachowaniu obsady personalnej w administracji, zapewne już wcześniej by go zwolnił.

Kiedy spotkałem sekretarza obrony w dniu jego zwolnienia, powiedział mi z grymasem na twarzy:

– Widzi pan, czy nie powiedziałem panu, że sprawiłem przykrość prezydentowi?

Jestem skłonny uwierzyć, że dymisja Schlesingera miała wiele wspólnego z gorzkimi stosunkami między nim a Kissingerem w takich sprawach jak większy nacisk sekretarza obrony na zasady weryfikacji. Weryfikacja dałaby nam łatwiejszy dostęp do danych o ulepszeniach, które wprowadzali Rosjanie dla zwiększenia celności swych rakiet balistycznych. Napięcie panujące między Schlesingerem a Kissingerem niewątpliwie drażniło prezydenta. Jestem również przekonany, że prezydent miał dodatkowy powód dla uzasadnienia swej decyzji. Ford zamierzał pozbawić Kissingera jednego z jego biurokratycznych kapeluszy – stanowiska doradcy do spraw bezpieczeństwa narodowego. Większe zmiany w rządzie były polityczną przykrywką dla tej zamierzonej decyzji. Niektórzy członkowie administracji żalili się Fordowi, że Kissinger zmienia uzasadnienie spraw przekazywanych do decyzji prezydenta w taki sposób, aby prezydenckie rozstrzygnięcia odzwierciedlały jego osobiste preferencje. Forda irytowały posądzenia o to, że nie panuje nad polityką zagraniczną.

Większość osób niewtajemniczonych w wewnętrzne działania administracji prezydenckiej nie potrafi ocenić, jak wielkie wpływy ma w niej doradca do spraw bezpieczeństwa narodowego. Pozbawiając Kissingera podwójnej roli w polityce zagranicznej, Ford mógł zneutralizować przewagę Kissingera nad sekretarzem obrony i innymi członkami gabinetu. I choć biurokratyczna struktura Białego Domu, którą Kissinger zaprojektował pracując dla Nixona, pozostała w zasadzie nienaruszona, sposób, w jaki struktura ta była wykorzystywana, zmienił się całkowicie w momencie, gdy doradcą Forda do spraw bezpieczeństwa narodowego został generał-porucznik [generał broni – przyp. tłum.] Brent Scowcroft.

Prezydent Ford mawiał, że chciał, aby jego doradca do spraw bezpieczeństwa narodowego był uczciwym pośrednikiem, który starannie bierze pod uwagę poglądy rozmaitych agencji, działających na rzecz polityki zagranicznej. Kissinger nie będzie mógł więcej działać z górnego pokładu. Chociaż Scowcroft był poprzednio wojskowym asystentem Kissingera, Ford dał generałowi wyraźnie odczuć, że pracuje on wyłącznie dla prezydenta. Większość późniejszych komentarzy prasowych na temat Halloween Massacre [tzw. Masakry Zaduszkowej – przyp. tłum.] dotyczyło zmian na innych stanowiskach rządowych, które nastąpiły w tym samym czasie. Na przykład nominowania Donalda Rumsfelda, dotąd szefa personelu Forda, na stanowisko sekretarza obrony, na którym zastąpił Schlesingera. Inne zmiany na stanowiskach rządowych przyćmiły obniżenie rangi Kissingera. A ten, co oczywiste, nie chciał nadawać rozgłosu swej degradacji, choć boleśnie odczuł ten cios. Gdy był doradcą do spraw bezpieczeństwa narodowego, często milczał na spotkaniach wysokiego szczebla, będąc pewnym, że zawsze może napisać, co chce w raportach do prezydenta. Teraz jednak, pozbawiony roli doradcy do spraw bezpieczeństwa narodowego, czuł, że musi bronić swej pozycji przed innymi, choć nie było mu to na rękę.

Niektórzy z moich kolegów uważali, że opowieści, jakoby Kissinger stracił łaski u Forda, były mocno przesadzone. Uważali, że wrogowie Kissingera byli zbyt tchórzliwymi politykami, aby zaatakować Forda otwarcie. I dlatego wygodnym kozłem ofiarnym stał się Kissinger. Niezależnie od tego, czyja analiza była prawidłowa, Kisssinger został usunięty z Białego Domu i relegowany do *Foggy Bottom (Mglistego Dna)*, by tam kierował biurokratami z Departamentu Stanu, którym z zasady nie ufał.

Rumsfeld, jego nowy partner w Pentagonie, był w stosunkach z Kissingerem o wiele delikatniejszy niż Schlesinger. Podczas gdy Schlesinger często posługiwał się bezczelnym i ordynarnym językiem, Rumsfeld był bardzo taktowny i często chwalił Kissingera za jego szeroką wiedzę o amerykańskich i radzieckich systemach broni. Kissinger z kolei, wiedząc, że Rumsfeld jest blisko Forda, powściągał się w relacjach z nowym sekretarzem obrony. Był zmuszony konkurować z Rumsfeldem jako równym sobie w Narodowej Radzie Bezpieczeństwa, która stała się bardziej wyrównanym polem gry po nominacji Scowcrofta. Jak ujął to jeden z autorów przemówień Forda: – Kissinger nie mógł już więcej odgrywać roli Boga w codziennych, jednogodzinnych spotkaniach z prezydentem.

Utrzymujące się między dwoma członkami gabinetu napięcie było pod kontrolą, trzymane z dala od mediów. Dla przykładu, na jednym z posiedzeń Narodowej Rady Bezpieczeństwa Kissinger skupił się na oświadczeniu przewodniczącego Połączonego Komitetu Szefów Sztabów, mówiącym o tym, że szefowie sztabów uważali zdolność do przenoszenia ciężaru głowic (*throw-weight*) rakiet za cechę trudną do monitorowania. Kissinger dowodził, że szefowie sztabów, utrzymując ten pogląd, nie zgadzają się z Rumsfeldem optującym za ustanowieniem ścisłych limitów zdolności przenoszenia głowic. Rumsfeld, który był zazwyczaj spokojny i opanowany, zdenerwował się i pożalił do prezydenta, że Kissinger próbuje wbić klin między niego a szefów sztabów. Rumsfeld nie powinien się obawiać. Przewodniczący Połączonego Komitetu Szefów Sztabów zapewnił go, że szefowie i sekretarz obrony mają na tę sprawę identyczny pogląd – po prostu próbowali wskazać na trudności w wypracowaniu zasad weryfikacji dla przyszłego układu. Szefowie sztabów, których Kissinger nieraz „spalił" w przeszłości swą taktyką, nie pozwolili się tym razem zaskoczyć.

Prawie równocześnie z Masakrą Zaduszkową Nelson Rockefeller wycofał się ze wspólnej kampanii wyborczej z Fordem. Prasa sugerowała, że powodem wycofania się wiceprezydenta jest jego wiek (67 lat) i niechęć do odgrywania roli „drugich skrzypiec" przez następne cztery lata. Plotkarze w Białym Domu rozpowszechniali jednak inną historyjkę.

Ford obawiał się nadchodzących wyborów. Jego stosunki z Kongresem, szczególnie z konserwatystami, były przez cały czas bardzo złe. Badania opinii publicznej wykazywały, że popularność Forda u wyborców zanika. Jedna z ankiet wskazywała, że zaledwie 25 procent republikanów, których o to pytano, głosowałoby na Forda, gdyby występował wspólnie z Rockefellerem. Ford nieszczerze wyrażał swoją konsternację, że Rockefeller nie będzie z nim w ostatnim ataku. Ale było oczywiste, że faktycznie myśli inaczej. W sposób znany tylko politykom z Waszyngtonu Ford dał znać Rockefellerowi, że nastąpił już czas, by się wycofał. Wiceprezydent zrozumiał przesłanie i już następnego dnia ogłosił swą decyzję.

Ford jako człowiek

Przez cały 1975 rok czułem, że media niezasłużenie krytykują Forda. Sposób, w jaki wyjaśniał sprawy – wolno i z zastanowieniem – czynił go łatwym łupem dla wrogich mu dziennikarzy. Często przypisywali mu błędy, które nie były jego winą. Przykładem może być chwilowe zgubienie „piłki nożnej" podczas jednej z wizyt Forda w Paryżu.

„Piłka nożna" to walizka, która zawiera tajne szyfry, niezbędne prezydentowi do uzbrojenia amerykańskich ładunków jądrowych na wypadek niespodziewanego ataku. Walizkę nosi oficer, którego zadaniem jest być zawsze u boku prezydenta. W tym przypadku Ford wyszedł z prezydenckiego samolotu – Air Force One – na lotnisku Orly i wsiadł do samochodu, który jechał w konwoju do Paryża. Prezydent zakładał, że oficer i walizka znajdowali się w tym samym konwoju. Wkrótce się jednak okazało, że „piłka nożna" przypadkowo pozostała w samolocie.

Kiedy asystent wojskowy prezydenta uświadomił sobie swój błąd, nawiązał łączność z samolotem przez radio i zażądał natychmiastowego dostarczenia mu walizki innym samochodem. Przez około godzinę prezydent Ford byłby pozbawiony możliwości wysłania zaszyfrowanego sygnału, aktywującego odwet nuklearny, gdyby Rosjanie zdecydowali się zaatakować USA. Był to poważny błąd, ale na pewno nie z winy Forda. Mimo to prasa opisała to zdarzenie jako jeszcze jeden przykład nieudolności prezydenta.

Odmowa spotkania się z Aleksandrem Sołżenicynem spowodowała jeszcze gorsze potraktowanie Forda przez media. Nastąpił przeciek do prasy, że prezydent nazwał Sołżenicyna na posiedzeniu w Białym Domu „przeklętą dupą wołową". Prasa podała, że Ford opierał się spotkaniu z rosyjskim pisarzem i dysydentem, ponieważ uważał, że Sołżenicyn pragnął odwiedzić Biały Dom tylko po to, aby promować swoją nową książkę. Faktycznie poświęcono temu spotkaniu wiele uwagi, a argumenty za i przeciw wizycie pisarza były gruntownie przedyskutowane. Między innymi Kissinger i Scowcroft mieli radzić prezydentowi, by nie spotykał się z Sołżenicynem, gdyż mogłoby to narazić na szwank zbliżające się negocjacje z Rosjanami w Helsinkach. Doniesienia mediów podburzyły konserwatywnych republikanów, którzy oskarżyli Forda o płaszczenie się przed Breżniewem. Mimo iż prezydent zaproponował Sołżenicynowi spotkanie po powrocie z Finlandii, szkody zostały wyrządzone.

Krytyka Forda przez media była częściowo zrekompensowana przez pozytywne oceny w prasie po jego szybkim i kompetentnym rozwiązaniu incydentu ze statkiem *Mayaguez*. 12 maja 1975 roku poinformowano prezydenta, że *Mayaguez* – amerykański statek handlowy – został ostrzelany i następnie opanowany na wodach międzynarodowych przez komunistycznych Czerwonych Khmerów. Ford zdawał sobie sprawę z tego, że cały świat oczekuje, jak odpowiedzą na to Stany Zjednoczone. Wiedział także, że będzie to jego pierwszy poważny międzynarodowy test od czasu upadku Sajgonu i że zostanie poddana próbie jego reputacja jako jednego z głównych przywódców światowych. Ford natychmiast zdecydował, że załoga *Mayaguez* zostanie uratowana. Rozkazał, by samoloty z lotniskowca USS *Coral Sea* wystartowały i zbombardowały kambodżański garnizon. To, w połączeniu z atakiem amerykańskiej piechoty morskiej, skłoniło Czerwonych Khmerów do uwolnienia zakładników. Cała załoga *Mayaguez* – trzydziestu dziewięciu marynarzy – została uratowana, choć kosztem czterdziestu jeden Amerykanów, którzy stracili życie w tym incydencie zbrojnym. Ford pokazał, że jest zdecydowanym przywódcą, zdolnym do podejmowania trudnych decyzji i do wzięcia na siebie odpowiedzialności za ich konsekwencje. Sondaż Gallupa w czerwcu tego roku wykazał, że po raz pierwszy Ford przekroczył próg 50 procent aprobaty. Jednak jego popularność nie trwała długo i wkrótce znów spadła.

Ostatnie stanowisko Forda

Zmiana statusu nie pozbawiła Kissingera energii. Nadal ciężko pracował, próbując osiągnąć porozumienie z Rosjanami. W styczniu 1976 roku podjął jeszcze jedną próbę skłonienia Gromyki do kompromisu w sprawie rakiet *cruise* i bombowca *Backfire*. Ale i tym razem nic nie uzyskał.

Po tej ostatniej próbie administracja odłożyła SALT II na bok. Choć nadal spotykaliśmy się z radzieckimi negocjatorami w Genewie, postęp był nieznaczny albo w ogóle go nie było. W administracji Forda wzmagały się głosy powątpiewające w słuszność energicznych dążeń USA do porozumienia z ZSRR. Kissinger przewodził frakcji, która uważała, że osiągnięcie porozumienia na temat kontroli zbrojeń jest dla administracji Forda niezwykle ważne i że prawdziwa równość strategiczna powinna być celem długoterminowym, a nie doraźnym. Sekretarz obrony Rumsfeld przewodził drugiej frakcji, która nie zgadzała się na to. Rumsfeld nie wierzył, że Rosjanie mają w ogóle zamiar zgodzić się na równość strategiczną z USA. Uważał, że układ sankcjonujący prawo strony radzieckiej do posiadania większej ilości broni niż Stany Zjednoczone stanowiłby niebezpieczny precedens. Różnice zdań coraz częściej ujawniały się podczas posiedzeń Narodowej Rady Bezpieczeństwa (NSC) oraz w mediach. Ponieważ Ford sam nie miał zamiaru przyjąć porozumienia, dopóki nie będzie ono całkowicie równe i możliwe do weryfikacji, lobby zwolenników kontroli zbrojeń w Waszyngtonie było napiętnowane. Projekt układu SALT II odłożono na bok również dlatego, że prezydent Ford – zdając sobie sprawę, że faworyzuje on wyłącznie ZSRR – zdecydował, aby nie inwestować więcej w podejrzaną politykę odprężenia. Od początku 1976 roku administracja była zajęta kampanią prezydencką.

Podczas kampanii wyborczej prezydent Ford był na okrągło krytykowany za uwagę poczynioną w debacie z Jimmym Carterem. W oświadczeniu, szeroko rozpowszechnionym przez media, prezydent wyraził opinię: – Nie ma radzieckiej dominacji w Europie Wschodniej i nigdy jej nie będzie pod rządami administracji Forda. – Spora część prasy wyśmiała Forda za to, co dziennikarze uważali za jego naiwne rozumienie spraw międzynarodowych, a jego wypowiedź nazwano poważnym błędem politycznym. Wielu doradców próbowało przekonać prezydenta, aby przyznał się do popełnienia błędu i wycofał swe oświadczenie. Ford odmówił, podkreślając, że szczerze miał na myśli to, co powiedział.

Dla mnie było ogromnie interesujące to, że mój radziecki odpowiednik – generał Trusow – właściwie zrozumiał, co miał na myśli Ford, podczas gdy inni tego nie pojęli. Trusow powiedział mi:

– Pański prezydent rozumie ducha narodów Europy Wschodniej. Chociaż my panujemy nad nimi militarnie, nie uważam, aby Związek Radziecki mógł kiedykolwiek opanować ich serca i umysły.

To pocieszające i więcej niż tylko ironiczne, że radziecki negocjator, tym bardziej generał armii, potrafił wziąć w obronę naszego prezydenta. Ponieważ uczynił tę uwagę w zaufaniu i tylko wobec mnie, uważałem, że zraniłbym go osobiście i naraziłbym na szkodę nasze wzajemne stosunki, gdybym wówczas powtórzył to publicznie. Uznałem to jednak za pokrzepiający znak, że Związek Radziecki nie zawsze musi być naszym nieprzejednanym wrogiem.

Końcowa rozgrywka

Po trzech i pół roku negocjacji układ SALT II nadal nie był gotowy, ale prezydent Ford dobrze sobie poradził podczas swych krótkotrwałych rządów. Dostrzegł potencjalne pułapki polityki „wiązania" tam, gdzie nie widział ich Nixon, i uważał, aby nie przekroczyć swych możliwości. Jeśli Rosjanie byliby gotowi na uczciwe porozumienie, był chętny spotkać się z nimi w pół drogi. Ale przywódcy radzieccy nie wyrażali woli pójścia w kierunku porozumienia – chyba że na ich warunkach – a w Fordzie mieli godnego przeciwnika.

W ocenie swych rządów prezydent Ford był zgodny z własnym charakterem. Jego największym osiągnięciem – jak sądził – było zaleczenie ran Watergate i pomoc w przezwyciężeniu atmosfery publicznego braku zaufania do rządu, która powstała w okresie administracji Nixona. W dyskusji, którą odbył z grupą moich wojskowych kolegów w marcu 1977 roku, Ford powiedział, że odziedziczył kraj w gniewnym nastroju. Wierzył, że zachowując zimną krew i skłaniając zdolnych i uczciwych ludzi do udziału w swojej administracji, przezwyciężył wiele, jeśli nie większość, problemów, wobec których stanął. To było dokonanie, z którego był najbardziej dumny.

Ford pomógł w podźwignięciu się kraju z dwóch najtrudniejszych epizodów w naszej historii: z afery Watergate i z wojny wietnamskiej. Realizował swe motto, że prezydent powinien *„kształtować, a nie naśladować opinię publiczną"*. Nie było to zadanie łatwe, wziąwszy pod uwagę charakter demokratycznych rządów i rosnący wpływ 15-sekundowych migawek telewizyjnych na kształtowanie opinii publicznej. Zgadzałem się z intelektualnym nurtem polityki prezydenta Forda. Ale co ważniejsze, odczuwałem, że Ford przewodził i rządził z godnością i elegancją w warunkach, które można by uznać za tragiczne.

Podejście Forda do Rosjan było wybitnie realistyczne i – moim zdaniem – skuteczne. Jeśliby został prezydentem w 1976 roku, mógłby doprowadzić do równoprawnego układu SALT II ze Związkiem Radzieckim. Przywódcy ZSRR szanowali Forda za jego twardość. Wyczuwali, że był zdecydowany i cierpliwy, ale również uczciwy. On rozumiał ich ambicje, ale miał stale na uwadze wyraźnie zarysowane własne cele. Tego samego nie można powiedzieć o człowieku, który przyszedł po nim do Białego Domu – o Jimmym Carterze.

ROZDZIAŁ IV

Lata Cartera: unikanie katastrofy

Kiedy Jimmy Carter znalazł się na głównej scenie amerykańskiej polityki, był dla Rosjan taką samą zagadką jak dla większości Amerykanów. Ten były gubernator stanu Georgia, pochodzący z wiejskiego południa, pozbawiony doświadczenia w polityce zarówno ogólnokrajowej, jak i międzynarodowej, eksponujący swój religijny fundamentalizm nowo nawróconego chrześcijanina – budził wątpliwości co do kierunku przyszłych stosunków amerykańsko-radzieckich zarówno w Waszyngtonie, jak i w Moskwie.

Pamiętam penetrujące pytania, które zadawali mi w Genewie moi radzieccy kontrpartnerzy w trakcie kampanii wyborczej Cartera. Czy Carter rzeczywiście jest – jak opisywała go prasa w USA – Kennedym południowego chowu? Czy faktycznie sam wierzy w retorykę swojej kampanii, twierdząc, że jego własna postawa moralna będzie przykładem do naśladowania dla Rosjan? Carter często powoływał się na osobiste przekonanie o tym, że kontrola zbrojeń ma nie tylko strategiczne, lecz także moralne i duchowe implikacje. Dla Rosjan był to sygnał, że nie rozumie ich ustroju i nie ma pojęcia o ich celach. Od początku wyczuwali głęboką naiwność Cartera w stosunku do ich kraju.

Carter potwierdził ich początkowe podejrzenia, przekazując skrótowo Rosjanom swój zamiar pójścia szybko naprzód w negocjacjach wybiegających poza ograniczenie zbrojeń. W inauguracyjnym orędziu wygłoszonym 20 stycznia 1977 roku prezydent powiedział: – W tym roku uczynimy krok, przybliżający nas do ostatecznego celu – usunięcia wszelkiej broni jądrowej z oblicza Ziemi. – Zakaz broni jądrowych stał się niezmiennym, popularnym tematem wystąpień prezydenta. Nawet Ronald Reagan, najbardziej konserwatywny wśród prezydentów USA, którzy negocjowali z Rosjanami, dał się ostatecznie przekonać do tego celu. Carter nie tylko nadgorliwie pragnął jego osiągnięcia, lecz ponosi winę za swe niebezpieczne i przesadne oceny. Powiedział bowiem, że uważa eliminację broni nuklearnych za zbyt ważną sprawę, aby stać się zakładnikiem ideologicznych różnic między Stanami Zjednoczonymi a Związkiem Radzieckim. Carter powiadomił więc Rosjan o tym, że jego celem jest osiągnięcie porozumienia o kontroli zbrojeń za wszelką cenę. Zignorował w ten sposób podstawową zasadę negocjatorów, głoszoną przez Talleyranda: *Mais surtout, pas trop de zèle* (Lecz, przede wszystkim, nie za wiele gorliwości).

W przeciwieństwie do Richarda Nixona Carter nie docenił głęboko zakorzenionego u Rosjan respektu dla siły. Jeśli tylko wyczuli u przeciwnika słabość, tak jak w przypadku Cartera, którego nadgorliwość wypływała z idealizmu, Rosjanie natychmiast poszukiwali sposobów obrócenia negocjacji na swoją korzyść. Tak długo jak inicjatywa wychodziła od Cartera, znajdowali się na wygranej pozycji. Rosjanie byli pewni, że jeśliby doszło do zawarcia układu, dokona się to na ich warunkach. A jeśliby do tego nie doszło, potrafią narzucić ocenę, że to Stany Zjednoczone ponoszą winę za brak zgody.

Prezydent Carter wniósł ze sobą do Białego Domu bezgraniczny entuzjazm, szlachetne intencje i wielkie oczekiwania – wszystkie cechy godne pochwały, pod warunkiem, że utemperuje je realizm. Lecz brakło mu doświadczenia, które mogłoby się przydać w praktyce, w stosunkach z przyziemnymi Rosjanami. Wpadł w pułapkę, rozciągając własne poczucie przyzwoitości i racjonalności na swych przeciwników. Błędnie przypisał Rosjanom te same chrześcijańskie wartości, tę samą etykę i przekonania, które stanowiły jądro jego własnego światopoglądu. W ten sposób przysłonił istotne i bardzo realne różnice, które nas dzielą. Mimo przeważających dowodów na to, że jest przeciwnie, Carter nadal był przekonany o swojej zdolności do nawrócenia Sowietów.

Postawa Cartera skłoniła mnie do zakwestionowania mojej roli w tej administracji. Po prawie trzech dekadach studiów nad Związkiem Radzieckim i jego obywatelami wiedziałem, że Sowieci, podobnie jak ich waluta, są po prostu „niewymienialni". Ich system polityczny i sposób życia były fundamentalnie różne od naszych. I nie miały się zmienić tylko dlatego, że Carter tego pragnął. Uważałem, że sposób, w jaki prezydent prowadzi rokowania o kontroli zbrojeń, prawdopodobnie spowoduje, że podpiszemy porozumienie sprzeczne z narodowymi interesami USA.

Jeszcze przed wyborami przypadającymi na listopad 1976 roku, postanowiłem wycofać się ze służby wojskowej. I choć byłem niezmiernie dumny z pracy w zespole negocjatorów, czułem, że osiągnąłem już tyle, ile zamierzałem osiągnąć. Przedłożyłem dokumenty związane z przejściem na emeryturę i załatwiłem sobie interesującą pracę w sektorze prywatnym.

Wkrótce potem udałem się z pożegnalną wizytą do swego szefa, generała George'a Browna, przewodniczącego Połączonego Komitetu Szefów Sztabów. Od czasu wspólnych studiów na West Point Brown i ja byliśmy przyjaciółmi. Uważałem za wskazane zakomunikować mu osobiście swoją decyzję. Zaskoczył mnie tym, że zamiast życzyć mi szczęścia na nowej drodze, poprosił mnie o wstrzymanie wniosku do czasu zakończenia wyborów.

– Nigdy nie wiadomo, co się może wydarzyć – powiedział. – Ty i ja włożyliśmy mundury, aby służyć swemu krajowi, a teraz jeszcze nie czas, by przestać. Rosjanie w szybkim tempie nadal budują broń strategiczną, a my ciągle stoimy przed wielkimi wyzwaniami dla naszego bezpieczeństwa narodowego.

Brown zakończył naszą rozmowę enigmatyczną uwagą, która mnie zaintrygowała. – Być może będę w stanie przedstawić ci ofertę nie do odrzucenia.

Kilka dni po wygranej Cartera w wyborach Brown powiedział mi, że nowym sekretarzem stanu zostanie Cyrus Vance. Wybór na to stanowisko Vance'a, wysoko cenionego adwokata i długoletniego członka elity waszyngtońskiej, był niespodzianką w świetle obietnicy złożonej przez Cartera w kampanii wyborczej. Carter zapowiedział, że wprowadzi do Waszyngtonu nowe twarze, ludzi, którzy mogliby wypracować nowe podejście do polityki zagranicznej. Hamilton Jordan, najbliższy powiernik Cartera, powiedział w wywiadzie dla *Playboya*: – Jeśli po inauguracji znajdziecie Cy Vance'a na stanowisku sekretarza stanu... wówczas będziecie mogli powiedzieć, że nam się nie udało.

Pracowałem poprzednio dla Vance'a na początku lat 60., kiedy był sekretarzem armii, a później zastępcą sekretarza obrony. To on popierał pomysł wprowadzenia do Wietnamu uzbrojonych helikopterów. Był żywo zainteresowany nowymi sposobami prowadzenia przez USA operacji wojskowych przeciwko partyzantce. Vance wiedział o mojej pracy w tzw. Zarządzie Howzego, który rekomendował zastosowanie helikopterów jako latających czołgów. Piloci helikopterów, w przeciwieństwie do pilotów szybkich i wysoko latających samolotów, mogli lepiej odróżnić przyjaciela od wroga i w ten sposób oszczędzić życie wielu niewinnym cywilom. Vance wysłał mnie do Wietnamu, abym tam przetestował ten pomysł. Czyniąc to, wepchnął mnie w sam środek zażartej rywalizacji służb wojskowych, gdyż amerykańskie lotnictwo, a w mniejszym stopniu marynarka wojenna, uważały, że decyzje o wyborze jednostek bojowych, rażących ogniem z powietrza, należały wyłącznie do nich. Postawiwszy mnie w tej ryzykownej sytuacji, Vance praktycznie zostawił mnie bez wsparcia, życzliwie ignorując moją osobę, gdy sprawy stały się drażliwe. Mimo to uważałem, że jego postawa wynikała raczej z niemożliwości – lub być może braku woli – wykłócania się z innymi niż z braku zaufania do mnie czy do moich pomysłów.

Generał George Brown powiedział mi również, że Harold Brown, z którym współpracowałem w różnych sprawach, ma zostać u Cartera sekretarzem obrony.

– Cy Vance i Hal Brown mają wysokie mniemanie o twojej znajomości Rosjan i rozumieniu polityki nuklearnej USA – powiedział. – Chcieliby cię zatrzymać w czynnej służbie.

Harold Brown – dodał generał – wydawał się zdecydowany mianować mnie jedynym przedstawicielem zarówno sekretarza obrony, jak i szefów sztabów na rokowania SALT II. Miałbym reprezentować cały Departament Obrony na negocjacjach o kontroli zbrojeń i odgrywać kluczową rolę w formułowaniu polityki.

George Brown mówił dalej, że potrzebuje mnie.

– Rozumiesz sprawy i Rosjan i masz moje całkowite zaufanie. Gdzie znalazłbym inną osobę z twoim zapleczem i doświadczeniem? Zawsze stawiałeś obowiązek wobec służby i kraju na pierwszym miejscu, przed osobistymi życzeniami, więc dlaczego miałoby się to zmienić teraz, kiedy możesz mieć rzeczywisty wpływ? – Pochlebiając mi i odwołując się do mojego poczucia patriotyzmu, dodał:

– Będziesz miał jeszcze wiele czasu, by rozpocząć następną karierę.

Wysuwając rozstrzygający argument, jakby po namyśle, dodał:

– Rozmawiałem ze „Scoopem" Jacksonem i zgodził się ze mną, że powinieneś zostać.

Jego ostatnia wypowiedź zdumiała mnie. Kolejny raz w swojej karierze byłem manipulowany przez senatora Jacksona. W głębi pamięci słyszałem jeszcze jego apel do mojego poczucia obowiązku, honoru, wierności swemu krajowi – wygłoszony dziesięć lat wcześniej, kiedy przekonywał mnie, abym nie odmawiał wyjazdu do Wietnamu dla testowania w boju uzbrojonych helikopterów. Nieco później, w erze Nixona, wysunął te same argumenty, nalegając, bym przyłączył się do zespołu negocjatorów kontroli zbrojeń.

Pojechałem więc odwiedzić Jacksona, z nadzieją przekonania go, że już spłaciłem swój dług i że powinien mi oszczędzić męki pozostawania nadal przy stole negocjacji. Ale Jackson jeszcze raz udzielił mi ostrej lekcji o tym, dlaczego obowiązek wymaga ode mnie pozostania w czynnej służbie wojskowej. Wiedział aż zbyt dobrze, że jest osobą, której nie potrafię powiedzieć *Nie!* Nie było sensu nadal się upierać. Zadzwoniłem do przyszłego pracodawcy i powiedziałem mu, że zmieniłem zdanie.

Nowy zespół

Przewidując, że zostanie mianowany sekretarzem obrony, Harold Brown – po konsultacji z Carterem – opracował szczegółowy plan osiągnięcia porozumienia SALT II. Nowy projekt przewidywał głębokie cięcia, polegające na obniżeniu o 10 procent ustalonego we Władywostoku ogólnego pułapu dla wszystkich rodzajów broni i dla rakiet wielogłowicowych (MIRV). Plan zakładał też redukcję radzieckiej zdolności do pierwszego uderzenia, przez zmniejszenie liczby ich ciężkich rakiet (MLBM)o połowę. W zamian Stany Zjednoczone ograniczyłyby zasięg swoich rakiet *cruise* wystrzeliwanych z powietrza (ALCM). Krótko po wyborach George Brown zdobył dla mnie nieoficjalną kopię tej propozycji i poprosił o jej fachową ocenę. Odpowiedziałem mu, że uważam ten plan za śmiały, racjonalny i uczciwy. Szefowie sztabów mieli jednak wątpliwości co do zaleceń planu. Pragnęli, aby Rosjanie zrezygnowali nie z połowy, lecz ze wszystkich ciężkich rakiet i włączyli ciężki bombowiec *Backfire* do ogólnej liczby swych rodzajów broni. Równocześnie szefowie sztabów nie chcieli, abyśmy ograniczali zasięg naszych ALCM. Mój pogląd sprowadzał się do tego, że skłonienie Rosjan do zmniejszenia o połowę liczby ich ciężkich rakiet stanowiłoby znaczny postęp w porównaniu do ramowych założeń z Władywostoku. Oczywiście, musielibyśmy odpłacić się za to Rosjanom, lecz cena, którą byłoby ograniczenie zasięgu naszych rakiet ALCM, nie naruszyłaby istotnie naszej zdolności do odwetu. Uważałem również, że *Backfire* powinien być zaliczony do kategorii ciężkich bombowców, lecz szefowie sztabów powinni najpierw przekonać do tego Departament Stanu, co – jak sądziłem – moglibyśmy przeprowadzić później. Powiedziałem więc Walterowi Slocombe'owi, który pracował nad planem i miał być kandydatem na głównego doradcę Browna do spraw kontroli zbrojeń, że uczynię wszystko co w mojej mocy, aby przekonać szefów sztabów.

Wkrótce po inauguracji Cartera George Brown zaprosił mnie do swego biura. Powiedział, że uchyla ofertę uczynienia mnie przedstawicielem zarówno cywilnego, jak i wojskowego składnika Departamentu Obrony do spraw kontroli zbrojeń. Wyjaśnił dalej, że ponieważ sekretarz stanu ma w zespole negocjatorów dwóch przedstawicieli (urzędnika Departamentu Stanu i dyrektora Agencji do spraw Kontroli Zbrojeń i Rozbrojenia), to nie byłoby w interesie Pentagonu, gdyby Departament Obrony wyznaczył tylko jednego. Wspólnota obronna miałaby lepszą obsługę, powiedział Brown, jeśli przy stole rokowań zasiadaliby wspólnie Walt Slocombe i ja.

– To logiczne – opowiedziałem mu – ale co z pańską obietnicą, że jeśli pozostanę w wojsku, to miałbym reprezentować zarówno pana, jak i sekretarza obrony?

– Przykro mi – odrzekł. – Przypuszczam, że nie wszystko zdołaliśmy przewidzieć. Lecz uważam, że mimo to powinien pan zostać. Powiedział mi pan wcześniej, że propozycja Hala Browna spodobała się panu, a poza tym pan i Walt Slocombe zgadzacie się ze sobą. Porozmawiam z Cy Vance'em, by wziął pana ze sobą jako doradcę wojskowego, kiedy uda się w podróż do Genewy i Moskwy. Jeśli się zgodzi, będzie pan pierwszym doradcą wojskowym towarzyszącym w podróży sekretarzowi stanu.

Moim pierwszym odruchem było odmówić i ponownie złożyć wniosek o przejście na emeryturę. George Brown nie dotrzymał obietnicy, więc i ja nie miałem obowiązku dotrzymać swego przyrzeczenia. Propozycja pracy w cywilu już umknęła, lecz byłem pewien, że wkrótce bez trudu znajdę inne zajęcie.

Gdy rozważałem różne opcje, zadzwonił sekretarz Vance i potwierdził, że zaprasza mnie do towarzyszenia mu podczas rozmów na wysokim szczeblu o kontroli zbrojeń. Dodał, że ponieważ cieszę się poparciem obu Brownów i zaufaniem dowódców wojskowych, mogę być użyteczny i przekonać ich do nowej propozycji rządu. Możliwość ta była zbyt atrakcyjna, by odmówić jej przyjęcia.

Wiedziałem o tym, że Vance miał skłonności liberalne i – jak jego szef, prezydent – był kimś w rodzaju idealisty. Doświadczenia z Wietnamu nauczyły mnie, że Vance jest słaby w narzucaniu swego autorytetu, nie był też dobrym menedżerem i często miewał trudności w ocenie projektów przed ich zakończeniem. Mimo to pomyślałem, że szanuje mój profesjonalizm i czułem, że zawsze uczciwie mnie wysłucha. Czy zdołam go przekonać, by zaakceptował moje poglądy – to już inna sprawa. Lecz jeśli ja nie zdołam go przekonać, to kto to zrobi?

Jak na ironię wiele czynników, które spowodowały wybór Henry'ego Kissingera na doradcę do spraw bezpieczeństwa narodowego przez prezydenta Nixona, zdecydowało ponownie o wyborze Vance'a przez Cartera. Obaj prezydenci pragnęli prestiżu i szacunku, które intelektualista z elity wschodniego wybrzeża, mający doświadczenie międzynarodowe, mógł wnieść do ich administracji. Mianując członka słynnej Komisji Trójstronnej i powiernika Fundacji Rockefellera na stanowisko sekretarza stanu, Carter miał nadzieję umocnić *bona fides* swej polityki zagranicznej. Prezydent mógł nie zdawać sobie sprawy z tego, że Vance ma też pewne wady. Najbardziej jaskrawą z nich było to, że nie zabrał się od razu do budowania dobrych stosunków z Kongresem i nie wykorzystał swego urzędu jako trybuny, z której mógłby organizować publiczne poparcie dla pomysłów administracji.

Mianowanie Harolda Browna na sekretarza obrony było dobrym wyborem. Brown był cudownym dzieckiem – zaraz po obronie doktoratu z fizyki, w wieku dwudziestu dwu lat (w tym wieku byłem jeszcze kadetem w West Point), dostał pracę w ośrodku badań atomowych – Lawrence Livermore Laboratory. W 1960 roku został jego dyrektorem, a później był głęboko zaangażowany w rozwój polityki nuklearnej USA. W 1965 roku mianowano go na sekretarza ds. lotnictwa. Poznałem go osobiście i darzyłem szacunkiem, gdy współpracowałem z generałem Lymanem Lemnitzerem, przewodniczącym Połączonego Komitetu Szefów Sztabów. Brown był wybitnym naukowcem, który miał równocześnie świadomość, że wobec rozwiązań akademickich należy zachować zdrowy rozsądek. W tej dziedzinie różnił się od swego mentora, byłego sekretarza obrony Roberta McNamary. Na przykład w 1963 roku Brown jako dyrektor do spraw badań i rozwoju przeciwstawił się pomysłowi McNamary, który chciał zbudować w Wietnamie elektroniczne ogrodzenie mające zatrzymać infiltrację partyzantów Vietcongu. Ten szalony pomysł przewidywał zrzucenie w Strefie Zdemilitaryzowanej (DMZ) sztucznych palm, wyposażonych w wysokoczułe, kierunkowe detektory dźwięku. Każdy ruch w promieniu 180 metrów od sztucznych drzew powodowałby wysłanie sygnału do stanowiska artylerii, z którego automatycznie wystrzeliwano by pociski w kierunku miejsca, gdzie wykryto hałas. Doświadczenie przeprowadzone na niewielkiej części elektronicznego płotu okazało się kompletną klapą. Jelenie i inne leśne zwierzęta uruchamiały salwę artylerii; tysiące pocisków wystrzeliwano na próżno.

Nie miałem żadnych obaw, że Brown mógłby wymyślać takie niedorzeczne rozwiązania. Jednak, podobnie jak Vance, Brown nie był zachwycony pomysłem, aby poświęcać sporą część swego czasu na nieformalne kontakty z Kongresem. Carter prowadził kampanię wyborczą jako człowiek z zewnątrz i w żadnej mierze nie należał do waszyngtońskiej biurokracji. Teraz, kiedy został prezydentem, musiał ściśle współpracować z biurokratami, którymi gardził. A jednak wybrał sobie spośród nich sekretarza stanu i sekretarza obrony, którzy nie byli w stanie zrekompensować jego wad. Brak umiejętności współpracy z urzędnikami stał się poważnym błędem Cartera obciążającym jego administrację.

Zapowiedź, że do administracji Cartera miał wejść Zbigniew Brzeziński jako doradca do spraw bezpieczeństwa narodowego, ułatwiła mi decyzję o przyłączeniu się do nowego zespołu. Z Brzezińskim spotkałem się w poprzednim roku na seminarium Aspen Institute. Okazywał wiele zainteresowania moimi pomysłami w dziedzinie kontroli zbrojeń i rozmawialiśmy o tym, jak najlepiej je wykorzystać.

Kariera Brzezińskiego na Uniwersytecie Columbia pod wieloma względami przypominała równoległą karierę Henry'ego Kissingera na Harvardzie. Obaj pochodzili z Europy, dobrze znali historię i byli świadomi istotnej roli Ameryki w kształtowaniu powojennego świata. Mieli za sobą podobne kariery naukowe i pragnęli wpływać na politykę bezpieczeństwa narodowego z wysokich stanowisk rządowych.

Wiedziałem, że Brzeziński miał dobre wyczucie roli, jaką potencjał wojskowy odgrywa w stosunkach międzynarodowych. Byłem także świadom tego, że z powodu swego pochodzenia i doświadczenia Brzeziński nie ma żadnych złudzeń co do celów i zamiarów przywódców ZSRR. Ufałem również, że będzie sympatyzował z poglądami sekretarza obrony i szefów sztabów.

Nie miałem jednak pewności, jak konserwatysta Brzeziński dostosuje się do liberałów takich jak Carter i Vance. Choć nigdy nie wyznał mi powodów, dla których przyłączył się do administracji Cartera, moje intuicyjne przekonanie, że obaj będziemy członkami lojalnej opozycji, okazało się trafne. Brzeziński często zajmował stanowisko odmienne niż Vance, lecz generalnie popierał poglądy szefów sztabów.

Brzeziński od początku wierzył w skuteczność polityki „wiązania". Wyczuwał dążenie przywódców ZSRR do uzyskania szacunku i statusu wielkiego mocarstwa i uważał, że chcą wykorzystać proces kontroli zbrojeń dla przybliżenia tych celów. Odmiennie niż Vance, który zajmował się kontrolą zbrojeń dla jej własnych zalet, Brzeziński zazwyczaj pragnął wiązać kontrolę zbrojeń z innymi sprawami politycznymi. Jednym z godnych uwagi przykładów było dostrzeganie przez niego związku między radziecką polityką w Rogu Afryki a rokowaniami SALT II. Wierzył, że porażka USA w przeciwstawianiu się Rosjanom w tym regionie jest błędem. Pogląd ten wyraził w słynnym stwierdzeniu *„SALT II jest pogrzebany w piaskach Ogadenu"*.

Moja rola w formułowaniu strategii nuklearnej zwiększyła się, gdy będąc przedstawicielem generała Browna na rokowaniach SALT II, stałem się dodatkowo jego głównym doradcą do spraw kontroli zbrojeń. Brown nie lubił wgłębiać się w zawiłości procesu kontroli zbrojeń i był ostro krytykowany przez senatora Jacksona za brak znajomości szczegółów negocjacji. Po pewnej burzliwej scysji z Jacksonem Brown powiedział mi:

– Ed, takiej reprymendy nie dostałem od czasu, kiedy byłem młodym kadetem. To się już nigdy nie może powtórzyć.

Wiedząc o mojej przyjaźni z Jacksonem, Brown mógł teraz ustrzelić dwa gołąbki jednym strzałem. Zrzucił z własnych pleców potężnego senatora i wybrał jego zaufanego przyjaciela na swego doradcę. Z powodu tej nominacji towarzysząc Brownowi, często uczestniczyłem w posiedzeniach Narodowej Rady Bezpieczeństwa. Dało mi to wyjątkową sposobność wpływania bezpośrednio na proces tworzenia polityki, a jednocześnie mogłem ocenić, które propozycje wytrzymałyby próbę w Genewie, a które nie. Byłem jedynym członkiem delegacji na SALT II, który brał udział w posiedzeniach Narodowej Rady Bezpieczeństwa (NSC), co wielce umacniało moją pozycję przy stole rokowań. Ponadto, wiedząc, że cieszę się sympatią Brzezińskiego, czułem, że mogę wpływać na decyzje podejmowane w Waszyngtonie.

Wewnętrzne dyskusje na temat kontroli zbrojeń prowadzone w pierwszych tygodniach urzędowania nowej administracji były stosunkowo łagodne, ponieważ Paul Warnke nie został jeszcze dyrektorem Agencji do spraw Kontroli Zbrojeń i Rozbrojenia (ACDA). Z powodu swych liberalnych przekonań Warnke, były generalny radca w Departamencie Obrony i asystent sekretarza obrony do spraw bezpieczeństwa międzynarodowego, spotkał się z poważnym sprzeciwem podczas przesłuchań w Senacie przed zatwierdzeniem jego kandydatury. Przez wiele lat publikował liczne artykuły na temat kontroli zbrojeń, które teraz wykorzystano przeciwko niemu. Jednym z przykładów jego ówczesnych poglądów było twierdzenie, że Amerykanie i Rosjanie są tylko *„małpami w kieracie"*, a ich broń jądrowa została rozmieszczona jedynie jako reakcja na postępowanie drugiej strony. Zawarta w tym implikacja, że Stany Zjednoczone kierują się w rozwoju broni jądrowej identycznymi motywacjami i celami jak Związek Radziecki nie umknęła uwadze licznych senatorów, którzy okazywali nieufność wobec Warnke'ego.

Przeciwnikom Warnke'ego przewodził „Scoop" Jackson. On sam i dwóch członków jego zespołu – Richard Perle i Dorothy Fosdick – przeciwstawili wcześniejszym liberalnym twierdzeniom Warnke'ego na temat rywalizacji strategicznej między USA a ZSRR bardziej wyważone poglądy niż te, które Warnke sam zaprezentował w Senacie na przesłuchaniach przed zatwierdzeniem go na stanowisko. Warnke wywołał nawet gniew senatora Hayakawy, eksperta w dziedzinie gramatyki angielskiej, z powodu wstawienia przecinków w jednym z jego poprzednich oświadczeń, które całkowicie zmieniały znaczenie. Tym, którzy nie znali gramatyki swego języka, Hayakawa przytoczył prosty przykład:

– Powiedzmy, że powinienem napisać: *„Carter powiedział, że radziecki przywódca to idiota”*. A teraz pozwólcie mi postawić dwa przecinki: *„Carter, powiedział radziecki przywódca, to idiota”*.

Senatorzy szybko się zorientowali, do czego zmierza Hayakawa. Po długiej i zażartej debacie Warnke został jednak zatwierdzony niewielką przewagą głosów. Ale spora liczba głosów oddanych przeciwko niemu była wyraźnym sygnałem, że każdy układ o kontroli zbrojeń przedłożony Senatowi pod auspicjami Warnke'ego będzie poddany intensywnej krytyce.

Tymczasem tylko Leslie Gelb – dziennikarz, który został urzędnikiem rządowym – a także Walter Slocombe i ja byliśmy na miejscu, aby doradzać naszym przełożonym podczas posiedzeń NSC na temat kontroli zbrojeń. Na początku miałem przewagę i mogłem przeforsować do oficjalnych stanowisk USA na rokowania SALT II kilka swoich poglądów, takich jak sztywne propozycje inspekcji.

Ze Slocombe'em mogłem utrzymywać dobrą roboczą współpracę, lecz moje stosunki z Gelbem były napięte; nie znosiłem jego manier samotnego wilka i jego imperialnego sposobu załatwiania spraw. Później, kiedy lepiej zaznajomił się z biurokracją Departamentu Stanu, a Vance zwrócił uwagę na inne sprawy, Gelb zdobywał coraz większy wpływ na formułowanie stanowisk Departamentu Stanu w dziedzinie kontroli zbrojeń. Podejrzewałem, że jako były reporter *New York Timesa* w dziedzinie obrony i polityki zagranicznej Gelb mógł wykorzystywać swe znajomości z dawnymi kolegami z redakcji *Timesa* i innych wpływowych czasopism w celu organizowania poparcia dla linii politycznej Vance'a-Warnke'ego.

Człowiek u steru

Moje początkowe wrażenia dotyczące charakteru prezydenta Cartera ukształtowały się, gdy przygotowywaliśmy się do pierwszego spotkania Vance'a z Gromyką w marcu 1977 roku. Nie miałem wątpliwości, że Carter jest człowiekiem szczerym i inteligentnym i że będzie energicznie działał na rzecz postępu w kontroli zbrojeń. W stosunkach międzynarodowych był szczerym zwolennikiem otwartości oraz uczciwości i odnosił się bardzo krytycznie do tajnej dyplomacji uprawianej przez Henry'ego Kissingera. Lecz uczciwe intencje Cartera nie były w stanie zrekompensować mu braku znajomości Rosjan i ZSRR. Tydzień po objęciu urzędu prezydent wysłał list do Breżniewa, stwierdzając w nim, że Stany Zjednoczone będą naciskały na szybkie porozumienie w sprawie układu SALT II – takiego, który wyjdzie daleko naprzód poza ramy dotychczasowych porozumień. Breżniew odpowiedział, że zaakceptuje jedynie układ oparty o uzgodnienia z Władywostoku. Niezrażony tym Carter zignorował odpowiedź Breżniewa i nadal forsował przyjęcie propozycji amerykańskich opartych na głębokich redukcjach broni.

Carter miał techniczne podejście do rozwiązywania problemów. Jako inżynier byłem w stanie go zrozumieć. W West Point kadeci, którzy szukali jedynie technicznych rozwiązań problemów byli uważani za pozbawionych wyobraźni i nazywano ich pogardliwie drewnianymi inżynierami. Cechy te wykazywał również Carter (absolwent Akademii Marynarki Wojennej i wychowanek „nuklearnej marynarki" admirała Hymana Rickovera). Miał szczegółową wiedzę o naszych systemach strategicznych, ale detale tak dalece go wciągały, że nie potrafił pojąć ich szerszego znaczenia. Pamiętam jeden przykład, kiedy prezydent wstał o 5 rano, by zdążyć zapoznać się z techniczną specyfikacją systemu wojskowego, o którym mieliśmy dyskutować późnym rankiem. Na spotkaniu okazało się, że choć Carter wiedział, jak ten system funkcjonuje, miał niewielkie lub zgoła żadne pojęcie o tym, jaką rolę spełnia w naszej ogólnej strategii odstraszania. Nie tak dawno temu wyjaśniałem Alowi Carnesale'owi – wówczas konsultantowi do spraw kontroli zbrojeń w Departamencie Stanu i w Białym Domu, a w 1991 roku dziekanowi John F. Kennedy School of Government na Harvardzie – że Carter *„nie widział lasu zza drzew"*. Carnesale powiedział mi wtedy:

– Upiększasz ten przypadek. Carter nie potrafił dostrzec niczego poza liściem. Wielu dobrze zorientowanych członków jego administracji miało podobne zdanie.

Po takich doświadczeniach zacząłem zadawać sobie pytania podobne do tych, które zadawali mi moi radzieccy kontrpartnerzy jeszcze przed wyborami. Czy prezydent ma strategiczną i polityczną przenikliwość potrzebną głównodowodzącemu? Czy myśli w skali globalnej? Czy rozumie, że Rosjanie mają szacunek tylko dla siły, a pogardzają słabością? Czy rzeczywiście wierzy, że jeśli sam nastawi drugi policzek, to pójdą za jego moralnym przykładem? Coraz częściej zamartwiałem się tym, że prezydent wpadł po uszy w sidła własnych przekonań.

Zauważyłem, że Carter jako prezydent stale robił wrażenie poważnego. Rzadko się uśmiechał czy okazywał wesołość. Jego ubiór był bardziej swobodny niż zachowanie. Często przychodził na oficjalne spotkania w dżinsach i sportowej koszuli, jakby pragnął zrównać nieoficjalność ze szczerością.

Podczas spotkań był uważnym słuchaczem i często robił notatki, a mimo to odnosiłem wrażenie, że już z góry powziął decyzję. Jego uwagi i dobór słów wywoływały u mnie uczucie, że słucham kaznodziei, który zawsze kryje się pod jego skórą. Na przykład, gdy znajdowaliśmy się w połowie dyskusji na posiedzeniu Narodowej Rady Bezpieczeństwa poświęconemu sposobom rozwiązania problemu ciężkich bombowców, Carter nagle zapytał, czy nasze stosunki z ZSRR byłyby inne, gdybyśmy nie zrzucili bomby atomowej na Japonię. Jeśli takie pytanie zadałby jakiś oderwany od życia historyk, byłoby to zrozumiałe. Lecz uważałem za dziwne, że prezydent głośno rozważa kwestię filozoficzną, kiedy staramy się rozwiązać problem praktyczny. Odniosłem wrażenie, jakby prezydent pragnął oświecić i zainspirować rządową biurokrację, której był szefem, lecz sam do niej nie należał.

SALT II nabiera kształtu

Pierwszym konkretnym zwiastunem tego, że kontrola zbrojeń nabierze podczas rządów Cartera zupełnie innego kształtu, było zdarzenie mające miejsce na posiedzeniu NSC w lutym 1977 roku. Rezygnując z normalnej praktyki, sekretarz Vance poddał pod dyskusję naszą ostateczną wersję szerokiej propozycji, którą miał przedstawić Gromyce w marcu. Ostateczna wersja została opracowana głównie przez jego personel w Departamencie Stanu. Żadnego z nas w Pentagonie nie zapytano o zdanie. Przeciwstawiłem się temu pomysłowi z przyczyn zasadniczych. Rozwijać ostateczną opcję bez znajomości zastrzeżeń drugiej strony do naszej propozycji wyjściowej równało się utracie korzyści wynikających z wiedzy o tych zastrzeżeniach, a także było milczącym przyznaniem się do tego, że nasze stanowisko wyjściowe jest bez wartości. Więcej – oponowałem – ponieważ w Waszyngtonie trudno utrzymać cokolwiek w tajemnicy, Rosjanie na pewno złapią wiatr i dowiedzą się o naszym ostatecznym stanowisku wcześniej, co spowoduje, że po prostu zignorują naszą opcję wyjściową. Mimo to sekretarz Vance naciskał, abyśmy pracowali nad ostatecznym stanowiskiem i powiedział, że ma możliwość uzyskania na nie zgody prezydenta. Wstrzymałem oddech, mając nadzieję, że nie mam racji i wszystko skończy się dobrze.

Propozycja Vance'a przygotowana na spotkanie z Gromyką w marcu 1977 roku została opracowana za radą „Scoopa" Jacksona. Jeszcze wówczas Jackson uważał, że może wnieść swój wkład i współpracować z administracją Cartera. Nasza szeroka propozycja zasadniczo zobowiązywała obie strony do ograniczenia systemów strategicznych do liczby między 1800 a 2000 (mniej niż 2400, na które zgodzono się we Władywostoku), a w przypadku wyrzutni rakiet wielogłowicowych (MIRV) - między 1100 a 1200 (mniej niż pułap 1320 uzgodniony we Władywostoku). Proponowaliśmy ponadto zmniejszenie liczby ciężkich rakiet balistycznych do 150 po każdej stronie. W 1977 roku Stany Zjednoczone posiadały 54 przestarzałe ciężkie rakiety titan, które były w trakcie likwidacji, w porównaniu do 308 nowoczesnych ciężkich rakiet (ICBM) radzieckich. Nasza propozycja zmierzała także do przyjęcia zakazu rozmieszczania rakiet *cruise* o zasięgu ponad 2500 km. Bombowiec *Backfire* nie zostałby wliczony w sumę systemów strategicznych, jeśli Rosjanie daliby nam gwarancję, że nie będzie ulepszany pod względem zdolności strategicznych. Rosjanie, co oczywiste, nie chcieli w ogóle dyskutować o *Backfire*. Propozycja USA była historyczna, gdyż po raz pierwszy w trakcie rokowań SALT rozważała prawdziwe cięcia, a nie tylko nakładanie limitów na systemy strategiczne. Brzeziński szczególnie optował za takim całościowym podejściem, gdyż miał zamiar przetestować intencje radzieckich przywódców. Jeżeli nie byli rzeczywiście zainteresowani ograniczeniem zbrojeń - jak przypuszczał - chciał ujawnić ich bluff na wczesnym etapie rokowań. Uważał, że trzeba to zademonstrować nowej ekipie w Waszyngtonie.

Ostateczne stanowisko Vance'a, znane jako opcja ustępstwa, sprowadzało się do odwleczenia dyskusji zarówno nad rakietami *cruise*, jak i nad bombowcem *Backfire*. Vance nie był pewien, czy Rosjanie wybiorą tę właśnie opcję. Był natomiast pewien, że nie chcą w ogóle dyskutować o *Backfire*, a pragną nałożyć limity na rakiety *cruise*, gdyż Stany Zjednoczone znacznie wyprzedzają ich w tej technologii.

Na marcowym spotkaniu w Genewie Gromyko ustąpił Vance'owi i pozwolił mu przemawiać jako pierwszemu. Byłem zdumiony tym, co nastąpiło potem. Obawiając się widocznie, że Rosjanie uznają nasze całościowe stanowisko za zbyt śmiałe, Vance otworzył negocjacje, przedstawiając nasze ostateczne stanowisko jako pierwszą z dwóch możliwości. Natychmiast po tym zaproponował ambitniejszą opcję, wierząc widocznie, że taka kolejność skłoni Rosjan do pójścia w kierunku porozumienia, jeśli będą wcześniej wiedzieć, że mamy zamiar odwlec dyskusję nad rakietami *cruise* i bombowcem *Backfire*.

Choć radziecki minister spraw zagranicznych Gromyko był równie zaskoczony jak ja, że Vance przedstawia dwie alternatywne propozycje, pozwolił mu skończyć. Potem jak zwykle rzucił się na obie nasze oferty, nazywając je jednostronnymi i sugerując, że zostały wypracowane dla zagwarantowania przewagi strategicznej Stanom Zjednoczonym. Jako człowiek niedoświadczony i uprzejmy aż do bólu Vance był zdumiony, że radziecki minister używa tak obelżywego języka. Chociaż wcześniej ostrzegaliśmy Vance'a, nie chciał wierzyć, że u Gromyki jest to normalny styl, starannie obliczony na wystraszenie przeciwnika.

Nie mogłem sobie wyobrazić, żeby Vance siedział i słuchał inwektyw Gromyki bez udzielenia mu odpowiedzi. Grubym błędem było już to, że podał mu na srebrnej tacy nasze ostateczne stanowisko. Teraz wyglądało na to, że pozwoli być słownie obrażany za przekazanie Rosjanom takiego podarunku. Posłałem sekretarzowi notatkę, sugerując, że powinien dyplomatycznie, lecz stanowczo udzielić riposty Gromyce. Vance odpisał, że jego zdaniem Gromyko działa na wyraźne polecenie z Moskwy i że radziecki minister spraw zagranicznych jest zakłopotany z powodu swych ekscesów wymuszonych na nim przez zwierzchników. Vance uważał, że nie warto mu było tego wypominać. Ja sam nie zauważyłem u Gromyki żadnego zakłopotania. Zawsze działał zgodnie z zasadą, że najlepszą obroną jest atak i rutynowo atakował nowe amerykańskie propozycje kontroli zbrojeń jako jednostronne. Takie pokazy oglądałem już wcześniej.

Spotkanie załamało się, kiedy Gromyko dowiedział się, że na konferencji prasowej w Waszyngtonie – zwołanej jeszcze w trakcie naszych negocjacji – Brzeziński skrytykował odrzucenie przez niego amerykańskich propozycji. Radziecki minister przypuścił szturm, gorzko żaląc się dziennikarzom, że propozycje USA *„mają na celu uzyskanie jednostronnych korzyści dla Stanów Zjednoczonych kosztem Związku Radzieckiego"*.

Radzieccy negocjatorzy wytłumaczyli mi potem, że Gromyko odrzucił nasze propozycje, ponieważ Breżniew oparł swoją wiarygodność w kraju na przyjęciu przez USA porozumień z Władywostoku. Kiedy propozycja USA przeskoczyła ramy tych porozumień, Breżniew zląkł się, że jego zgoda na nią mogłaby zostać uznana przez Biuro Polityczne za ustępstwo wobec Zachodu. Nie była to dobra wróżba dla przyjaznych stosunków z ZSRR, które Vance miał nadzieję zapoczątkować.

Dwa miesiące później Vance i Gromyko ponownie spotkali się w Genewie, z nadzieją na ostry start rokowań. Stany Zjednoczone przygotowały plan negocjacji złożony z elementów porozumień z Władywostoku i dwóch marcowych propozycji Vance'a. USA zaproponowały Rosjanom podejście trzyetapowe. Pierwszy etap miał na celu osiągnięcie porozumienia na osiem lat, opartego na 10-procentowej redukcji pułapów z Władywostoku, podczas gdy drugi zawierał propozycję trzyletniego protokołu, którego celem było uzyskanie czasu na rozwiązanie problemu rakiet *cruise* oraz bombowca *Backfire*. Ostatni etap to propozycja wspólnego oświadczenia o zasadach, które miałyby służyć jako wytyczne dla rokowań, mających nastąpić po SALT II. Dyskusje nad planem trwały pięć miesięcy. We wrześniu wyrafinowane trzyetapowe podejście faktycznie zastąpiło porozumienia z Władywostoku jako podstawa do negocjacji na resztę kadencji administracji Cartera.

Od tego punktu negocjacje potoczyły się pewnie naprzód. Rosjanie zaliczali kolejne amerykańskie ustępstwa, a my przedstawialiśmy im następne i coraz to bardziej wielkoduszne propozycje. Strona radziecka zajęła się tym, co Wiktor Karpow nazywał „wybieraniem rodzynek z ciasta". Karpow wyjaśnił mi, że kiedy radzieckie dzieci dostają kawałek świątecznego ciasta, to wybierają rodzynki, zostawiając ciasto.

Rosjanie interpretowali naszą elastyczność i nadgorliwość jako oznaki słabości i na amerykańskie apele o kompromis odpowiadali coraz to sztywniejszymi i bardziej nieracjonalnymi żądaniami, które częściej niż z odmową spotykały się z naszym przyzwoleniem. Najbardziej rażącym przykładem był nasz stosunek do radzieckich ciężkich rakiet (ICBM).

Pierwotna propozycja administracji Cartera sprowadzała się do ograniczenia liczby ciężkich rakiet rozmieszczanych w Związku Radzieckim do nie więcej niż 150. Stany Zjednoczone nie planowały produkcji ani rozmieszczania nowych ciężkich rakiet, uważając je za najbardziej destabilizujący składnik wszystkich broni strategicznych.

Nasza nowa, kompromisowa propozycja pozwalała Rosjanom na dokończenie planowego rozmieszczenia 308 rakiet SS-18. W zamian Stany Zjednoczone mogły nadal rozwijać – ale nie rozmieszczać – rakiety *cruise*. Był to niewiarygodny wręcz pomysł, który stawiał kompromis na głowie. W jego wyniku USA przehandlowały prerogatywę, którą już posiadały – rozwój rakiet *cruise* – za radzieckie prawo do rozmieszczenia całego arsenału swych ciężkich rakiet ICBM. Gorzej, propozycja zawierała implikację, że będziemy czynić dalsze ustępstwa, w zamian za prawo ewentualnego rozmieszczenia naszych rakiet *cruise*.

Im więcej oferowaliśmy ustępstw, tym trudniej było się dogadać z Rosjanami. Negocjacje stały się bardzo frustrujące, gdyż radzieccy delegaci bombardowali nas niekończącym się powtarzaniem swych „poglądów na zasady". Niezmiennie starali się uzyskać naszą zgodę na wyrażane ogólnikami i źle zdefiniowane koncepcje i odmawiali dyskusji merytorycznej. Rutynowo opatrywali swe główne koncepcje kontroli zbrojeń im tylko służącymi definicjami i zazwyczaj poszukiwali korzystnych dla siebie dziur, by je później wykorzystywać. Na przykład odmawiali przyjęcia naszej propozycji, że powinny być trzy kategorie rakiet – lekkie, średnie i ciężkie – a upierali się przy dwóch kategoriach: lekkich i ciężkich. Stany Zjednoczone miały jedynie lekkie rakiety *Minuteman* i planowały rozwój średnich rakiet MX, które miałyby dwukrotnie większy potencjał niszczenia niż *Minuteman*. Rosjanie posiadali rakiety SS-11 (odpowiednik *Minuteman*), SS-17 i SS-19 (odpowiednik naszych planowanych MX) oraz rakiety SS-18 (o potencjale niszczenia sześciokrotnie przekraczającym potencjał naszych rakiet *Minuteman*, a trzykrotnie naszych MX). Wiedzieli, że nie planujemy budowy ciężkiej rakiety i z tego powodu chcieli zakamuflować ciężkie SS-18, odmawiając uznania swych rakiet SS-17, SS-18 i naszych MX za rakiety średniej kategorii.

Żaliłem się generałowi Trusowowi, że radziecka argumentacja jest nielogiczna i wewnętrznie sprzeczna. Powiedziałem mu, że nie będę podążał za ich rozumowaniem.

– Niech pan nie traci czasu na próbę zrozumienia tego – powiedział mi Trusow. – To sprawa materializmu dialektycznego.

I dał mi przykład:

– Robotnik w fabryce poszedł do swego komisarza politycznego z problemem. Dwaj jego towarzysze pracy, jeden z brudnymi, drugi z czystymi rękami, poprosili go o wodę. A wody do umycia rąk było dość tylko dla jednego.

– Jak myślicie, komu należy się woda? – spytał komisarz.

– Temu z brudnymi rękami – odpowiedział robotnik – bo on jej bardziej potrzebuje.

– Nieprawda – powiedział komisarz. – Ten o czystych rękach powinien być nagrodzony za utrzymywanie czystości.

Kilka dni później robotnik i komisarz znowu się spotkali. Robotnik powiedział, że problem się powtórzył, i pochwalił się, że dał wodę robotnikowi o czystych rękach.

– Źle zrobiliście – rzekł komisarz. – Powinniście dać wodę robotnikowi z brudnymi rękami, bo bardziej jej potrzebuje.

Kiedy robotnik pożalił się na sprzeczność, komisarz powiedział mu:

– Teraz zaczynacie rozumieć materializm dialektyczny.

Problemy równowagi

Podczas gdy negocjacje nadal stały w martwym punkcie, sekretarz obrony Brown wystąpił z inicjatywą na wielką skalę, której celem było zlikwidowanie wojskowej nierównowagi między USA a ZSRR. Brown zdawał sobie sprawę z tego, że utrzymanie wiarygodnej zdolności militarnego odstraszania wymaga, aby Stany Zjednoczone odwzajemniały każde istotne zwiększenie celności liczniejszych od naszych radzieckich rakiet naziemnych. Brown opracował plany polepszenia celności i siły rażenia rakiet *Minuteman*, rozmieszczonych w stałych silosach. Równocześnie pchnął naprzód program ruchomych rakiet balistycznych (ICBM) typu MX, które miały być uzupełnieniem dla stacjonarnych rakiet *Minuteman*. Zdecydowany umocnić morską część strategicznej triady , Brown przyspieszył również program budowy rakiet *Trident* dla łodzi podwodnych. Prezydent Carter zaaprobował te wysiłki, co można mu zapisać na plus. I rzeczywiście, gdy następna, Reaganowska administracja obejmowała władzę, przekonała się, że poprzedni gabinet położy trwałe podwaliny pod wiele koniecznych modyfikacji.

Propozycje Browna miały jednak i słabą stronę. Sekretarz obrony zalecił, a prezydent zatwierdził, rezygnację z programu budowy bombowca B-1. Bombowce nowej generacji B-1 miały zastąpić starzejącą się flotę amerykańskich bombowców dalekiego zasięgu B-52, po raz pierwszy rozmieszczonych we wczesnych latach 50. Technologia lotnicza rozwija się tak szybko, że samoloty stają się przestarzałe w ciągu dziesięciu, a najwyżej piętnastu lat. Ale piloci lotnictwa USA narzekali, że B-52 faktycznie były bardziej przestarzałe niż sądzono. Brown uważał, że przyszła trzecia część triady powinna się skupić na doskonaleniu wysokiej techniki rakiet *cruise*, wystrzeliwanych z powietrza (ALCM), ale nie wierzył w to, aby budżet wojskowy USA starczył na realizację obu programów równocześnie – na ALCM i B-1. W związku z tym zdecydował o zaniechaniu programu B-1.

Decyzja Browna wywołała szok i zaskoczyła naszych negocjatorów w Genewie. Nie tylko nie skonsultowano tej decyzji z nami, ale na dodatek dowiedzieliśmy się o niej z artykułu zamieszczonego w *International Herald Tribune*. Być może Brown celowo utrzymywał swą decyzję w tajemnicy, ponieważ zdawał sobie sprawę, że będziemy jej przeciwni, gdyż podważa ona nasze argumenty w negocjacjach. Wiedział też, że szefowie sztabów opowiadali się za rozmieszczeniem B-1 i przyłączyliby się do nas, sprzeciwiając się skreśleniu programu.

Na szczycie we Władywostoku Stany Zjednoczone zgodziły się na żądanie Rosjan, aby zaliczyć bombowce dalekiego zasięgu do ogólnego bilansu strategicznych systemów przenoszenia. Decyzja USA umożliwiła nam podejście do dopuszczalnego poziomu 2400 środków przenoszenia broni. W ten sposób zbliżylibyśmy się do celu – zapewnienia podstawowej równowagi strategicznej między USA a ZSRR. Skreślając B-1, sygnalizowaliśmy Rosjanom, że nie przywiązujemy aż tak wielkiej wagi do rozmieszczenia bombowców strategicznych, jak twierdziliśmy poprzednio. To z kolei ujawniało zmianę naszego stanowiska, wyrażającą się w położeniu nacisku na rakiety *cruise* i zachęcało Rosjan do podwojenia już i tak bardzo agresywnych wysiłków w celu przeciwstawienia się naszemu programowi rozwoju tych rakiet.

W moim zespole w Genewie starszym rangą delegatem lotnictwa był pułkownik Gerard Werbel, świetny oficer i były pilot-oblatywacz bombowców B-1. Werbel był tak wściekły na zaniechanie programu B-1, że natychmiast zrezygnował i poprosił swe dowództwo o przeniesienie go w stan spoczynku. Później mógł wyrazić swe zadowolenie z faktu, że jedną z pierwszych decyzji prezydenta Reagana po objęciu urzędu było przywrócenie programu B-1.

Pojawiły się także inne niepokojące oznaki, świadczące o tym, że prezydent Carter nie umie sobie radzić z Rosjanami. Najdobitniejszym i szeroko opisywanym przykładem był jego stosunek do programu rozwoju broni o wzmocnionym promieniowaniu (ERW), popularnie nazywanej bombą neutronową. Studia nad zastosowaniem tej broni wykazały, że aby NATO-wska doktryna elastycznego odwetu mogła być skuteczna w przeciwstawieniu się przewadze Układu Warszawskiego w broniach konwencjonalnych, powinniśmy zastosować przeciwko nim taktyczne ładunki jądrowe (TNW), które zatrzymałyby parcie naprzód potężnych sił radzieckiej broni pancernej i piechoty. Użycie TNW niewątpliwie spowodowałoby duże straty wśród ludności cywilnej i zniszczenia na wielką skalę na terytorium Niemiec. Aby uniknąć takich konsekwencji, Stany Zjednoczone zbudowały bombę neutronową, która miała zatrzymać radzieckie czołgi za pomocą śmiertelnego dla ich załóg promieniowania, zamiast przez niszczące wybuchy TNW. Straty cywilne zostałyby zminimalizowane, ponieważ promieniowanie ERW szybko zanika i może być ograniczone do stosunkowo niewielkiego obszaru. Broń neutronowa była bardzo atrakcyjną i technologicznie wykonalną opcją, która gwarantowała, że elastyczny odwet stanie się bardziej wiarygodną doktryną wojenną.

Wiedząc o tym, Rosjanie rozwinęli wielką kampanię dezinformacji i propagandy w celu przekonania amerykańskiego społeczeństwa o szkodliwości broni neutronowej i zachęcenia Amerykanów do przeciwstawiania się jej. Georgi Arbatow, szef Instytutu Badań nad USA i Kanadą w Moskwie [faktycznie jednej z agend KGB – przypis tłumacza], wybrał się w podróż prelekcyjną po USA. Pokazywał się w telewizyjnych *talk shows*, pisał artykuły publikowane przez amerykańskie gazety. Równocześnie personel ambasady ZSRR w Waszyngtonie łapał za guziki reporterów i członków Kongresu. Była to dobrze zorganizowana kampania nacisku. Prezydent Carter, ustępując pod naciskiem mediów, zapowiedział – 4 kwietnia 1978 roku – że z własnej woli odkłada na później produkcję broni neutronowej. Pozostawił sobie furtkę w postaci opcji przyszłego jej rozmieszczenia, lecz faktycznie powiązał kontynuację amerykańskiego umiarkowania z jednostronnymi decyzjami Rosjan, którzy mieliby zredukować swą przewagę w broniach konwencjonalnych i jądrowych w Europie. Reakcja Breżniewa była szybka i przewidywalna: *„Zdecydowanie odrzucamy każdą próbę ze strony Stanów Zjednoczonych narzucenia warunków nie do przyjęcia Związkowi Radzieckiemu"*.

Przez wiele następnych miesięcy narastał sprzeciw amerykańskiej opinii publicznej przeciwko broni neutronowej. Choć faktycznie taki rodzaj broni jądrowej jest bardziej humanitarny i mniej niszczący niż taktyczna broń jądrowa (TNW), problem jej rozmieszczenia stał się sprawą sporną, kiedy prezydent potępił użycie broni neutronowej na gruncie moralnym, twierdząc, że system broni opracowanej specjalnie dla niszczenia ludzi i oszczędzenia przedmiotów materialnych jest etycznie nie do przyjęcia. Skutek był taki, że prezydent poddał naszą broń neutronową i nic nie uzyskał w zamian. Jego decyzja podkopała zaufanie naszych niemieckich sojuszników, którzy wcześniej ustąpili pod naciskiem USA i – z dużym politycznym ryzykiem – poparli plan Cartera w sprawie rozmieszczenia broni neutronowej w Europie.

Pozostając w służbie

W tym czasie trapiły mnie wątpliwości, czy nadal pozostać w zespole negocjatorów. Rozważając ponownie odejście na emeryturę, zdawałem sobie sprawę, że nie mógłbym z czystym sumieniem opuścić okrętu, któremu teraz poważnie grozi zatonięcie. Były także inne powody, aby zostać. Dowiedziałem się, że mój dobry przyjaciel – George Brown – jest śmiertelnie chory na raka. W długich rozmowach ze mną, przeprowadzonych kilka tygodni przed końcem jego kadencji, prosił mnie usilnie o to, bym pozostał na stanowisku. Uważał za konieczne, aby przyszły szef Połączonego Komitetu Szefów Sztabów (JCS) mógł skorzystać z moich doświadczeń i instytucjonalnej pamięci. W czerwcu 1978 roku Browna zastąpił jako szef JCS generał Lotnictwa USA David Jones. George Brown zmarł 5 grudnia 1978 roku. Dobrze przysłużył się swemu krajowi. Choć moje stosunki z Jonesem nie były tak bliskie jak z Brownem, okazały się solidne.

Pozostałem również dlatego, że Paul Warnke zdecydował się nie odgrywać aktywnej roli jako główny negocjator, co wzmocniło moje wpływy. Kiedy został mianowany na dyrektora Agencji do spraw Rozbrojenia i Kontroli Zbrojeń (ACDA), Warnke dał do zrozumienia, że w sprzeczności z moimi zaleceniami, z którymi zgadzało się wielu członków zespołu negocjatorów, pragnął być nadal głównym negocjatorem kontroli zbrojeń. Wkrótce się okazało, że nie potrafi sprostać obu stanowiskom jednocześnie. Początkowo Warnke próbował brać udział w pierwszym spotkaniu i w kilku ostatnich posiedzeniach każdej rundy negocjacji, pozostawiając prowadzenie rokowań w pozostałych tygodniach swemu zastępcy Ralphowi Earle. Warnke był znudzony kilkoma sesjami, w których uczestniczył. Tempo negocjacji było dla niego zbyt wolne – chciał siąść przy stole, aby rozgrywać. W przeciwieństwie do niego jego kontrpartner radziecki, Władimir Siemionow, uważał za swe główne zadanie wykładanie linii Moskwy.

Siemionow nie lubił negocjować ze zdolnym i posiadającym szeroką wiedzę Earlem, ponieważ nie uważał go za przeciwnika równej rangi. Chciał negocjować tylko z Warnke'em, kapitanem zespołu. Szukając wyjścia z sytuacji, Warnke zamierzał podnieść rangę swego zastępcy, mianując go ambasadorem z dodatkowym tytułem pełniącego obowiązki głównego negocjatora. Lecz to nie przygładziło nastroszonych piór Siemionowa. Uważał, że obraźliwe jest dla niego prowadzenie rozmów przez wiele tygodni z naszym człowiekiem numer dwa.

Prawem kaduka ta sytuacja wzmocniła moją pozycję, gdyż dzięki zasadzie senioratu stawałem się człowiekiem numer dwa w naszej delegacji, gdy Warnke'ego nie było w Genewie. Skutkiem tego prowadziłem większość negocjacji z radzieckim człowiekiem numer dwa, Wiktorem Karpowem. Siemionow w końcu rozwiązał ten dylemat, załatwiając sobie mianowanie na prestiżowe stanowisko ambasadora ZSRR w Bonn, a Karpowowi – awans na swego następcę w Genewie. Z wielu długich dyskusji z Karpowem dowiedziałem się, że mój kontrpartner wiedział więcej o broniach USA i ZSRR niż ktokolwiek inny z członków radzieckiego zespołu negocjatorów. W odróżnieniu od większości swych kolegów Karpow wkrótce zmęczył się powtarzaniem tych samych starych argumentów. Szybko przebiegał notatki, co pozwalało mu złożyć raport do Moskwy o tym, że wypełnił obowiązki. Wyjaśniając swoje zachowanie, Karpow miał zwyczaj – tylko, gdy znajdował się poza zasięgiem słuchu swego protokolanta – przepraszać za wielokrotne zmuszanie nas do wysłuchiwania moskiewskiej linii partyjnej. Potem, od czasu do czasu, wysuwał propozycję, która faktycznie miała sens. Dawał mi odczuć, w przeciwieństwie do innych, że całkowite unikanie dialogu z Amerykanami wyłączyłoby Rosjan z obiegu i w końcu działałoby na niekorzyść strony radzieckiej. Szczęśliwie zdołaliśmy wcześniej wypracować wzajemne stosunki, gdyż potem obaj stanęliśmy na czele zespołów negocjatorów w rokowaniach START.

Karpow dawał dowody na to, że posiada dobre koneksje w wysokich kołach politycznych w Moskwie i cieszy się pełnym zaufaniem ministra spraw zagranicznych Gromyki. Sześć lat, które spędził w Waszyngtonie jako niski rangą dyplomata w ambasadzie ZSRR, nie tylko dało mu biegłą znajomość angielskiego, lecz także pojęcie o polityce, prowadzonej w amerykańskich kręgach rządowych. A wspinając się w górę po kolejnych szczeblach kariery, Karpow nie miał, w przeciwieństwie do Siemionowa, żadnych obiekcji co do prowadzenia negocjacji z Earlem.

Mniej więcej w tym czasie, gdy Karpow zastąpił Siemionowa, Leslie Gelb, który stał na czele Wydziału Polityczno-Wojskowego Departamentu Stanu, bardziej zaangażował się w proces kontroli zbrojeń, po części z tego powodu, że Vance stracił zainteresowanie tymi negocjacjami. Często okazywało się, że to Gelb jednoosobowo prowadzi proces kontroli zbrojeń w imieniu Departamentu. Stało się to widoczne podczas posiedzeń NSC poświęconych kontroli zbrojeń, na które każdy szef mógł przyprowadzić drugą osobę. Vance niezmiennie przyprowadzał ze sobą Gelba. A gdy został wezwany do przedstawienia stanowiska Departamentu Stanu, często wzywał Gelba, aby to zrobił za niego. Gelb, lepiej zorientowany niż Vance w szczegółach stanowisk Departamentu Stanu, odpowiadał na punkty, przedstawione przez sekretarza obrony i przewodniczącego JCS.

Dowiedziałem się, że Gelb udziela źródłowych informacji prasie. Wielu dziennikarzy zwracało się do mnie z pytaniem, czy zgadzam się z tym, co Gelb im powiedział. Dziennikarze interpretowali zasadę zabraniającą im ujawniania źródeł swych informacji w taki sposób, że nie publikowali nazwisk, co nie przeszkadzało im cytować Gelba, gdy próbowali więcej wyciągnąć ode mnie. Przy jednej z okazji pewien dziennikarz powiedział mi, że Gelb ujawnił mu radziecki zamiar zlikwidowania ciężkich rakiet. Zapytał, czy mam jakieś dowody na poparcie oświadczenia Gelba. Nie miałem żadnych, a poza tym nie byłem pewien, że Gelb rzeczywiście to powiedział. To była jedna z wielu gierek, które lubili uprawiać dziennikarze.

Rola Amy

Każdy, kto pracował dla Cartera, potrafi przytoczyć zabawną historyjkę na temat jego córeczki Amy. Moje najbardziej godne uwagi doświadczenie z udziałem Amy miało miejsce w Genewie, latem 1978 roku, gdy prezydent z rodziną składał wizytę zespołowi negocjatorów.

Podczas przyjęcia wydanego na jego cześć Carter podszedł do mnie, prowadząc za rękę dziesięcioletnią Amy.

– Generale – odezwał się do mnie – chciałbym, aby Amy nauczyła się czegoś o broniach jądrowych i kontroli zbrojeń. Czy mógłby pan usiąść i wytłumaczyć jej te sprawy?

Jego prośba powaliła mnie na ziemię. Amy podeszła i usiadła obok mnie na kanapie, huśtając nóżkami w białych pończoszkach i żując dużą kulkę gumy. Oczywiście, była śmiertelnie znudzona i zupełnie niezainteresowana tematem.

– Amy – powiedziałem – chcesz coś wiedzieć o broni jądrowej i kontroli zbrojeń, czy nie?

– Niee – odpowiedziała, wściekle żując gumę.

– Czy nie poszłabyś na górę oglądać telewizję? – spytałem.

– O, taaak – odpowiedziała z ochotą.

Ulżyło mi i poszukałem jej guwernantki. Powiedziałem jej, że Amy i ja właśnie skończyliśmy dyskusję i że teraz Amy chce oglądać telewizję. Amy oddaliła się, szczęśliwa, a ja wróciłem na przyjęcie, starannie unikając kontaktu z prezydentem i Pierwszą Damą przez następne pół godziny. Przed wyjściem prezydent Carter podszedł do mnie i powiedział:

– Dziękuję panu za naukę Amy. To bardzo ważne, aby dowiedziała się czegoś o wojnie jądrowej.

Mogłem tylko mieć nadzieję, że Amy nie przyzna się do tego, jak krótka była jej lekcja. Zastanawiam się teraz, czy nie przyczyniłem się do jednej z głównych gaf, popełnionych przez Cartera w czasie debaty z kandydatem na prezydenta, Reaganem, podczas kampanii wyborczej. Prezydent wówczas powiedział, że konsultował się z Amy na temat wojny jądrowej.

Rosjan coraz bardziej niepokoiło to, co uważali za religijny fundamentalizm Cartera. Akademik Aleksandr Szczukin spytał mnie kiedyś, do jakiego kościoła chrześcijańskiego należy prezydent USA. Gdy powiedziałem mu, że jest baptystą, zaskoczyła mnie jego gruboskórna i prostacka odpowiedź:

– Każdy obywatel radziecki wie, że nie można ufać baptyście.

Gdy próbowałem zgłębić, co kryje się pod jego nagłym wybuchem, Szczukin powiedział mi, że misjonarze-baptyści próbowali nawracać obywateli Związku Radzieckiego, co spotkało się z ich ostrym odporem.

Wkrótce odkryłem, że misjonarstwo ma wiele różnych form. Jeden z członków mojego personelu wojskowego, przekonany, że nasi radzieccy kontrpartnerzy chcieliby dostać Biblię po rosyjsku, zapytał, czy nie miałbym nic przeciwko temu, gdyby zaproponował kilka egzemplarzy gościom, którzy przybędą na koktail do mego apartamentu. Powiedziałem, że mam coś przeciwko temu; nie chciałem, aby goście odczuli, że zaprosiłem ich do siebie, aby zbawiać ich dusze. Zawiedziony moją odmową oficer wysunął alternatywny plan. Spytał, czy zgodzę się na to, by położyć sześć egzemplarzy Biblii na stole w moim foyer. Zaplanował sobie, że powie gościom, że na stole jest trochę materiałów do czytania, które mogą sobie zabrać. Z oporami, ale zgodziłem się.

Nie wiedziałem wówczas, że inny oficer z mojego personelu wpadł na podobny pomysł. Postarał się o sześć egzemplarzy *Playboya* i położył je na stole obok Biblii. Rosjanie, którym oferowano coś do czytania przed wyjściem, skwapliwie skorzystali z okazji. Ku głębokiemu rozczarowaniu mego wojskowego misjonarza, zabrali ze sobą wszystkie sześć egzemplarzy *Playboya,* zostawiając wszystkie Biblie na stole.

Przy wielu okazjach wciągałem Rosjan w dyskusje na temat religii. Generał Trusow, wiedząc, że jestem katolikiem, zapytał, ile rakiet posiada mój papież. Kiedyś widziałem, jak żona generała Trusowa wychodzi z rosyjskiej cerkwi w Genewie. Zapytałem generała, czy jego żona jest prawosławna.

– Nie, oczywiście nie! – odparł nerwowo Trusow. – Żaden komunistyczny urzędnik ani jego rodzina nie może uprawiać praktyk religijnych. Jest to zakazane. Moja żona chodzi do cerkwi, ponieważ zachwycają ją ikony i śpiewy kościelne, a także dlatego, że lubi zapach kadzideł. Chodzi tam jedynie z powodów estetycznych.

W następną niedzielę zatrzymałem się przy rosyjskiej cerkwi, w drodze z mojego kościoła do domu, po mszy. Była tam pani Trusowa, nabożnie żegnając się dwoma palcami, zgodnie z prawosławną tradycją. Niestety, dojrzała mnie i wyraźnie się zaniepokoiła. Natychmiast opuściła cerkiew, przemyślnie mnie unikając. Zawsze potem żałowałem, że moja zbytnia ciekawość prawdopodobnie na zawsze przeszkodziła jej w dalszym uczęszczaniu do cerkwi w Genewie.

Wojna słów

Przez cały 1978 rok Rosjanie prowadzili bardzo skuteczną kampanię propagandową, obarczając USA winą za niepodpisanie układu SALT II. Kampanię rozpoczął artykuł wstępny w *Prawdzie*, opublikowany 11 lutego 1978 roku, który został szeroko przedrukowany w prasie Zachodu. Artykuł twierdził, że Związek Radziecki zaangażował się w konstruktywne negocjacje, podczas gdy Stany Zjednoczone konsekwentnie przedstawiały jednostronne propozycje. Wstępniak *Prawdy* ostrzegał, że liczne próby zastraszenia Związku Radzieckiego były bez skutku. W marcu następny artykuł wstępny podpisany przez Georgija Arbatowa powtórzył wcześniejsze zarzuty. Arbatow, śladem swego artykułu, udał się z wizytą do USA, podczas której obciążał winą licznych przeciwników *détente* za to, że stali się bardziej zacięci, w miarę jak szanse na zawarcie układu SALT II stawały się bardziej realne. Ta dobrze skoordynowana i masowa kampania *public relations*, wywarła oczekiwany wpływ na amerykańską opinię publiczną. W kraju wyczuwało się presję na podpisanie porozumienia na temat kontroli zbrojeń. Trudno było znaleźć gazetę bez zjadliwego wstępniaka chłoszczącego Cartera za zwłokę.

Pod koniec września prestiż Cartera w kraju i za granicą dramatycznie wzrósł wskutek pomyślnego zakończenia rokowań egipsko-izraelskich w Camp David i podpisania porozumień o pokoju. Uniesiony nową falą dyplomatycznego optymizmu i czując nacisk opinii publicznej, prezydent Carter rozpoczął własną, agresywną kampanię *public relations*. Oświadczył, że końcowa runda rokowań SALT II jest już bliska. Rzecznicy administracji, nazywani przez przeciwników „komiwojażerami SALT", wygłaszali przemówienia w całym kraju, mając nadzieję wywrzeć nacisk na senatorów i skłonić ich do zaakceptowania nadal niedokończonego układu. Kampania miała też odwrotny skutek, a opór senatorów wobec argumentów administracji twardniał. Trzeba było czymś za to zapłacić, a tym czymś (czy raczej kimś) stał się Paul Warnke.

Podając osobiste powody, w październiku 1978 roku Warnke zrezygnował ze stanowiska głównego negocjatora SALT II i dyrektora ACDA. Jego odejście zostało szeroko zrozumiane jako próba przetarcia drogi w Senacie do przyjęcia wyłaniającego się układu SALT II, a szczególnie do zjednania senatora „Scoopa" Jacksona, najgłośniejszego oponenta Warnkego. Na stanowisku dyrektora Agencji do spraw Rozbrojenia i Kontroli Zbrojeń (ACDA) zastąpił go emerytowany generał-porucznik (pol. gen. broni – przyp. tłum.) Armii USA George Seignious. Mianowanie zawodowego oficera na stanowisko nowego dyrektora ACDA zostało szeroko zinterpretowane jako posunięcie w celu zdobycia poparcia konserwatystów dla układu SALT II. Po odejściu Warnkego głównym negocjatorem USA na rokowania SALT II został jego zastępca – Ralph Earle.

Ostatni skok

Pod koniec listopada 1978 roku, po wielu jednostronnych ustępstwach USA, w administracji Cartera pojawiła się nadzieja, że porozumienie zostanie osiągnięte jeszcze przed Bożym Narodzeniem. Sekretarz Vance i minister spraw zagranicznych Gromyko mieli przybyć do Genewy 21 grudnia. Oczekiwano, że pozostałe sprawy sporne będą szybko załatwione, a układ zostanie podpisany na szczycie w 1979 roku. Jednak dla strony radzieckiej bliskie terminy i wysokie oczekiwania strony amerykańskiej stały się okazją do intryg. Wiedząc, że Amerykanie pragną wrócić do domu na święta z rozwiązanymi problemami, Rosjanie od samego początku grali na zwłokę z nadzieją, że będziemy niecierpliwi i przyznamy im dodatkowe koncesje.

Negocjacje skomplikowały także wydarzenia na arenie międzynarodowej. Na tydzień przed przybyciem Vance'a do Genewy prezydent Carter ogłosił sensację: Stany Zjednoczone Ameryki Północnej i Chińska Republika Ludowa nawiążą stosunki dyplomatyczne 1 stycznia 1979 roku. Sprawa ewentualnego nawiązania formalnych stosunków z ChRL przez Stany Zjednoczone przez długi czas była dla Rosjan kwestią drażliwą. Teraz nabrała niepewnego charakteru w samej administracji Cartera, ponieważ Brzeziński i Vance mieli odmienne poglądy co do terminu tego posunięcia. Vance był za odłożeniem komunikatu o tym fakcie do czasu podpisania układu SALT II. Sugerował także, że ZSRR powinien uzyskać od USA zachęty ekonomiczne, które by złagodziły to, jak sądził, poważne uderzenie w radziecką drażliwość. Brzeziński, któremu powszechnie przypisywano odpowiedzialność za przekonanie prezydenta do terminu nawiązania stosunków z ChRL, czuł, że przywódcy ZSRR mogą utrudnić porozumienie SALT II, gdy dowiedzą się o nowych związkach między USA a ChRL.

Uważał, że ogłoszenie nawiązania stosunków powinno być zbieżne ze spotkaniami Vance'a w Genewie.

Gdy Stany Zjednoczone zagrały chińską kartą, Rosjanie zostali zaskoczeni. W charakterystyczny dla siebie sposób nie zareagowali na to bezpośrednio. Zamiast tego okazali swe niezadowolenie, wprowadzając nowy wątek do negocjacji SALT II. Wątkiem tym była sprawa zdalnie sterowanych samolotów (RPV). Od początku było jasne, że jest to posunięcie dywersyjne. Rosjanie twierdzili, że RPV są odpowiednikami bombowców pilotowanych przez ludzi. Było to twierdzenie zarazem śmieszne i fałszywe. Samolociki te – miniaturowe, bez pilota – używane głównie do celów rozpoznawczych i łącznościowych – są wielokrotnie mniejsze niż samoloty bojowe. Pomysł, że mogłyby zostać uzbrojone w ładunki jądrowe i powinny być zaliczone do amerykańskich systemów broni był bliski fantazji. Vance zamierzał zlekceważyć znaczenie sprawy RPV i pójść na rękę Rosjanom, łagodząc ich obawy. Lecz ci nagle zmienili temat i podnieśli inny problem: telemetrię rakietową. Nie pierwszy raz byłem świadkiem stosowania przez nich taktyki „przynęty i podmiany".

Stanowiska USA i ZSRR w sprawie szyfrowania telemetrii – zakodowanych informacji, przekazywanych z rakiet do stacji naziemnych podczas prób w locie – były bardzo rozbieżne. Sekretarz Vance, zdając sobie sprawę, że tej kwestii nie da się szybko rozwiązać, miał nadzieję odłożyć drażliwy problem na później. Jednak Rosjanie upierali się, by dyskutować o tej sprawie tu i teraz.

Stany Zjednoczone nie ukrywały swoich danych telemetrycznych za pomocą szyfrowania i chciały, aby Związek Radziecki postępował tak samo. Możliwość monitorowania radzieckich zamiarów w trakcie prób rakietowych była jednym z kilku sposobów określania liczby głowic przenoszonych przez daną rakietę. Monitorowanie dostarczało również informacji do szacowania mocy wybuchu jądrowego i celności rakiet. Akademik Aleksandr Szczukin, próbując odnieść się do naszej skłonności kierowania się zasadami markiza de Queensberry, zlekceważył naszą argumentację.

– Dżentelmeni nie czytają cudzych listów – powiedział – czyniąc aluzję do słynnego oświadczenia sekretarza stanu USA Henry'ego Stimsona o nieprzyzwoitości szpiegostwa.

Pragnąc mieć już układ w ręce, sekretarz Vance był skłonny ułożyć się z Rosjanami. Wiedząc, że szefowie sztabów przywiązują wielką wagę do telemetrii, nie chciałem ustąpić. Byłem przekonany, że telemetria rakietowa jest istotna dla dokładnej oceny radzieckich możliwości wojskowych. Dlatego zgłosiłem swe obiekcje sekretarzowi stanu, dbając o to, by uznał, że mówię w imieniu szefów sztabów, a nie zgłaszam własną opinię. Nie chcąc zostać obarczony winą za podejmowanie decyzji na miejscu, Vance skierował sprawę do Waszyngtonu. Odpowiedź Narodowej Rady Bezpieczeństwa (NSC) była arcydziełem biurokratycznej dwuznaczności. NSC zdecydowała, że Rosjanie nie powinni szyfrować danych telemetrycznych, odnoszących się do uzgodnionej listy parametrów działania rakiet, zawartej w tekście układu. Brak wyjścia z tej sytuacji polegał na tym, że Rosjanie nie byli zobowiązani do wyrażenia zgody na nasze żądania, żeby określone parametry rakiet były ujęte w tekście układu. W konsekwencji, z dziesięciu wskaźników działania rakiet, wymienionych przez nas jako nieprzeznaczone do szyfrowania, Rosjanie przyjęli tylko pięć. I to tych, które byliśmy już w stanie ocenić innymi sposobami. Pozostałe pięć – wszystkie najważniejsze elementy technicznej oceny zdolności rakiet – mogło być nadal szyfrowane.

Poślizg w dół

Ponieważ Rosjanie wprowadzili nowe sprawy, negocjatorzy amerykańscy i radzieccy opuścili Genewę w wigilię Bożego Narodzenia bardziej odlegli od porozumienia niż tydzień wcześniej. Po powrocie do Waszyngtonu powiedziałem szefom sztabów, że nie mogę poprzeć ratyfikacji wyłaniającego się układu, gdyż sekretarz Vance poczynił zbyt wiele ustępstw i układ zagroziłby naszemu bezpieczeństwu. Oznajmiłem, że w tych warunkach uważam za najlepsze rozwiązanie wycofanie się z zespołu negocjatorów i przejście w stan spoczynku. Szefowie zgodzili się z moją oceną i wyrazili ubolewanie, że układ SALT II nie będzie służył naszym najlepiej pojętym interesom. Ale uważali, że opuszczenie przeze mnie delegacji w tak krytycznym momencie może być kłopotliwe dla prezydenta. Poprosili, abym został na miejscu do czasu ukończenia prac nad układem i zrezygnował, jeśli będę zawiedziony z powodu treści ostatecznej wersji porozumienia.

– Poza tym – dodali – zna pan wszystkie sprawy i wie pan, gdzie jest pies pogrzebany. Potrzebujemy pana do kontynuowania misji ograniczenia strat.

Odwiedziłem sekretarza Vance'a w przekonaniu, że zachowam się wobec niego uczciwie, powtarzając mu to, co powiedziałem szefom sztabów. Jeśli nie zgodzi się z ich zdaniem i będzie uważał, że lepiej, abym zrezygnował zanim układ zostanie skończony, to wówczas zgłoszę rezygnację. Vance i ja rozmawialiśmy wiele godzin. Sekretarz cały czas był serdeczny i uprzejmy – jak zwykle był doskonałym dżentelmenem. Wyraził rozczarowanie z powodu tego, że nie widzę drogi do poparcia układu. Spierał się ze mną, dowodząc, że osiągniemy najlepsze porozumienie, jakie obecnie można uzyskać, biorąc pod uwagę nasz brak środków nacisku przy stole rokowań. Vance, jak sądzę, nie rozumiał, że zły układ o kontroli zbrojeń jest gorszy niż brak jakiegokolwiek układu.

Vance powiedział, że pozostawia do decyzji JCS ostateczną ocenę, czy układ jest dla bezpieczeństwa narodowego ryzykiem do przyjęcia. Powtórzył swe przekonanie, że podpisanie porozumienia jest lepszym wyjściem niż pozostanie z pustymi rękami po sześciu latach negocjacji i sugerował, że układ jest dobry jako pierwszy krok. Powiedziałem sekretarzowi, że pierwszy krok jest dobry tylko wówczas, jeśli prowadzi do następnego kroku na twardej ziemi. A ten krok będzie krokiem w przepaść. Podpisując porozumienie na tych warunkach, pozwolimy ZSRR skorzystać z naszych błędów i narzucić nam warunki przyszłego układu SALT III. Powiedziałem też, że jeśli zrezygnuję po parafowaniu układu, to niewątpliwie będę powołany jako świadek przeciwko temu układowi, kiedy dojdzie do jego ratyfikacji. To było grzeczne spotkanie; rozeszliśmy się po uprzejmym, choć niezbyt ciepłym podaniu sobie rąk.

Dwa interesujące wydarzenia miały miejsce wiosną 1979 roku, gdy jeszcze byłem członkiem naszej delegacji. Odwiedzając Moskwę podczas przerwy w genewskich negocjacjach – a podróżowałem do ZSRR tak często jak tylko możliwe, aby lepiej poznać naród i podtrzymać znajomość języka – pomyślałem, że dobrze byłoby złożyć towarzyską wizytę moim wojskowym odpowiednikom, którzy przebywali na urlopie w kraju. Jednak gdy próbowałem telefonować do ich biur, odpowiadano mi, że nie ma ich w mieście. Wiedziałem, że to nieprawda, ponieważ poprzedniego wieczoru dostrzegłem jednego z nich w teatrze Bolszoj. Po kilku następnych bezowocnych telefonach spróbowałem odwiedzić ich w biurze, ale zostałem zatrzymany przez wartownika w drzwiach frontowych. Poprosiłem o rozmowę z generałem Trusowem przez telefon. Sekretarka odpowiedziała po rosyjsku, pytając, kim jestem i w jakiej sprawie chciałbym rozmawiać. Podałem jej swoje nazwisko i powiedziałem, że mam kilka nowych informacji do przekazania generałowi. Przez następne pięć minut mogłem podsłuchać ożywioną rozmowę na drugim końcu przewodu. W końcu sekretarka wróciła na linię, twierdząc, że generała Trusowa nie ma. Poprosiłem o rozmowę z generałem Bieleckim, ale także powiedziano mi, że jest nieobecny. Zirytowany zapytałem, czy mógłbym podejść do recepcji i zostawić notatkę dla generała Trusowa, która będzie mu przekazana po jego powrocie. Znów nastąpiła długa przerwa i słyszałem rozmowę po tamtej stronie. Wreszcie sekretarka powiedziała, że sama zejdzie na dół i odbierze moją notatkę. Napisałem w niej, że bardzo pragnę widzieć się z generałami Trusowem oraz Bieleckim i chcę podzielić się z nimi nowymi informacjami.

Następnego dnia otrzymałem wiadomość z ambasady USA, że generałowie Trusow i Bielecki mogą spotkać się ze mną dziś, o ósmej wieczór, w biurze radzieckiej Wojskowej Misji Łącznikowej. Kiedy tam dotarłem, generałowie byli bardzo skrępowani i przywitali się ze mną nerwowo. Po raz pierwszy widziałem ich w mundurach. Szwajcarskie prawo zabrania cudzoziemcom noszenia mundurów wojskowych w Szwajcarii. Odbyliśmy krótką i pełną napięcia rozmowę pod uważnym okiem oficera KGB. Zdecydowałem się prowadzić tę rozmowę na luzie i nic nie wspomniałem o mojej nowej informacji.

Na odchodnym powiedziałem obu generałom, że byłbym rad zaprosić ich do swego domu przy okazji ich następnej podróży do Waszyngtonu. Obaj stali się nagle bardzo nerwowi i po mojej propozycji szybko wyszli. Zapytałem tłumacza, dlaczego byli tak zirytowani.

– Ponieważ pan ich obraził – odpowiedział. – Powinien pan wiedzieć, że nie wolno im zaprosić pana do swych mieszkań, a zapraszając ich do swego domu okazał pan zarozumiałość.

Widziałem o tym, że Rosjanie są skryci i ksenofobiczni, ale nie miałem pojęcia, że aż do tego stopnia.

Następnego wieczoru, na obiedzie wydanym przez konsula amerykańskiego w Leningradzie, odebrałem telefon z Waszyngtonu. Kolejnego dnia, w samo południe, miało się odbyć bardzo ważne posiedzenie Rady Bezpieczeństwa Narodowego; czy mógłbym w nim uczestniczyć? Odpowiedziałem, że to raczej wątpliwe, ale spróbuję. Godzinę później otrzymałem pilną depeszę od przewodniczącego JCS, który powiedział, że powinienem uczynić wszystko, co możliwe, aby szybko wrócić do Waszyngtonu. Z Leningradu nie było żadnych rejsowych lotów do Waszyngtonu, a jeśli nawet pojechałbym nocnym pociągiem do Moskwy i zdążył na pierwszy poranny lot, i tak przybyłbym zbyt późno.

Mój gospodarz uznał dostarczenie mnie do Waszyngtonu na posiedzenie NSC za osobiste wyzwanie. Zaproponował, abyśmy pojechali do Helsinek samochodem (około 250 kilometrów), gdzie mógłbym złapać lot o 8:00 rano do Londynu, a stamtąd lot o 11:00 samolotem *concorde* do Waszyngtonu. Zyskując na różnicy czasu, dotarłbym tam na godzinę przed posiedzeniem. Musieliśmy wyruszyć natychmiast, ponieważ mosty na Newie były podnoszone o północy, by umożliwić wpływanie statków do leningradzkiego portu.

Przekroczyliśmy rzekę, zyskując piętnaście minut, i wkrótce przybyliśmy nad granicę radziecko-fińską. Rosyjski wartownik pozwolił nam przejechać do trzykilometrowej strefy buforowej, oddzielającej oba państwa. Lecz kiedy dotarliśmy przed bramę prowadzącą do Finlandii, przejazd był już zamknięty na noc. Mój gospodarz wrócił do rosyjskiej wartowni i po ożywionej dyskusji, wspartej kilkoma srebrnymi dolarami, wartownik pozwolił nam skorzystać ze swego telefonu. Po wielu telefonach, z powołaniem się na ważne interesy bezpieczeństwa narodowego, przekonaliśmy w końcu Finów, aby przyjechali samochodem z najbliższego miasteczka do granicy odległej o 20 kilometrów i przepuścili nas. O 2:00 w nocy, niezadowolony i zaspany wartownik otworzył bramę i pozwolił nam na przejazd. Złagodziłem mu kłopot dwudziestodolarowym banknotem. A my rozpoczęliśmy dziki nocny rajd do Helsinek.

Zaczął padać śnieg. Po wielu poślizgach bliskich katastrofy na oblodzonych mostach, przybyliśmy na lotnisko w Helsinkach o 7: 55 rano, na pięć minut przed startem samolotu. Zdając sobie sprawę z tego, że możemy nie zdążyć, ku wielkiemu zdziwieniu fińskich urzędników, mój gospodarz wjechał prosto na pas lotniska, aby tam spotkać się z samolotem, który toczył się już na start. Szczęśliwie, pilot dostrzegł nas, zatrzymał się, wyłączając jeden z silników i zezwolił mi na wejście na pokład. Byłem skłonny uwierzyć w przechwałki mego przyjaciela, który twierdził, że jego, byłego żołnierza U. S. Army Rangers (wojsk specjalnego przeznaczenia), nic nie jest w stanie zatrzymać. Z Londynu poleciałem *concordem* na międzynarodowe lotnisko

Dullesa, skąd zabrał mnie helikopter i o 11:30 byłem już na lądowisku helikopterów w Pentagonie. Piętnaście minut później dotarłem do sali operacyjnej w Białym Domu. Dokładnie o 12:00 Brzeziński i mój szef, generał Jones, przybyli na posiedzenie. Byli zdumieni, widząc mnie na miejscu i pytali, jakim cudem udało mi się dotrzeć na czas. Powiedziałem im, że to długa historia, mrucząc pod nosem coś o zwariowanym byłym *rangersie*.

Posiedzenie okazało się rzeczywiście ważne, ponieważ sekretarz Vance zaproponował na nim, aby Stany Zjednoczone zgodziły się na dalsze ustępstwa, które zapewnią, że układ SALT II będzie gotowy do podpisu 15 czerwca, na planowanym spotkaniu na szczycie. Musieliśmy odpowiedzieć na pytanie, czy przywódcy radzieccy podpiszą porozumienie na podstawie ustępstw już dokonanych, czy też będą żądać nowych? Ponieważ byłem osobą najbardziej doświadczoną w rokowaniach z Rosjanami, szefowie sztabów i Brzeziński chcieli znać moją opinię. Powiedziałem NSC o swej pewności co do podpisania układu przez przywódców ZSRR, uprzedzając jednocześnie o dużym prawdopodobieństwie, że do końca wykorzystają swoją taktykę „za pięć dwunasta". Dodałem, że poczyniliśmy już i tak za wiele ustępstw i że Senat może nie ratyfikować układu nawet wówczas, jeśli będziemy twardo stać na gruncie tego, co już uzgodniono w Genewie. Szefowie sztabów i Vance wiedzieli, rzecz jasna, o moim zamiarze opuszczenia delegacji. Vance wycofał swoją propozycję zakładającą nasze dalsze ustępstwa. Moja szalona podróż do Waszyngtonu opłaciła się.

Mijały tygodnie i w waszyngtońskiej biurokracji było wiele zamieszania i intryg. Nawet Ralph Earle, następca Warnke'ego, martwił się tym. Powiedział mi w zaufaniu, że widzi narastające niebezpieczeństwo, że Senat nie ratyfikuje wyłaniającego się układu, jeśli Stany Zjednoczone nie okażą twardszego stanowiska.

W maju wróciłem do Waszyngtonu, podejmując ostatnią próbę przekonania szefów sztabów, aby dokonali zwrotu, który pozwoliłby nam podpisać lepszy układ. Powiedzieli mi jednak, że są pod naciskiem prezydenta domagającego się szybkiego zakończenia rokowań i podpisania układu. Głębokość tego kryzysu dotarła do mojej świadomości, gdy Bernard Rogers, szef sztabu armii, zmienił swe poprzednie stanowisko, zgodnie z którym wojskowi nie powinni poprzeć układu. Teraz mówił, że uważa układ SALT II za skromny, lecz pożyteczny krok. Był to zły prognostyk.

Jak zwykle, gdy miałem kłopot, udałem się na spotkanie ze „Scoopem” Jacksonem. Powiedziałem mu, że jestem bardzo niezadowolony z porozumienia, które ma być podpisane i ponownie dręczy mnie myśl o rezygnacji i przejściu na emeryturę. Senator powiedział mi, że układ ma słabe szanse uzyskania aprobaty Senatu i że będzie najlepiej, jak pomogę w doprowadzeniu do jego upadku przy stole negocjacji. Poradził mi poczekać do czasu, gdy układ będzie parafowany, a potem przejść na emeryturę.

Sekretarz Vance i minister spraw zagranicznych Gromyko zgodzili się wrócić do Genewy pod koniec maja, aby pracować nad usunięciem pozostałych kwestii spornych. Ponieważ układ miał być podpisany przez prezydenta Cartera i sekretarza generalnego Breżniewa 15 czerwca w Wiedniu, większość negocjatorów amerykańskich uważała, że ostatnia runda rokowań będzie prowadzona w duchu współpracy i szybko się zakończy. Lecz tak się nie stało. Rosjanie raz jeszcze próbowali opóźniać i przeciągać sprawę. Wyciągnęli kwestie, które dawno uważaliśmy za załatwione. Posiedzenia nie kończyły się i często dochodziło do ostrych sporów. Vance i Gromyko nie potrafili sami rozwiązać kilku trudnych problemów i przekazali je Earlowi i Karpowowi. Karpow jak zwykle zaparł się, a Earle, nie chcąc zostać obciążony odpowiedzialnością za wynegocjowanie układu z błędami, nie był skłonny do dalszych ustępstw. Posiedzenia zmieniły się w nieustanne przeciąganie liny.

O szóstej wieczorem, 14 czerwca 1979 roku Karpow i Earle w końcu dopracowali ostatni z pozostałych szczegółów. Earle szybko parafował swój egzemplarz. Jednak Karpow powiadomił go, że ma ze swoim kilka problemów i poprosił o spotkanie o dziewiątej wieczorem. Kiedy spotkali się ponownie, Earle pozostał nieustępliwy w najważniejszych sprawach, lecz zgodził się na kilka mniej ważnych modyfikacji. Krótko przed północą Earle i Karpow poszli na ugodę i Karpow w końcu parafował układ.

Podpisanie

Wkrótce potem delegacje zebrały się w amerykańskiej sali konferencyjnej na lampkę szampana, by uczcić zakończenie negocjacji nad SALT II. Wykręciłem się od udziału w uroczystości i poszedłem do swego biura, skąd nadałem do przewodniczącego JCS depeszę o mojej rezygnacji z zespołu negocjatorów SALT II. Depesza była krótka i rzeczowa. Stwierdziłem w niej, że nie mogę z czystym sumieniem poprzeć układu, który zostanie przedłożony do podpisu prezydentowi USA. Wobec tego uważam za swój obowiązek zrezygnować z udziału w delegacji. Poprosiłem też o to, by pozwolono mi zrezygnować z wyjazdu do Wiednia na ceremonię podpisania i abym mógł przejść w stan spoczynku z dniem 31 lipca.

Następnego dnia rano, zaledwie osiem godzin po wysłaniu depeszy, otrzymałem odpowiedź. Zwolniono mnie z wyjazdu do Wiednia, ale moje przejście na emeryturę wyznaczono na 30 czerwca, a nie, jak prosiłem, na 31 lipca. Był to typowy dla Waszyngtonu sposób wyrażenia dezaprobaty. Dostałem dwa tygodnie na zakończenie swej kariery wojskowej, która trwała trzydzieści osiem lat.

Kiedy prezydent Carter przybył do Wiednia, myślał, że szybko podpisze układ SALT II i zajmie Breżniewa dyskusją o innych sprawach. Ale sekretarz generalny cofnął wskazówki zegara i rozpoczął nową rundę negocjacji na pięć przed dwunastą.

Breżniew wprowadził nowy i niemający związku z układem temat ruchomych rakiet naziemnych. Twierdził, że ruchoma wersja rakiet MX nie może być zweryfikowana krajowymi środkami technicznymi (NTM) i dlatego powinna być zakazana. Była to dezinformacja dla odwrócenia uwagi. Stany Zjednoczone nigdy przedtem nie godziły się na to, by systemy broni przeciwnika weryfikować tylko za pomocą krajowych środków technicznych. Uważaliśmy, że potrzebna jest inspekcja na miejscu.

Nie w pełni zadowolony z zamieszania, które sam wywołał, Breżniew wprowadził następny element taktyki dywersyjnej. Nalegał, żeby każde przyszłe porozumienie obejmowało rakiety średniego zasięgu i systemy broni w wysuniętych naprzód bazach (FBS). Stany Zjednoczone zajęły stanowisko, że SALT III jest układem, którym będą zajmować się później i nie ma potrzeby dyskutować nad tym teraz, w Wiedniu.

Dużo poważniejszą przeszkodą w podpisaniu SALT II był bombowiec *Backfire*. Sekretarz stanu Vance powiedział prezydentowi Carterowi o słownym zapewnieniu, jakie otrzymał od Gromyki, że Rosjanie nie będą produkowali więcej niż trzydzieści bombowców *Backfire* rocznie. W nietypowym dla niego rozsądnym posunięciu Carter zażądał gwarancji na piśmie. Breżniew odmówił, lecz Carter nie ustępował. Aby przełamać impas, Breżniew obiecał dostarczyć prezydentowi USA list z danymi na temat produkcji *Backfire'ów*. Na podstawie tej obietnicy prezydent podpisał układ. Lecz kiedy Carter otrzymał list od Breżniewa, nie było w nim nic o gwarancji nieprzekraczania liczby trzydziestu samolotów rocznie. List po prostu stwierdzał, że ZSRR nie będzie zwiększać obecnej skali produkcji. Do samego końca przywódcy radzieccy demonstrowali, że są przebiegłymi, jeśli nie po prostu oszukańczymi, negocjatorami.

SALT II został w końcu podpisany 18 czerwca 1979 roku. Na pierwszych stronach prawie wszystkich gazet na całym świecie widniało zdjęcie Cartera i Breżniewa podnoszących kieliszki szampana dla uczczenia wspólnego sukcesu. – Podpisując ten układ – mówił porywczy Breżniew – pomogliśmy obronić najświętsze prawo każdego człowieka – prawo do życia. – By nie być gorszym, Carter powiedział, że bez SALT II –... nieograniczona rywalizacja kusiłaby los w przyszłości, urągałaby naszej inteligencji i zagrażałaby samemu istnieniu ludzkości. – Zakończył: – Jeśli nie potrafimy zapanować nad siłą niszczenia, nie będziemy w stanie ani kierować swym losem, ani zapewnić naszej własnej przyszłości.

Carter powrócił do USA na szczycie fali optymizmu, zadowolony z warunków układu i pewien, że potrafi przekonać Senat, by układ ratyfikował. Był w błędzie. „Scoop" Jackson publicznie potępił SALT II, ujawniając, że w Kongresie istnieje opozycja przeciwko układowi. Przeciwnicy krytykowali Cartera i Vance'a za przesadną gorliwość i uległość wobec Rosjan. Ponad czterdziestu senatorów początkowo opowiedziało się przeciwko układowi. Połowa z nich z powodu tego, że – ich zdaniem – ustąpiliśmy Rosjanom w sprawie *Backfire'a* i ciężkich rakiet. Druga połowa ponieważ uważali, że układ jest niemożliwy do zweryfikowania.

Koniec SALT II

Krótko po opuszczeniu armii przyłączyłem się do walki o unieważnienie SALT II prowadzonej na wielu poziomach. Choć byłem przekonany, że Senat nie ratyfikuje układu, nie chciałem pozostawić tej sprawy losowi. Uważałem, że trzeba pokazać rzeczywistą listę popełnionych błędów i udowodnić, jak do nich doszło. Wierzyłem też, że im więcej lekcji będę w stanie udzielić przyszłym negocjatorom, tym bardziej przyczynię się do tego, żeby każde kolejne porozumienie było lepsze.

Najlepiej zorganizowaną i najbardziej skuteczną grupą przeciwników SALT II był Komitet ds. Obecnego Zagrożenia (CPD), założony w 1976 roku przez wiele zainteresowanych osób. Byli wśród nich David Packard, prezes firmy Hewlett-Packard, Lane Kirkland, prezydent centrali związkowej AFL-CIO, a także Richard Allen, który później został mianowany doradcą prezydenta Reagana do spraw bezpieczeństwa narodowego. Komitet – grupa wpływowych ludzi, do której przyłączyłem się w sierpniu 1979 roku – początkowo zorganizowany dla wykazywania rosnącej nierównowagi wojskowej między ZSRR a USA, a także dla wzmocnienia naszej siły militarnej wkrótce stanął na czele opozycji wobec układu SALT II. CPD był bardzo skuteczny zarówno z tego powodu, że jednoczył wiele wpływowych osób, jak również dlatego, że jego członkowie oraz zwolennicy przekazywali dla wsparcia jego prac pokaźne sumy pieniędzy.

Drugą, bardziej nieformalną organizacją była tzw. Grupa Madison. Jej nazwa wywodziła się od miejsca naszych spotkań – hotelu Madison w Waszyngtonie, gdzie zbieraliśmy się kilka razy w tygodniu, aby planować i koordynować swą działalność. To „Kolegium Kardynalskie", jak określaliśmy sami siebie (wzorując się na kardynale Richelieu, który kierował polityką Ludwika XIII), składało się głównie z członków biur Senatu, którzy formułowali i promowali politykę ich szefów, senatorów.

Guru Grupy Madison był Sven Kraemer (syn Fritza Kraemera), który poprzednio służył trzem prezydentom USA jako członek Narodowej Rady Bezpieczeństwa (NSC), a obecnie pracował dla senatora Johna Towera i jego Komitetu Polityki Partii Republikańskiej. Kilku kolejnych ważnych członków grupy reprezentowało biura konserwatywnych senatorów. Richard Perle i Frank Gaffney byli asystentami do spraw polityki zagranicznej senatora Henry'ego Jacksona, Dave Sullivan pracował dla senatora Gordona Humphreya ze stanu New Hampshire, a Jim Lucier i John Carbaugh byli członkami zespołu doradców senatora z Północnej Karoliny, Jesse'ego Helmsa. Grupa Madison była niezwykłym zespołem skutecznych ludzi, znających się dobrze na systemach broni i na wewnętrznych sprawach i procedurach Senatu.

Strategia Svena Kraemera polegała na eksponowaniu grup problemów, na których mogliśmy się wszyscy skupić. Były to te same sprawy, na które zwracałem uwagę szefom sztabów, a które dotyczyły nierówności w SALT II. W przeszłości bardzo uważałem, by nie ujawniać nikomu z administracji, co działo się na moich spotkaniach z szefami sztabów. Lecz teraz, kiedy układ został przekazany do Senatu, czułem się zwolniony z tajemnicy i mogłem publicznie dyskutować na temat jego niedostatków. Kraemer poprosił mnie o sporządzenie listy spraw, w których szefowie połączonych sztabów zostali zmuszeni do ustępstw przez Biały Dom. Spożytkował tę listę dla przeciwstawienia się argumentacji JCS, wysuwanej po podpisaniu układu: że SALT II jest skromnym, lecz pożytecznym krokiem.

Kraemer miał plan dwuczęściowy: zaangażować Komitet Senatu do spraw Sił Zbrojnych (SACS) w proces ratyfikacji oraz opracować takie warunki przyjęcia układu, które senatorzy mogliby przekształcić w poprawki dla niego zabójcze. Senator Jackson najusilniej dążył do tego, aby SACS wziął udział w przesłuchaniach w sprawie SALT II. „Scoop" Jackson był najbardziej wpływowym członkiem komitetu; jego przewodniczący, senator ze stanu Missisipi John Stennis, ustępował miejsca Jacksonowi i pozwalał mu przewodzić.

Jurysdykcja dotycząca ratyfikacji układu była sprawą bardzo drażliwą dla senackiego Komitetu Spraw Zagranicznych (SFRC). Przewodniczący tego zespołu, senator Frank Church, uważał, że SFRC ma wyłączny mandat – na mocy obowiązujących w Senacie reguł oraz precedensów – do zajmowania się ratyfikacją układów. Jeden z członków tego komitetu, senator Jesse Helms, nie zgadzał się z tym i trzymał z Jacksonem, który jako argument za tym, by Komitet Senatu do spraw Sił Zbrojnych brał udział w procesie ratyfikacji układu wysuwał fakt, że SALT II dotyczy broni i polityki obronnej, czyli spraw, które przynajmniej częściowo wchodzą w zakres uprawnień SACS. Prawdziwy motyw Jacksona był jednak bardziej praktyczny: Komitet Senatu do spraw Sił Zbrojnych był w swym składzie konserwatywny, podczas gdy Komitet Spraw Zagranicznych miał tendencje liberalne. SACS miał więc szansę wezwać więcej świadków – przeciwników układu – i pozwolić im na wskazanie popełnionych w nim błędów. Jackson wiedział więcej na temat kontroli zbrojeń niż jakikolwiek inny senator, a poza tym był bardziej merytorycznie i emocjonalnie zaangażowany w sprawę SALT II. Drżał na myśl, że SFRC, który – jego zdaniem – był miękki wobec ZSRR, miałby dominować w Senacie. Uważał, że senatorowie Claiborne Pell, Edmund Muskie i Frank Church pozostawali pod wpływem George'a McGoverna, polityka, który nie miał pojęcia o Rosjanach i ich celach, lecz którego uważał za najinteligentniejszego i najgorzej zorientowanego członka SFRC. Jackson uważał poza tym, że jeśli uda mu się zgromadzić wielu senatorów gotowych przedstawić warunki, które zamierzał dodać do układu, wówczas niedociągnięcia SALT II zostałyby wyeksponowane. Celem Grupy Madison było określenie tych warunków i przekształcenie ich w problemy, które administracja powinna ponownie wynegocjować z Rosjanami zanim Senat udzieliłby zgody na ratyfikację układu. Ponieważ można się było spodziewać, że Rosjanie będą przeciwni ponownym negocjacjom w sprawach, które uważają za załatwione, warunki te w gruncie rzeczy pozwoliłyby na utopienie tego obciążonego fatalnymi błędami układu.

Jedną z najbardziej wpływowych i niewątpliwie najbardziej tajemniczych osobistości prowadzących walkę przeciwko SALT II był Bill Casey, którego Ronald Reagan mianował później szefem Centralnej Agencji Wywiadowczej (CIA). Wcześniej kilkakrotnie widywałem się z Caseyem, lecz do momentu kiedy poprosił mnie o spotkanie w swojej kancelarii adwokackiej, nie miałem pojęcia, że człowiek ten ma tak potężną pozycję w wewnętrznych kręgach twórców polityki Partii Republikańskiej. Wkrótce dowiedziałem się także, że Casey był niezrównanym organizatorem. Trzymał na biurku kasetę fiszek o rozmiarach siedem i pół na osiemnaście centymetrów, na których były wypisane nazwiska i adresy ludzi mających specjalną wiedzę o wielu sprawach. Ludziom tym zlecał zadania, zwykle prosząc ich o pisemny raport, który mógłby połączyć z innymi informacjami i nadać im bieg. Był typem samotnika, który woli rozmawiać z ludźmi na osobności, na prywatnych spotkaniach albo przez telefon.

Lista Caseya składała się z nazwisk różnych osób, wysoko uplasowanych w kręgach rządowych, w instytutach doradczych, w przemyśle i w środowiskach akademickich. Na liście tej było zaledwie kilku przedstawicieli mediów; Arnaud de Borchgrave i Patrick Buchanan byli jedynymi dziennikarzami, których tam dostrzegłem. Casey wolał działać dyskretnie, za sceną; unikał rozgłosu. Kiedyś powiedziałem mu, że traci potencjalne poparcie dziennikarzy i komentatorów telewizyjnych, odmawiając rozmów z nimi, ale Casey zdawał się nie przywiązywać do tego żadnej wagi. Uważał, że kultywowanie publicznego wizerunku nie jest bardzo ważne. Jak mi powiedział, występowanie na świeczniku tylko utrudniłoby mu pracę. Wiedząc o jego przeszłości jako członka wojennej grupy wywiadu zorganizowanej przez „Dzikiego Billa" Donovana, uważałem go za mistrza szpiegostwa.

Zdumiewało mnie, że działając w tak niezauważalny i swobodny sposób, potrafił czegokolwiek dokonać. Umiał niezwykle szybko czytać – w bardzo krótkim czasie od przedłożenia mu raportu zwracał mi dokument wypełniony osobistymi uwagami. Memoranda, o które mnie prosił były zazwyczaj dwóch rodzajów. Pierwszy dotyczył podstawowych zagadnień SALT II takich jak jednostronna zgoda USA na posiadanie przez ZSRR ciężkich rakiet. Casey nieustannie sypał pomysłami na temat tego, jak taki zawiły problem wytłumaczyć jaśniej i zwięźlej. Druga kategoria memorandów zawierała informacje, które słyszał od któregoś z senatorów albo od członka jego sztabu. Casey stale szukał sposobów wywarcia nacisku na senatorów, czy to przez ich kolegów, czy przez wpływowych wyborców. Choć nigdy nie byłem pewien tego, co Casey czynił z informacjami dostarczonymi przeze mnie, często otrzymywałem telefony od wpływowych senatorów takich jak Paul Laxalt ze stanu Nevada albo od bogatych biznesmenów, jak Joseph Coors, prezes Coors Brewing Company, z prośbą o wyjaśnienie jakieś sprawy, o której rozmawiał z nimi Casey. Wiedziałem także, że Casey był w bliskim kontakcie z Ronaldem Reaganem. Przekonałem się, że współdziałał skutecznie i na wysokim szczeblu z wybraną grupą swych kontaktów, aby uniknąć przyjęcia układu SALT II. Intrygującym pytaniem, na które nigdy nie znalazłem odpowiedzi, było to, czy Casey został przez kogoś poproszony o pomoc w utopieniu SALT II, czy działał w tej sprawie z własnej inicjatywy.

Latem i jesienią 1979 roku pracowałem nad tym, by dostarczyć ziarno do młynów Caseya, którymi były Komitet do spraw Obecnego Zagrożenia (CPD) oraz Grupa Madison (MG). Wielu członków tego ostatniego stowarzyszenia zamierzało obciążyć winą za niedostatki układu SALT II Paula Warnke'ego, ale ja byłem przeciwnikiem tej taktyki. Warnke był nieobecny w procesie kształtowania się SALT II od ponad roku, a prezydent Carter i sekretarz Vance mieli większy niż on wpływ na kształtowanie polityki USA wobec ZSRR. Zwolennicy zwalenia winy na Warnke'ego pragnęli wykorzystać wrogość Senatu wobec niego i w ten sposób pozyskać więcej głosów przeciwko układowi. Chociaż nie zgadzałem się z Warnkem w większości najbardziej istotnych spraw, wolałem nie mieszać się do obrzucania go błotem, tym bardziej że Warnke nigdy mnie osobiście nie atakował.

Nasze wysiłki w celu obalenia układu stały się łatwiejsze z tego powodu, że administracja Cartera poświęcała wiele czasu i wysiłku swym licznym komiwojażerom SALT, którzy przemawiali do dużych, ale pozbawionych wpływów politycznych grup słuchaczy. W ten sposób administracja nie poświęcała zbyt wiele czasu i wysiłku na przekonywanie senatorów, szczególnie tych niezdecydowanych. Administracja Cartera błędnie ufała, że cieszy się poparciem większości w Senacie i że ma wahających się senatorów za sobą. Na przykład nikt nie wydawał się dostrzegać, że republikanin ze stanu Tennessee, Howard Baker, ma poważne problemy z SALT II. Podobnie nie zwrócono uwagi na demokratę ze stanu Ohio, Johna Glenna, który w swych wcześniejszych oświadczeniach wyrażał wątpliwości na temat weryfikacji ustaleń układu. Administracja prawdopodobnie nie miała również pojęcia o tym, że senator ze stanu Georgia, Sam Nunn, kieruje się własnymi celami, a mianowicie stara się zmusić rząd do wydawania więcej pieniędzy na programy obronne, które uważa za ważne. Komitet do spraw Obecnego Zagrożenia, Grupa Madison i Bill Casey wymanewrowali administrację prawie w każdej sprawie.

Grupa Madison poprosiła mnie, abym osobiście złożył wizyty – jeśli to możliwe – nawet stu członkom Senatu USA. Grupa także dopilnowała, abym został zaproszony do wystąpienia na forum Senackiego Komitetu Spraw Zagranicznych, Komitetu do spraw Sił Zbrojnych oraz Komitetu do spraw Wywiadu, które zbierały świadectwa na temat układu SALT II.

Rozmowy z senatorami były zadaniem męczącym i czasochłonnym. Przez lato i jesień 1979 roku odbyłem spotkania sam na sam z sześćdziesięcioma dwoma senatorami, a każde z nich trwało od piętnastu minut do czterech godzin. Być może ze dwadzieścia moich wizyt można uznać za kurtuazyjne, u senatorów, których stanowiska były dobrze znane i raczej nie miały się zmienić. Pozostałych ponad czterdzieści spotkań miało charakter merytoryczny. W ich trakcie przedstawiałem argumenty przeciwko SALT II. Pierwsze wizyty odbyłem u konserwatywnych senatorów republikańskich, którzy byli przeciwnikami układu, takich jak Jake Garn ze stanu Utah, John Danforth z Missouri i Jesse Helms z Północnej Karoliny. Lecz szybko zacząłem rozmawiać również z innymi, których poznawałem w ciągu wielu lat. Odwiedziłem Charlesa Mathiasa, mojego senatora ze stanu Maryland. Chociaż mieliśmy odmienne poglądy na sprawę kontroli zbrojeń, Mathias był wobec mnie bardzo przyjacielski. Bystry obserwator, znający osobowości swych kolegów, dał mi wiele dobrych wskazówek jak do nich podejść. Powiedział mi, że demokrata ze stanu Rhode Island, Claiborne Pell, bardzo dba o interesy marynarki wojennej USA, która była szeroko reprezentowana na terenie jego stanu. Zasugerował mi, że gdybym wykazał Pellowi, w jaki sposób SALT II mógłby zagrozić marynarce, osłabiłoby to jego entuzjazm wobec układu. Mathias powiedział mi także, że demokrata ze stanu New Jersey, Bill Bradley, jest jednym z najbardziej wpływowych senatorów z powodu uznania, jakim darzą go koledzy. Chociaż Bradley przywiązywał niewielką wagę do kontroli zbrojeń, Mathias uważał, że warto byłoby spróbować zaangażować go w sprawę przeciwstawienia się układowi. Mathias był również zdania, że powinienem wykorzystać opozycję senatora Jake'a Garna wobec SALT II i dostarczyć mu dodatkowych argumentów, które pomogą mu przekonać innych.

Te bardzo cenne rady wzmocniły mój pogląd, który ukształtował się już wcześniej, na temat funkcjonowania Waszyngtonu w ogóle, a Senatu w szczególności. Układy osobiste są tu ważniejsze od ideologii. Mathias powiedział, że od wielu lat podziwia mnie za głębokie studia, które poświęciłem strategii nuklearnej i zrozumieniu Rosjan i ZSRR. Choć nie podzielał moich poglądów, gotów był mi pomóc, ujawniając skłonności i czułe punkty swoich kolegów.

Następnie odwiedziłem senatora Daniela Moynihana ze stanu Nowy Jork. Moynihan nie zgadzał się ze mną z pobudek filozoficznych, lecz podczas jego odwiedzin w Genewie prowadziłem z nim długie dyskusje na temat roli kontroli zbrojeń w polityce zagranicznej. Potem udałem się na rozmowy z trzema innymi liberalnymi senatorami: demokratą George'em McGovernem, republikaninem Markiem Hatfieldem ze stanu Oregon i demokratą Williamem Proxmirem z Wisconsin. Senatorzy ci byli niezadowoleni z układu, ponieważ SALT II zezwalał Stanom Zjednoczonym na próby i rozmieszczenie rakiet MX. Wydawali się mniej zaniepokojeni tym, że układ pozwalał ZSRR na rozmieszczenie nowych rakiet niż tym, że na rozlokowanie podobnych rakiet pozwalał nam. Dla mnie było to poronione rozumowanie, ale nie widziałem żadnych korzyści w prostowaniu ich poglądów. Bardziej byłem zainteresowany gromadzeniem opozycji wobec SALT II gdziekolwiek ją mogłem znaleźć.

Przeciwnicy SALT II zostali obdarzeni niespodziewanie dodatkowym argumentem przez przewodniczącego Komitetu Spraw Zagranicznych Franka Churcha. Mając przed sobą wybory w Idaho i obawiając się, że wyborcy uznają go za zbyt miękkiego wobec ZSRR, Church ogłosił w sierpniu, że radziecka brygada bojowa jest obecna na Kubie. Powiedział, że Senat nie powinien brać pod uwagę ratyfikacji SALT II, dopóki radzieckie wojsko nie zostanie stamtąd wycofane. Chociaż Church miał rację w sprawie radzieckiej brygady, nie miało to nic wspólnego z układem SALT II. Jednakże ujawnienie tego faktu przez Churcha pomogło skierować duży odłam opinii publicznej przeciwko Związkowi Radzieckiemu i w ten sposób mogło się również przyczynić do pozyskania głosów wielu senatorów przeciwko układowi.

Umiarkowani senatorowie, którzy zostali zaliczeni do kategorii niezdecydowanych, byli najważniejsi dla wyniku głosowania. Jednym z nich był John Glenn, były żołnierz piechoty morskiej i astronauta, który miał specjalną wiedzę o fotografii satelitarnej i lotniczej. Glenn wiedział, że metoda fotograficzna jest niewystarczająca dla wykrycia radzieckich oszustw. Powiedział mi, że nie tylko będzie głosował przeciwko układowi SALT II z powodu własnych zastrzeżeń, lecz także będzie przekonywał innych niezdecydowanych, by przyłączyli się do niego.

Być może najbardziej wpływowym spośród niezdecydowanych, z którymi rozmawiałem, był przywódca mniejszości republikańskiej w Senacie Howard Baker, który głosował za SALT I, a teraz był pod pozytywnym wrażeniem porozumień z Władywostoku. Na pewno martwił się, że zostanie zaatakowany przez konserwatystów w 1980 roku, kiedy będzie się ubiegał o nominację Partii Republikańskiej na kandydata do prezydentury. Nie był też zadowolony z tego, jak USA negocjowały SALT II. Z tych powodów Baker skłaniał się do głosowania przeciwko ratyfikacji. Jego zastrzeżenia dotyczyły ciężkich rakiet, bombowca *Backfire* i problemów weryfikacji.

Gdy po raz pierwszy poszedłem na spotkanie z Bakerem, wyczuwałem, że mógłby być przeciwnikiem ratyfikacji, ale nie byłem pewien, czy posiada dostateczną wiedzę o szczegółach układu, by przeciwstawić się swym liberalnym kolegom. Kilkakrotnie więc wracałem do niego i za każdym razem czułem, że nabiera większej pewności siebie, pozwalającej mu na obronę swego stanowiska. Wyczuwałem również u Bakera niezadowolenie, że administracja, z góry założywszy, że będzie głosował za, nie stara się o jego poparcie. Ta postawa stała się jednym z największych błędów administracji Cartera. Wspieranie

Bakera w jego wątpliwościach i pozostawienie Caseyowi walki o innych senatorów, by głosowali tak jak Baker, pomogło wypełnić lukę. Ja sam czułem, że udało mi się pozyskać kluczowego senatora do walki przeciwko SALT II.

Innym ważnym, niezdecydowanym senatorem był Sam Nunn. Był uznanym ekspertem w dziedzinie wojskowości i cieszył się większą wiarygodnością niż wszyscy inni członkowie Senatu z wyjątkiem Jacksona. Jackson uczył Nunna polityki podczas jego pierwszej kadencji i nawet kiedyś myślał, że Nunn mógłby zostać jego następcą. Później jednak Jackson wyczuł, że Nunn nie jest dość twardy wobec Sowietów i stosunki Jackson-Nunn oziębły. Krótko po zwycięstwie wyborczym prezydent Carter wysłał do swego rodaka z Georgii, Nunna, poufną notę z prośbą o poparcie jego wysiłków. Jednak gdy na roboczym śniadaniu Grupy Madison dowiedziałem się, że Nunn poprosił Komitet do spraw Obecnego Zagrożenia (CPD) o wykonanie dla niego jakichś ekspertyz, pomyślałem sobie, że postawa Nunna może się zmienić. Kiedy udałem się na rozmowę z nim, powiedział mi, że w układzie SALT II martwi go nierówność i brak odpowiedniej weryfikacji. Od pierwszej rozmowy z Nunnem było dla mnie jasne, że nie martwi się o to, że SALT II jest złym układem, lecz o to, że jego przyjęcie może się odbić negatywnie na naszych programach obronnych.

W celu pozyskania Nunna prezydent przyspieszył realizację programu budowy rakiet *Trident* dla marynarki wojennej i kazał wprowadzać ulepszenia do naszych międzykontynentalnych rakiet balistycznych. Nunn przekonawszy się, że prezydent umacnia zdolności obronne USA, wycofał się z opozycji i zadeklarował poparcie ratyfikacji. Prezydent Carter przyznał potem, że Nunn posłużył się układem SALT II jako narzędziem, by uzyskać od administracji większe wydatki na obronę.

Jesienią 1979 roku skupiłem się na przygotowaniach do zeznań przed Senacką Komisją ds. Stosunków Międzynarodowych (SFRC). Na przesłuchaniu wyjaśniłem członkom komisji, dlaczego układ nie jest równoprawny, nie nadaje się do weryfikacji i nie przyczynia się do odstraszania ani do stabilizacji. Większość senatorów była pozytywnie nastawiona do ratyfikacji i unikała zadawania szczegółowych pytań. Zamiast nich podnosili marginalne sprawy i kwestionowali moje motywy. Na przykład senator Pell chciał wiedzieć, dlaczego pozostałem w zespole negocjatorów SALT II po wyrażeniu swych wątpliwości wobec szefów sztabów. Odpowiadając mu, powołałem się na kierującą mną filozoficzną zasadę, że *„ludzie zawsze mają nadzieję"* i na przeświadczenie, że moja dalsza obecność przy stole rokowań pozwoli ograniczyć nasze straty.

Republikański senator ze stanu Indiana, Richard Lugar, zapytał mnie, czy uważam, że układ powinien zostać uzupełniony. Chociaż wcześniej powiedział mi, że będzie głosował przeciwko układowi, wolałem otwarcie nie namawiać do jego uzupełnienia, ponieważ taka taktyka mogłaby ujawnić plan Grupy Madison, zakładający zgłaszanie zabójczych poprawek. Odpowiedziałem więc Lugarowi, że SALT II zawiera fatalne błędy, lecz decyzję o tym, czy należałoby go poprawić, pozostawiam komitetowi.

Senator McGovern powiedział mi, że nie zgadza się z poglądem, zgodnie z którym ważny jest parytet i nie rozumie, dlaczego strona posiadająca więcej broni miałaby zostać tym zachęcona do uderzenia jako pierwsza. Odpowiedź wydawała mi się tak oczywista, że nie wiedziałem od czego zacząć, by sprostować jego rozumowanie. Przecież zawsze silniejszy terroryzuje słabszych, a nie odwrotnie. Odpowiedziałem więc McGovernowi po prostu, że nie zgadzam się z nim i na tym skończyłem.

Demokrata ze stanu Floryda, Richard Stone, wyraził zainteresowanie tym, dlaczego „oddaliśmy sklep" w trakcie negocjacji i zadał mi szczegółowe pytania o to, co wydarzyło się na spotkaniu Vance-Gromyko w marcu 1977 roku. Czytał oświadczenie Brzezińskiego, że plan z marca 1977 był dobry i chciał teraz wiedzieć, co poszło źle. Lecz zanim zdołałem odpowiedzieć, demokrata ze stanu Maine, Edmund Muskie, przerwał mi i zapytał, co sądzę o wypowiedzi Brzezińskiego. Odparłem, że zgadzam się z Brzezińskim i chociaż on i ja jesteśmy z pochodzenia Polakami, nasze rozumowanie nie było biegunowo (*pole* znaczy też biegun – przyp. tłum.) rozbieżne. Moja odpowiedź wywołała salwę śmiechu u senatorów, którzy dobrze wiedzieli, że Muskie jest także polskiego pochodzenia [*Marciszewski* – przyp. tłum.].

Republikanin ze stanu Nowy Jork, Jacob Javits, dotknął mnie do żywego, pytając, czy mój sprzeciw wobec SALT II nie sprowadza się do tego, że próbuję odgadnąć pogląd szefów sztabów. Z tym pytaniem musiałem obejść się delikatnie, gdyż szefowie sztabów (JCS) prywatnie dawali mi znać o swym mocnym sprzeciwie wobec SALT II, zanim zmienili zdanie. Po prostu odpowiedziałem Javitsowi, że – moim zdaniem – powinien zapoznać się z oświadczeniem JCS i sam wyrobić sobie opinię.

Próbowałem wyważyć swoje odpowiedzi i czekałem na okazję, by rozwiać przekonanie senatorów, wyrobione w nich głównie przez media, że jestem nieprzejednanym jastrzębiem. Chociaż atmosfera była napięta – gdyż senatorowie próbowali podważyć moją wiarygodność, a ja próbowałem akcentować błędy SALT II – byłem, ogólnie mówiąc, zadowolony z tego, co osiągnąłem.

Ponieważ komitet nie dał mi dosyć okazji do szczegółowego wykazania fatalnych błędów SALT II, sporządziłem listę około czterdziestu pytań, które – jak sądziłem – senatorowie powinni byli mi zadać. John Carbauch skłonił swego szefa, senatora Helmsa, do przedstawienia tych pytań przewodniczącemu komisji, senatorowi Churchowi, prosząc go, abym mógł odpowiedzieć na nie na piśmie. Wielu członków komitetu, w szczególności Pell i McGovern, sprzeciwiło się; lecz Helms, znany mistrz senackich procedur prawnych, wziął nad nimi górę. Wiedział bowiem, że jeśli członek komitetu pragnie zadać pytanie świadkowi, to trudno, a nawet wręcz niemożliwe, aby przewodniczący mu odmówił. Moje pytania miały na celu obnażenie niektórych najsłabszych stron SALT II. Jedno z nich brzmiało: *Dlaczego wyłączne posiadanie przez ZSRR ciężkich rakiet daje im jednostronną przewagę?* Inne pytanie odnosiło się do tego, dlaczego Amerykanie zostali nakłonieni przez Rosjan przy stole negocjacji do zajęcia się ich intencjami zamiast zdolnościami bombowca *Backfire*. Ta technika polegająca na odpowiadaniu na własne pytania, pozwoliła mi podkreślić luki, które radzieccy negocjatorzy wbudowali w zasady weryfikacji układu. Ciężko pracowałem, by wyjaśnić skomplikowane kwestie techniczne językiem zrozumiałym dla niespecjalistów. Senator Helms przekazał potem moje pytania i odpowiedzi do biuletynu *Congressional Record.*

Grupa Madison dopilnowała później, aby Komitet Stosunków Międzynarodowych opracował trzydzieści sześć warunków wobec układu. Większość z nich, podobnie jak czterdzieści pytań, zasugerowałem sam, a wprowadził je do przesłuchań senator Helms. Ja z kolei zostałem poproszony przez komitet – na początku października – o przedstawienie na piśmie swych poglądów na temat każdego z trzydziestu sześciu warunków. Moje komentarze zostały następnie wydrukowane w protokole z przesłuchań jako uzupełnienia. Spośród trzydziestu sześciu warunków dwadzieścia trzy zostały potem przyjęte,

m. in. dwie poprawki zabójcze dla układu, które domagały się ponownego otwarcia negocjacji z ZSRR.

Senacki Komitet ds. Sił Zbrojnych, ku konsternacji Senackiego Komitetu Stosunków Międzynarodowych, przeprowadził równoległe przesłuchania. Senatorzy Jackson i Tower wykorzystali tę okazję, aby powołać mnie na świadka. Zadali mi wiele z tych pytań, które SFRC próbował zamieść pod dywan. Jackson użył każdej sztuczki, jaką znał, aby wyeksponować błędy SALT II. Dopilnował tego, by dziennikarze o poglądach konserwatywnych otrzymali dokumenty (briefingi) wyjaśniające, czym grozi ratyfikacja układu. Wielu wpływowych konserwatystów zostało namówionych do napisania artykułów i do wygłoszenia prelekcji potępiających SALT II. Jackson, Tower, Stone, Glenn, Helms i inni wygłosili w Senacie oświadczenia, które zostały wydrukowane w *Congressional Record.* Komitet ds. Obecnego Zagrożenia przedrukował potem wiele z tych uwag i rozesłał je szerokim kręgom adresatów. Ponadto Sven Kraemer dopilnował, aby Narodowa Rada Bezpieczeństwa (NSC) przedrukowała cały zapis z przesłuchań świadków przed SACS i rozesłała te dokumenty swym członkom. Te posunięcia nie tylko przewyższyły wysiłki komiwojażerów SALT II, ale zostawiły ich daleko w tyle.

20 grudnia 1979 roku, po wielu energicznych wysiłkach senatora Jacksona, SACS formalnie oświadczył, że układ *„nie jest zgodny z interesem bezpieczeństwa narodowego Stanów Zjednoczonych"*. Senator Church, mając na względzie obronę sfery zastrzeżonej dla SFRC, wymógł na przywódcy demokratycznej większości Robercie Byrdzie zapobieżenie temu, by oświadczenie SACS zostało włączone do oficjalnych dokumentów Senatu. Mimo to Jackson osiągnął swój podstawowy cel, nadając szeroki rozgłos przesłuchaniom przed Senackim Komitetem do spraw Sił Zbrojnych.

I rzeczywiście zanim w listopadzie skończyły się przesłuchania w Senacie układ był już faktycznie martwy. W tym czasie policzyliśmy, że czterdziestu senatorów zadeklarowało oddanie głosów przeciwko ratyfikacji, gdyby głosowanie doszło do skutku – o sześciu więcej niż wymagana dla odrzucenia układu większość trzydziestu czterech głosów.

Prezydent Carter spojrzał prawdzie w oczy. Po radzieckiej inwazji na Afganistan w grudniu 1979 roku wycofał układ z Senatu. Carter wygłosił wówczas zdumiewające oświadczenie, że więcej nauczył się o Rosjanach i ZSRR przez dwa tygodnie senackich przesłuchań niż przez całe życie. To oświadczenie ukazało całą jego naiwność.

Sztuka naśladuje życie

Niedługo po moim przejściu na emeryturę otrzymałem telefon od dramaturga Arthura Kopita. Dostał on hojną dotację od bogatego biznesmena na napisanie sztuki wyjaśniającej podstawowe pojęcia odstraszania nuklearnego. Kopita poproszono o zilustrowanie odstraszania w uniwersalnym języku dramatu. Celem, który miał osiągnąć, było obniżenie ryzyka wybuchu wojny jądrowej. Kopit pragnął, abym został jego nauczycielem z realnego świata. Próbowałem przekazać mu techniczne szczegóły teorii odstraszania nuklearnego, by mógł je wykorzystać w swojej sztuce. Kopit uznał zrozumienie tego wszystkiego za ogromnie trudne. Nie potrafił wyjaśnić w sztuce teorii odstraszania, ponieważ sam jej nie rozumiał.

Napisał w końcu coś w rodzaju sztuki w sztuce, próbując podkreślić własną frustrację przeszkadzającą mu w zrozumieniu tak skomplikowanej doktryny. Na zaproszeniach na premierę tytuł dramatu *Koniec świata* został opatrzony ujmującym oświadczeniem: „Po seansie sympozjum". Trzy główne postaci dramatu miały przedstawiać samego autora i lekko tylko zawoalowane portrety historyka z Uniwersytetu Harvarda, Richarda Pipesa, oraz mój. Lecz aktorzy grający Pipesa i mnie nie potrafili wyjaśnić teorii odstraszania aktorowi, który grał Kopita.

Moje ulubione fragmenty sztuki Kopita odnosiły się do grafik artysty M. C. Eschera, które miałem w swojej kolekcji. Byłem zawsze zafascynowany iluzjami, jakie Escher potrafił wywoływać w swych pracach, ale nigdy nie myślałem, że jego sztuka będzie miała cokolwiek wspólnego z moimi poglądami na nuklearne odstraszanie. W trakcie sztuki aktor grający Kopita spoglądał na grafikę Eschera i pytał aktora grającego mnie: – Czy woda może płynąć pod górę?

– Nie – brzmiała odpowiedź – to tylko złudzenie.

– Tak jak twoja przeklęta przez Boga teoria odstraszania – odpowiadał aktor grający Kopita. A publiczność ryczała ze śmiechu.

Przedstawienia próbne odbyły się w waszyngtońskim Centrum imienia Kennedy'ego. Dla ludzi znających temat sztuka Kopita była interesująca i pełna humoru, ale jej skomplikowana filozofia i akademickie zadęcie nie znalazły uznania przeważającej części publiczności.

Kilka tygodni później sztuka zadebiutowała na Broadwayu, lecz zrobiła klapę już po tygodniu. Była po prostu zbyt ezoteryczna i zbyt skomplikowana dla większości widzów, którzy jej nie pojęli. Paradoksalnie nadal grają ją na Uniwersytecie Moskiewskim, jak również w teatrach studenckich w USA.

Losy porażki

Brak zrozumienia ZSRR i jego celów spowodował, że Carter nie potrafił osiągnąć układu SALT II możliwego do przyjęcia dla USA. Szczęśliwie system zabezpieczeń funkcjonujący w rządzie i Kongresie, zapobiegł ratyfikacji katastrofalnego układu, który inaczej mógłby ustanowić niebezpieczny precedens: Związek Radziecki byłby upoważniony do posiadania potężniejszego arsenału strategicznego niż Stany Zjednoczone.

Zbytnia gorliwość Cartera i jego naiwny stosunek do polityki światowej zostały spotęgowane przez poważne różnice poglądów w jego własnej administracji. Różniące się między sobą frakcje rozwinęły przeciwstawne poglądy na temat postępowania wobec ZSRR. Jedna z frakcji opowiadała się za układem SALT II i porozumieniem z Rosjanami, podczas gdy przedstawiciele innej byli zwolennikami mniej ugodowego stanowiska. W końcu Kongres został zmuszony do powzięcia twardych decyzji.

Nie mam żadnych wątpliwości, że poprawki zgłaszane do projektu układu przez senatorów, zgodnie z ich mandatem, spowodowałyby przedłużenie o rok lub dwa trudnych negocjacji, gdyby prezydent Carter nie wycofał układu z rozpatrywania przez Senat. A w końcu te właśnie zabójcze poprawki utopiłyby układ SALT II.

Nawet zaprzysiężeni demokraci chętnie przyznawali, że historia polityki zagranicznej Cartera była niewątpliwą katastrofą. Podczas jego kadencji Rosjanom nie przeszkodzono w umacnianiu pozycji w Etiopii, w Jemenie Południowym i Mozambiku; ich sprzymierzeńcy byli w Angoli i Nikaragui, a ich własne wojsko dokonało inwazji i okupowało Afganistan.

Jako negocjator i dysponent potęgi USA Carter nie był żadnym przeciwnikiem dla Breżniewa. Nie potrafił przełożyć swej wylewnej

Edward L. Rowny, szóste urodziny, 1923

Kadet E.L. Rowny, Akademia Wojskowa, 1940

Sztab X Korpusu, nad planem portu Hungnam. Od lewej: ppłk Edward L. Rowny –
– dowódca saperów, generał-major C.L. Ruffner, płk MacCorvick i kpt Morris. Korea, 1950

Wojna w Korei, grudzień 1950. Dowódca X Korpusu, generał-major
Edward M. Almond dekoruje ppłk E.L. Rownego medalem „Legion of Merit"

Wietnam Południowy, baza Tan Son Nhut, 1963. Próby helikopterów bojowych. Szef programu, generał-major Edward L. Rowny (przy karabinie maszynowym) i mjr Darwin W. Beauchamp

Rodzinna wizyta u gen. Lymana L. Lemnitzera, dowódcy wojsk USA w Europie, 1967

Waszyngton, Departament Stanu, 14 sierpnia 1981. Sekretarz stanu Alexander Haig odbiera przysięgę od nowo mianowanego szefa delegacji USA na rokowania START – – Edwarda L. Rownego. Od lewej: A. Haig, Rita Rowny, Patrick Daly i amb. Rowny

Amerykańska rakieta manewrująca cruise odpalana z samolotu (ALCM)

Start największej balistycznej rakiety międzykontynentalnej
SS-18 Satan z wyrzutni w ZSRR

Ambasador E.L. Rowny u prezydenta Ronalda Reagana, Biały Dom, maj 1982

Warszawa, listopad 1985. E.L. Rowny spotyka się z prof. Bronisławem Geremkiem i Andrzejem Wielowieyskim. W latach 1979–80 Rowny i Geremek odbywali staż naukowy w Centrum im. Woodrowa Wilsona w Waszyngtonie

Ambasador E.L. Rowny informuje prezydenta Korei Południowej, Chun Doo Hwana, o spotkaniu Reagan–Gorbaczow w Rejkiawiku, Seul, październik 1986

Z Janem Pawłem II w Watykanie, czerwiec 1987

Z prezydentem Reaganem na szczycie w Moskwie, maj–czerwiec 1988

Spotkanie z prezydentem Georgem H.W. Bushem, Biały Dom, 1989

Zdjęcia: archiwum generała E.L. Rownego,
National Air and Space Museum, US–Russian Megatons to Megawatts Program

retoryki na politykę, która może przetrwać. Jego dobrotliwa, idealistyczna i entuzjastyczna natura spotkała się z krytyką, a nawet z pogardą. Wiedząc o tym, że Carter występuje w roli *demandeura* (inaczej: petenta), Breżniew nie miał zamiaru zawierać z nim porozumień, z wyjątkiem tych na radzieckich warunkach. Całe szczęście, że SALT II załamał się pod ciężarem własnych słabości. Katastrofy udało się uniknąć, lecz tylko dzięki wysiłkom wielu ludzi.

Człowiek, który miał nastąpić po Carterze, nie mógł nie różnić się od niego w perspektywicznej ocenie ZSRR. Ronald Reagan nie miał żadnych złudzeń co do Związku Radzieckiego i Rosjan i dlatego w rozgrywce z nimi odniósł znacznie większy sukces niż Carter.

ROZDZIAŁ V

Pierwsza kadencja Reagana: zmiana frontu

Spośród wszystkich prezydentów USA po II wojnie światowej Ronald Reagan najlepiej rozumiał negocjacyjne cele Rosjan. Instynktownie pojmował coś, czego ja musiałem się uczyć przez długie lata bolesnych doświadczeń – a mianowicie, że dla Rosjan sposobem na osiąganie celów w polityce zagranicznej było po prostu podtrzymywanie procesu negocjacji. Reagan zdawał sobie sprawę z tego, że nie może zaniechać negocjowania z Rosjanami, gdyż nie ma na to publicznego przyzwolenia. Zdecydował jednak, że porozumienie o kontroli zbrojeń jako cel sam w sobie niczego nie załatwi; powinno być zrównoważone i możliwe do zweryfikowania. Wyzwaniem dla niego było osiągnięcie tego celu przy zapewnieniu, że proces negocjacji nie będzie działał tylko na korzyść ZSRR.

Reagan nie należał do ludzi, którzy lubią zajmować się szczegółami; detale nudziły go. W przeciwieństwie do Cartera był człowiekiem od spraw najważniejszych, człowiekiem, który nie czuł się zmuszony do przedstawiania długich lub skomplikowanych argumentów na poparcie swej polityki. Miał wrodzony zmysł, intuicyjne wyczucie, które pozwalało mu działać właściwie. Jego pojmowanie spraw wydawało się emanować z głęboko zakorzenionego przywiązania do wartości. Umiał też uparcie trwać przy swych przekonaniach – stąd zasłużył na przezwisko „*Dutch*" (*Uparciuch*).

Gdy tylko Reagan został prezydentem, zaczął działać na trzech płaszczyznach. Po pierwsze, planował odbudowę naszych sił obronnych i wzmocnienie potęgi wojskowej USA. Pozwoliłoby to nie tylko podnieść stopień naszego bezpieczeństwa, lecz także dałoby nam większe możliwości oddziaływania przy stole negocjacji. Po drugie, pragnął skończyć z tradycją ograniczania jedynie systemów nośników broni, jak zakładało porozumienie SALT II, a skupić się na redukcji całkowitej ilości broni. Po trzecie, planował poszerzyć ogólne podejście Stanów Zjednoczonych do Związku Radzieckiego, wychodząc poza sferę kontroli zbrojeń, która była dotychczas główną osią stosunków amerykańsko-radzieckich. Był zdecydowany wciągnąć Rosjan w rozwiązywanie innych, podstawowych problemów, które nas różniły takich jak prawa człowieka i spory regionalne.

Lecz wybiegam zbyt daleko, cofnijmy się do punktu wyjścia. Do tego, jak wróciłem do procesu negocjacji po wycofaniu się z wojska w geście protestu przeciwko układowi SALT II. Łańcuch wydarzeń, który doprowadził mnie ponownie do stołu negocjacyjnego, rozpoczął się przed Bożym Narodzeniem 1979 roku, po tym, jak moje wyjaśnienia złożone w Senacie pomogły w zablokowaniu ratyfikacji układu SALT II. Pewnego dnia zadzwonił do mnie Ronald Reagan. Powiedział, że podziwia mnie za to, że zrezygnowałem z uczestnictwa w delegacji na rokowania SALT II, protestując przeciwko podpisaniu układu. Dodał, że śledził moje wyjaśnienia w Senacie i że zgadza się ze mną. Zapytał, czy nie spotkałbym się z nim na początku stycznia. Zdziwiłem się, słysząc, że Reagan tak wiele wie o moich wystąpieniach. Gdy opowiedziałem „Scoopowi" Jacksonowi o telefonie Reagana, ten przyznał się: – O, tak. Rozmawiałem z Reaganem i powiedziałem mu, że wszyscy trzej nadajemy na fali o tej samej długości. Sugerowałem, by do ciebie zadzwonił. – To było całkowicie zgodne z zasadą działania dwupartyjnego, wyznawaną przez Jacksona. On, demokrata, przekazywał swoje pomysły republikańskiemu kandydatowi na prezydenta.

Spotkanie z Reaganem niepokoiło mnie. Media ukazywały go jako dzikiego kowboja. Choć podzielałem jego konserwatywne poglądy, nie chciałem dać okazji do krytyki tym ludziom, którzy uważali mnie za nieprzejednanego jastrzębia. Lecz równocześnie byłem ciekaw, jaki jest naprawdę ten aktor, który został politykiem i wcześnie przyłączył się do Komitetu ds. Obecnego Zagrożenia (CPD).

Na spotkaniu, które odbyło się w apartamencie hotelu Washington Hilton doznałem przyjemnego zaskoczenia. Poglądy Reagana wydawały się solidne, a jego sposób rozumowania – rozsądny. Natychmiast odniosłem trzy ogólne wrażenia. Pierwsze, że Reagan ma dobrą wiedzę o podstawach każdej z omawianych spraw. Drugie, że potrafi oczarować słuchacza. I w końcu, że cechuje go niezwykła zdolność porozumiewania się.

Reagan wyrecytował fatalne niedociągnięcia SALT II, zgadzając się ze mną, że wyłączne prawo ZSRR do posiadania ciężkich rakiet – rakiet trzykrotnie większych rozmiarów i zdolności niszczenia niż nasze – daje Rosjanom ogromną przewagę i możliwość zadania skutecznego pierwszego uderzenia. Zgodził się także ze mną, że radziecki bombowiec *Backfire* jest bombowcem strategicznym i powinien był zostać uwzględniony w ogólnym rachunku broni i środków jej przenoszenia. I wreszcie, Reagan poparł moją ocenę, że środki weryfikacji, zawarte w układzie SALT II, są słabe i łatwo je obejść.

Pod koniec naszego spotkania Reagan poprosił mnie o przewodniczenie zespołowi doradców jego kampanii wyborczej, który będzie się zajmował problematyką obrony i kontroli zbrojeń. Zawahałem się i odpowiedziałem mu, że przed akceptacją muszę wiedzieć, czy on sam jest za osiągnięciem porozumienia w sprawie kontroli zbrojeń.

– Oczywiście, że tak – powiedział – Poprę takie porozumienie, lecz tylko wówczas, jeśli będzie uczciwe i możliwe do zweryfikowania.

To była dobra odpowiedź, taka, której sam bym udzielił, ale wyznałem mu, że nadal mam obawy przed pracą dla kandydata na prezydenta, którego prasa opisywała jako dzikiego, czy szalonego człowieka.

Reagan uśmiechnął się i rzekł: – A pana, generale, opisują jako człowieka bardziej prawicowego niż Hun Attyla, a ja też w to nie wierzę. – *Touché*. Przekonał mnie. Powiedziałem więc, że będę zaszczycony możliwością doradzania mu i wspierania jego kampanii.

Na tym spotkaniu Reagan również zapytał mnie, co sądzę o teorii odstraszania, zwanej MAD, co jest skrótem od słów *Mutual Assured Destruction* (nieuchronne wzajemne zniszczenie): – Czyż nie ma innego sposobu na odstraszenie potencjalnego przeciwnika przed wystrzeleniem rakiet w naszym kierunku, jak tylko grożenie mu wystrzeleniem rakiet przeciwko niemu? – spytał. – A jeśli wróg przystawia ci pistolet do głowy, czy nie ma lepszego sposobu odstraszenia go, jak przystawienie pistoletu do jego głowy?

– Jest taki sposób – powiedziałem. – Włożyć na głowę hełm.

– A więc dlaczego tego nie zrobić? – spytał.

– Ponieważ – odpowiedziałem mu – nasi naukowcy nie potrafili dotąd zbudować systemu, który nas ochroni.

– Mam zaufanie do naszych naukowców – powiedział Reagan. – Wierzę, że jeśli postawimy przed nimi takie wyzwanie, potrafią zaprojektować tarczę ochronną.

W 1981 roku i ponownie w 1982 Reagan pytał swych doradców, czy naukowcy potrafiliby zbudować system obronny. – Nie, jeszcze nie teraz – odpowiedzieli mu. Gdy zapytał ich ponownie w 1983 roku, zmienili zdanie: – Tak, ale pod warunkiem, że będą mieli pańskie mocne wsparcie. – Zgodnie z tym, w marcu 1983 roku Reagan poprosił naukowców, aby uznali projekt obrony strategicznej przeciwko radzieckim rakietom za priorytetowy. Moja rozmowa z Reaganem w styczniu 1980 roku była pierwszym dowodem na to, jak mocno był on przywiązany do projektu, który nazwaliśmy potem SDI (Strategiczną Inicjatywą Obronną), a który prasa ochrzciła nazwą *Star Wars* (*gwiezdne wojny*). Później dowiedziałem się, że Reagana przekonał ostatecznie do możliwości budowy obrony strategicznej Edward Teller – wybitny amerykański fizyk atomowy, który urodził się na Węgrzech.

Przez cały 1980 rok coraz bardziej upewniałem się, że Ameryka potrzebuje Reagana w Białym Domu. Byłem szczęśliwy, że Amerykanie coraz częściej odnoszą to samo wrażenie, które ja odniosłem na pierwszym z nim spotkaniu, że Reagan jest osobą w pełni odpowiedzialną.

Uczestnicząc w kampanii wyborczej Ronalda Reagana w Nowym Jorku, natrafiłem na radzieckiego negocjatora, którego poznałem w Genewie. Zapytałem go, co Rosjanie sądzą o Reaganie jako o przyszłym prezydencie USA.

– Mamy nadzieję, że wygra – odpowiedział. – Nie chcemy następnych czterech lat z Carterem. Jest słaby, a my mamy szacunek dla siły. Carter nigdy nas nie rozumiał i denerwował nas. Wolimy zdecydowanych przywódców. A faktycznie – dodał – zwykle wolimy republikanów od demokratów.

Tak samo zdecydowali Amerykanie w 1980 roku.

Kilka dni po zdecydowanym zwycięstwie Reagana odebrałem pilny telefon z Białego Domu. Szef tzw. Zespołu Przejściowego ds. CIA – Lawrence Silberman – złamał nogę w kostce i musiał zrezygnować ze swojej funkcji. Czy nie udałbym się do Langley i nie przejął nadzoru nad zmianami w CIA? Ambasador William Middendorf miał być formalnym szefem zespołu, lecz to ja miałem wykonać całą pracę.

Kilka szybkich telefonów do „Scoopa" Jacksona i do Ala Haiga przekonało mnie do przyjęcia tej propozycji. Ze Stansfieldem Turnerem – odchodzącym dyrektorem CIA – byłem w dobrych stosunkach; znałem też jego zastępcę – Franka Carlucciego; poza tym sądziłem, że praca w CIA jest istotna dla bezpieczeństwa narodowego.

Bill Casey, z którym współpracowałem, starając się utopić SALT II, został desygnowany przez Reagana na nowego szefa CIA. Choć Casey był człowiekiem wielkiej wiedzy i miał wielu wpływowych przyjaciół, trudno było z nim współpracować. Przede wszystkim dlatego, że miał ostry charakter i sprawiał wrażenie człowieka ciągle zakłopotanego. Poza tym nie mówił, a bełkotał, co sprawiło, że miał przydomek „Bełkotliwy Bill". Często nie rozumiałem, co do mnie mówi. Lecz szybko przekonałem się, że Casey ma rzeczowe i mocno ugruntowane poglądy na temat przekształcenia CIA. Chciał zwiększyć liczbę satelitów szpiegowskich, które Stany Zjednoczone umieszczały nad Związkiem Radzieckim i pragnął przywrócić w CIA poprzedni priorytet wywiadu agenturalnego (HUMINT), czyli zbierania informacji wywiadowczych przez bezpośrednie obserwacje i kontakty tajnych agentów.

Wkrótce dowiedziałem się, że Casey miał dodatkowy wielki atut. Był prawdopodobnie bliższy prezydentowi niż każda inna osoba z jego otoczenia z wyjątkiem żony – Nancy. Casey należał do wczesnych zwolenników Reagana i zgromadził wielkie fundusze na jego kampanię wyborczą. Reagan często dzwonił do niego, prosząc go o opinie na temat osób, które miał zamiar mianować na kluczowe stanowiska i często bardziej ufał rekomendacjom Caseya niż opiniom swych doradców z Białego Domu. Oto przykład: powiedziałem kiedyś Caseyowi, że doszły mnie słuchy, jakoby jeden z członków tzw. Zespołu Przejściowego w Departamencie Obrony miał zaproponować senatora Johna Towera na stanowisko sekretarza obrony w gabinecie Reagana. – Tak nie będzie – odpowiedział mi Casey. – Weinberger wykonał dobrą robotę dla Reagana w Kalifornii, ma doświadczenie z pracy na wysokich szczeblach w Waszyngtonie i zna się na sprawach obrony. Reagan będzie czuł się lepiej z Weinbergerem niż z Towerem. Wiem, że Reagan wiele zawdzięcza Towerowi z czasów swej kampanii wyborczej. Doceniam także to, że Tower ma wielu przyjaciół na Kapitolu i mógłby uzyskać mocne poparcie Kongresu dla naszych programów obronnych. Ale Weinberger nie wniesie ze sobą zobowiązań Towera. – Casey nie wymienił tych zobowiązań, lecz – znając Towera – potrafiłem je odgadnąć. Przypuszczałem, że Casey przedstawił te same opinie Reaganowi i nie byłem wcale zaskoczony, gdy następnego dnia dowiedziałem się, że Weinbergerowi złożono propozycję objęcia stanowiska sekretarza obrony w gabinecie Reagana, a on ją przyjął.

Reagan wyznał mi, że on także ma trudności ze zrozumieniem bełkotliwej mowy Caseya. Ale mimo to prezydent prosił go o rady i stosował się do nich. Casey był pierwszym, który sugerował Reaganowi, aby Stany Zjednoczone dostarczyły rakiety przeciwlotnicze *stinger* mudżaheddinom w Afganistanie. Poradził też Reaganowi, na czyją pomoc możemy liczyć w Iranie i w Nikaragui. Nie byłem tak głęboko wtajemniczony, by wiedzieć, jak bardzo Casey zaangażował się osobiście w aferę Iran-Contra. Wiem jednak, że często odbywał podróże do Ameryki Środkowej, gdzie miał wiele znajomości, szczególnie w Salwadorze. Równie często podróżował do Algierii na spotkania z ludźmi dobrze poinformowanymi o tym, co działo się w Iranie. Przypominam sobie, że kilka lat wcześniej Casey opowiedział mi na przyjęciu o swoim pobycie w Teheranie, gdzie spotkał się z szachem.

– Szach – powiedział – jest człowiekiem skończonym. Jest chory i stracił całą swą odwagę. Za rok będzie po nim.

To było sześć miesięcy przed upadkiem szacha, który wówczas – jak się zdawało – sprawował pełną władzę i miał całkowite poparcie USA.

Casey był częścią trio, które utrzymywało bliskie stosunki z Reaganem przez wiele lat. Pozostałymi jego członkami byli Weinberger i magnat przemysłu piwowarskiego Joseph Coors, ważny sponsor finansowy Reagana. Coors udzielał też wsparcia finansowego wpływowym republikańskim instytucjom doradczym, takim jak fundacja Heritage. Listy nazwisk potencjalnych kandydatów na stanowiska rządowe, łącznie z kandydatami drugiej i trzeciej rangi, były przesyłane do weryfikacji Coorsowi, który sprawdzał, czy ludzie ci przejdą test jako „reaganauci".

Inna ważna grupa doradców składała się z ludzi, których Reagan poznał, gdy był już kandydatem na prezydenta. Należeli do niej Alexander Haig, David Stockman i Donald Regan, ale nie była to grupa zbyt spójna. Obejmowała po prostu pojedyncze osoby, udzielające prezydentowi rad w sprawach, w których się specjalizowały. Trzecia grupa nie zajmowała się sprawami merytorycznymi, lecz wizerunkiem prezydenta. Jej członkami byli biznesmen z Teksasu – James Baker, specjalista od wizerunku – Michael Deaver i weteran biurokratycznych wojen – Richard Darman. Ta trójka wprowadziła się do biur w pobliżu gabinetu prezydenckiego zaraz po wyborach i pilnowała spraw na zewnątrz. Ich głównym celem od samego początku było kształtowanie korzystnego publicznego wizerunku prezydenta.

Grupy pierwsza i druga były w nieustannym konflikcie ze strażnikami wizerunku. Lecz Baker, Deaver i Darman często w tych sporach wygrywali, gdyż pracowali zespołowo i, jak się wydaje, mieli często ostatnie słowo u prezydenta-elekta. Jedyną osobą, której rad dla Reagana nigdy nie kwestionowali, był Casey.

W czasie między wyborem Reagana a jego inauguracją Casey zgłosił pomysł, który miał przynieść wielkie dywidendy. Sugerował Reaganowi, by poprosił trzydziestu „mędrców" (dwudziestu siedmiu mężczyzn i trzy kobiety) o napisanie referatów na temat głównych problemów polityki zagranicznej. Wśród wytypowanych osób znaleźli się tacy luminarze, jak Henry Kissinger, John McCloy, Henry Jackson, Jeane Kirkpatrick, John Tower, Caspar Weinberger, Donald Rumsfeld i Edward Bennett Williams. Objęli oni swymi wypowiedziami całe spektrum polityki zagranicznej, w tym nasze stosunki z ZSRR, naszą politykę na Bliskim Wschodzie, stanowisko wobec Ameryki Środkowej oraz sprawę uwolnienia amerykańskich zakładników w Iranie.

Podczas spotkania każdy z tych „mędrców" przekazywał Reaganowi i jego współpracownikom dziesięciominutowy ustny skrót swego referatu, po czym wywiązywała się swobodna dyskusja na dany temat, w trakcie której zgłaszano też inne pomysły. Wśród przedstawionych wtedy projektów znalazło się zalecenie, by Reagan domagał się zburzenia Muru Berlińskiego i zjednoczenia Niemiec. „Scoop" Jackson powiedział, że Stany Zjednoczone nie przywiązują dostatecznej uwagi do stosunków z Meksykiem i sugerował, aby jednym z pierwszych działań prezydenta Reagana było złożenie wizyty prezydentowi Meksyku. Ja wniosłem sprawę przyszłości rokowań na temat kontroli zbrojeń i sugerowałem, aby Reagan domagał się uwolnienia Polski z komunistycznego ucisku, wspierając Lecha Wałęsę i związek zawodowy Solidarność. Casey zgłosił sposób na uwolnienie zakładników amerykańskich z Iranu. Powiedział, że prezydent Carter był zbyt przewidywalny i zalecał, by Reagan wykorzystał swoją popularność w mediach, działając w sposób niekonwencjonalny. To zdenerwowało doradców prezydenta-elekta. Pragnęli, aby Reagan wymazał swój medialny wizerunek dzikiego kowboja. Casey powiedział:

– Trzeba, żeby wysłał pan sygnały do ajatollaha Chomejniego, że Iran ucierpi za sprawą amerykańskiej potęgi politycznej i wojskowej, jeśli nie uwolni zakładników.

Nie wiem, jakie sygnały wysłano do Iranu, lecz nie byłem zaskoczony, gdy zakładnicy zostali zwolnieni.

Uczestnictwo w realizacji pomysłu Caseya, tzn. dyskusji w gronie trzydziestu „mędrców", było dla mnie jednym z najbardziej fascynujących momentów mojej kariery rządowej. Reagan nie tylko został zmuszony do przyspieszenia działań w dziedzinie polityki zagranicznej, lecz miał okazję dokonać własnej oceny niektórych uczestników dyskusji pod kątem ich przydatności na stanowiskach rządowych. Wkrótce po tej dyskusji w Blair House pojawiły się plotki, że Alexander Haig może zostać sekretarzem stanu, a Jeane Kirkpatrick – ambasadorem USA w Organizacji Narodów Zjednoczonych.

Kilka tygodni później, gdy przegląd w CIA zbliżał się do końca, Bill Casey poprosił mnie, abym został jego zastępcą.

– Nie! – sprzeciwiłem się. – Potrzebuje pan specjalisty, prawdziwego eksperta w dziedzinie wywiadu. Nie powinien pan wybierać amatora na swego zastępcę.

– Kogo więc pan sugeruje? – zapytał Casey.

– Admirała Bobby'ego Inmana – odpowiedziałem.

– Rozmawiałem o nim z jednym z jego przyjaciół – kontynuował Casey – który powiedział mi, że Inman zamierza przejść na emeryturę i podjąć pracę w sektorze cywilnym.

– Dlaczego sam nie porozmawia pan z Inmanem? – zapytałem. – Proszę mu powiedzieć, że jedynie on nadaje się na to stanowisko i proszę zaapelować do jego poczucia obowiązku. Inman spędził całą swą karierę w wojsku i ma mocne poczucie patriotyzmu.

Casey poszedł za moją radą i przekonał Inmana, aby został jego zastępcą.

Krótko po inauguracji Reagan zaproponował mi stanowisko dyrektora ACDA (Agencji ds. Kontroli Zbrojeń i Rozbrojenia). Powiedziałem, że przyjmę je, lecz jedynie wówczas, gdy jako dyrektor ACDA nie będę zmuszony być równocześnie głównym negocjatorem kontroli zbrojeń. Powiedziałem, że Carter popełnił błąd, mianując Paula Warnke'ego na stanowisko dyrektora ACDA i jednocześnie na głównego negocjatora. Reagan zgodził się ze mną.

Kilka tygodni później, a faktycznie następnego dnia po tym, jak senator Charles Percy ze stanu Illinois powiadomił mnie, że Komitet ds. Stosunków Zagranicznych jednogłośnie poprze moją nominację, przeczytałem w *The Washington Post* o odrzuceniu mojej kandydatury i powierzeniu tego stanowiska profesorowi Eugene'owi Rostowowi z Uniwersytetu Yale. Wiadomość ta ogłuszyła mnie. Głównie z tego powodu, że niedawno odwiedziłem profesora Rostowa, by poradzić się go, kogo mam wybrać na swego zastępcę i jakie powinny być moje priorytetowe zadania. Gdy wiele dni później zapytałem go o tę nominację, odpowiedział, że przysiągł nie ujawniać, iż otrzymał propozycję.

Najbliżsi doradcy Reagana – jak mi potem powiedziano – doradzili mu, że dla umocnienia swego wizerunku powinien mianować na stanowisko dyrektora ACDA wybitnego demokratę. Oczywiście nie był to ten sam powód, który podali mnie. Powiedzieli mi bowiem, że po wybraniu Alexandra Haiga na stanowisko sekretarza stanu Reagan nie powinien ryzykować swej reputacji, mianując kolejnego oficera Armii USA na wysokie stanowisko w administracji rządowej. Nie pierwszy ani też ostatni raz odniosłem wrażenie, że był to policzek, jaki Baker, Deaver i Darman wymierzyli Reaganowi.

Na otarcie łez zaoferowano mi posadę szefa delegacji na rozmowy o kontroli zbrojeń. Sprzeciwiłem się temu, nie będąc pewien, czy powinienem być kojarzony z tymi samymi doradcami Reagana, którzy potraktowali mnie w tak wyniosły i niedelikatny sposób. Udałem się po radę do Jacksona i Haiga. Obaj przypomnieli mi, że Waszyngton to dżungla. Uważali, że wbrew temu, co się wydarzyło, mógłbym przyczynić się do realizacji celów Reagana i nakłaniali mnie do przyjęcia propozycji. Przyjąłem ją i zostałem zatwierdzony przez Senat bez żadnych trudności.

Spoglądając wstecz, wiem dziś, że bardziej nadawałem się na głównego negocjatora kontroli zbrojeń niż na dyrektora ACDA. Mając za sobą doświadczenia siedmiu lat negocjowania z Rosjanami, znałem ich zagrywki, jak również problematykę rokowań, ponadto mówiłem dobrze po rosyjsku. Mimo to odczuwałem nadal niesmak z powodu wyniosłego zachowania się bliskich doradców Reagana, którzy próbowali mną manipulować. I na przyszłość zachowałem czujność. Moje podejrzenia okazały się wysoce uzasadnione.

Mimo nacisku mediów domagających się wznowienia negocjacji z ZSRR w sprawie kontroli zbrojeń, Reagan nie spieszył się z ich podjęciem. Pragnął najpierw zbudować pięcioletni plan obrony narodowej, czując, że dopiero po tym, jak administracja państwowa zdecyduje, które systemy obronne są nam potrzebne, będzie można rozmawiać o ich ograniczaniu.

Odbudowa naszej siły militarnej po dziesięcioleciu zaniedbań nie była łatwa. Wymagała zdecydowanego przywództwa i niezwykłej odwagi. Pamiętam nacisk wywierany na prezydenta Reagana podczas wielu spotkań na wysokim szczeblu. Donald Regan, sekretarz skarbu, powiedział na jednym z takich spotkań:

– Panie prezydencie, kraj przeżywa dwucyfrowe bezrobocie i dwucyfrową inflację. Nie może pan po prostu wydawać tak wiele na wojsko. Potrzebuje pan zwiększenia środków na programy socjalne.

Reagan odparł na to z przekonaniem:

– Naszym największym problemem socjalnym jest obrona kraju. Bez tego ryzykujemy utratę wolności. Łożenie na nasze bezpieczeństwo jest moim głównym priorytetem. Zgodnie z konstytucją to ja jestem naczelnym dowódcą i nie pozwolę na wystawianie naszej wolności na niebezpieczeństwo.

Chociaż Reagan działał na rzecz zwiększenia nakładów na obronę wbrew radom większości członków swego gabinetu, cieszył się mocnym wsparciem Weinbergera, Haiga i Caseya.

Natychmiast po inauguracji zacząłem naciskać na zmianę stosunku do kontroli zbrojeń. Moim głównym zamiarem było doprowadzić do redukcji tych typów broni, które są najbardziej niszczące, a nie tylko zmniejszać liczbę wyrzutni, które służą do wystrzeliwania tej broni. Już poprzednio prezydent Reagan dał jasno do zrozumienia, że preferuje redukcje broni w przeciwieństwie do nałożonych przez SALT II i łatwych do obejścia ograniczeń dotyczących wyrzutni. Dla udramatyzowania zmiany swej polityki Reagan zdecydował się nazwać nowy cykl negocjacji Rozmowami o Redukcji Broni Strategicznych (START), kładąc nacisk na redukcję. Jednak priorytetem miały być negocjacje w sprawie ograniczenia sił jądrowych średniego zasięgu (INF).

W 1979 roku Rada NATO wezwała Stany Zjednoczone do zainicjowania dwutorowej polityki w odpowiedzi na masową rozbudowę radzieckich rakiet balistycznych wymierzonych w Europę zachodnią. Pierwszym torem miały być nasze negocjacje z Rosjanami o INF. Drugim – apel Rady NATO do Stanów Zjednoczonych o rozmieszczenie w Europie naziemnych wyrzutni amerykańskich rakiet balistycznych i *cruise*. Dla utrzymania wiarygodności i dobrej kondycji NATO było sprawą bardzo istotną, aby Reagan odpowiedział na prośbę Rady Sojuszu i – w możliwie krótkim czasie – rozpoczął negocjacje INF z Rosjanami. Uczyniliśmy to w maju 1981 roku, a szefem zespołu negocjatorów został Paul Nitze. Decyzja o skupieniu się na INF umieściła moje negocjacje START na dalszym planie. Na tym etapie administracja mogła sobie pozwolić tylko na jeden cykl rokowań w tym samym czasie. Ponadto prezydent Reagan chciał, abyśmy mieli dosyć czasu na przygotowanie dobrego pakietu propozycji na rokowania START, które Rosjanie mogliby zaakceptować.

Myślę, że prezydent Reagan dobrze czynił, posuwając się wolno do przodu. Jego przemyślana taktyka przypomniała mi popularne rosyjskie porzekadło: *Tisze jediesz, dalsze budiesz* (Im ostrożniej się poruszasz, tym dalej zajdziesz). Kiedy już prezydent ustawił swoje pionki w rzędzie, przedstawił całościowy plan redukcji broni strategicznych. Zrobił to w maju 1982 roku w wystąpieniu w Eureka College. W planie tym nawoływał do głębokich cięć – o około jedną trzecią liczby głowic jądrowych po każdej stronie – oraz do weryfikacji porozumienia na miejscu.

Całym sercem oddałem się negocjacjom START, które rozpoczęły się wkrótce potem w Genewie. Zabrałem ze sobą dobry pakiet propozycji, które sam pomogłem przygotować. Mimo spięcia z Bakerem, Deaverem i Darmanem czułem, że mam pełne poparcie prezydenta. W odróżnieniu od Cartera, który naciskał swego głównego negocjatora, by szybko parł ku porozumieniu, Reagan nie poddawał mnie żadnemu naciskowi.

Udało mi się zebrać, ogólnie mówiąc, dobry zespół negocjatorów. Sześciu z nich mówiło po rosyjsku. I – w odróżnieniu od sytuacji na SALT II, gdzie byłem po prostu jednym z członków zespołu, teraz byłem jego szefem.

Wiktor Karpow, z którym negocjowałem podczas rokowań SALT II, został mianowany szefem radzieckiego zespołu na rozmowy START. Z wyjątkiem generała Konstantina Trusowa, który zmarł, oraz generała Iwana Bieleckiego, który odszedł na emeryturę, Karpow zabrał ze sobą do Genewy ten sam doświadczony zespół negocjatorów, z którymi rozmawialiśmy przy stole SALT II. Trusowa zastąpił Wiktor Starodubow, protegowany marszałka Nikołaja Ogarkowa. Starodubow nie był skłonny do polemik, za to był bardziej racjonalny i mniej twardogłowy niż Trusow. Generała Bieleckiego zastąpił generał Nikołaj Dietinow – także oficer bardziej elastyczny, a poza tym człowiek szerokiego umysłu. Wojskowi członkowie radzieckiego zespołu, którzy w przeszłości sprawiali nam największe kłopoty, teraz byli bardziej do zniesienia.

Oczekiwałem na negocjacje z Karpowem, czyniąc sobie pewne nadzieje. Udało mi się dość dobrze go poznać i ufałem, że kto jak kto, ale my dwaj potrafimy osiągnąć dobre porozumienie. Wiktor Pawłowicz Karpow pochodził z rodziny inteligenckiej. Jego ojciec był kompetentnym i wziętym dentystą. Karpow ukończył Uniwersytet Moskiewski jako prymus, studiując dyplomację, i zadziwił swych profesorów wyjątkową wiedzą i zrozumieniem spraw międzynarodowych. Już wcześniej został przydzielony do Ministerstwa Spraw Zagranicznych i ożenił się z córką wysokiego dygnitarza partyjnego. Karpow, mężczyzna ciężkiej budowy ciała, z chorobliwie żółtawą cerą, chwalił się kiedyś przede mną, że jedynym sportem, który uprawia jest podnoszenie kieliszka. Przekonałem się, że jego kieliszek rzadko zawierał wodę.

Był typem zdolnego i zarazem pilnego ucznia, który zawsze ma odrobione zadania domowe. Miał fenomenalną pamięć i był świetnym dyskutantem. Przez wiele lat pracował w radzieckiej ambasadzie w Waszyngtonie i mówił płynnie po angielsku. W Moskwie nadal regularnie czytał amerykańskie gazety – *The New York Times* i *The Washington Post*. Powiedział mi, że początkowo śledził komiks *Blondie*, ale potem zmienił go na *Doonesbury*, by lepiej rozwijać swą znajomość amerykańskiego slangu.

Podczas rokowań SALT II często służyliśmy na równorzędnych stanowiskach. Karpow został człowiekiem numer dwa w radzieckim zespole negocjatorów, mając tę samą rangę, którą ja zdobyłem na zasadzie senioratu. Minister Władimir Siemionow, główny radziecki negocjator na SALT II, bardzo polegał na Karpowie. Być może z powodu szacunku dla jego zdolności, choć chyba bardziej dlatego, że wiedział o wysokich koneksjach Karpowa w Moskwie. Z tego powodu tolerował brutalne wtręty swego zastępcy przy stole rokowań.

Już we wczesnej fazie negocjacji SALT II stało się dla nas oczywiste, że Karpow zmaga się z poważnym problemem alkoholowym. Gdy wydawano przyjęcie, zawsze był pierwszy, a wychodził jako ostatni. Pił szybko – średnio dwa drinki na mój jeden. Często przychodził na posiedzenia na kacu, a czasem nawet pijany. Ale alkohol wywierał na Karpowa odwrotny wpływ niż na mnie. Trzeci drink zmuszał mnie do cedzenia słów i opuszczenia gardy. Dlatego nigdy nie przekraczałem limitu dwóch drinków. Cztery, czy pięć drinków wydawało się wyostrzać umysł Karpowa – stawał się bardziej wymowny i agresywny. Z wyjątkiem przypadków, kiedy był kompletnie pijany (co zdarzało się rzadko), po paru drinkach Karpow stawał się groźnym negocjatorem.

Gdy miały się rozpocząć rozmowy START, wielu członków mojego zespołu domagało się podawania alkoholu podczas nieformalnych sesji, które następowały po oficjalnych posiedzeniach. Argumentowali, że Rosjanie z natury są sztywni i nieelastyczni, a dopiero kilka drinków pomaga im się wyzwolić i okazywać większą giętkość. Jednak obserwując zachowanie obu stron na spotkaniach towarzyskich, gdzie podawano alkohol i przypominając sobie zasłyszane relacje o skutkach picia na nieformalnych sesjach SALT I, zdecydowałem – podobnie jak Alexis Johnson na SALT II – o niepodawaniu alkoholu. Z moich obserwacji wynikało, że Rosjanie piją więcej niż Amerykanie, a jednak to Amerykanie ujawniają po kieliszku więcej informacji niż sami otrzymują. Wiedząc o tym, co Harold Nicholson napisał o bezużytecznych dyplomatycznych pijaństwach Aleksandra I i Metternicha, zdecydowałem, że można podawać alkohol wyłącznie na spotkaniach towarzyskich.

Podczas rokowań SALT II próbowałem dowiedzieć się, kim są protektorzy Karpowa w Moskwie. Jeden z radzieckich negocjatorów powiedział mi, że Karpow ma dobre stosunki z Andropowem, szefem KGB, który później został następcą Breżniewa. Nigdy nie udało mi się tej informacji potwierdzić. Ale było oczywiste, że Karpow ma w Moskwie wysoko uplasowanego anioła stróża. Przy pewnej okazji Karpow upił się i otwarcie zalecał się w Genewie do dziewczyny z baru, która była czeską uciekinierką. Dla delegacji radzieckiej był to spory kłopot i Karpowa odesłano do Moskwy. Myślałem wówczas, że już go więcej nie zobaczę. Lecz kilka tygodni później trzeźwy i rozgrzeszony ze swych amorów powrócił do Genewy. Powiedział nam, że był w sanatorium z powodu choroby żołądka. Przypuszczam, że raczej wątroby. Minęło wiele miesięcy, zanim zaczął na nowo pić.

Z Karpowem miałem dobre, robocze stosunki. Nazywał mnie Ed, a ja jego poufale Wiktor Pawłowicz, zgodnie z rosyjskim obyczajem. Po pewnym czasie udało mi się odkryć, kiedy Karpow był bardziej gotów okazywać giętkość, a kiedy po prostu wygłaszał mowę po linii radzieckiej partii. Sygnalizował to językiem ciała. Gdy mówił w myśl partyjnej ideologii, krzyżował dłonie i unikał kontaktu wzrokowego.

Oczekiwałem niecierpliwie na moment, kiedy obaj rozpoczniemy negocjować jako szefowie naszych zespołów. Lecz na pierwszym oficjalnym posiedzeniu START w maju 1982 roku w Genewie, Karpow przypuścił całogodzinny, obraźliwy, prawie wściekły atak na stanowisko USA, które właśnie przedstawiłem. Przedtem już ostro przemawiał, ale nigdy dotąd z takim jadem. Byłem oszołomiony i rozczarowany.

Potem, w prywatnych dyskusjach, odnajdywałem bardziej odprężonego, nawet przyjaznego Karpowa, człowieka, który wcale nie był wojowniczy.

– Co się dzieje, Wiktorze Pawłowiczu? – spytałem.

– Ed – powiedział – musisz zdać sobie sprawę z tego, że teraz jestem szefem swego zespołu. Nie będzie już brata łaty. Muszę pokazać zespołowi, a oni niech doniosą o tym do Moskwy, jaki ostry potrafię być wobec ciebie. Od teraz będzie inaczej. Muszę działać zgodnie ze starą rosyjską tradycją – jak tyran, który dowodzi. Muszę pójść śladem mego szefa – Andrieja Gromyki.

– Jednakże – dodał – nie bierz sobie zbytnio do serca moich oficjalnych zachowań. Nadal możemy być dla siebie tym samym Edem i Wiktorem Pawłowiczem, gdy spotykamy się nieformalnie. – Lecz po tamtym wystąpieniu Karpowa już nic nie było takie same. Zmiana stylu u Karpowa skłoniła mnie do zastanowienia się nad tym, czy ja także podlegam podobnym przemianom z powodu mego obecnego stanowiska. Jeśli poprzednio byłem szczególnie nastawiony na wspieranie wojskowego punktu widzenia, to teraz czułem się zobowiązany do reprezentowania wszystkich.

Mimo uprawnień szefa nigdy nie potrafiłem zaprowadzić w naszym zespole takiej dyscypliny, jaką mieli u siebie Rosjanie. Wydawało się rzeczą wręcz niemożliwą skłonić naszych negocjatorów, by odczuwali potrzebę zachowania w tajemnicy przedmiotu rokowań. Przyzwyczajeni do nieskrępowanych wypowiedzi w życiu prywatnym, nasi delegaci często nie mogli powstrzymać się od swobodnych rozmów z dziennikarzami. Takie zachowanie stawiało nas czasem w kłopotliwej sytuacji wobec negocjatorów radzieckich, gdyż obie strony już na początku składały przysięgę dochowania tajemnicy rokowań.

Przekonaliśmy Rosjan, że moglibyśmy osiągnąć większy postęp w Genewie, jeśli nie byłoby tam spotkań z prasą i jeśli nie mówionoby publicznie o tym, co dzieje się przy stole rokowań. Więc gdy ktoś z naszej delegacji naruszył tę zasadę, a to niestety zdarzało się dość często, za każdym razem Wiktor Karpow nie omieszkał udzielić mi reprymendy. Jak na ironię, Rosjanie również ujawniali prasie szczegóły negocjacji, lecz robili to w Moskwie, rozmawiając z zachodnimi korespondentami. Gdy poskarżyłem się na te przecieki, Karpow powiedział mi, że nie panuje nad tym, co dzieje się w Moskwie i że zasada poufności nie odnosi się do jego zwierzchników. Miał rację i – teoretycznie – mogliśmy swobodnie robić to samo. Jednak przecieki w Waszyngtonie różniły się zasadniczo od niedyskrecji w Moskwie. Nasze przecieki prasowe zazwyczaj donosiły o różnicach zdań w poszczególnych agencjach rządowych co do treści stanowisk negocjacyjnych. Radzieckie, przeciwnie, dotyczyły spraw, które podnoszono przy stole rokowań w Genewie – zwykle różnic poglądów między Karpowem a mną, czyli faktycznie różnic zdań między Moskwą a Waszyngtonem. Nasze niedyskrecje często ujawniały sprawy tajne albo odkrywały nasze krańcowe stanowisko. Przekazywanie takich informacji, co oczywiste, dawało bezpośrednie korzyści Rosjanom.

Jako główny negocjator START miałem bezpośredni dostęp do prezydenta Reagana. Zauważyłem, że prezydent nie czuł się związany precedensami i nie martwił się o to, co wydarzyło się podczas poprzednich negocjacji. Z tego powodu nie uważał za konieczne trzymać się tradycyjnego lub ustalonego wzorca. Taka postawa pozwalała mu być innowatorem i występować z odważnymi propozycjami. Na przykład, mimo że Stany Zjednoczone odrzuciły ograniczenia nałożone przez SALT II, Reagan ogłosił, że nie przekroczymy ustalonych limitów, jeśli Rosjanie postąpią podobnie.

Prezydent przyjmował postawę spokojną, uprzejmą i odprężoną. Biorąc udział w dziesiątkach spotkań, podziwiałem Reagana za jego dystans do omawianych spraw i za zachowanie, które pozorowało brak zainteresowania. I choć nigdy nie widziałem, aby drzemał – o czym plotkowali inni – często robił wrażenie znudzonego, szczególnie wtedy, gdy omawiano szczegóły. W takich momentach szkicował coś w notatniku. Bardzo lubił rysować końskie łby. Pewnego razu, gdy ktoś zaczął zabiegać o mało znaczącą sprawę, której nie było na porządku obrad, spojrzałem na notes Reagana. Rysował koński zad. Gdy zauważył, że go przyłapałem, odwrócił notatnik i uśmiechnął się.

Prezydent i ja wydawaliśmy się zgadzać ze sobą. On uwielbiał opowiadać o swych przygodach w wojsku, gdzie służył jako porucznik podczas II wojny światowej i grał role w propagandowych filmach. Powiedział mi, że nigdy wcześniej nie spotkał generała, dopiero wtedy, gdy został gubernatorem Kalifornii. – Jak mam pana tytułować – „generale" czy „ambasadorze"? – zapytał.

Odpowiedziałem, że aby zostać generałem potrzebowałem dwudziestu lat, a żeby zostać ambasadorem wystarczyło dwadzieścia minut.

Reagan się roześmiał i od tego czasu zawsze zwracał się do mnie „generale".

Ronald Reagan uwielbiał opowiadać. Czasami robił to, aby rozładować napięcie, gdy spór między podwładnymi się zaogniał. Często wspominał swe doświadczenia z okresu, gdy sam prowadził negocjacje jako przewodniczący związku aktorów. Powtarzał te same historie wiele razy.

Powiedziałem Reaganowi, że przywódca związkowy George Meany poradził mi kiedyś, abym nigdy nie siadał przy stole rokowań, jeśli nie jestem przygotowany, by wstać i odejść. Reagan powiedział, że zgadza się z tym, a sam nauczył się, że aby być dobrym negocjatorem, trzeba wykazać się cierpliwością i – po prostu – siedzieć przy stole dłużej niż oponenci. Nauczył się udawać, że pije kawę; kiedy nikt nie patrzył, wylewał kawę ze swojej filiżanki do doniczki z jakąś rośliną.

– Nigdy nie musiałem wstawać od stołu przed moim oponentem – chwalił się. – Jednak nie można tam siedzieć wiecznie – dodał. – Trzeba doprowadzić do otwarcia.

Jedną z jego ulubionych była historyjka o tym, jak wyszedł za swoim oponentem do ustępu. Powiedział mu tam:

– W tym miejscu jesteśmy jedynymi ludźmi, którzy dokładnie wiedzą, co robimy.

Potem udało się im dojść do porozumienia, z dala od krępującego wpływu doradców. Później używał podobnej techniki wobec Gorbaczowa, wyciągając go na rozmowy w cztery oczy podczas spotkań na szczycie.

Obserwując Reagana, zastanawiałem się nad tym, czy istnieje jakieś sprzężenie między aktorstwem a skutecznym negocjowaniem. Pracowałem wcześniej dla generała Douglasa MacArthura, człowieka, który z powodzeniem wykorzystywał swe zdolności dramatyczne w negocjacjach. Obserwowałem też generała George'a Pattona, jak zagrzewał żołnierzy do walki swymi teatralnymi apelami. Prezydent Nixon opowiadał o sukcesach Zhou Enlaia jako negocjatora, które zawdzięczał swym zdolnościom aktorskim. Papież Jan Paweł II, którego znałem jako dobrego negocjatora, studiował aktorstwo i w młodości sam występował na scenie.

Wierzę w to, że przygotowanie aktorskie Reagana bardzo dobrze mu służyło w polityce. Nauczył się czytać przemówienia z karteczek, które zawierały krótkie, dobrze przemyślane, gramatycznie poprawne zdania. Nie znosiliśmy nieprzygotowanych konferencji prasowych i innych sytuacji, w których Reagan musiał improwizować odpowiedzi na trudne pytania. Nie potrafiliśmy przewidzieć wszystkich pytań, które miano mu zadać i baliśmy się, że prezydent się potknie. Baliśmy się niepotrzebnie – nigdy się nie pomylił. Jego równowaga, gdy występował przed tłumem ludzi, była zawsze wspaniała, a wyczucie momentu – bezbłędne. Długo po zakończeniu wyborczej debaty z Carterem większość ludzi, którzy się jej przysłuchiwali, zapamiętało tylko pozornie przypadkowe słowa Reagana wypowiedziane do przeciwnika: – I znów pan zaczyna.

Bez względu na związek między aktorstwem a sztuką negocjacji prezydent nie pozostawiał żadnych wątpliwości co do tego, czego oczekiwał od nas. Powiedział, że nie powinniśmy pójść drogą petentów, nie powinniśmy domagać się rezultatów tylko po to, by wykazać, że osiągnięto postęp. Powiedział mi, że jeśli Rosjanie okażą giętkość albo przedstawią dobrą kontrpropozycję, powinienem wyjść im naprzeciw. Ale chciał, abym wiedział, że jeśli tego nie uczynią, nie jestem pod żadnym przymusem, by szukać porozumienia za wszelką cenę.

Reagan pozostawał pod silnym wpływem sekretarza obrony Caspara Weinbergera, swego długoletniego przyjaciela i zaufanego współpracownika. Na Weinbergera mógł zawsze liczyć, wiedząc, że będzie starannie dbał o nasze bezpieczeństwo narodowe. On i Casey w tych sprawach zawsze działali wspólnie.

Weinberger nie wahał się korzystać z wpływu Caseya na Reagana, gdy było mu to na rękę. Na przykład w 1983 roku Weinberger dowiedział się, że podobno już od kilku lat Rosjanie budują w Krasnojarsku wielką stację radarową. Jeśli to była prawda, jej budowa oznaczała rażące pogwałcenie układu ABM (o obronie przeciwrakietowej). Casey niewątpliwie znał te same dowody, ale nie podzielał skłonności Weinbergera do łapania Rosjan za gardło. Sprawa ta nie dotarłaby do Reagana w trybie pilnym i nadzwyczajnym, gdyby Weinberger wcześniej nie ponaglił Caseya.

Weinberger, niewysoki, żylasty mężczyzna miał napoleońską osobowość. Mówił szybko i równie szybko podejmował decyzje – czasami, moim zdaniem, zbyt szybko. W tej sprawie na przykład Weinberger radził Reaganowi, by oświadczył, że układ ABM jest nieobowiązujący i nieważny – oczywiście z powodu radaru w Krasnojarsku. Lecz Weinberger nie brał pod uwagę mocnego poparcia amerykańskiej opinii publicznej dla układu ABM. Mimo że nastąpiło poważne pogwałcenie układu, co później potwierdził radziecki minister spraw zagranicznych Szewardnadze, opinia publiczna w USA domagała się mocniejszych powodów niż Krasnojarsk dla odstąpienia od układu ABM.

Weinberger był niestrudzony w swych zabiegach o wzmocnienie naszych sił wojskowych. Znając się na szczegółach dotyczących systemów broni, wiedział także, jak funkcjonuje proces ich pozyskiwania. Podczas pierwszej kadencji Reagana, „Cap" Weinberger zabiegał o to u członków Kongresu i nawet wiele uzyskał. Lecz po kilku latach przepracował się i był mocno sfrustrowany; zaczął wtedy unikać członków Kongresu. Deficyt budżetowy wzrastał, a konsekwencją była utrata poparcia parlamentarzystów dla programów wojskowych.

Weinberger w dużym stopniu polegał na osobach ze swego personelu, ale nie dał się im zdominować. Współpracowników dobierał starannie, dbając o to, by ich poglądy współgrały z jego opiniami na tej samej filozoficznej długości fali. Departament Obrony nie miał zawodowych urzędników na najwyższych szczeblach, tak jak Departament Stanu. Z tego powodu wewnętrzne opory biurokracji Departamentu Obrony wobec polityki prezydenta były słabsze niż w Departamencie

Stanu. Podwładni Weinbergera byli dobierani pod kątem zgodności z poglądami Reagana, podczas gdy wielu doradców Haiga, a potem Shultza, pochodziło z poprzednich administracji i najczęściej sprzeciwiali się Reaganowi.

Moim zdaniem, praca Alexandra Haiga nie została odpowiednio doceniona. Znałem Haiga dobrze od czasu wojny koreańskiej, podczas której byłem członkiem sztabu generała Edwarda („Neda") Almonda, szefa sztabu Douglasa MacArthura. Haig był adiutantem Almonda w randze kapitana, a ja byłem już podpułkownikiem. Po wojnie w Korei często widywaliśmy się oficjalnie i prywatnie.

Haig był inteligentnym, bardzo energicznym oficerem. Uważałem go za ambitnego, ale nie bardziej niż jego rówieśnicy z West Point. Zawsze wyróżniał się w tłumie jako najbardziej zadbany i najlepiej ubrany oficer. Tę wyróżniającą go cechę przeniósł do życia cywilnego, nawet na emeryturze. Jego garnitury były szyte na miarę u krawców w Londynie, a on sam lubił wyglądać schludnie i dziarsko. Grał regularnie w tenisa i jakimś sposobem zawsze był zdrowo opalony.

Zanim Kissinger sprowadził go do Białego Domu w 1969 roku, Haig metodycznie wspinał się po szczeblach kariery wojskowej. W Białym Domu jednak znalazł się w swoim żywiole i szybko awansował. Wobec Kissingera był lojalny, lecz nigdy nie wahał się dać mu znać, kiedy się z nim nie zgadzał. Myślę, że nikt inny nie potrafiłby tak scementować urzędu prezydenta jak Haig w ostatnich dniach Nixona w Białym Domu.

Kiedy zostałem mianowany głównym negocjatorem START, Haig zadzwonił do mnie, aby powiadomić, że jego zastępca, podsekretarz stanu Walter Stoessel, przyjmie ode mnie przysięgę.

– Nie chcę być zaprzysiężony przez Stoessela – powiedziałem. – Chcę, abyś ty to zrobił.

– Nie marudź, Ed – odrzekł Haig. – Nie mam zamiaru spędzić całego życia, odbierając przysięgi od ambasadorów. Zaprzysięganie ambasadorów odbywa się prawie codziennie i nie miałbym czasu na nic innego.

– Więc lepiej zrezygnujmy z ceremonii i odbierz ode mnie przysięgę przy moim biurku – zaproponowałem.

– Nie – odpowiedział Haig. – Tak się nie robi.

Kiedy nadal upierałem się, powiedział mi, że po starej znajomości zrobi dla mnie wyjątek. Po zaprzysiężeniu mnie Haig wygłosił kilka uwag:

– Ed nie jest ambasadorem pierwszej klasy – powiedział. – Tych rezerwujemy sobie dla takich krajów, jak Francja i Anglia. Ale musimy go nazywać ambasadorem, ponieważ tytuł ten wiąże się z jego stanowiskiem.

A potem opowiedział anegdotę:

– Kiedy Ewa Peron planowała wielką podróż po Europie, miała trudności, bo nie chciano jej nigdzie przyjmować. Rzym, Londyn, Paryż i Madryt odmówiły. Ale Lizbona zgodziła się pełnić honory gospodarza. Jak to jest w zwyczaju, odwiedzający dygnitarz musiał otrzymać order. Ale Portugalczycy nie uważali, że Ewa zasługuje na odznaczenie pierwszej rangi – dodał Haig. – Zamiast takiego przyznali jej niższe wyróżnienie: „Order Dziewictwa Drugiej Klasy".

– Teraz wiem dokładnie, co sobie myślisz o kontroli zbrojeń – powiedziałem Haigowi.

Póki Haig był sekretarzem stanu większość moich opinii w Departamencie Stanu przyjmowano. Haig częściej polegał na moich radach niż na opiniach swych własnych biurokratów. Lecz od samego początku przeczuwałem, że nie pozostanie na tym stanowisku zbyt długo. Po prostu nie pasował do grona doradców, których Reagan zabrał ze sobą do Białego Domu.

Jego pierwsze starcie z gwardią pałacową nastąpiło zaraz po inauguracji. Haig po prostu zrobił to, do czego my wszyscy wojskowi byliśmy szkoleni. Nowo mianowany oficer pokazuje swemu dowódcy, że panuje nad sytuacją i przedstawia mu swój plan działania. Jeśli dowódca nie zgadza się z tym planem, mówi „nie" i w ten sposób daje wytyczne swemu nowemu podwładnemu. Lecz procedura, uważana za normalną w wojsku, wydała się podejrzana i wywołała strach u doradców prezydenta. Czuli, że Haig idzie zbyt szybko do przodu, a na dodatek zbyt pewnie. Haig pogorszył sprawę, oświadczając, że od tego czasu będzie namiestnikiem prezydenta w sprawach polityki zagranicznej. Uwaga ta była bardziej skierowana ku biurokratom z Departamentu Stanu niż ku urzędnikom z Białego Domu. Haig chciał dać członkom swego personelu do zrozumienia, że nie pozwoli się im zdominować. Lecz ktoś opowiedział w zaufaniu dziennikarzom, że Haig zamierza zastąpić Reagana w formułowaniu polityki zagranicznej.

W sobotnie ranki Haig nie przestrzegał swego programu z dni powszednich – przyjmowania umówionych wizyt co trzydzieści minut. W soboty często zapraszał mnie do swego biura na długie dyskusje o kontroli zbrojeń. Podczas kilku takich spotkań przerywały nam rozmowę nagłe telefony z Białego Domu. Dzwonili zwykle niżsi rangą urzędnicy, którzy nękali Haiga błahymi sprawami. Haig połknął przynętę. Paląc papierosa za papierosem, spierał się z dręczącym go rozmówcą po drugiej stronie linii. Twarz jego stawała się czerwona i zaczynał ciężko oddychać, wydymając policzki.

– Ustąp im, wujku Al – mówiłem mu. – Próbują ci ukraść kozę, a ty im na to pozwól. Zadajesz się z kurami domowymi – zawiśnij nad nimi jak orzeł. To są małe sprawy; ustąp im i trzymaj się mocno w ważniejszych. Ponieważ nie są zdolni do sprzeciwiania się w większych sprawach, ustępując im w małych, niewiele tracisz.

– Nie zrobię tego – warknął Haig. – Małe czy duże, to problemy z mojej działki, a oni – jak się wydaje – nie zdają sobie z tego sprawy.

Pewnej soboty wywoływano Haiga do telefonu trzykrotnie, za każdym razem w błahej sprawie. I za każdym razem Haig zgłaszał swój sprzeciw. Koło południa zadzwoniła jego żona, Pat, przypominając mu, że obiecał wrócić do domu i odpocząć.

– Do diabła, Pat – odpowiedział jej Haig. – I ty mnie chcesz otumanić?

– Opanuj się, wujku Al – powiedziałem. – Nie rozmawiasz z jakimś gryzipiórkiem z Białego Domu, lecz z własną żoną. Ona jest po twojej stronie.

Haig oddzwonił do żony, przeprosił ją i wkrótce pojechał do domu. Nie wiem, czy jego wojownicze zachowanie było skutkiem niedawnej operacji serca i założenia bypasów, jak sugerowała prasa. Lecz stało się dla mnie oczywiste, że to już nie ten sam spokojny i opanowany oficer, którego kiedyś znałem. Już nie potrafił chłodno reagować na personel Reagana, tak jak przedtem chłodno panował nad personelem Nixona podczas afery Watergate.

Nadszedł ten fatalny dzień, kiedy prezydent został postrzelony. Byłem wtedy w Białym Domu. Świat odnosił wrażenie, że tam wszystko się sypie. Za kulisami Weinberger i Haig spierali się o to, kto ma zastąpić prezydenta. Powiedziano mi, że obaj w końcu porozumieli się, że trzeba coś zrobić, aby podnieść na duchu Amerykanów. Nie byłem więc zaskoczony, gdy Haig pojawił się w sali prasowej Białego Domu. Ale zdumiały mnie jego uwagi, które miast łagodzić, podnosiły poziom publicznego zatroskania i obaw. Jego wzburzony wygląd i nerwowe zachowanie nie wzbudzały zaufania.

Jestem pewien, że Haig miał jak najlepsze intencje. Ale nie był to jego szczytowy moment. Jego zawadiackie i wyniosłe dwuminutowe wystąpienie w stylu *„ja tu rządzę”* powtarzano nieustannie we wszystkich sieciach telewizyjnych. I był to początek końca Haiga jako sekretarza stanu.

Gdy niedługo po tym prezydent wrócił ze szpitala, byłem w gabinecie Haiga, przeglądając dowody na to, że Rosjanie wprowadzili do swej floty nową łódź podwodną bez wycofania starej, przekraczając tym ustalone limity układu SALT II. Chociaż układ ten nigdy nie został ratyfikowany, Reagan deklarował, że Stany Zjednoczone nie przekroczą jego limitów, jeśli Związek Radziecki będzie czynił tak samo. Poradziłem więc Haigowi, żebyśmy wysłali Rosjanom notę, powiadamiając ich, że z powodu przekroczenia przez nich limitu SALT II również my nie będziemy zobowiązani do jego przestrzegania. Haig skorzystał z mojej rady. Następnego dnia zostałem zaproszony na lunch z członkami rządu, podczas którego dyskutowano o tej kwestii. Dyskusja potoczyła się dobrze, tak dobrze, że wzbudziła moje podejrzenia – stanowisko Haiga nie wywołało większego sprzeciwu.

Po lunchu Haig i kilku najbliższych doradców prezydenta udało się do Owalnego Gabinetu, a ja wróciłem do domu, by dokończyć pakowanie naszych rzeczy przed wieczornym odlotem do Genewy.

W domu odebrałem telefon od swojej sekretarki. – Włącz telewizor – powiedziała. – Haig odczytuje list o swej rezygnacji. – Klamka zapadła. Byłem zdumiony, tym bardziej, że lunch odbył się w odprężonej i swobodnej atmosferze. Dopiero potem uświadomiłem sobie, że rezygnacja Haiga mogła nastąpić wcześniej i została odłożona z powodu pobytu prezydenta w szpitalu. Trio Baker, Darman i Deaver dopięło swego. W typowy dla nich sposób podali do wiadomości, że Haig nie został zdymisjonowany, lecz po prostu złożył rezygnację. I najpewniej tak właśnie się stało, gdyż zwalnianie kogokolwiek nie było w stylu Reagana. Przypuszczam, że dano do zrozumienia Haigowi, że czas odejść. Do dziś nadal wierzę, że to nie Reagan odczuwał wyniosłość Haiga, lecz ludzie z bliskiego mu kręgu w Białym Domu, którzy uważali, że im zagraża. Haig nie pomógł też sobie swym burzliwym publicznym wystąpieniem wygłoszonym po tym, jak Reagan został postrzelony.

Kiedy na miejsce Haiga przyszedł George Shultz, wniósł ze sobą znaczącą zmianę stylu pracy. Przede wszystkim bardzo polegał na opiniach doradców z Departamentu Stanu. Zawodowi urzędnicy

Departamentu przeważnie byli zdania, że zawieranie kompromisów z Rosjanami nie wiąże się z wysokim ryzykiem.

Nigdy nie wyczułem, żeby Shultz miał jakiś całościowy plan, który miałby przekonać Rosjan do przyjęcia naszego sposobu myślenia. Jego podejście sprowadzało się po prostu do gaszenia ognia tam, gdzie wybuchł. Najpewniej uważał, że jeśli będzie tak czynił, to ZSRR upadnie z powodu wewnętrznej słabości. Jeśli nawet retrospektywnie Shultz miał rację, uważałem, że upadek ZSRR mógłby nastąpić wcześniej, gdybyśmy stale pchali ich w kierunku reform. Jako zwolennik zdecydowanego działania nie byłem zadowolony z biernego podejścia Shultza.

Przed mianowaniem na stanowiska Shultz i Weinberger pracowali razem w tej samej firmie inżynierskiej Bechtel. Ich wzajemny stosunek był przyjacielski, lecz nacechowany rywalizacją. Gdy obaj zostali członkami rządu Reagana, ich rywalizacja się wzmogła. Shultz nieustannie zajmował stanowisko w opozycji do Weinbergera. Chociaż był ostrożny i często ukrywał swe zamiary, Shultz był bardziej przekonujący i na ogół lepiej zorganizowany niż jego oponent. Weinberger był bezpośredni i otwarty, często „strzelał z biodra". Shultz niezmiennie wygłaszał takie zdanie: – Istnieją trzy możliwe sposoby działania, które możemy przyjąć. Pozwólcie, że przedstawię wam zalety i wady każdego z nich. – Weinberger, przeciwnie, zwykł mawiać: – Istnieje dla nas tylko jeden sposób działania. – W trudnych decyzjach Weinberger zwykle wygrywał. Prawdopodobnie dlatego, że podzielał konserwatywne skłonności Reagana. Lecz, co ważniejsze, myślę, że Weinberger triumfował, gdyż osobiście był Reaganowi bliższy.

Jeszcze ostrzejsza rywalizacja miała miejsce na niższym szczeblu – między Richardem Perle'em a Richardem („Rickiem") Burtem. Perle stał się dla Weinbergera guru w dziedzinie kontroli zbrojeń, a Burt zdobył podobną pozycję w sztabie Shultza. Dziennikarze, którzy lepiej zgadzali się z Burtem niż z Perle'em, przezwali Burta Księciem Światła a Perle'ego Księciem Ciemności.

Znałem Perle'ego z lat, gdy pracował dla „Scoopa" Jacksona. Perle był arcykonserwatystą. Podobnie jak Jackson nie ufał Rosjanom i miał podejrzliwy stosunek do biurokratów z Departamentu Stanu. Perle był na ogół postrzegany jako człowiek niezwykle inteligentny i bardzo twardy; przeciwnicy oskarżali go przy tym o podłość. Przepychając swoją sprawę, Perle robił to w skromny, ujmujący, prawie zawoalowany sposób. Gromadził starannie fakty, wybierał z nich te, które przemawiały za jego stanowiskiem i przekonująco je wykładał. Ale miał poważną wadę: nie respektował niczyjej rangi. Brał się za każdego, kto się mu przeciwstawiał. I im wyższa była pozycja przeciwnika, tym bardziej rozkoszował się wyzwaniem. Oto przykład: w marcu 1985 roku Perle miał przemawiać w Londynie. Dzień wcześniej sir Geoffrey Howe, minister spraw zagranicznych Wielkiej Brytanii, wygłosił długą mowę, w której skrytykował Stany Zjednoczone za ich stanowisko w sprawie Strategicznej Inicjatywy Obronnej (SDI). Jak potem napisano, Perle zmienił treść swego wystąpienia, nie uzgadniając tego z Białym Domem i ostro skrytykował Howe'a. Odnosząc się do długiego przemówienia brytyjskiego ministra, Perle zauważył sarkastycznie, że „długość nie zastąpi głębokości".

Burta znałem mniej, lecz miałem okazję dokładnie go obserwować w latach, gdy był reporterem *The New York Timesa.* Burt był wyjątkowo mądry, ambitny i ostro nacierał; niektórzy uważali, że miał skłonność do krętactwa i manipulowania. Podobnie jak Perle, Burt potrafił przepychać swoje sprawy z wdziękiem i perswazją. Dowiedziałem się także, że miał zwyczaj przekazywać strzępki informacji swym starym przyjaciołom z prasy, by zdobyć ich poparcie.

Początkowo sprzeciwiałem się włączeniu Burta do personelu Haiga. Głównie dlatego, że w czasie swej pracy dziennikarskiej dla *The New York Timesa* pisał o poufnych stanowiskach rywalizujących ze sobą agencji rządowych. Uważałem, że dawało to radzieckim negocjatorom okazję do rozgrywania przeciwko sobie różnych części naszego zespołu negocjacyjnego. Podczas przesłuchań poprzedzających zatwierdzenie go na stanowisku Burt poprosił mnie, abym porozmawiał z senatorem Helmsem. Powiedział, że artykuły dla *The New York Timesa* pisał, gdy był reporterem śledczym i że kiedy będzie na stanowisku w Departamencie Stanu, potraktuje rozbieżności między agencjami rządowymi jako sprawy poufne. Został zatwierdzony, a kiedy Shultz przejął kierownictwo Departamentu Stanu, Burt szybko wykazał się biurokratycznymi umiejętnościami. Ze stanowiska szefa Zespołu Planowania Polityki szybko awansował na dyrektora potężnego Biura Europejskiego w Departamencie Stanu.

Obserwowanie potyczek między Księciem Ciemności a Księciem Światła podczas spotkań na szczeblu niższym od posiedzeń rządu było fascynującym przeżyciem. Oczywiście to Perle redagował projekty oficjalnych stanowisk Weinbergera, podczas gdy Burt robił to samo dla Shultza. Każdy z nich poszukiwał słabych punktów w stanowisku przeciwnika i próbował podważyć i wyeliminować jego stanowisko. Fascynujące było również obserwowanie, jak każdy z nich próbował wymanewrować drugiego za pomocą biurokratycznych sztuczek. Perle, na przykład, załatwił przyłączenie prawników Departamentu Stanu do zespołu prawników Departamentu Obrony, aby wspólnie zbadali, czy zapis negocjacji sprzyja szerokiej czy wąskiej interpretacji układu ABM. Kiedy wszyscy zgodzili się z tym, że protokoły z rokowań wspierają szeroką interpretację, usuwało to grunt spod nóg tym urzędnikom Departamentu Stanu, którzy pragnęli, by sekretarz Shultz poparł wąską interpretację układu.

Z perspektywy czasu, chociaż prasa postrzegała tych dwóch rywali jako skłóconych ze sobą, debaty między dwoma Richardami (Perle nie znosił, gdy zwracano się do niego poufale Dick) służyły pożytecznemu celowi. Pomagały ujawnić wszystkie strony trudnych problemów politycznych, którym musiał stawić czoło prezydent. Ponieważ każdy z dwóch doradców głęboko analizował problem, podejmowane decyzje były trafniejsze niż w innych przypadkach.

Gdy za kulisami trwały te wszystkie spory, prezydent zaczął sam wypowiadać się z wigorem o sprawach polityki zagranicznej. Po nieco ponad dwóch latach sprawowania urzędu, 8 marca 1983 roku, Ronald Reagan wygłosił swe niezapomniane przemówienie o imperium zła. Uczynił to przed audytorium National Association of Evangelicals (Krajowym Stowarzyszeniem Ewangelików). Nie była to żadna mowa piekielna, lecz dość łagodne wystąpienie adresowane do grupy liderów kościelnych zainteresowanych pochwałą cnoty i potępieniem zła. Reagan powiedział im, że Ameryka jest krajem zbudowanym na fundamencie moralności i oddanym cnocie. Przypomniał, że Alexis de Tocqueville napisał ongiś, że Ameryka jest dobra i jeśli przestanie taka być, to przestanie być wielka. Pod koniec przemówienia Reagan błagał przywódców kościołów, którzy w równej mierze obciążali winą Stany Zjednoczone i Związek Radziecki za brak zamrożenia zbrojeń jądrowych, aby *„nie ignorowali faktów historycznych i agresywnych impulsów imperium zła"*.

Przemówienie to zostało wygłoszone zanim pani Peggy Noonan objęła funkcję oficjalnego autora przemówień w Białym Domu. Jestem pewien, że pani Noonan, wyczulona na retoryczne pułapki, dostrzegłaby i usunęłaby z tekstu kłopotliwe odniesienie do imperium zła.

Tymczasem wyrażenie to zostało natychmiast i ostro podchwycone przez amerykańskie media jako obelga pod adresem ZSRR. Rosjanie wpierw zignorowali je. Jeden z radzieckich negocjatorów powiedział mi w Genewie, że – mimo wszystko – nie była to gorsza obelga niż odniesienie się do złych kapitalistów, tak często stosowane przez radzieckich przywódców wobec USA. Ale amerykańskie media powtarzały trzydziestosekundową migawkę telewizyjną z tego przemówienia przez wiele następnych miesięcy, tworząc wrażenie, że uwaga wygłoszona przez prezydenta tylko jeden ra była potem przez niego wielokrotnie powtarzana. I w końcu przywódcy radzieccy, którzy dostrzegli celowość gry tą uwagą, dołączyli do chóru i eksploatowali temat imperium zła, odwołując się do tego wyrażenia w swych wywiadach i w artykułach pisanych dla czytelników na Zachodzie. Przemówienie miało niewielki wpływ na nasze negocjacje z Rosjanami, ale kiedy media już dobrały się do Reagana, radzieccy negocjatorzy nie mogli oprzeć się pokusie, wymawiając nam to określenie i zmuszając nas do wysłuchiwania ich udawanego oburzenia.

Na spotkaniu z dziennikarzami w święto Nowego Roku prawie dziewięć miesięcy po wygłoszeniu wspomnianego przemówienia Reagan przyznał, że popełnił błąd. Nazwanie Związku Radzieckiego imperium zła – wyznał szczerze – nie było najlepszym sposobem określenia kraju, z którym próbowaliśmy zawrzeć porozumienie o kontroli zbrojeń. To stwierdzenie prezydenta było tak bliskie publicznego przeproszenia Rosjan, jak tylko możliwe. Ale media nie popuściły. Jednym z produktów ubocznych tego incydentu było to, że podniesiono wyżej poprzeczkę przy sprawdzaniu projektów prezydenckich wystąpień. W wyniku tego teksty przemówień przygotowane do wygłoszenia przez prezydenta Reagana podczas jego ostatniej wizyty w Moskwie, w 1988 roku, były bardzo starannie zredagowane. Takie słowa jak *dyktatura* i *totalitaryzm*, uważane za obraźliwe wobec Rosjan, zostały z nich wyeliminowane. Autorzy prezydenckich przemówień stali się niezwykle wyczuleni na siłę oddziaływania mediów, które potrafiły zrobić z igły widły, eksploatując jakąś niewiele znaczącą uwagę prezydenta.

W marcu 1983 roku, podczas negocjacji w Genewie, moja delegacja doznała silnego wstrząsu z powodu tak zwanej listy eliminacyjnej, którą opublikowała gazeta *The Washington Post*. Lista była oceną osiemnastu członków delegacji na rokowania START i została przygotowana – bez mojej wiedzy – przez urzędnika mojego biura łącznikowego w Waszyngtonie dla Kennetha Adelmana, kandydata, który miał zastąpić Rostowa na stanowisku szefa ACDA. Wierząc, że taka ocena może być pomocna Adelmanowi, jeden z urzędników mojego biura przekazał mu ją na krótko przed moim odlotem do Genewy. Choć lista znajdowała się w zalakowanej kopercie opatrzonej napisem „osobiste i poufne", niezadowolona sekretarka w biurze dyrektora ACDA zrobiła fotokopię i przekazała prasie. Ocena dawała wysokie stopnie czterem członkom naszej delegacji, średnie – dziesięciu, a niskie – czterem pozostałym. Pośród czwórki na samym dole znaleźli się przedstawiciele Departamentu Stanu i Połączonego Komitetu Szefów Sztabów. Po raz pierwszy dowiedziałem się o tym memorandum, przeczytawszy o nim w *International Herald Tribune* i natychmiast zadzwoniłem do swego biura łącznikowego w Waszyngtonie. Urzędnik przyznał się, że sporządził taką listę ocen z własnej inicjatywy, ale nie miał okazji przedłożyć mi jej do zatwierdzenia, ponieważ wyjechałem już ze stolicy. Zwołałem więc swój zespół w Genewie na zebranie i przeprosiłem za memorandum. Powiedziałem im, że wcześniej nie widziałem tych ocen i wziąłem za nie odpowiedzialność na siebie, ponieważ napisał je urzędnik mojego biura. Obecni, a szczególnie osoby, które uzyskały niską ocenę, byli tym dogłębnie poruszeni. Moim największym problemem było zachowanie wiarygodności. Ciężko im było przyjąć na wiarę, że to nie ja byłem inicjatorem tego raportu, nawet jeśli go nie widziałem. Na szczęście czas goi rany. Niemniej jednak ten niefortunny incydent sprawił mi osobiście wiele bólu i stał się niepożądanym ciosem w morale mojej delegacji.

Latem 1983 roku strona radziecka miała jeden główny cel. Była zdecydowana nie dopuścić, aby Stany Zjednoczone rozmieściły w Europie wystrzeliwane ze stanowisk naziemnych rakiety *cruise* (tzw. GLCM) oraz rakiety balistyczne średniego zasięgu *Pershing II* (tzw. PII). Sekretarz generalny Jurij Andropow, były szef KGB, który zastąpił zmarłego Breżniewa, rozpoczął wielką kampanię propagandową, mającą na celu zablokowanie rozmieszczenia naszych rakiet. Otwarcie skrytykował Partię Chrześcijańsko-Demokratyczną (CDU) Helmuta Kohla i zagroził wycofanie się ZSRR z rokowań INF, jeśli rozmieścimy te rakiety w Europie.

Paul Nitze, nasz główny negocjator INF, uważał, że Kohl nie poradzi sobie z naciskami przeciwko rozmieszczeniu rakiet. Nitze czuł, że jeśli CDU zgodzi się na przyjęcie rakiet na terytorium

Niemiec Zachodnich, to może przegrać wybory. A to – jego zdaniem – bardzo zaszkodziłoby przyszłości NATO. W rezultacie Nitze odbył celebrowany spacer po lesie ze swym radzieckim odpowiednikiem – Julijem Kwicinskim. Zaproponował Rosjanom, że Stany Zjednoczone odstąpią od rozmieszczenia rakiet *Pershing II*, a rozmieszczą rakiety *cruise* (GLCM). W zamian strona radziecka powinna ograniczyć rozmieszczanie swoich rakiet SS-20. Gdyby takie rozwiązanie przyjęto, byłoby ono niekorzystne dla nas, ponieważ *pershingi* miały zagrażać bardzo ważnym radzieckim ośrodkom dowodzenia i kontroli, a Rosjanie bardzo się tych rakiet obawiali. Nie mieli podobnych obaw w stosunku do naszych rakiet *cruise* (GLCM), stosunkowo wolnych, przeciwko którym umieli się bronić. Wielu członków zespołu Nitzego przybyło do mnie, aby dowiedzieć się więcej na temat planu, który Nitze zaproponował Rosjanom, ale nie wyjawił go swemu zespołowi. Chcieli, abym odciągnął Nitze'ego od realizacji tych pomysłów. Zgodziłem się z nimi, że plan był nierozważny. Niestety, choć wcześniej widywałem się z Nitze'em wielokrotnie w ciągu tygodnia, aby koordynować nasze wysiłki, tym razem, po ujawnieniu jego propozycji, nie mogłem się z nim w ogóle spotkać.

Na szczęście w Moskwie Rosjanie odrzucili propozycję Nitze'ego zanim administracja Reagana zdecydowała się do niej nie przyznawać. Niemcy, wykazując wielką odwagę, przyjęli amerykańskie rakiety na swe terytorium, CDU wygrała wybory, a Kohl został kanclerzem. To była sytuacja, w której o włos uniknęliśmy niebezpieczeństwa. Brak wiary i zdecydowania u Nitze'ego oraz nastawienie narodu niemieckiego o mało nas drogo nie kosztowały.

Przechadzka Nitze'ego po lesie przypomniała mi moje rozmowy prowadzone w parku podczas negocjacji SALT II. Kilka najszczerszych rozmów odbyłem wtedy z akademikiem Aleksandrem Szczukinem – jedynym radzieckim negocjatorem, któremu pozwalano na przyjmowanie od nas zaproszeń na obiady i uczestniczenie w nich bez tłumacza. Tłumacze byli agentami KGB, tzw. ogonami radzieckich negocjatorów. Aż jedną trzecią radzieckich urzędników, którzy wspierali zespół negocjacyjny ZSRR, stanowili oficerowie wywiadu. Szczukin powiedział mi, że jedynie tytuł akademika przysługujący członkom prestiżowej Radzieckiej Akademii Nauk mógł być przepustką do przywileju odbywania prywatnych rozmów z cudzoziemcami. Szczukin był dumny ze swego wysokiego statusu. Chwalił się tym, że został wybrany do Akademii Nauk w wyniku tajnego głosowania jedynych tajnych wyborów praktykowanych w Związku Radzieckim. Ponieważ Szczukin słabo mówił po angielsku, rozmawialiśmy po francusku albo po rosyjsku, podczas gdy nasze małżonki konwersowały ze sobą po niemiecku. Nasze przyjęcie wydane dla państwa Szczukinów było prawdziwą Wieżą Babel.

Szczukin faktycznie był jedynym delegatem radzieckim, z którym mogłem prowadzić racjonalną wymianę zdań na temat odmiennych zapatrywań na teorię odstraszania funkcjonujących w Stanach Zjednoczonych i w Związku Radzieckim. Szczukin czytał *The Absolute Weapon* (*Ostateczną broń*), czyli doroczne raporty sporządzane dla sekretarzy obrony USA. Znał też wiele innych amerykańskich dokumentów. Powiedział mi szczerze, że radzieckie planowanie strategiczne jest zdominowane przez oficerów sił zbrojnych, których sposób rozumowania jest schematyczny, jeśli nie prostacki. Dla radzieckich wojskowych odstraszanie jest proste: coraz więcej coraz potężniejszych broni. Szczukin uważał, że tylko marszałek Nikołaj Ogarkow dobrze rozumie teorię odstraszania, ale nie ma dostatecznej siły przebicia, aby przekonać innych.

Szczukin osobiście nie wierzył, że przywódca ZSRR kiedykolwiek zdecydowałby się na pierwsze uderzenie rakietowo-jądrowe. Powiedział mi jednak, że amerykańskie obawy, iż może ono nastąpić, służą politycznym celom ZSRR. Prawdziwym ostrzem tnącym nadającym się do zastosowania były dla Rosjan siły konwencjonalne. Stanowiło to główny powód, dla którego utrzymywali oni tak wielką liczbę żołnierzy i przewagę w broni pancernej i artylerii. Szczukin przewidywał jednak, że gospodarka narodowa ZSRR nie może bez końca utrzymywać tak potężnej armii, która pochłania 25 procent dochodu narodowego brutto (PKB) ZSRR. Przekazałem tę informację do Waszyngtonu z zaleceniem, aby zrewidowano dotychczasowe oceny szacunkowe, że ZSRR wydaje od 12 do 14 procent swego PKB na siły zbrojne. Moje raporty nie zostały jednak potraktowane poważnie ani też nic nie uczyniono, aby wyciągnąć z nich wnioski praktyczne. Kiedy nasze służby wywiadowcze wyrobią sobie opinię w jakiejś sprawie, bardzo ciężko przychodzi im zmienić zdanie i działać zgodnie z nową informacją, która odbiega od ich konwencjonalnego sposobu myślenia. Niedługo po objęciu władzy w ZSRR, w 1985 roku, Michaił Gorbaczow przyznał otwarcie, że Związek Radziecki wydaje 35 procent swego PKB na wojsko. To był wielki kontrast w stosunku do 6 procent PKB, które wydawały wówczas Stany Zjednoczone.

Tymczasem na rozmowach START czyniliśmy stałe postępy i myślałem, że szanse na osiągnięcie porozumienia są wspaniałe. Mimo to Moskwa nadal skupiała uwagę na przeszkadzaniu USA w rozmieszczaniu rakiet w Europie. Kiedy rozlokowaliśmy tam pierwsze *pershingi* w listopadzie 1983 roku, Rosjanie opuścili rokowania INF. Krótko potem, kiedy przygotowywaliśmy się do odjazdu do domu na święta Bożego Narodzenia, Karpow powiedział mi, że Rosjanie nie podejmą rokowań START w następnym roku, jeśli my nie podejmiemy kroków w celu poprawy strategicznej sytuacji w Europie. Był to eufemizm; Rosjanie traktowali rokowania – INF i START – jak zakładników naszego rozmieszczania rakiet w Europie.

ZSRR wycofał się z udziału w negocjacjach na okres ponad roku. Powodem było rzekomo przekonanie, że mogą jeszcze odwrócić nasze stanowisko w sprawie rozmieszczania rakiet. Ale były też inne czynniki, które miały na to wpływ. Po pierwsze, Związek Radziecki przeżywał jeszcze jedną zmianę przywództwa. Konstantin Czernienko nastąpił po Juriju Andropowie. Jak zauważył Reagan: *„Nie mogę zrobić interesu z przywódcami ZSRR; oni przy mnie wymierają”*. Innym czynnikiem było to, że amerykański program modernizacji sił obronnych znajdował się jeszcze we wczesnym stadium i nie było wiadomo, w jakim stopniu nowa technologia wpłynie na negocjacje z Rosjanami. I wreszcie, Stany Zjednoczone rozpoczęły prace badawcze nad SDI (kosmiczną tarczą obronną) – co martwiło Rosjan i co chcieli powstrzymać. Ale dopóki prowadziliśmy negocjacje jedynie na temat systemów ofensywnych, Rosjanie nie mogli dosięgnąć SDI. W związku z tym przerwali negocjacje do czasu wypracowania nowego sposobu podejścia do naszych systemów obronnych.

Na jesieni 1984 roku Rosjanie zaczęli czynić gesty świadczące o chęci powrotu do stołu rokowań. W miarę jak postępowało nasze rozmieszczanie rakiet w Europie, zdali sobie sprawę, że ich próba uczynienia negocjacji zakładnikiem tego procesu spełzła na niczym. Wykazywali coraz więcej oznak zmartwienia z powodu SDI i powiedzieli, że są gotowi negocjować na temat broni ofensywnych w przestrzeni okołoziemskiej. Powiedzieliśmy im, że nie mamy planów umieszczenia broni w przestrzeni okołoziemskiej, zamierzamy tylko rozmieszczać tam nieofensywne urządzenia, które potrafiłyby zniszczyć każdą broń wystrzeloną w naszym kierunku, za pomocą prostego, fizycznego kontaktu z tą bronią. Wyjaśniliśmy im, że jesteśmy gotowi do wznowienia negocjacji na temat systemów obrony przed broniami ofensywnymi, pod warunkiem że przestrzeń okołoziemska będzie z nich wyłączona. Nie mogąc uzyskać postępu, proponowaliśmy kompromis: powrócimy do Genewy, by tam rozmawiać o START i INF, ale nie jesteśmy zainteresowani dodaniem trzeciej kategorii negocjacji – nt. obrony i przestrzeni okołoziemskiej (D & S).

Spotkanie między Gromyką i Shultzem w Genewie w styczniu 1985 roku wypracowało mandat dla wznowienia negocjacji. Zaproponowano, by rozpoczęły się w marcu. Rosjanie czynili jawne aluzje, że zdołalibyśmy osiągnąć większy postęp w rokowaniach, jeśli przystąpilibyśmy do nich z nowymi twarzami. Nie brałem tych sugestii na serio. Czułem, że uciekają się do swej starej sztuczki, próbując skłonić nas do zmiany naszych negocjatorów, podczas gdy sami prowadziliby rokowania dalej w tym samym składzie. Namawiałem Biały Dom do skontaktowania się z Maxem Kampelmanem, który mógłby stanąć na czele nowego forum negocjacyjnego ds. obrony i przestrzeni okołoziemskiej (*Defense and Space*). Znałem Kampelmana od wielu lat i byłem pod wrażeniem sposobu, w jaki prowadził on negocjacje na temat praw człowieka za poprzedniej administracji. I choć Kampelmana mianował prezydent Carter, czułem, że równie dobrze będzie służył prezydentowi Reaganowi.

Słyszałem pogłoski, że były gubernator Teksasu – John Tower, był przepytywany, czy podjąłby się roli negocjatora; wiedziałem też wcześniej, że prezydent ma wobec niego polityczne zobowiązania. Słyszałem także, że żona Towera chciałaby posmakować życia towarzyskiego w Genewie jako małżonka ambasadora. Myślałem, że chodzi o ofertę dla Towera, aby został szefem rokowań D & S albo INF. I zostałem całkowicie zaskoczony, kiedy pod koniec stycznia sekretarz Shultz zaprosił mnie któregoś dnia do swego biura, aby mi oznajmić, że zostało postanowione, iż w Genewie będzie nowy garnitur negocjatorów. Mike Glitman, zastępca Nitze'ego, obejmie przewodnictwo w rokowaniach INF. Nitze zdecydował się ustąpić z powodu złego stanu zdrowia swojej żony. Kampelman będzie stał na czele delegacji USA na rokowania D & S. Jak dotąd wszystko w porządku. I nagle szokująca decyzja: zostanę zastąpiony przez Towera. Prezydent –

powiedział Shultz – pragnie łatwiejszego dostępu do rad Nitze'ego i moich; chce abyśmy pozostali w Waszyngtonie jako jego specjalni doradcy. Powiedziałem Shultzowi, że ta wiadomość uderzyła we mnie jak piorun. Słyszałem wcześniej, że Rosjanie mówili o nowym zespole, ale nie przypuszczałem nigdy, że zgodzimy się na ich intrygę. Byłem przekonany, że oni nie zmienią swych negocjatorów.

Shultz zaprzeczył, jakoby Rosjanie odegrali jakąkolwiek rolę w tych zmianach. Kiedy zapytałem go o prawdziwy powód, po prostu spojrzał na mnie w milczeniu. Poprosił, abym nie odmawiał swych rad prezydentowi. Odpowiedziałem, że muszę usłyszeć to od samego prezydenta. Shultz natychmiast zadzwonił do Reagana i załatwił mi spotkanie z nim godzinę później.

Pojechaliśmy do Białego Domu razem limuzyną Shultza. Podczas jazdy jeszcze raz próbowałem wydobyć od niego informację, dlaczego zostałem odwołany. Shultz nie dał mi żadnej odpowiedzi. Powiedział tylko, że decyzja została powzięta i jest nieodwołalna.

Realizacja zobowiązań wobec Towera nie wydawała mi się głównym powodem. Gdyby tak było, Tower po prostu zastąpiłby Nitze'ego. Szukałem w pamięci jakichś afrontów, które mógłbym popełnić wobec Shultza. Czy to możliwe, że byłem zagrożeniem dla jego pozycji i podważałem jego autorytet? Z tego, co zaobserwowałem, Shultz mógł po prostu zdecydować, że jestem cierniem w jego boku. Czy zadziałała jakaś trzecia strona lub jakiś inny czynnik – nieznany mi – spowodował tę zmianę? Do dzisiejszego dnia nie znam odpowiedzi.

Kiedy zbliżaliśmy się do południowo-zachodniej bramy Białego Domu, Shultz powiedział mi, że nie będzie obecny podczas mojej rozmowy z prezydentem. Powtórzył, że prezydent poprosi mnie o pozostanie jako jego doradca i że ma nadzieję, iż go nie zawiodę. To nie było wystarczające; zdecydowałem, że czas odejść.

Gdy spotkałem się z prezydentem w cztery oczy w Gabinecie Owalnym, Reagan przywitał mnie serdecznie i zapytał, co myślę o swoim nowym przydziale. Byłem oczywiście podenerwowany i drżały mi ręce. Powiedziałem mu, że zmiana, a szczególnie tajny sposób odwołania mnie, poważnie mną wstrząsnęły. Powiedziałem też o swoim rozczarowaniu, że prezydent uległ intrydze Rosjan, domagających się zmiany naszych negocjatorów. Prezydent odpowiedział mi, że to nie był powód zmiany. Gdy zapytałem go, co naprawdę było powodem, rzekł po prostu, że ceni moje rady i ma nadzieję, że pozostanę.

– Jestem już dużym chłopcem – powiedziałem. – Nie musi pan osładzać mi gorzkiej pigułki. Jestem żołnierzem i mogę ją przełknąć.

– Nie, nie – nalegał Reagan. – Chciałbym, aby pan został.

Jeszcze dwukrotnie powiedziałem prezydentowi Reaganowi, że ponieważ nie wiem, dlaczego mnie zwolniono ze stanowiska głównego negocjatora START, byłoby najlepiej, gdybym się cicho oddalił. I wtedy prezydent Reagan nacisnął właściwy guzik

– Generale, jest pan żołnierzem, a ja jestem pańskim głównodowodzącym. Jeśli wydam panu bezpośredni rozkaz pozostania i doradzania mi, czy mógłby pan odmówić?

Powiedziałem prezydentowi, że nie spodziewałem się po nim zagrania ukrytą kartą. Z nawyku zawodowego i z racji swego charakteru słuchałem rozkazów i on o tym wiedział. – Jeśli wydano by mi rozkaz pozostania – odpowiedziałem – poddałbym się próbie. – Po wielu dniach otrzymałem tytuł *„Specjalnego doradcy prezydenta i sekretarza stanu ds. kontroli zbrojeń"*.

Jak przewidywałem, Rosjanie powrócili do Genewy z zespołem prawie niezmienionym. Karpow miał teraz podwójny tytuł: szefa delegacji radzieckiej i szefa zespołu negocjatorów START. Julij Kwicinski przeszedł z INF do D & S. Aleksandr Obuchow, zastępca Karpowa, przejął INF. Zawsze wiedziałem o tym, że Rosjanie wysoko sobie cenią ciągłość, a teraz miałem tego dowód. Nas skłonili do wykonania znaczącej operacji na naszych ludziach, a sami nie użyli skalpela wobec swoich.

To była powtórka z podstępnego zdjęcia mnie z funkcji dyrektora ACDA. Zarówno teraz, jak i wówczas, byłem tym zniesmaczony i rozczarowany. Ale często sprawy, które dziś wyglądają źle, wychodzą lepiej w dłuższej perspektywie. Wycofany z codziennej rutyny negocjacji mogłem teraz swobodnie doradzać prezydentowi i zdobyłem większy wpływ na formułowanie naszej polityki.

Poza tym, w miarę jak rozwijały się robocze stosunki z prezydentem i sekretarzem stanu, znalazłem się w sytuacji naprawdę wyjątkowej, która pozwalała mi mówić bez ogródek. Paul Nitze i ja – obaj dostaliśmy identyczne tytuły – teoretycznie mieliśmy równorzędne stanowiska. Jednak Shultz bardziej polegał na radach Nitze'ego niż na moich. Nitze otrzymał biuro na siódmym piętrze gmachu Departamentu Stanu, blisko Shultza, podczas gdy ja pozostałem w swym biurze na czwartym piętrze. Obaj – Nitze i ja – przyczynialiśmy się do wypracowania stanowisk dla sekretarza stanu Shultza, ale czyniliśmy to w odmienny sposób. Po zatwierdzeniu stanowiska Departamentu Stanu w danej sprawie Nitze popierał je, nawet wówczas, gdy wcześniej radził inaczej. Ja natomiast popierałem stanowisko Departamentu tylko wtedy, gdy sam się z nim zgadzałem. Jeśli się nie zgadzałem, ponownie badałem sprawę, aby ustalić, czy moja wcześniejsza niezgoda nie była błędem. Jeśli była błędem, zmieniałem zdanie i wyrażałem poparcie dla przyjętego stanowiska. Jeśli jednak nadal czułem, że moje początkowe zdanie jest zgodne z najlepiej pojętym interesem Stanów Zjednoczonych, utrzymywałem je nadal i nie udzielałem sekretarzowi stanu swego poparcia.

W każdym przypadku, gdy zdecydowałem się nie poprzeć stanowiska sekretarza Shultza, pisałem memorandum do prezydenta, przedstawiając w nim swoje racje. Kopię wysyłałem do Shultza, aby znał moje zdanie i powody jego przyjęcia. Sekretarz Shultz, co oczywiste, nie lubił tego, lecz nie blokował mi możliwości przekazywania moich odmiennych poglądów prezydentowi. W rezultacie Nitze był doradcą sekretarza stanu, a ja – czasami – bywałem niezależnym doradcą prezydenta. Taka postawa nie przysporzyła mi łask u biurokratów z Departamentu Stanu, lecz dawała mi poczucie niezależności i przekonanie, że służę prezydentowi najlepiej jak potrafię.

Różnice zdań między sekretarzem Shultzem a mną sprowadzały się głównie do spraw, co do których zderzałem się ideologicznie z Paulem Nitze'em. Na przykład mieliśmy odmiennie zdanie na temat tego, jak traktować badania nad środkami obrony strategicznej. Nitze zalecał tworzenie listy testów dozwolonych i zabronionych, którą powinniśmy wynegocjować z Rosjanami. Ja czułem, że Rosjanie w ogóle nie mają chęci godzić się na badania, które miałyby służyć naszej obronie strategicznej (SDI). W konsekwencji, bylibyśmy w lepszej sytuacji, nie dając im możliwości zabraniania nam prób, które zamierzaliśmy przeprowadzić.

Nitze i ja nie zgadzaliśmy się również w sprawie weryfikacji. On odczuwał, że wystarczy, jeśli środki weryfikacji będą „odpowiednie", podczas gdy ja chciałem, aby były „skuteczne". Szło o coś więcej niż o niuanse. Nitze uważał, że powinniśmy reagować na nieprzestrzeganie porozumienia przez stronę radziecką tylko wtedy, gdy Stany Zjednoczone nie mogą przeciwstawić się naruszeniom, które poważnie zagrażają naszemu bezpieczeństwu. Ja ze swej strony twierdziłem, że powinniśmy, dla zasady, czynić Rosjan odpowiedzialnymi za wszystkie naruszenia. Ta różnica ideologicznego podejścia ustawiała mnie po stronie domagającej się surowszych, bardziej wnikliwych środków weryfikacji, takich jak inspekcja na miejscu.

Głównym rozgrywającym w moich stosunkach z prezydentem był Robert („Bud") McFarlane, doradca Reagana ds. bezpieczeństwa narodowego. McFarlane, były oficer U. S. Marine Corps (korpusu piechoty morskiej), był partnerem poważnym i silnym. Organizował dla prezydenta sesje gabinetu poświęcone sprawom kontroli zbrojeń, ale podczas obrad nie opowiadał się po żadnej stronie. Zazwyczaj otwierał posiedzenie krótkim podsumowaniem tematu i przypomnieniem istotnych faktów. Następnie zapraszał do pierwszego wystąpienia członka gabinetu, który – jego zdaniem – miał poglądy najdalsze od poglądów prezydenta. Oznaczało to, że zwykle jako pierwszy przemawiał Shultz. Reagan często żartował, że McFarlane daje fory Shultzowi, ponieważ obaj są byłymi oficerami *marines*. Potem wygłaszał swoje poglądy Weinberger, a za nim pozostali siedzący wokół stołu. McFarlane zawsze wzywał do wystąpienia Nitze'ego, który zazwyczaj popierał Shultza. Mnie dawano możliwość przemawiania jako ostatniemu z mówców, co było bardzo korzystne, gdyż wcześniej miałem okazję wysłuchać wszystkich argumentów. Czasami martwiłem się, że czas zebrania wyczerpie się i nie będę mógł przedstawić swoich racji. Ale nawet wtedy, gdy limit czasu na posiedzenie zostawał przekroczony, prezydent nie opuszczał obrad i wysłuchiwał mnie.

Brałem udział we wszystkich posiedzeniach gabinetu Reagana, podczas których dyskutowano o kontroli zbrojeń. Rozmawialiśmy o wszystkim – począwszy od tego, ile rakiet *cruise* wystrzeliwanych z samolotu powinien zabierać bombowiec, aż do tego, czy nadliczbowe rakiety balistyczne powinny być przechowywane, a jeśli tak, to gdzie i w jakiej liczbie. Rozważaliśmy nawet kwestię, w jaki sposób każda z rakiet mogłaby otrzymać unikatowe oznakowanie, pozwalające ją zidentyfikować.

W około połowie tych spraw nie zgadzałem się ze stanowiskiem Shultza-Nitze'ego. Dbałem o to, by unikać niezgody dla niezgody i zawsze przedstawiałem swoje racje, próbując być obiektywnym i niepolemicznym. Prezydent opowiadał się po mojej stronie w każdym przypadku, gdy zalecałem surowe środki weryfikacji. Często powtarzał rosyjskie powiedzonko: *Dowieriaj, no prowieriaj* (*dowierzaj, lecz sprawdzaj*). I choć słyszeliśmy to od niego dziesiątki razy, Reagan zawsze dodawał: „*To znaczy*: rozdawaj, ale najpierw przełóż karty". Prezydent także stawał po mojej stronie w sprawie zakazanych i dozwolonych testów; nie chciał w żadnym przypadku ograniczać SDI.

Po jednym z bardzo trudnych posiedzeń, na którym Nitze i ja nie zgadzaliśmy się ze sobą, Casey odwołał mnie na bok i powiedział: – Co próbujesz robić, zdenerwować prezydenta i zmusić, by cię tytułował ambasadorem zamiast generałem? – Poskarżyłem się Caseyowi, że prezydent wsparł moje stanowisko jedynie w połowie spraw, co do których nie zgadzałem się z Shultzem i Nitze'em. – W baseballu – odpowiedział mi – średnia skuteczność 50% wprowadziłaby cię do panteonu sław.

Przy wielu okazjach byłem zaskoczony, że James Baker, który rzadko występował podczas posiedzeń gabinetowych, przychodził mi w sukurs. Przypuszczałem, że Baker wiedział o utrzymywaniu przeze mnie bliskich konaktów z konserwatywnymi senatorami, takimi jak Malcolm Wallop, Paul Laxalt, Jake Garn i Jesse Helms. Baker wiedział również, że przeciągnąłem na swoją stronę wiele głosów podczas debaty nad SALT II i mógł pamiętać o trudnościach z ratyfikowaniem układu, który nie miał poparcia wpływowych senatorów. Po latach przekonałem się, że każdy z nich mógł być pomocny na różne sposoby. Wallop, na przykład, dobrze znał się na problematyce kontroli zbrojeń i można było na niego liczyć, że wpłynie na wielu swych kolegów. Laxalt nie był zainteresowany szczegółami, ale jeśli dał się przekonać, że sprawa jest ważna, był dobrym przewodnikiem do prezydenta, który respektował jego sądy i często postępował zgodnie z jego radą. Garn był samotnikiem, lecz osobą bardzo rozważną. Zawsze opłacało się wypróbować swój pomysł najpierw na nim. Jeśli nie zaakceptował go od razu, to znaczy, że albo pomysł ten wymaga ponownego przemyślenia, albo lepszego uzasadnienia. Na poparcie kuzyna Jesse'ego, jak Helms kazał mi się tytułować, zawsze można było liczyć. Ale był on też osobą, z której pomocy należało korzystać ostrożnie, ponieważ wielu członków jego ekipy lubiło przesadzać i rozpowiadać sprawy publicznie.

Pod koniec posiedzeń gabinetowych prezydent nigdy nie ogłaszał swojej decyzji, nawet jeśli w tym momencie już ją powziął. To McFarlane spisywał argumenty, niewątpliwie z dodatkiem własnych zaleceń i przedstawiał je prezydentowi. Dzień czy dwa później mogliśmy przeczytać decyzję w tzw. NSDM (zbiorze decyzji Narodowej Rady Bezpieczeństwa), już podpisaną przez prezydenta. Nigdy nie dowiedziałem się, czy Shultz i Weinberger otrzymywali wcześniej informacje o decyzjach Reagana lub mieli możliwość ich podważenia. Jak długo pamiętam, nigdy nie było zmiany decyzji podanej w NSDM po jej opublikowaniu.

Przez całą pierwszą kadencję Reagan wzmacniał nasz potencjał militarny. Aby móc lepiej negocjować i osiągnąć poprawę stosunków amerykańsko-radzieckich, potrzebował tylko bardziej elastycznego, rozsądniejszego przywódcy na czele Związku Radzieckiego. Szczęściem, taki przywódca pojawił się w drugiej kadencji Reagana. Michaił Gorbaczow doszedł do władzy i rozpoczął *pieriestrojkę i głasnost'*. To zmieniło wszystko. Polityka powstrzymywania i pokoju przez siłę nareszcie mogła się sprawdzić.

ROZDZIAŁ VI

Druga kadencja Reagana: wreszcie rezultaty

Po bezapelacyjnym zwycięstwie Reagana i jego ponownym wyborze w 1984 roku wyczułem u niego wyraźną zmianę w podejściu do Związku Radzieckiego. Nadal trwał w swych konserwatywnych i pragmatycznych przekonaniach, zaczął jednak okazywać łagodność i idealizm, znane mi już z jego pierwszej kadencji. Na naszych spotkaniach wygłaszał ogólnikowe sądy, np.: *„Musimy współpracować z przywódcami Związku Radzieckiego, aby osiągnąć stabilne stosunki wzajemne"*. Oczywiście, nie było to nic nowego, jako że pragnienie uzyskania takich stosunków z ZSRR było zawsze najważniejszym celem USA. Lecz fakt, że Reagan wielokrotnie podnosił tę kwestię, mógł sugerować modyfikację jego przekonania, że to Rosjanie powinni zmienić swoje nastawienie. Istniało niebezpieczeństwo, że prezydent dojdzie do wniosku, że to Stany Zjednoczone powinny dostosować się do nadal groźnego przeciwnika, jakim był ZSRR. Kiedy więc Reagan zaczął poważnie rozważać możliwość całkowitego uwolnienia świata od broni jądrowej, zareagowałem nerwowo.

Tej kwestii poświęciłem wiele przemyśleń i byłem przekonany, że całkowita likwidacja broni nuklearnej byłaby nie tylko nierealistyczna, lecz także groźna dla naszego bezpieczeństwa narodowego. Gdyby nawet osiągnięto porozumienie w tej sprawie, prawdopodobieństwo, że Rosjanie ukryją część swoich arsenałów albo że potajemnie wyprodukują nową broń jądrową, byłoby dla nas zbyt wielkim ryzykiem. Początkowo próbowałem lekceważyć uwagi Reagana. Łudziłem się nadzieją, że – być może – prezydent mówił o tym w jakimś ogólnym sensie, przedstawiając odległą wizję lepszego świata, a nie konkretny zamiar. Mimo to wyczuwalna zmiana w tym, co Reagan mówił, martwiła mnie.

Być może Reagan czuł, że odbudowa potęgi militarnej Stanów Zjednoczonych i wyłonienie się w ZSRR przywódcy nowego typu – w osobie Michaiła Gorbaczowa – jest odpowiednim momentem, by podjąć z Rosjanami rokowania o sprawach zasadniczych. Albo też prezydent myślał o tym, czego mógłby dokonać jeszcze jako przywódca najpotężniejszego kraju na świecie.

Wielu z nas, często kontaktujących się z prezydentem, zaczęło rozmawiać między sobą o tym, jak dalece prawdopodobne są plotki krążące w Białym Domu, że to żona zachęca go, by pozostawił swój trwały ślad w historii. Reagan wspominał nam już przedtem, iż Nancy ponaglała go, aby *„usunął przekleństwo broni jądrowej z powierzchni Ziemi"* i nikt z nas nie wątpił że Pierwsza Dama ma wielki wpływ na rozumowanie męża. Chcieliśmy jednak wierzyć, że jej usilne zabiegi sprowadzają się do pomniejszych spraw, takich jak wybór dat na spotkania z innymi przywódcami, sugerowanych przez jej osobistego astrologa. Mogliśmy się przekonać, że datami spotkań na wysokim szczeblu manipulowano bez szczególnego powodu tylko *niebiański pierwiastek* miał na nie wpływ.

Pierwsze spotkanie na szczycie Reagana z Gorbaczowem zostało zaplanowane w Genewie na początku drugiej kadencji prezydenta. W Waszyngtonie określano je jako spotkanie zapoznawcze obu przywódców. W miarę jak zbliżał się termin szczytu, Reagan coraz częściej wygłaszał uwagi, że powinna to być okazja do nowego otwarcia w stosunkach amerykańsko-radzieckich. Nie powtarzał przy tym swych poprzednich uwag o ucywilizowaniu Rosjan, lecz jedynie wyrażał ogólne pragnienie oparcia stosunków Wschód – Zachód na solidniejszych podstawach. Z zadowoleniem odnotowałem, że prezydent często powtarzał pogląd, iż osiągnięcie porozumienia z Rosjanami o kontroli zbrojeń nie wystarczy, aby spowodować podstawowe zmiany w polityce ZSRR i podkreślał swe mocne przekonanie, że posiadanie broni nuklearnej jest tylko symptomem, a nie przyczyną kiepskich stosunków ze Związkiem Radzieckim. Przekonywał swych doradców, że pragnie wciągnąć nowego komunistycznego przywódcę do szeroko zakrojonej dyskusji na temat najważniejszych źródeł napięć między USA a ZSRR.

Dobrą wiadomością było to, że Reagan wydawał się promować pogląd – który mu długo sugerowałem – że kontrola zbrojeń powinna być przesunięta z centrum naszych wzajemnych stosunków ze Związkiem Radzieckim. Złą wiadomością było zaś to, że Reagan postępował jak zwykle prezydenci w drugiej (i ostatniej) kadencji, bez przerwy myślący o schedzie, którą po sobie pozostawią. Zaczął mówić do nas na temat osiągnięcia nowych, radykalnych porozumień o kontroli zbrojeń. Obawiałem się, że jeśli myśli i plany, które przekazuje nam prywatnie, zostałyby ujawnione Rosjanom, to strona radziecka obróciłaby je na swoją korzyść. Dałoby to im powody do dalszego skupiania się na kontroli zbrojeń, uniemożliwiając postęp w innych dziedzinach szeroko zakrojonego programu. Nawet gorzej, mogłoby to zachęcić Rosjan do ustawienia Reagana jako *petenta* w dziedzinie kontroli zbrojeń i spowodować, że zawarlibyśmy porozumienie sprzeczne z naszym strategicznym interesem.

Jako doradca w tych sprawach czułem, że ważne jest trzymanie się zasad, które uczyniły tego prezydenta tak skutecznym na niwie międzynarodowej. Powziąłem decyzję o wsparciu pomysłu, żeby Reagan skupił się na sprawie praw człowieka i na problemach regionalnych, a nie wprowadzał żadnych nowych i dalekosiężnych propozycji w dziedzinie kontroli zbrojeń. Przywołałem na pomoc tych, którzy byli bliscy prezydentowi, szczególnie Williama Caseya i senatora Paula Laxalta. W sprawach, co do których byłem pewny swych argumentów i tam, gdzie mogłem być spokojny, że przekonam Reagana sam, prosiłem bliskich przyjaciół prezydenta o przekazanie mu moich poglądów. Czułem bowiem, że oni – lepiej niż ja – potrafią odwieść Reagana od opinii, że Rosjanie, mając nowego przywódcę, automatycznie ustąpią z długo utrzymywanych pozycji i nagle staną się bardziej racjonalni. Próbowałem wzmocnić podstawowe pragmatyczne instynkty prezydenta, przedstawiając mu dowody, że jego marzenie – prawdopodobnie wzmocnione przez pragnienie żony pragnącej widzieć w nim męża stanu, który przejdzie do historii jako orędownik pokoju – może obrócić się przeciwko niemu, czyniąc go więźniem wieży z kości słoniowej, niepoprawnym idealistą.

Z pomocą ludzi bliskich Reaganowi próbowałem przekonywać, że Gorbaczow będzie prowadził z nim szeroki dialog. Mimo wszystko

– dowodziłem – radziecki przywódca uczynił już wiele, mówiąc o *głasnosti* i być może byłby gotów rozszerzyć ducha otwartości na sferę stosunków Wschód – Zachód. Prezydent wydawał się podatny na ten argument i próbował kanałami dyplomatycznymi skłonić stronę radziecką do przyjęcia szerokiego programu spotkania na szczycie. Jednak Rosjanie odpierali jego wysiłki i odpowiadali propozycjami programu zawężonego do kontroli zbrojeń. W tych warunkach prezydent zdecydował się pojechać do Genewy bez ustalonego porządku dziennego i po prostu próbować poszerzać dyskusję tam, gdzie to będzie możliwe.

Kilka tygodni przed wyznaczonym terminem spotkania na szczycie rozpoczął się dziwaczny rytuał redagowania komunikatu końcowego. Ten pomysł, który pokutował od czasów spotkań Nixona z Breżniewem, miał w założeniu pomóc przygotować dyskusję na temat ostatecznych wyników szczytu – pod warunkiem, że obie strony zgodzą się na treść wspólnego komunikatu. Teoretycznie nie był to zły pomysł, ale w praktyce miał wiele słabych stron. Po pierwsze, dawał Rosjanom fory, bo oni zawsze próbowali kontrolować program spotkania. Po drugie, nakładał tłumik na spontaniczną dyskusję, której Rosjanie próbowali uniknąć, wysuwając argument, że nie służy ona osiągnięciu ostatecznego wyniku. I po trzecie, że wcześniejsze uzgadnianie projektu komunikatu obarczało całą odpowiedzialnością Departament Stanu, ponieważ to jego urzędnicy przygotowywali projekt.

Ten ostatni punkt spowodował awanturę przed genewskim szczytem. Rozanne Ridgeway, szefowa Biura Europejskiego Departamentu Stanu, pracowała nad projektem wspólnego komunikatu końcowego w wielkiej tajemnicy wraz z zastępcą ambasadora ZSRR w Waszyngtonie – Olegiem Sokołowem. Ale kopia projektu przekazanego Rosjanom przeciekła na zewnątrz i dostała się w ręce sekretarza obrony Weinbergera. Gdy ten zorientował się, że nie dopuszczono go do redagowania komunikatu, wpadł w gniew. Szczególnie zbulwersował go fragment stanowiący, że *„poważne różnice zdań mogą być usunięte jedynie w trakcie podtrzymywanego dialogu"*. Weinberger uważał, że takie wyrażenie jest błędem, gdyż według niego różnice zdań mogłyby zostać usunęte tylko wówczas, gdyby Związek Radziecki przestał być agresywny. Kiedy poskarżył się Reaganowi, prezydent polecił Shultzowi, aby ten nie wyraził zgody na wcześniej wynegocjowany komunikat. Powiedział mu, zgodnie z prawdą, że tak przygotowany tekst ograniczy jego dyskusje z Gorbaczowem. W konsekwencji na pozostałe spotkania Reagana z Gorbaczowem komunikaty końcowe tworzono mozolnie w trakcie samych spotkań. Ponieważ Rosjanie często spierali się o ich treść bardziej niż o sam przedmiot rozmów, wynik był taki, że komunikaty końcowe były albo uprzejmym kompromisem, albo czasami nie wydawano ich wcale.

Szczyt genewski

Na pierwszej sesji plenarnej Gorbaczow ustąpił Reaganowi jako starszemu wiekiem i poprosił, aby pierwszy zabrał głos. Gdy Reagan zgodził się i zaczął mówić, odetchnąłem z ulgą, że moje zabiegi – a prawdopodobnie również starania Caseya i Laxalta – okazały się skuteczne. Reagan nie wysunął żadnych nowych propozycji kontroli zbrojeń, lecz próbował zachęcić Gorbaczowa, aby się przed nim otworzył. Przypomniał radzieckiemu przywódcy, że – podobnie jak on – wychował się w skromnych warunkach, a jednak obaj siedzą dziś naprzeciw siebie jako najpotężniejsi przywódcy świata.

Reagan przystąpił do ofensywy i zarzucił Rosjanom współodpowiedzialność za regionalne spory i wojny – w Afganistanie, Angoli, Kambodży, Etiopii i Nikaragui. Większość swego wystąpienia poświęcił radzieckiej inwazji na Afganistan, mówiąc Gorbaczowowi, że Stany Zjednoczone są szczególnie zaniepokojone tym aktem bezpośredniej interwencji wojskowej ze strony Związku Radzieckiego. Zacząłem oddychać swobodniej – Reagan znalazł się na ścieżce, którą uważałem za słuszną.

Zamiast podjąć tematy wymienione przez Reagana – jak sobie tego życzyliśmy – Gorbaczow wygłosił przemowę na temat kontroli zbrojeń. Było oczywiste, że jako nowy uczestnik gry szedł po prostu tropem swych poprzedników za radą Andrieja Gromyki, którego na razie pozostawił na stanowisku ministra spraw zagranicznych. Poza tym kontrola zbrojeń była tematem bezpiecznym, w którym wypracowano już precyzyjne stanowisko radzieckiej partii. Na spotkaniach na szczycie przywódcy ZSRR zawsze unikali dyskusji na tematy regionalne, uważając, że ich podjęcie oznaczałoby akceptację amerykańskiej polityki wiązania kontroli zbrojeń z innymi sprawami. Wobec tego próbowali zepchnąć problemy regionalne do roli tematu rozmów prowadzonych kanałami dyplomatycznymi.

Kiedy ponownie przyszła kolej na wystąpienie Reagana, prezydent posłużył się taktyką Gorbaczowa i nie odpowiedział na kwestie podniesione przez przedmówcę. Zamiast odpowiedzi Reagan oświadczył Gorbaczowowi, że Stany Zjednoczone są głęboko zaniepokojone stanem przestrzegania praw człowieka w Związku Radzieckim. Podkreślił, że wzajemne stosunki będą napięte, póki Rosjanie nie zmienią sytuacji. Gorbaczow odparł, że prawa człowieka nie znajdują się na porządku dziennym tych rozmów – i że problemy humanitarne (jak nazywali to Rosjanie) są sprawami wewnętrznymi ZSRR. Postawił sprawę ostro: *„Nie mieszajcie się do naszych spraw wewnętrznych, a my nie będziemy się wtrącać w wasze"*. I szybko powrócił do poprzednio poruszonego tematu konieczności osiągnięcia porozumienia o kontroli zbrojeń. Mówiąc jakby do protokołu, a nie do Reagana, podkreślił odpowiedzialność obu przywódców za dążenie do zapewnienia pokoju na świecie. Powtórzył standardowe stanowisko ZSRR, że miłujące pokój narody krajów socjalistycznych pragną, ponad wszystko, uniknąć groźby wojny nuklearnej. To była wypowiedź łatwa do przewidzenia, bardziej nastawiona na pokazanie swego stanowiska niż na podjęcie konkretnych spraw.

Kiedy znów przyszła kolej na Reagana, powiedział on Gorbaczowowi, że Stany Zjednoczone nie uważają praw człowieka za wewnętrzny problem jakiegoś państwa, lecz za sprawę globalną: – Nie możemy darzyć zaufaniem przywódcy innego kraju, któremu nie ufa własny naród. – Zatrzymał się na tym temacie jeszcze przez jakiś czas, upewniając się, czy Gorbaczow zrozumiał, że prawa człowieka są sprawą wielkiej wagi nie tylko dla niego, lecz również dla całego narodu amerykańskiego. Zadowolony z tego, że jego argumentacja dotarła do rozmówcy, Reagan odpowiedział z kolei na wstępne propozycje Gorbaczowa dotyczące kontroli zbrojeń. Powiedział, że nie wystarczy mówić w sposób ogólny, trzeba zająć się szczegółami. Argumentował, że obie strony powinny zmniejszyć liczbę głowic jądrowych o połowę i że jest sprawą absolutnie zasadniczą, aby móc zweryfikować, czy wycofana broń została zniszczona. Tu przywódca radziecki go zaskoczył, mówiąc że również jest zainteresowany znaczącymi redukcjami broni strategicznych i że obaj powinni ze sobą przedyskutować, jak wielkie miałyby być te redukcje. Gorbaczow dodał, że chciałby przyspieszyć negocjacje o broni jądrowej średniego zasięgu (INF).

Jednak do szczegółowych dyskusji o redukcji INF nie doszło. Zanim zakończyła się pierwsza sesja plenarna stało się oczywiste, że obaj przywódcy przez większość czasu rozmawiali ze sobą, mijając się. Gorbaczow dał wyraźnie do zrozumienia, że chce dyskutować jedynie o problemie kontroli zbrojeń. Mimo to Reaganowi udało się skłonić go do wysłuchania propozycji na temat szerokiego programu rozmów.

Przed przerwą na lunch dziennikarze zostali wpuszczeni do sali obrad na krótką sesję fotograficzną. Podczas gdy robiono zdjęcia, obaj przywódcy unikali odpowiedzi na pytania reporterów i po prostu uśmiechali się do kamer. Sesję zdjęciową ożywiło pojawienie się syna prezydenta Reagana, Rona, który załatwił sobie akredytację prasową jako korespondent *Playboya*. Wszedł do salonu ubrany w czerwony dres i sportowe buty marki Reebok. Kiedy prezydent przedstawił go Gorbaczowowi, sekretarz generalny był zaskoczony. Poczuł się niezręcznie i zakłopotany rozglądał się wokół, szukając wsparcia. Odetchnął z ulgą, gdy syn prezydenta nie zadał mu żadnych pytań, tylko poprosił o pozwolenie na sfotografowanie obu przywódców podających sobie ręce.

W godzinę czy nieco więcej po rozpoczęciu sesji popołudniowej Reagan zasugerował, aby Gorbaczow wyszedł z nim na wspólny spacer wokół posiadłości, którą rząd Szwajcarii udostępnił na spotkanie na szczycie. Gorbaczow był pod wrażeniem troski gospodarzy o zapewnienie dyskrecji obu przywódcom – Szwajcarzy zadali sobie trud posadzenia wysokich drzew wzdłuż parkanu z łańcuchów. Drzewa te zasłaniały licznych członków ochrony, którzy stali tam niemal ramię przy ramieniu. Gorbaczow zażartował, że Szwajcaria jest bardziej policyjnym krajem niż Związek Radziecki. Powiedział, że porozmawia z oficerami KGB, aby wzięli lekcje u Szwajcarów, jak dyskretnie wypełniać swe obowiązki. Rzeczywiście pomysł sadzenia drzew wyszedł od mera Genewy, gdyż mieszkańcy miasta czuli się nieswojo, widząc wysoki płot z drutem kolczastym otaczający rezydencję radziecką. Uważali to za afront wobec ich pięknego miasta i otwartości szwajcarskiego społeczeństwa. Rozumieli, że zapewnienie bezpieczeństwa uczestnikom szczytu jest konieczne, lecz pragnęli, aby ochrona nie rzucała się w oczy.

Reagan skierował Gorbaczowa do przystani nad brzegiem Jeziora Genewskiego. Musiał być pewny, że uda mu się spotkać z Gorbaczowem na osobności, na nieformalnej dyskusji. Dlatego kazał przygotować w domku na przystani dwa wygodne fotele ustawione obok buchającego ogniem kominka. To ciepłe i przytulne miejsce kontrastowało z atmosferą ponurego, zimnego i wietrznego dnia. Obaj przywódcy swobodnie rozmawiali ze sobą przez około półtorej godziny jedynie w obecności tłumaczy. Reagan często powtarzał, iż wierzy, że uda mu się przekonać Gorbaczowa do swego sposobu myślenia, jeżeli tylko pozostaną ze sobą sam na sam, z dala od radzieckich doradców.

Później udałem się do tego domku na przystani i rozmawiałem z jego gospodarzem. Pokazał mi, jak wymyślne były przygotowania, które poczyniono przed spotkaniem. Wcale nie wydarzyło się ono *ad hoc,* jak sugerowali potem niektórzy dziennikarze. Była tam gorąca herbata i kawa, a w łazienkach rozmieszczono elektryczne grzejniki. Gospodarz domku pokazał mi napis ostrzegawczy umieszczony na nisko położonej belce: *„Niski strop, byli prezydenci pochylcie głowy!"* (Żartowniś miał niewątpliwie na myśli Geralda Forda. Wysoki Ford obijał sobie głowę przy różnych okazjach, np. wysiadając z helikoptera). Na całe szczęście reporterów na miejscu nie było i zdjęcie ostrzegawczej plakietki nie ukazało się w gazetach.

Reagan opowiedział nam potem, co wydarzyło się podczas rozmów przy kominku. Wyraźnie zbulwersowany prezydent zaczął od tego, co zaszło, gdy rozstawał się z Gorbaczowem. Gdy opuszczali domek na przystani, Reagan zasugerował, żeby obaj poszukali następnych okazji do nieformalnych rozmów, bez obecności doradców. Jego propozycja – jak się wydawało – wprawiła Gorbaczowa w zakłopotanie, więc dał niewiążącą odpowiedź. Gorbaczow – ciągnął Reagan – poświęcił wiele czasu na wyjaśnianie swojej polityki *pierestrojki* i *głasnosti,* mówiąc otwarcie o trudnościach gospodarczych, na które napotyka w kraju.

Nie było wątpliwości – mówił Reagan – że Gorbaczow był zdecydowany sprawić, żeby socjalizm zadziałał. Prezydent czuł się zaskoczony głęboką indoktrynacją i doświadczeniem Gorbaczowa. Z tych powodów, a może także dla wyrównania rachunków z Reaganem za jego uwagi o *„imperium zła"*, Gorbaczow długo rozwodził się ma temat złych cech systemu kapitalistycznego i wyzysku człowieka przez człowieka. Reagan powiedział nam, że odrzekł na to, iż kapitalizm nie jest doskonały, ale – jak Churchill mawiał o demokracji – ustrój ten jest jednak lepszy niż każdy inny. Prawdopodobnie myśląc o Nixonie, prezydent dodał: – Naród może mnie nawet wyrzucić.

W tym momencie Gorbaczow stwierdził, że jeśli on sam nie będzie ostrożny, naród radziecki też może się go pozbyć z powodu polityki *pieriestrojki* i *głasnosti*. Jest jednak zdeterminowany użyć *pieriestrojki* w taki sposób, aby pogodzić socjalizm z ekonomiką. Mimo to – wyjaśniał nam Reagan – Gorbaczow bardzo ogólnikowo mówił o zmianach, które zamierza wprowadzić. Odrzucił od razu sugestię Reagana, by wdrożył u siebie w kraju gospodarkę rynkową, stwierdzając, że taki ustrój gospodarczy pozostaje poza ideałami Lenina. Reagan był zawiedziony, widząc jak sztywny i doktrynerski okazał się jego rozmówca w swojej filozofii ekonomicznej. Odniósł wrażenie, że sekretarz generalny nie chce albo nie może uwierzyć, iż gospodarka wolnorynkowa byłaby właściwa dla ZSRR, a nawet że w ogóle mogłaby tam działać. Reaganowi wydawało się, że Gorbaczow zadowalał się wprowadzaniem wielu przypadkowych zmian, chcąc zobaczyć, co z tego w końcu wyniknie.

Zapytałem prezydenta, czy dyskutowali o czymś, co dotyczyło kontroli zbrojeń. – Tak – odparł. – Gorbaczow poprosił mnie, abym mu przedstawił uzasadnienie dla SDI słowami laika. Powiedziałem mu, że Amerykanie spoglądają w niebo i wyobrażają sobie, co się stanie, gdy nagle pojawią się na nim rakiety, które mają zniszczyć nasz kraj. – Spytałem, co na to Gorbaczow. – Rakiety jeszcze nie lecą – Reagan przytoczył odpowiedź Gorbaczowa – a czy kiedykolwiek polecą, zależy od tego, jak będziemy prowadzić naszą politykę. Lecz jeśli SDI zostanie wprowadzona, tylko Bóg raczy wiedzieć, dokąd to doprowadzi. Dyskusja o SDI nie doprowadziła do niczego – powiedział już od siebie Reagan – ale przynajmniej dowiedziałem się, że Gorbaczow odwołuje się do Boga, gdy sam nie zna odpowiedzi.

Skorzystaliśmy z okazji, by zapytać Reagana o jego pierwsze wrażenia ze spotkania z Gorbaczowami, a w szczególności, co sądzi o Raisie. Reagan odpowiedział, że pani Gorbaczow odznacza się bardzo silną wolą; był pewny, że ma dominujący wpływ na poglądy męża. – Ona jest twardym polemistą – powiedział Reagan – ma własny rozum. Ale prezydent nie mógł przepuścić okazji do żartów i z błyskiem w oku dodał – Jak wiecie, Raisa jest pierwszą małżonką radzieckiego przywódcy, która waży mniej niż jej mąż.

Później wiele osób, które przysłuchiwały się pierwszej rozmowie Nancy Reagan z Raisą Gorbaczow potwierdziło ocenę Raisy dokonaną przez prezydenta. Była ona, podobnie jak i mąż, przesiąknięta ideologią komunistyczną i zadręczała Nancy nawet bardziej niż sekretarz generalny wygłaszający swe wykłady Reaganowi. Raisa powiedziała Nancy, że w przeciwieństwie do USA w ZSRR nie ma bezrobotnych, nie ma biedaków ani bezdomnych. – W Związku Radzieckim nie wyzyskujemy szerokich mas – powiedziała – tak jak wy wyzyskiwaliście waszych Murzynów przez 300 lat. I nie odbieraliśmy ziemi pierwotnym osadnikom i nie wypieraliśmy ich do obozów koncentracyjnych, tak jak wy potraktowaliście waszych Indian.

Taka wypowiedź Raisy na pierwszym spotkaniu obu pań nie była zbyt miła. Oczywiście Nancy podeszła do tego wszystkiego spokojnie i nie odpowiedziała w podobny sposób. Pierwsza Dama zachowała godne milczenie i skierowała rozmowę ku mniej drażliwym sprawom tak szybko, jak tylko okazało się to możliwe.

Tego samego dnia miałem okazję obserwować Gorbaczowa z bliska. W rzeczywistości był niższy i cięższej budowy niż na zdjęciach. Jego znamię na głowie, tak widoczne w telewizji, było prawie niezauważalne. Ubierał się elegancko, miał na sobie świetnie skrojony na modłę zachodnią garnitur z włoskiego jedwabiu, szytą na miarę białą koszulę z francuskimi mankietami i krawat z pracowni Olega Cassiniego. Był ożywiony i uważny, w ogóle nie robił wrażenia osoby nerwowej. Wiedziałem już wcześniej, że potrafi być otwarty i uprzejmy wobec większych grup ludzi; lubił przebywać w tłumie, zachowując się jak polityk z Zachodu. W mniejszej grupie i bez obecności kamer usztywniał się, zachowywał się wtedy bardzo formalnie i z rezerwą. Chociaż nie używał obraźliwego i pełnego wymysłów języka Gromyki, odzywał się twardo i chwilami bez osłonek. Mówił długimi, zawiłymi zdaniami i czasami powtarzał się. Zrobił na mnie wrażenie bardzo twardego negocjatora. I rzeczywiście pasował do znanego powiedzenia Gromyki: – Gorbaczow ma miły uśmiech, ale stalowe zęby.

Co do przedmiotu późniejszego spotkania obu przywódców, prześlizgnęli się oni przez temat praw człowieka i przeszli do omawiania SDI. Reagan wyjaśnił, że SDI jest tarczą obronną, rakiety używane w tym systemie nie są bronią ofensywną i nikogo nie będą razić. Gorbaczow zdenerwował się i zapytał – Dlaczego nie chce mi pan uwierzyć, gdy mówię, że Związek Radziecki nigdy nie zaatakuje? I, zanim Reagan zdołał odpowiedzieć, podniecony Gorbaczow dodał – Pragnę znać pańską odpowiedź. Dlaczego pan mi nie dowierza? Zdumiony tym Reagan odpowiedział: – Chwileczkę, nikt nie może wmówić narodowi amerykańskiemu, że powinien bardziej polegać na osobistym zaufaniu niż na solidnej obronie. Gorbaczow replikował – Nie zgadzam się z panem, lecz widzę, że faktycznie tak pan uważa.

Pozostała część spotkania składała się z chaotycznego przypominania dawnych stanowisk, które nie doprowadziły do niczego. Odbyła się długa i burzliwa narada nad tym, co powinno się znaleźć w komunikacie końcowym. Zakończyła się stwierdzeniem, że Stany Zjednoczone i Związek Radziecki *„zgadzają się, że wojny jądrowej nie można wygrać i nie powinno się jej prowadzić"*. O SDI i układzie ABM, które zajęły większość czasu, nawet nie wspomniano.

Po spotkaniach Reagan krytycznie ocenił ich przebieg. Sekretarz Shultz powiedział przy tej okazji prezydentowi, że Gorbaczow w drodze do kraju zatrzyma się w Pradze, aby poinformować o genewskim szczycie ministrów spraw zagranicznych Układu Warszawskiego.

– Zastanawiam się, czy oni nie chcieliby wysłuchać również naszej relacji? – spytał Reagan. Rozważając tę propozycję, przytakująco skinąłem głową, a prezydent – ku mojemu zaskoczeniu – powiedział – Zadzwońmy do nich i zapytajmy o to.

Mniej więcej godzinę później usłyszeliśmy od Jaya Niemczyka, naszego ambasadora w Pradze, że minister spraw zagranicznych Czechosłowacji faktycznie chciałby wysłuchać naszej relacji ze szczytu. Nie chcąc pominąć ministrów spraw zagranicznych z innych liczących się państw bloku radzieckiego – zadzwoniliśmy do naszych ambasadorów w Warszawie, Budapeszcie i w Berlinie Wschodnim. Oni również potwierdzili, że ministrowie spraw zagranicznych tych krajów życzyliby sobie wysłuchać naszej informacji.

Następnego dnia zostałem wysłany do Czechosłowacji, Polski, NRD i na Węgry. We wszystkich czterech krajach zostałem przyjęty serdecznie, a większość polityków z uwagą wysłuchała mojej relacji i zadawała mi sensowne pytania. Wyjątkiem była NRD, gdzie minister spraw zagranicznych przyjął stanowisko radzieckie i chciał przeprowadzić ze mną debatę na temat polityki USA. Pomijając jednak różnice polityczne, zarówno ten minister, jak i inni szefowie MSZ bloku radzieckiego powiedzieli mi, że moja relacja z wydarzeń w Genewie zgadza się z tym, co wcześniej usłyszeli od Gorbaczowa.

Rok później otrzymałem zaproszenie od komunistycznego rządu Jakesza w Czechosłowacji z prośbą, bym poinformował o aktualnych problemach kontroli zbrojeń. Odpowiedziałem, że chętnie zrobię to, ale pod warunkiem, że będę mógł również porozmawiać z członkami grupy dysydentów z Karty 77, zakładając oczywiście, że będą chcieli ze mną rozmawiać. Zostałem wkrótce poinformowany, że przywódcy grupy Karta 77 zgodzili się na spotkanie, a rząd Czechosłowacji nie ma nic przeciwko temu. Podczas drugiej wizyty w Pradze rozmawiałem między innymi z Vaclawem Havlem, Jiřim Dienstbierem i z Ritą Klimovą. Był to precedens, gdyż Karta 77 pozostawała nadal organizacją nielegalną, wielu jej członków spędziło niemało lat w więzieniach. Posługując się przykładem Czechosłowacji jako pewną formą nacisku, zapytałem z kolei rząd Polski, czy zgodziłby się na przekazanie przeze mnie informacji na takich samych warunkach. Generał Wojciech Jaruzelski nie sprzeciwił się i mogłem odbyć spotkanie z Lechem Wałęsą i kilkunastoma innymi członkami nielegalnego wówczas związku zawodowego Solidarność.

Działacze związku byli bardzo zadowoleni i wysoko ocenili poparcie prezydenta Reagana dla Solidarności. Spotkanie to dało mi również okazję do rozmowy z Wałęsą o sprawie, o której marzyłem od lat: zorganizowania powrotu do Polski ciała Ignacego Jana Paderewskiego, słynnego pianisty, kompozytora i męża stanu. Paderewski zmarł w USA w 1941 roku, a wszyscy kolejni prezydenci amerykańscy, począwszy od Johna F. Kennedy'ego, przysięgali, że przekażą jego prochy do rodzinnego kraju, gdy Polska będzie wolna. Byłem pewien, że moment ten jest już bliski.

W wyniku tego i innych spotkań mogłem utrzymać bliski kontakt z przywódcami opozycji w Polsce i Czechosłowacji. W sumie odbyłem pięć podróży do tych krajów pozwalających mi w następnych latach przekazywać mocne poparcie prezydenta Reagana dla dysydentów. Podróże te przyczyniły się do lepszego zrozumienia i poparcia polityki USA. Wizyty w Polsce pozwoliły mi również spełnić moją życiową misję – prochy Paderewskiego powróciły do kraju 29 czerwca 1992 roku.

Widząc sukces mojej misji w Europie Wschodniej, prezydent Reagan wysyłał mnie w podobnej misji do Azji. Po każdym spotkaniu prezydenta na szczycie i po spotkaniach ministrów spraw zagranicznych wyjeżdżałem do Tokio, Seulu, Canberry i do Pekinu. Moje konsultacje z Japończykami, które później opiszę, były szczególnie owocne.

Prezydent Reagan, gdy tylko wrócił do kraju po spotkaniu genewskim, złożył sprawozdanie Amerykanom, występując w ogólnokrajowej sieci telewizji. Powiedział, że chociaż może obiecać narodowi nadzieję na postęp, nie może tego zagwarantować. – Aby przekonać się o tym, że zostały osiągnięte trwałe porozumienia – powiedział – trzeba poczekać na dalszy rozwój wypadków. – Wyjaśnił też, że jego następne raporty dla narodu będą zawierały wszystkie cztery elementy stosunków Wschód – Zachód: sprawy regionalne, prawa człowieka, stosunki dwustronne i kontrolę zbrojeń. Byłem zadowolony – i w jakiś sposób odprężony – że Reagan znów promuje swój szeroki program. Rzeczywiście, przynajmniej na jakiś czas, prezydent odłożył idealistyczne marzenia do lamusa.

Propaganda czy pokój?

W pierwszych dniach stycznia 1987 roku Gorbaczow uczynił dramatyczny gest, zamierzając przejąć inicjatywę w sprawie kontroli zbrojeń. W prywatnym liście skierowanym do Reagana nawoływał do eliminacji do 2000 r. całej broni jądrowej w obu krajach.

Pamiętałem o dyskusjach, które Reagan przeprowadził z nami rok wcześniej na temat swego marzenia o eliminacji wszystkich broni jądrowych i propozycja Gorbaczowa zmartwiła mnie. Nie wiedziałem, w jaki sposób mielibyśmy zrezygnować z broni atomowej i mimo to utrzymać nasze bezpieczeństwo. Pierwotnym powodem rozmieszczenia przez nas broni jądrowej była chęć odstraszenia przeciwnika od dokonania konwencjonalnego lub nuklearnego ataku na USA i naszych sprzymierzeńców. Rosjanie nadal utrzymywali ogromną przewagę w uzbrojeniu konwencjonalnym i tylko oni byli w stanie przypuścić pierwszy atak atomowy. Jeżeli zawarlibyśmy z nimi porozumienie na temat zniszczenia wszystkich broni jądrowych, otwarty charakter naszego społeczeństwa gwarantował, że nie ukrylibyśmy żadnej części arsenału. Rosjanie natomiast, ze względu na zupełnie inny charakter swego ustroju, mogliby łatwo nas oszukać. Ponadto – w przypadku kryzysu – mogliby szybko i w sposób tajny ponownie wyprodukować broń jądrową, co w Stanach Zjednoczonych nie byłoby możliwe. Byłem więc przekonany, że Gorbaczow wysunął swą propozycję jedynie w celach propagandowych.

To, że jego celem była rzeczywiście propaganda, wyszło na jaw kilka dni później, kiedy opublikował treść swego listu do prezydenta Reagana. Gdyby to była poważna propozycja, rozwinąłby przecież swą ofertę drogą poufnych kontaktów dyplomatycznych. Lecz czyniąc ją publicznie znaną, postawił Reagana w trudnej sytuacji. Trzeba było rozstrzygnąć, czy propozycja Gorbaczowa powinna być oceniona jako wyłącznie śmiała gra propagandowa i od razu odrzucona, czy byłoby lepiej, gdybyśmy zareagowali na nią, przedstawiając konkretną i poważną własną kontrpropozycję? Biorąc pod uwagę szeroki odzew, jaki list wywołał w światowych mediach, poradziłem prezydentowi, aby wybrał drugi wariant i potraktował stanowisko Gorbaczowa jak poważną ofertę.

Przez wiele następnych tygodni administracja Reagana pracowała z wielką uwagą nad odpowiedzią, która miała na celu stwierdzić, czy Rosjanie naprawdę poważnie myśleli o wyeliminowaniu wszystkich broni jądrowych. Nawet jeśliby tak było, Stany Zjednoczone musiały opracować taką kontrpropozycję, która odwlekałaby przedwczesną eliminację naszego arsenału nuklearnego do momentu, kiedy bylibyśmy absolutnie pewni, że nasze bezpieczeństwo zostanie zagwarantowane.

Plan, który opracowaliśmy nie zakładał pozbycia się całej broni jądrowej, jak to proponowali Rosjanie, lecz eliminację wszystkich strategicznych rakiet balistycznych. Caspar Weinberger – sekretarz obrony – uważał, że jest to propozycja bezpieczna, gdyż wierzył, że Rosjanie nigdy jej nie przyjmą. Poza tym – argumentował – jeżeli nawet Rosjanie byliby gotowi ją zaakceptować, to także wyjdziemy na tym dobrze, ponieważ będą musieli zniszczyć więcej rakiet balistycznych niż my. Weinberger był pewny, że nasza dominacja w dziedzinie rakiet *cruise* i bomb jądrowych przenoszonych samolotami pozwoli nam na uzyskanie przewagi.

Ken Adelman – dyrektor ACDA – nie był zachwycony propozycją Weinbergera. Uważał, że to śliska droga, która może doprowadzić do porozumienia o eliminacji wszystkich broni jądrowych. Adelman dobrze rozumiał, w jak ryzykownej znaleźlibyśmy się sytuacji, gdyby doszło do takiego porozumienia i przy wielu okazjach próbował, acz nieskutecznie, skłonić prezydenta i Narodową Radę Bezpieczeństwa (NSC), by zajęli się tym problemem. Ja również miałem zastrzeżenia do naszej kontrpropozycji, ale mając na uwadze silne pragnienie Reagana, by nie dopuścić do propagandowego zwycięstwa Gorbaczowa, uważałem poparcie planu Weinbergera za najlepsze wyjście. Moim największym zmartwieniem było jednak to, że prezydent znów mógłby zamarzyć o eliminacji całej broni jądrowej.

List Gorbaczowa zawierał również propozycję redukcji – do równych poziomów po obu stronach – rakiet krótszego zasięgu w Europie. Byliśmy zachwyceni tym, że Rosjanie wydawali się przejawiać wolę zredukowania pewnej ilość swojej broni, pod warunkiem oczywiście, że rakiety wycofane z radzieckich arsenałów rzeczywiście zostałyby w możliwy do zweryfikowania sposób zniszczone.

Po wysłaniu do Gorbaczowa ogólnie sformułowanej, lecz jednak pozytywnej odpowiedzi, prezydent Reagan wydelegował mnie w podróż do głównych stolic Azji, gdzie miałem przeprowadzić konsultacje i wyjaśnić szczegóły naszej kontrpropozycji. Ta podróż okazała się mieszaniną dobrych i złych wiadomości. Dobrą wiadomością było niewątpliwie to, że przywódcy państw azjatyckich pozytywnie ocenili nasz pomysł odbycia takich konsultacji. Złą – że wyczuli, iż propozycja radziecka dotycząca redukcji rakiet średniego zasięgu w Europie, lecz nie w Azji, stawiała ich kraje w sytuacji strategicznie niekorzystnej. Zapewniłem, że Stany Zjednoczone po zaakceptowaniu propozycji radzieckiej wyjdą z następną, która skłoni Rosjan do redukcji ich rakiet w Azji.

Szczególnie Japończycy obawiali się, że Stany Zjednoczone dadzą się zapędzić w kozi róg i pozwolą Rosjanom utrzymać rakiety SS-20 w Azji. Całe szczęście, że miałem dobre osobiste stosunki z wieloma japońskimi politykami. Przed moją pierwszą wizytą w Tokio rząd japoński sprawdził moje dossier. Znaleziono w nim memorandum, które napisałem w 1949 roku, pracując w sztabie generała MacArthura. Zalecałem tam, by Stany Zjednoczone wycofały swoje wojska okupacyjne z japońskich miast i wsi. To memorandum i moja następna propozycja, by pozwolić Japończykom na tworzenie sił samoobrony uczyniły ze mnie osobę bardzo popularną w Kraju Kwitnącej Wiśni. Ponieważ Japończycy, w odróżnieniu od Rosjan, bardzo polegali na zaufaniu budowanym przez kontakty osobiste, liczyłem na to, że będę zdolny przekonać ich, iż nie zawiedziemy oczekiwań. Powiedziałem Japończykom, że Stany Zjednoczone nie pozwolą, aby jakakolwiek rakieta SS 20 wycofana z Europy została rozmieszczona w Azji. Powiedziałam także, iż Rosjanie będą zmuszeni do zniszczenia tych rakiet SS-20, które nie zmieszczą się w uzgodnionym limicie. Przypomniałem również, że w Europie posiadamy rakiety balistyczne *Pershing II* i GLCM (wystrzeliwane z ziemi rakiety *cruise*), ale nie mamy ich w Azji. Powoduje to, że nie mamy żadnych możliwości wywierania nacisku na Rosjan, aby zredukowali liczbę swych rakiet SS-20 w regionie Pacyfiku. Japończycy, uprzejmi jak zawsze, odpowiedzieli mi, że tylko proporcjonalne i równoległe redukcje radzieckich rakiet SS-20 w Azji byłyby dla nich możliwe do przyjęcia.

Urzędnicy Departamentu Stanu nie byli zadowoleni z tego stanowiska Japonii. Mimo wszystko – argumentowali – Rosjanie zmniejszyliby całkowitą liczbę swoich rakiet, a sprzeciwianie się sposobom redukcji proponowanym przez Związek Radziecki mogłoby podważyć sens negocjacji. Lecz prezydent Reagan darzył Japończyków sympatią. Napisał do premiera Nakasonego, iż Stany Zjednoczone będą nalegać, żeby Rosjanie zredukowali liczbę swoich rakiet SS-20 zarówno w Azji, jak i w Europie. Reagan wydawał się tym wskazywać, że był bardziej zainteresowany rozwojem dobrych stosunków z Japończykami niż osiągnięciem porozumienia o kontroli zbrojeń z Rosjanami. Ale faktycznie Reagan miał na uwadze obie sprawy. Wykazując zdecydowanie, był zdolny do utrzymania przyjaźni z naszymi azjatyckimi sojusznikami, w pełni przekonany o tym, że potrafi również osiągnąć ostateczny cel, czyli właśnie porozumienia z Rosjanami. Taka postawa była jak najbardziej pożądana i korzystna. Ja również zawsze wypowiadałem się za porozumieniami z ZSRR o kontroli zbrojeń, pod warunkiem, że będą sprawiedliwe. Ale też wierzyłem, że nie powinniśmy płacić za takie porozumienia zbyt wysokiej ceny, poświęcając naszych wartościowych sojuszników.

START ponownie

W lipcu 1985 roku Gorbaczow zmienił ministra spraw zagranicznych. Wymienił doświadczonego, surowego i sztywnego Andrieja Gromykę na Eduarda Szewardnadzego, który, choć mało doświadczony w sprawach zagranicznych, przez ponad dziesięć lat imponował Gorbaczowowi inteligencją i wszechstronością. Szewardnadze wybrał na swego zastępcę Aleksandra Biessmiertnycha, zdolnego i doświadczonego dyplomatę, który przez wiele lat służył jako asystent Anatolijowi Dobryninowi, długoletniemu ambasadorowi ZSRR w Stanach Zjednoczonych. Miałem okazję dość dobrze poznać Biessmiertnycha i uważałem go za twardego, lecz racjonalnego adwokata radzieckiej polityki kontroli zbrojeń. Latem 1986 roku Szewardnadze zaproponował, aby eksperci z USA i ZSRR spotkali się na swobodnej, nieformalnej sesji, by podjąć próbę przełamania lodów w negocjacjach START. Głównymi przedmiotami dyskusji miały być możliwe do zaakceptowania pułapy liczbowe broni jądrowych na samolotach oraz na wystrzeliwanych z morza rakietach *cruise* (SLCM). Amerykańscy i radzieccy eksperci spotkali się nieoficjalnie w Moskwie 11-12 sierpnia, a następnie w Waszyngtonie 5-6 września 1986 roku.

Podczas tego drugiego spotkania przeprowadziłem długie i szczegółowe dyskusje z generałem-pułkownikiem Nikołajem Czerwowem z radzieckiego Ministerstwa Obrony. Jak na radzieckiego oficera wyższej rangi miał on niezwykle otwarty umysł i nietypową skłonność do przezwyciężania dzielących nas różnic poglądów. Powiedziałem mu na wstępie, że Stany Zjednoczone nie zaakceptują żadnego porozumienia, w którym poszczególne jednostki broni jądrowej na bombowcach strategicznych będą liczone osobno, w ramach uzgodnionego pułapu broni strategicznych. Czerwow zaskoczył mnie, mówiąc, że nie powinienem się tym zbytnio przejmować, gdyż jest możliwe obejście tej przeszkody. W kontekście sztywnego stanowiska zajmowanego dotąd przez oficerów radzieckich w tej kwestii była to naprawdę dobra wiadomość. Powiedziałem też Czerwowowi, że SLCM (rakiety *cruise*, wystrzeliwane z morza) nie powinny być w ogóle wliczane do ogólnej liczby systemów broni, ponieważ nie sposób ustalić, czy są uzbrojone w głowice konwencjonalne, czy w jądrowe. Czerwow raz jeszcze mnie zaskoczył, mówiąc, że jest możliwe wypracowanie dodatkowego porozumienia, w którym liczba SLCM byłaby ograniczona, lecz niewliczana do ogólnej liczby broni strategicznych. Z powodu nieprzejednanego stanowiska strony radzieckiej obie te sprawy przez długi czas stanowiły przeszkodę w osiągnięciu postępu. Lecz jeśli Czerwow zdołałby przekonać Moskwę, aby zajęła elastyczne stanowisko, czułem, że moglibyśmy posunąć się naprzód ku osiągnięciu zadowalającego porozumienia START.

Zdecydowany pójść za ciosem, powiedziałem Czerwowowi, że Stany Zjednoczone pragną zabiegać o redukcję radzieckich rakiet średniego zasięgu SS-20 również w Azji. Wspomniałem o swych konsultacjach przeprowadzonych w Tokio, podkreślając, że Japończycy stanowczo się tego domagają. Czerwow podjął temat nie pozostawiając wątpliwości, iż zna szczegóły moich rozmów z Japończykami, co skłoniło mnie do przypuszczeń, że Rosjanie nas podsłuchiwali. W sprawie rakiet Czerwow nie miał dla mnie jednak pocieszającej odpowiedzi. Powiedział twardo i bez osłonek, że ZSRR nie zredukuje liczby swych SS-20 w Azji.

Spotkanie w Rejkiawiku

Niedługo po spotkaniu ekspertów w sprawie rokowań START, które odbyło się w Waszyngtonie, 19 września 1986 roku Gorbaczow zaproponował Reaganowi, żeby spotkać się na neutralnym terenie, w pół drogi między ZSRR a USA. Ta propozycja przysporzyła nam nieco trudności, ponieważ prezydent ogłosił już publicznie, że nie zamierza spotykać się z Gorbaczowem wcześniej niż po listopadowych wyborach do Kongresu. Przewidując jednak, że może być bardzo krytykowany przez media, jeśli nie przyjmie oferty, Reagan zgodził się na weekendowe spotkanie w Rejkiawiku. Podkreślał przy tym, że nie będzie to formalne spotkanie na szczycie, lecz jedynie nieoficjalne – dla wysondowania możliwości polepszenia stosunków Wschód-Zachód.

Planowane spotkanie zostało prawie udaremnione, kiedy Rosjanie aresztowali amerykańskiego dziennikarza Nicholasa Daniloffa pod wydumanymi zarzutami szpiegostwa. A potem zaproponowali zwolnienie go, stawiając warunek równoczesnego uwolnienia przez USA już oskarżonego radzieckiego szpiega. Pomyślałem, że propozycja jest skandaliczna i powiedziałem to głośno, narażając się na reprymendę ze strony jednego z wpływowych asystentów szefa personelu Białego Domu, Dona Regana. Urzędnik ten dowiedział się, że przekazałem swoje zdanie w tej sprawie również pani Jeane Kirkpatrick – naszemu ambasadorowi przy ONZ – ona zaś publicznie wypowiedziała się przeciwko radzieckiej ofercie. Powiedziano mi, abym trzymał się swojej działki i nie wysuwał nosa poza kontrolę zbrojeń. Mimo to uważałem tę sprawę za ważną i doradziłem prezydentowi, aby nie jechał do Rejkiawiku, jeśli Daniloff nie zostanie zwolniony. Jednak Reagan i Gorbaczow bardzo pragnęli spotkać się i obaj ciężko pracowali, chcąc usunąć przeszkody. Po wielu dniach intensywnej działalności dyplomatycznej Daniloff został więc zwolniony, a w zamian odstąpiono od oskarżenia radzieckiego szpiega. Wszystko zostało tak przeprowadzone, aby żadna ze stron nie straciła twarzy.

Rejkiawik został wyznaczony na miejsce spotkania po części po to, żeby ograniczyć do minimum obsługę prasową. Biały Dom uważał, że jeśli wybierze się miejsce z niewielką liczbą łóżek hotelowych i linii telefonicznych, pozwoli to na drastyczne ograniczenie liczby akredytowanych dziennikarzy. Było to rozumowanie typowo życzeniowe. Przyjechało ponad trzy tysiące dziennikarzy, a miasto zmieniło się w logistyczny koszmar. Wszystkie dostępne miejsca w hotelach zostały zarezerwowane dla oficjalnych delegatów USA i ich personelu. Rosjanie sami rozwiązali swój problem lokalowy, pozostając na statku zacumowanym w porcie. Lecz dziennikarze prasowi i telewizyjni musieli szukać zakwaterowania nawet w promieniu 120 km od Rejkiawiku. Wielu w ogóle nie znalazło sobie kwater i nocowało na krzesłach w kilku barach i restauracjach rozproszonych po mieście. Restauracje miały nadmiar rezerwacji i musiały wydawać posiłki przez całą dobę. Na dodatek, dziennikarze byli zmuszeni z wyprzedzeniem zamawiać zagraniczne rozmowy telefoniczne do swych redakcji, a potem długo czekać, aby nadać korespondencje. Część żurnalistów musiała uciec się do pogardzanej praktyki nadawania wspólnych korespondencji.

Przestrzeń do pracy przyznana delegacji USA była ciasna i stale panował tam tłok. Kiedy prezydent chciał z nami porozmawiać przed spotkaniem z Rosjanami, można to było uczynić jedynie w *„bańce mydlanej"*, jak nazywaliśmy bezpieczny, oszklony boks (trzy na pięć metrów) w ambasadzie USA. Aby zrobić miejsce dla ośmiu osób, trzeba było wpierw usunąć stamtąd wszystkie meble, z wyjątkiem krzesła zarezerwowanego dla Reagana. Reszta z nas siedziała na podłodze lub tłoczyła się, stojąc jeden obok drugiego. Prezydent żartował sobie, że *„bańka mydlana"* przypomina mu akwarium. Ja powiedziałem, że raczej przeźroczystą puszkę na sardynki.

Spotkania Reagana z Gorbaczowem odbywały się w Hofdi House, podobno nawiedzanym przez duchy dawnym dworze, który – choć obszerny jak na islandzkie warunki – był zbyt mały, by pomieścić nawet ów *„nieszczyt"*, jak nazwaliśmy to spotkanie. Kiedy nasi eksperci od kontroli zbrojeń chcieli odbyć naradę, jedynym dostępnym miejscem była łazienka. Jeśli zaś chcieliśmy zorganizować spotkanie z partnerami radzieckimi, to odbywało się ono w prowizorycznej salce konferencyjnej w piwnicy. Ciężkie warunki i tłok powodowały, że każdy z nas stawał się szorstki i drażliwy.

Kiedy rozpoczęło się spotkanie, Gorbaczow – bardzo przywiązany do formy – odrzucił na bok wszystkie inne tematy, które dotyczyły stosunków Wschód – Zachód, i powiedział, że chce rozmawiać wyłącznie o kontroli zbrojeń. Tymczasem Reagan, tak jak zrobił to w Waszyngtonie, zaproponował, aby głównymi tematami do dyskusji były sprawy regionalne oraz prawa człowieka. Lecz uzyskał bardzo niewiele.

Zamiast krótkiego spotkania dla lepszego poznania się nawzajem, które wolałby Reagan, Gorbaczow zapowiedział, że przybył do Rejkiawiku przygotowany do dobicia targu w sprawie kontroli zbrojeń. Rozpoczął pierwszą sesję od powtórzenia swej propozycji wyrażonej w liście z początku stycznia, mówiąc, że wszystkie rodzaje jądrowych broni strategicznych powinny być wyeliminowane do 2000 roku. Propozycja, której obawiałem się i co do której miałem nadzieję, że zostanie oddalona jako zagrywka czysto propagandowa, znalazła się teraz na stole. Sprawy potoczyły się w złym kierunku, kiedy Reagan powiedział, że on również jest zainteresowany całkowitą eliminacją broni jądrowej.

Gorbaczow, jak się obawiałem, potraktował odpowiedź Reagana jako oznakę aprobaty dla swej propozycji. Bo przecież Reagan potwierdził jego słowa. Przywódca radziecki powiedział następnie, że jest przygotowany do szczegółowej rozmowy na temat kontroli zbrojeń i zasugerował, aby dołączyli do nich Shultz i Szewardnadze. Gdy tylko sekretarz stanu USA i minister spraw zagranicznych ZSRR zajęli miejsca, Gorbaczow ponownie zaskoczył Amerykanów. Sięgnął do swej teczki z dokumentami i wyciągnął angielski przekład zestawu dyrektyw, którymi mieliby kierować się ministrowie spraw zagranicznych, oczekując, że zostaną uzgodnione podczas późniejszego szczytu w Waszyngtonie.

Zakres i szczegóły tych dyrektyw nie pozostawiały wątpliwości, że Gorbaczow zaplanował sobie przedstawienie Reaganowi dalekosiężnego zestawu propozycji kontroli zbrojeń. Obejmowały one broń strategiczną, broń średniego zasięgu w Europie i broń kosmiczną. Propozycje zawierały również zapowiedź 50-procentowej redukcji ciężkich rakiet radzieckich i pisemną zapowiedź gotowości ZSRR do rezygnacji z poprzednich żądań, by systemy rakietowe Wielkiej Brytanii i Francji zostały ujęte w zbiorowym rachunku. I wreszcie Gorbaczow zaproponował, że żadna ze stron nie wycofa się z układu ABM przez dziesięć lat, a SDI powinna się ograniczyć do badań w laboratoriach.

Kiedy po pierwszej sesji spotkaliśmy się z Reaganem i Shultzem, obaj wyrazili zaskoczenie, że Gorbaczow przedstawił tak radykalny pakiet propozycji. Reagan powiedział: – Obawiam się, że chodzi mu o SDI.

Mimo obciążeń, które powodowały toczące się rozmowy – gdy Reagan, Gorbaczow i obaj ministrowie spraw zagranicznych uczestniczyli w zamkniętej dla innych sesji negocjacyjnej – ci z nas, którzy nie byli wówczas zaangażowani, wybiegali do miasta kupić pamiątki dla swych rodzin. Sklepy były dobrze zaopatrzone w dość jarmarczne powłoczki na poduszki, chusty i koszulki typu T-shirt z podobiznami Reagana i Gorbaczowa, wymieniających uścisk dłoni. Wśród bardziej wymyślnych towarów przypominających reklamowe sztuczki z połowy lat 70. znajdowały się puszki *„Autentycznego gorącego powietrza z Rejkiawiku”*.

Kiedy oglądałem szeroki wybór pamiątek, do lady podszedł jeden z moich radzieckich adwersarzy, niosąc w ręku naręcze T-shirtów. Jego tłumacz odezwał się do sprzedawczyni – Mój szef jest negocjatorem i chciałby pani zaoferować po dziesięć dolarów za sztukę za te wszystkie koszulki wycenione po 11 dolarów. – Był zdumiony, kiedy odpowiedziała: – Świetnie! – i zapakowała jego zakupy. Wtedy uśmiechnął się i powiedział do mnie – Widzisz, uczę się negocjować w kapitalistycznym społeczeństwie. – Kiedy nadeszła moja kolej, oferowałem sprzedawczyni po osiem dolarów za koszulkę. – Nie, one kosztują jedenaście dolarów! – zaprotestowała. – Ale – nie ustępowałem – tu jest napisane, w waszym pakiecie powitalnym, że członkowie oficjalnych delegacji USA i ZSRR są uprawnieni do 20-procentowego upustu.

– Popatrz tylko! – zwróciłem się do mojego kolegi. – Uczę się od radzieckich negocjatorów, że opłaca się czytać ogłoszenia, napisane drobnym drukiem.

Na spotkaniu popołudniowym prezydent Reagan rozpoczął swe wystąpienie od pochwały niektórych propozycji Gorbaczowa, sprzeciwu wobec innych i prośby o wyjaśnienie pozostałych. Z powodu bardzo krótkiego czasu, jaki mieliśmy na przestudiowanie radzieckich propozycji (w przerwie na lunch), nie byliśmy jeszcze gotowi do odpowiedzenia na nie szczegółowo. Poradziliśmy więc Reaganowi, żeby przeciągał rozmowę i po prostu powtórzył amerykańskie stanowisko, wyrażone w odpowiedzi na list Gorbaczowa ze stycznia. Kiedy Reagan zrobił, jak mu radziliśmy, Gorbaczow okazał niezadowolenie, nazywając pomysły prezydenta *„zestawem przestarzałych propozycji blokujących rozmowy genewskie”*. Pragnąc go uspokoić, Reagan zaproponował, żeby wieczorem zorganizować w tej sprawie spotkanie amerykańskich i radzieckich ekspertów.

Kiedy w sobotę wieczorem zasiedliśmy przy stole konferencyjnym w Hofdi House, spotkały nas różne niespodzianki. Pierwszą był skład delegacji radzieckiej. Gdy nasz zespół składał się z tych samych osób, które wcześniej brały udział w sesjach na temat kontroli zbrojeń w Moskwie i Waszyngtonie, Rosjanie pojawili się w gronie prawie całkowicie nowym. Jedynym radzieckim delegatem, który brał udział w poprzednich spotkaniach był Wiktor Karpow.

Delegacji radzieckiej przewodniczył marszałek Siergiej Achromiejew – wiceminister obrony i szef Sztabu Generalnego. Dwóch dodatkowych przedstawicieli przy stole to Georgij Arbatow i Walentin Falin, obaj dobrze znani ze swego głębokiego zaangażowania w przedsięwzięcia propagandowe. Byli tam również: najwyższy autorytet radziecki w dziedzinie systemów kosmicznych – akademik Jewgienij Wielichow i ambasador ZSRR w USA – Jurij Dubinin.

Od początku było wiadomo, że Związek Radziecki zamierza wykorzystać spotkanie w Rejkiawiku do swoich celów propagandowych. A jednak gdy przy stole zobaczyłem marszałka Achromiejewa, zdałem sobie sprawę, że Rosjanie przybyli tu również z zamiarem prowadzenia poważnych negocjacji. Przypomniałem sobie pogłoskę o tym, że kiedy przyszło finalizować negocjacje SALT I, tymczasowo zastąpili cywilnego szefa delegacji – Władimira Siemionowa – marszałkiem Nikołajem Ogarkowem. Wydawało się, że kiedykolwiek byli gotowi do ubicia interesu wystawiali do rozmów wysokiej rangi wojskowego. Niewykluczone, że tylko przedstawiciel wojska miał prawo czynić ustępstwa albo że cywilny szef zespołu negocjatorów nie chciał być potem krytykowany za ustępstwo w sprawie jakichś rodzajów broni.

Marszałek Achromiejew – niewysoki, chudy, siwiejący mężczyzna w okularach – miał około sześćdziesięciu lat. Na pierwszy rzut oka wydawał się skromny i bezpretensjonalny, lecz roztaczał wokół siebie atmosferę zaufania i władczości. Niewątpliwie był tu szefem. Kiedy Karpow – jedyny obecny tu radziecki ekspert kontroli zbrojeń – próbował interweniować, marszałek uprzejmie, lecz stanowczo położył rękę na jego ramieniu – i Karpow zamilkł.

Achromiejew nie poświęcił ani chwili na wstępne grzeczności. Powiedział, że nie jest ani dyplomatą, ani też negocjatorem, lecz prostym wojskowym, któremu zlecono misję doprowadzenia do ugody. Stwierdził, że nie tylko on tego pragnie, lecz – co ważniejsze – pragnie tego sam Gorbaczow. Zaproponował, abyśmy rozpoczęli od rokowań START, następnie przeszli do INF, a potem zajęli się propozycją wyeliminowania wszystkich broni jądrowych, zgłoszoną przez Gorbaczowa. Taki program rozmów bardzo mi odpowiadał. Miałem nadzieję, że wykorzystamy cały czas, którym dysponujemy, na START i INF i nie dojdzie do dyskusji o eliminacji wszystkich broni.

Achromiejew sugerował, żeby oprzeć się na postępie dokonanym dotychczas w negocjacjach START i zredukować liczbę broni strategicznych do 6 000 ładunków, co oznaczałoby zmniejszenie jej o 50 procent. Paul Nitze, który stał na czele zespołu USA, powiedział, że mógłby się na to zgodzić pod warunkiem, że łączna liczba broni strategicznych nie uwzględni pocisków przenoszonych w bombowcach. Byłem przyjemnie zaskoczony, kiedy Achromiejew zaproponował rozwiązanie zgodne ze sposobem omówionym w trakcie mojej dyskusji z generałem Czerwowem w Waszyngtonie. Każdy samolot przenoszący tylko bomby jądrowe miałby zostać policzony jako odrębna jednostka w ramach łącznej sześciotysięcznej liczby broni strategicznych.

Jeden z członków naszego zespołu nie miał pewności co do propozycji radzieckiej i zasugerował, aby odłożyć tę sprawę na potem. Achromiejew zgodził się i zajął się sprawą SLCM. Raz jeszcze idąc tropem uzgodnień z mojej dyskusji z generałem Czerwowem w Waszyngtonie, Achromiejew zaproponował, żebyśmy ustalili osobne limity dla SLCM w ramach łącznej liczby dopuszczalnych jednostek broni. Nie było to idealne rozwiązanie, jako że wolelibyśmy nie ustalać żadnych limitów na SLCM, mając na uwadze trudności z ich weryfikacją. Mimo to z mojego punktu widzenia był to wielki postęp w stosunku do poprzedniej propozycji radzieckiej, która zakładała włączenie wszystkich SLCM do ogólnej sumy broni, niezależnie od tego, w jakie głowice były uzbrojone. Nasze stanowisko sprowadzało się do tego, że ograniczenia powinny być nałożone jedynie na SLCM uzbrojone w głowice jądrowe. Achromiejew zgodził się, mówiąc, że Rosjanie nie mają zastrzeżeń do objęcia limitem tylko takich właśnie SLCM. Pułapką była weryfikacja: jak mielibyśmy stwierdzić, które z SLCM są uzbrojone w głowice jądrowe?

W tym momencie Richard Perle – uprzejmie się wypowiadający, lecz twardo rozumujący przedstawiciel Departamentu Obrony – przeważył szalę. Perle argumentował, że SLCM nie powinny być w ogóle objęte limitem, gdyż nie można rozróżnić między przeważającą ich liczbą uzbrojoną w głowice konwencjonalne a mniejszą liczbą rakiet z głowicami nuklearnymi. W Waszyngtonie podczas dyskusji z Rosjanami poświęciliśmy bardzo wiele czasu na sprawę weryfikacji SLCM, lecz nie doszliśmy do porozumienia. Adwersarze mówili nam wówczas, że problem weryfikacji mógłby zostać rozwiązany z pomocą radzieckich urządzeń technicznych. Urządzenia te, umieszczone w helikopterach przelatujących nad okrętami podwodnymi, miałyby wykrywać obecność broni jądrowej na ich pokładzie. My zapatrywaliśmy się na to bardzo sceptycznie i nie chcieliśmy zajmować się dalej tą sprawą. Mimo to Rosjanie zaprosili nas na pokaz działania tych urządzeń na Morzu Czarnym, gdzie mielibyśmy stwierdzić ich skuteczność. Odmówiliśmy wyjazdu, twierdząc, że taka demonstracja to marnowanie czasu. Niezrażeni naszą odmową, zaprosili na pokaz wielu amerykańskich naukowców niezwiązanych z rządem. Byli pewni, że naukowcy, których wybrali ze względu na ich opozycję wobec polityki obronnej USA zaświadczą o skuteczności nowych urządzeń. Lecz ku rozczarowaniu Rosjan a naszej satysfakcji, większość amerykańskich uczonych obecnych przy prezentacji potwierdziła nam, że radziecki pokaz niczego im nie udowodnił.

W Rejkiawiku Richard Perle i admirał Jonathan Howe reprezentujący Komitet Szefów Połączonych Sztabów debatowali nad tą sprawą przez wiele godzin z Achromiejewem i Wielichowem. Nie mając żadnych złudzeń, że można odróżnić głowice jądrowe od konwencjonalnych przy pomocy kogoś innego niż inspektorzy na pełnym etacie, uważałem za ważne oparcie się na gotowości Rosjan do niewłączania SLCM do ogólnej liczby dozwolonych broni strategicznych. Perle przyjął twardszą linię i nie chciał się zgodzić na żaden kompromis. Ponieważ był znany jako twardogłowy, którego trudno przekonać nawet podczas naszych prywatnych dyskusji, zdecydowałem się nie spierać się z nim w tej sprawie w obecności Rosjan.

Przedstawiłem swoje zdanie dopiero wtedy, gdy zespół amerykański udał się na naradę. Nie byłem jednak w stanie skłonić kolegów do przyjęcia propozycji, którą Czerwow i ja przedyskutowaliśmy w Waszyngtonie. Zamiast tego zgodzili się zaproponować Rosjanom, aby każda ze stron po prostu zadeklarowała liczbę rakiet z głowicami jądrowymi, jakie zamierza rozmieścić na okrętach podwodnych. Taka polityka wzajemnych deklaracji mogłaby dać obu delegacjom przynajmniej jakieś pojęcie co do liczebności SLCM przeciwnika. Jednak Rosjanie nie przyjęli tej propozycji. I, ponieważ zbliżała się już północ, Achromiejew zasugerował, abyśmy odłożyli ten temat na później.

Podczas tego spotkania, które przekształciło się w całonocny maraton, miałem wiele okazji rozmawiać z Achromiejewem. Był jedynym członkiem delegacji radzieckiej, który nie mówił po angielsku, a ja jedynym członkiem naszej delegacji, który władał rosyjskim. Nasze nieformalne rozmowy w cztery oczy pokazały, że Achromiejew, mimo wstrzemięźliwego i służbowego sposobu bycia, miał żywe poczucie humoru. Gdy zapytałem go, czy jest jednym z nielicznych weteranów II wojny światowej pozostających w służbie czynnej, odpowiedział: – Nie, nie walczyłem na II wojnie światowej. Czy ma pan na myśli Wielką Antyfaszystowską Wojnę Patriotyczną?

– Okay, niech tak będzie – odpowiedziałem. A na to Achromiejew: – *Da, ja poslednij iz Mohikan.* Gdy zapytałem, gdzie nauczył się tego wyrażenia, rzekł z sarkastycznym uśmieszkiem: – To stare rosyjskie powiedzonko, które przejęliśmy od Jamesa Fenimore'a Coopera.

Już całkiem poważnie Achromiejew opowiedział mi natomiast, że podczas blokady Leningradu był ranny i prawie zmarł z głodu. – Ważyłem mniej niż 45 kg, ale – choć jadłem mięso psów i szczurów, aby przeżyć – sam nigdy, mimo że robili to moi koledzy nie zniżyłem się do zjadania ciał naszych zabitych towarzyszy.

Około drugiej w nocy, po siedmiu godzinach spotkania, Achromiejew oświadczył, że uczyniliśmy możliwy do osiągnięcia postęp w sprawie sił strategicznych i powinniśmy zrobić przerwę. Podczas przerwy znów naradziliśmy się we własnym gronie, a ja podniosłem problem broni na bombowcach, który wysunął Achromiejew. Zamiast podkreślić, że pracowałem już nad tym z Czerwowem, co – jak spodziewałem się – mogło wywołać podejrzliwość i być źle odebrane przez niektórych członków naszej delegacji, szczególnie przez przedstawicieli Departamentu Stanu, dowodziłem, że propozycja Achromiejewa jest dobra, ponieważ Rosjanie przestali upierać się przy wliczaniu każdej bomby jądrowej do łącznej liczby broni. Ponadto wykazali skłonność do ustalenia maksymalnej liczby ALCM (rakiet *cruise* wystrzeliwanych z samolotów) na pokładzie bombowca, która ma być wliczona do ogólnej liczby broni strategicznych. Nitze powiedział, że wolałby nie otwierać ponownie problemów z rokowań START, lecz przejść obecnie do INF. Tym lepiej, pomyślałem, gdyż zasady liczenia bombowców i broni na ich pokładzie zostały już uzgodnione w Genewie zgodnie z ogólnymi wytycznymi, które przedyskutował Czerwow ze mną.

Kiedy wznowiliśmy spotkanie około trzeciej nad ranem, Achromiejew przeszedł do INF. Dla wyjaśnienia: krótko po objęciu urzędu przez prezydenta Reagana administracja ogłosiła, że jest za tym, by zredukować liczbę głowic INF do zera po każdej ze stron. Sekretarz obrony Weinberger, który proponował tę opcję, brał ją na serio. Lecz wszyscy inni uważali ją za nierealistyczną i – co za tym idzie – za bezpieczny sposób osiągnięcia moralnej przewagi. Jedynym amerykańskim politykiem, który był przeciwny tej propozycji, okazał się sekretarz stanu Haig, który z kolei uważał, że jeśli opcja ta zostałaby przyjęta, osłabiłaby bezpieczeństwo NATO. Haig argumentował, że nie powinniśmy wysuwać złej propozycji, którą ZSRR mógłby przyjąć. Lecz gdy niewielu, także po stronie radzieckiej, potraktowało tę propozycję poważnie, Haig nie naciskał, by przyjęto jego zdanie. Nasza pierwotna formalna propozycja wysunięta wobec Rosjan w Genewie sprowadzała się to tego, by ZSRR zredukował ogólną liczbę głowic na swych rakietach SS-20 z ponad 800 do 472, czyli do liczby rakiet *Pershing II* i *cruise* wystrzeliwanych z wyrzutni naziemnych, które Stany Zjednoczone planowały rozmieścić w Europie.

Jednak w Rejkiawiku wysunęliśmy inną propozycję, którą uważaliśmy za dość śmiałą: zredukować liczbę głowic na INF do 200 po każdej stronie, z czego nie więcej jak 100 mogłoby zostać rozmieszczone w Europie. Ku naszemu wielkiemu zaskoczeniu, marszałek Achromiejew powiedział, że przebije propozycję USA lepszą, radziecką. Zaproponował, by obie strony zredukowały liczbę głowic na INF w Europie do zera. Ponieważ opcja zerowa była wcześniejszą propozycją USA, Nitze odpowiedział, że moglibyśmy ją przyjąć pod warunkiem, że ZSRR zredukuje tę liczbę do zera również na rakietach rozmieszczonych w Azji. – *Niet!* – odparł Achromiejew – w Azji nie będzie żadnych redukcji. – Kiedy, mimo to naciskaliśmy go dalej, odpowiedział w typowo zachodnim stylu: – Tę decyzję może powziąć tylko ktoś, kto ma wyższą pensję niż ja. – Było więc jasne, że Achromiejew nie został upoważniony do negocjowania tej kwestii – ta sprawa leżała w kompetencji Gorbaczowa.

Około piątej rano podnieśliśmy inny problem – podlimity w START. Nasze delegacje w Genewie domagały się nie tylko limitu 6000 głowic oraz 1600 nośników strategicznych ładunków jądrowych (SNDV), lecz także przyjęcia podlimitów, które mogłyby zapewnić, że będą przestrzegane surowe restrykcje co do liczby głowic na ICBM (międzykontynentalnych rakietach balistycznych), czyli na najbardziej destabilizującym rodzaju broni. Achromiejew nie chciał zaakceptować naszej propozycji. Powiedzieliśmy więc, że rezerwujemy sobie prawo do wniesienia tej kwestii ponownie w Genewie. Achromiejew znów wprawił nas w zdumienie, odpowiadając, że zgadza się: – Każda ze stron może wnieść w Genewie każdą sprawę, którą chce omówić – powiedział.

Zanim sesja została przerwana o szóstej rano, uzgodniliśmy 50-procentową redukcję strategicznych broni ofensywnych, która miałaby nastąpić w ciągu pięciu lat. Chociaż kwestia SLCM wisiała nadal w powietrzu, uczyniliśmy duży krok naprzód. Problem bombowców i broni na bombowcach pozostał do precyzyjnego opracowania w Genewie. W sprawie INF zgodziliśmy się na redukcję do zera w Europie, choć niektórzy członkowie naszej delegacji uważali, że nasz niemiecki sojusznik mógłby przeciwko temu zaprotestować. Inni argumentowali, że jeśli będziemy mocno naciskać na redukcje w Europie, to nie będziemy w stanie obronić się przed przyjęciem radzieckiej propozycji redukcji do zera. Jednak zaznaczyliśmy, że redukcje w Azji powinny być proporcjonalne do redukcji w Europie. Czas upłynął i – ku mojej wielkiej satysfakcji – Rosjanie nie podjęli najbardziej drażliwego problemu: eliminacji wszystkich broni jądrowych.

W niedzielę o siódmej rano prezydent Reagan został poinformowany o wynikach naszej całonocnej dyskusji. Był zachwycony tym, że osiągnięto postęp w sprawie START, a szczególnie ofertą strony radzieckiej w sprawie INF. Powiedział, że jest zadowolony, iż nalegaliśmy, aby ZSRR zredukował swe rakiety SS-20 w Azji. Przypomniał nam, że obiecał swemu *„dobremu przyjacielowi Nakasone"*, że redukcje SS-20 w Azji będą proporcjonalne do tych w Europie. Sekretarz Shultz promieniał z radości; z niespotykanym u niego entuzjazmem cieszył się, że udało się nam osiągnąć tak wielki postęp. Reagan zapytał, czy dyskutowaliśmy z Gorbaczowem o jego propozycji wyeliminowania wszystkich broni jądrowych. Kiedy Nitze odpowiedział, że nie, Reagan wysunął przypuszczenie, że może Rosjanie nie ponowią tej propozycji. Miałem cichą nadzieję, że tak się stanie, ale przeczucie ostrzegało mnie, że jednak z tego nie zrezygnują.

O dziewiątej rano Reagan i Gorbaczow wznowili swoje spotkanie. Nieco później w zasadzie zgodzili się, że obie strony powinny zredukować swoje siły strategiczne o 50 procent. Podczas długiej sesji na temat INF Gorbaczow powtórzył swą propozycję redukcji głowic INF do zera w Europie, przy zachowaniu ich na rakietach SS-20 w Azji. Reagan odpowiedział, że Stany Zjednoczone nie wyrażą na to zgody. – Dlaczego nie doprowadzić do „podwójnego zera"? Dlaczego nie zredukować do zera wszystkich waszych rakiet SS-20? – spytał Gorbaczowa. Radziecki przywódca nie przedstawił żadnego wyjaśnienia, powiedział tylko, że nie może tego zaakceptować.

Ku mojemu rozczarowaniu to nie Gorbaczow, lecz Reagan podniósł sprawę likwidacji wszystkich broni jądrowych. Wiedząc o tym, że Gorbaczow prawdopodobnie wróci do tej sprawy, byłem głęboko rozczarowany, że właśnie Reagan wziął na siebie odpowiedzialność za ponowienie tej propozycji. Jednak poczułem ulgę, że nie rozwodził się nad nią zbytnio. Zamiast tego wysunął plan alternatywny, który mu zaproponowaliśmy na okoliczność, gdyby Gorbaczow nalegał na ustosunkowanie się do swej oferty. Reagan zasugerował, żeby obie strony nie pozbywały się wszystkich swych broni jądrowych, lecz jedynie wyeliminowały strategiczne rakiety balistyczne. Gorbaczow przypomniał, że poprzedniego dnia, gdy podniósł kwestię redukcji wszystkich broni jądrowych, Reagan nie odrzucił jego propozycji. W tej chwili znów poniosły mnie nerwy, gdyż sądziłem, że Reagan prawie dał się osaczyć. Lecz prezydent zręcznie się wykręcił. Powiedział, że on również pragnąłby ewentualnej eliminacji wszystkich broni jądrowych, ale uważa, że potrzebna jest do tego polityka zabezpieczająca ten proces. Taka polityka pozwoliłaby obu stronom zachować bombowce i rakiety *cruise* wystrzeliwane z powietrza i z morza do czasu, kiedy zostanie wyeliminowana nierównowaga w broniach konwencjonalnych. Mówił dalej, że chciałby być pewien, że nie nastąpi „sprzężenie" sił konwencjonalnych i jądrowych w Europie, a nie chce uczynić świata polem dla wojny konwencjonalnej. To była dobra replika, taka jaką przedstawiłem na posiedzeniu NSC, ale wówczas nie myślałem, że prezydent ją zapamięta. Byłem zachwycony, że – mimo nacisku – Reagan był zdolny tak jasno myśleć, a także i z tego powodu, że argumenty, które wcześniej mu podsunęliśmy, przeważyły. Mimo to obawiałem się, że w pewnym momencie prezydent powróci do swego marzenia o świecie bez broni jądrowej.

Gorbaczow jeszcze raz przypomniał Reaganowi, że dzień wcześniej zgodził się z jego propozycją eliminacji. Reagan uspokoił moje zdenerwowanie, wyjaśniając, że miał na myśli *ostateczne* wyeliminowanie wszystkich broni jądrowych, a nie pozbycie się ich do roku 2000.

Czas uciekał. Spotkanie na szczycie miało się zakończyć o 12: 30, a już zbliżało się południe. Gorbaczow okazał się zręcznym dyskutantem i mądrym taktykiem. Całkowicie zapanował nad Reaganem i był tego świadom. Reagan nie chciał przyznać się wobec świata, że jest przeciwny eliminacji wszystkich broni nuklearnych.

Czując, że sprawa eliminacji prowadzi donikąd, Gorbaczow wpadł w przygnębienie. Decydując się ratować, co się da, skierował dyskusję ku potrzebie umocnienia układu ABM. Znów zacząłem się niepokoić, przypominając sobie, jak Reagan mącił wodę w tej sprawie, sugerując Gorbaczowowi w liście z 25 lipca, że Stany Zjednoczone będą gotowe podzielić się wynikami badań SDI z Rosjanami. Reagan szybko „zmienił bieg" i poprosił Gorbaczowa o wyjaśnienie, co oznacza *„umocnienie układu ABM"*. Gorbaczow odparł, że badania nad systemem obrony strategicznej powinny być ograniczone do laboratoriów naziemnych. Ponieważ układ ABM nie obejmował badań, propozycja Gorbaczowa potwierdzała nasze przypuszczenie, że strona radziecka pragnie uczynić układ ABM bardziej restrykcyjnym niż to początkowo zakładano. Gorbaczow prawdopodobnie nie zdawał sobie sprawy, że dotknął tak czułego nerwu. Posunął się nawet dalej i – według słów Reagana – rzucił mu podkręconą piłkę. Radziecki przywódca powiedział, że cięcia, które zaproponował w dziedzinie strategicznych broni ofensywnych są częścią propozycji całościowej. Jeżeli nie będzie porozumienia na temat układu ABM i SDI, nie będzie też redukcji broni ofensywnych. Wzburzony tym podstępem Reagan odpowiedział, że chce jasno przedstawić stanowisko USA: nie zamierza nakładać żadnych restrykcji na badania SDI.

– Więc wróćmy do domu – odparł Gorbaczow. – Nic nie osiągnęliśmy.

Obawiając się zakończyć spotkanie taką gorzką pigułką, Reagan zaproponował, aby przedłużyć rozmowy i przeprowadzić dodatkową sesję po południu. Gorbaczow zgodził się i następne spotkanie wyznaczono na godzinę 15:00.

Prezydent Reagan ponownie dokonał z nami przeglądu sytuacji, stwierdzając, że dwie główne sprawy wymagają wyjaśnienia. Ku mojemu zadowoleniu zapytał, czy dość jasno przedstawił Gorbaczowowi swoje stanowisko że USA pragną redukcji ofensywnych rakiet balistycznych, a nie wszystkich rodzajów broni jądrowej. Adelman powiedział, że uważa temat za ważny i powinno się zmusić stronę radziecką do wyrażenia prawdziwych intencji, aby nie pozostawić żadnych wątpliwości. Zgodziłem się z nim, mówiąc, że Reagan powinien zrobić wszystko, co możliwe, aby powstrzymać Gorbaczowa i nie pozwolić mu na obrócenie spraw na korzyść ZSRR. Gorbaczow mógł mieć na myśli – powiedziałem – uzyskanie korzyści propagandowych poprzez zwrócenie się do opinii światowej z twierdzeniem, że Reagan odrzucił jego ofertę wyeliminowania broni nuklearnej. Jeśli to miałoby nastąpić, to nie wątpię, że propozycja Reagana dotycząca wyeliminowania jedynie rakiet balistycznych, pozostałaby w ogóle niezauważona.

Drugą sprawą, która martwiła prezydenta, było to, że Rosjanie zamierzali ograniczyć badania SDI wyłącznie do laboratoriów naziemnych. Ponieważ prezydent tak mocno zaangażował się w sprawę SDI, stosunkowo łatwo dał się przekonać, że Gorbaczow nie dąży do racjonalnego rozwiązania. Po prostu próbuje zabić SDI.

Tymczasem Shultz udał się na spotkanie z Szewardnadzem, próbując wypracować kompromis, na który mogliby zgodzić się obaj przywódcy. Shultz zabrał ze sobą kilku członków naszego zespołu ekspertów, między innymi Paula Nitze'ego, Maxa Kampelmana, Richarda Perle'a i doradcę NSC – Roberta Linharda. Szewardnadze powiedział Shultzowi, że głównym problemem jest to, czy Reagan zgodzi się na dziesięcioletni okres, w którym żadna ze stron nie wycofałaby się z układu ABM. Perle i Linhard usiedli wspólnie i opracowali na kilku kartkach z notatnika świetny plan, który przekazali Nitze'mu, Kampelmanowi i Shultzowi. Plan ten zakładał, że Stany Zjednoczone będą przestrzegały postanowień układu ABM przez dziesięć lat i że – w tym samym okresie – obie strony zredukują swoje rakiety balistyczne do zera. Pod koniec dziesięcioletniego okresu obie strony będą mogły bez przeszkód rozmieścić systemy obrony strategicznej. Shultz, chcąc wykorzystać każdą okazję do przełamania impasu w sprawie SDI, zaaprobował tę propozycję i przekazał Szewardnadzemu. Radziecki minister spraw zagranicznych odpowiedział na to, że nie wierzy, aby Gorbaczow mógł przyjąć plan, dopuszczający pod koniec dziesięcioletniego okresu instalowanie systemów obrony strategicznej. Obiecał jednak przekazać propozycję Gorbaczowowi.

Kiedy Shultz wrócił ze spotkania z Szewardnadzem, opowiedział wszystko prezydentowi. Podkreślił, że Gorbaczow mógłby otrzymać to, co chciał: zobowiązanie USA do przestrzegania układu ABM przez dziesięć lat. Byłem zadowolony, że propozycja ta zobowiązywała prezydenta jedynie do poparcia eliminacji rakiet balistycznych, a nie wszystkich broni strategicznych. A to była sprawa, którą piłowaliśmy przez cały czas w trakcie 2-dniowych negocjacji. Prezydent powiedział, że ta koncepcja podoba mu się, szczególnie zaś jej ostatnia część, która zezwala Stanom Zjednoczonym na rozmieszczenie SDI po dziesięciu latach.

Gdy po południu obaj przywódcy przystąpili ponownie do rozmów, Gorbaczow powiedział Reaganowi, że zapoznano go z ostatnią propozycją strony amerykańskiej. Dodał, że ma kontrpropozycję: eliminację wszystkich jądrowych broni strategicznych i ograniczenie badań SDI do laboratoriów. W ogóle nie wziął naszego stanowiska pod uwagę, po prostu wyłożył na stół jako kontrpropozycję swoje poprzednie żądania. – Bez szans – odparł na to Reagan. – Zmodyfikowałem swoją propozycję, lecz pan nie zmienił swojej ani o jotę. Myślę, że będzie najlepiej, jeśli obaj przestudiujemy propozycje drugiej strony i wrócimy do sprawy podczas spotkania w Waszyngtonie. – W tym momencie Shultz, czując, że wszystko, co dotąd osiągnięto w Rejkiawiku, pójdzie na marne, zapytał, czy strony nie udałyby się na przerwę, aby raz jeszcze zastanowić się nad swoim stanowiskiem.

Prezydent przyłączył się do nas w pokoju narad, którym była łazienka w Hofdi, w której tłoczyło się kilkanaście osób. Większość z nas musiała stać. Tylko wyżsi rangą mogli przysiąść na brzegu wanny. Richard Perle i Bob Linhard przykucnęli w wannie. Tron, co oczywiste, zarezerwowano dla prezydenta.

Reagan zapytał nas, czy uda się rozpoznać prawdziwe intencje Gorbaczowa w sprawie SDI. Przepytywał nas kolejno, jak mógłby najlepiej zabezpieczyć interesy USA. Nie otrzymał na to jednomyślnej odpowiedzi. Nitze powiedział, że Stany Zjednoczone mogłyby wypracować drogę do porozumienia w sprawie badań SDI. Ja zaś powiedziałem Reaganowi, że czyni dobrze, nie akceptując ograniczeń takich badań. Mój pogląd poparł Perle. A Reagan zgodził się z Perlem i ze mną, dodając, że jest przekonany, iż Gorbaczow chce zabić SDI. Reagan poinstruował nas, byśmy przeredagowali naszą propozycję. Twierdził, że dla zachęcenia Rosjan moglibyśmy zmienić w niej słowa tam, gdzie to możliwe, ale zasadniczo powinniśmy trzymać się naszych głównych punktów.

Kiedy spotkanie wznowiono, Reagan przeczytał zmodyfikowany tekst. Gdy doszedł do części odnoszącej się do SDI, Gorbaczow przerwał mu i zapytał, czy radziecka propozycja ograniczenia prób SDI do laboratoriów została celowo pominięta.

– Tak – odparł Reagan.

– A co z redukcją wszystkich strategicznych broni jądrowych? Czy celowo zastąpiliście ją redukcją rakiet balistycznych?

– Tak.

– Ale ja myślałem, że jest pan zwolennikiem eliminacji wszystkich broni jądrowych – dodał Gorbaczow.

– Nie miałbym nic przeciwko temu, jeśli wyeliminowalibyśmy wszystkie strategiczne bronie jądrowe – raz jeszcze ugiął się Reagan. – Możemy przekazać sprawę naszym ludziom w Genewie, a oni mogliby opracować projekt porozumienia, które pan mógłby podpisać, kiedy przyjedzie pan do Stanów Zjednoczonych.

Moje najgorsze obawy sprawdziły się. Pomimo zapewnień wobec nas podczas lunchu i mimo aprobaty dla kompromisu Perle'a – Linharda Reagan wydawał się być zdecydowany ciągnąć dalej marzenie o pozbyciu się wszelkiej broni jądrowej. Przez chwilę wszystko wydawało się stracone.

Na szczęście Gorbaczow nadal usiłował zabić SDI. Zamiast pójść za ciosem w kluczowej sprawie eliminacji wszelkiej broni jądrowej, w której Reagan już przedtem pozwolił mu dominować, radziecki przywódca powrócił do sprawy ograniczenia badań SDI do laboratoriów.

– Czy to jest pańskie ostateczne stanowisko? – spytał Reagana.

– Tak – odparł prezydent.

– A więc możemy sobie powiedzieć „do widzenia" i zapomnieć o wszystkim, co tutaj przedyskutowaliśmy – skwitował Gorbaczow.

Reagan próbował przełamać impas i zapewnił Gorbaczowa, że ZSRR nie powinien martwić się o SDI i że Stany Zjednoczone nie dążą do przewagi militarnej.

– Nie mogę tego zrobić – odparł Gorbaczow. Potrząsnął głową i rzekł, że uczynił już wszystko, co w jego mocy; jego sumienie jest czyste.

W tym momencie zirytowany Reagan zamknął swój notes. Gorbaczow uczynił to samo i obaj opuścili salę obrad. Spotkanie na szczycie skończyło się.

Natychmiast po tym sekretarz Shultz zwołał konferencję prasową. Wymęczony do cna i rozczarowany brakiem porozumienia na temat układu ABM i SDI Shultz stracił swój początkowy entuzjastyczny stosunek do tego, co osiągnięto. Kiedy składał sprawozdanie o znaczącym postępie w sprawie START i INF, jego ponura mina i przygnębiony sposób zachowania nie umknęły uwadze dziennikarzy. Skupili się na negatywnych aspektach wypowiedzi Shultza na temat układu ABM i zignorowali elementy pozytywne.

Tak jak się obawiałem, Gorbaczow rozpoczął swoją konferencję prasową od próby wykorzystania sprawy eliminacji wszystkich typów broni jądrowej. Podczas gdy zręcznie i energicznie radził sobie w debacie z Reaganem, teraz, przedstawiając swe argumenty dziennikarzom, wyrażał się jednak mniej jasno i wcale nie był wymowny. Wyglądał na zmęczonego i zmieszanego – i nie udało mu się wykorzystać przewagi propagandowej, którą niewątpliwie posiadał.

Po raz pierwszy od półtora dnia oddychałem swobodniej. Gorbaczow wyciągnął nas z kłopotliwego położenia. Odczuwając potrzebę rozproszenia ponurego nastroju, który wprowadził Shultz, prezydent przedstawił Amerykanom rezultaty spotkania w Rejkiawiku, występując następnego wieczoru w ogólnokrajowej telewizji. Zręcznie i przekonująco podkreślił pozytywne aspekty spotkania w Rejkiawiku. Prawie natychmiast po jego wystąpieniu zniknął z mediów negatywny ton, ustępując miejsca wyczuwalnemu optymizmowi. Pod koniec tygodnia sonda przeprowadzona w całym kraju wykazała, że 70 procent Amerykanów zaaprobowało sposób postępowania prezydenta w Islandii. Wielki komunikator jeszcze raz wygrał.

Z Rejkiawiku odleciałem bezpośrednio do Tokio, a stamtąd do Seulu i Pekinu, gdzie poinformowałem azjatyckich przywódców o wynikach spotkania. Moje zadanie było łatwiejsze, gdyż rząd Japonii wykonał bezprecedensowy krok i na żywo rozpowszechnił telewizyjne wystąpienie Reagana w całym kraju. Prezydent był tak samo przekonujący dla Japończyków, jak i dla Amerykanów. Kilka dni później badania opinii publicznej wykazały, że 80 procent Japończyków aprobuje postępowanie przywódcy amerykańskiego w Rejkiawiku.

Jak przewidywałem, Japończycy bezustannie pytali mnie o radzieckie rakiety SS-20 pozostające w Azji. Powiedziałem im, że prezydent Reagan był stanowczy i zupełnie szczery wobec Rosjan, nalegając na nich w sprawie proporcjonalnych redukcji rakiet w Azji i Europie. Wiedząc, jak bardzo naciskano prezydenta, by odseparował redukcje w Europie od tych w Azji, japońscy politycy powiedzieli mi, że doceniają jego upór i brak zgody na politycznie wygodne rozwiązanie. Koreańczycy i Chińczycy byli również zadowoleni, że Reagan pozostał stanowczy.

Jednak w Europie opinia publiczna natychmiast wyraziła ubolewanie w sprawie propozycji z Rejkiawiku, dotyczących rakiet średniego zasięgu (INF). Europejczycy nie sprzeciwiali się naszej opcji zerowej w 1981 roku, sądząc – jak większość Amerykanów – że była to propozycja wyłącznie propagandowa. Nie myśleli, że Rosjanie potraktują ją serio. Teraz jednak argumentowali, że zejście do zera zwiększy i tak wielką przewagę militarną ZSRR do niebezpiecznego poziomu. Zamiast rozważać możliwość odparcia radzieckiego ataku jedynie siłami konwencjonalnymi, Europejczycy woleliby takie rozwiązanie, które pozwalałoby Stanom Zjednoczonym na utrzymanie w Europie pewnej liczby rakiet z głowicami jądrowymi. Ponadto narzekali, że bez wcześniejszych konsultacji z nimi Reagan wypłynął na nieznane wody, tak ważne dla europejskiego bezpieczeństwa. Sytuacja była dość paradoksalna. Europejczycy nie byli zadowoleni z radzieckich rakiet wymierzonych w ich kierunku, ale nie mogli znieść myśli, że amerykańskie rakiety zostaną całkowicie wycofane z ich terytoriów. Było to rozumowanie rzeczywiście stawiające logikę na głowie. Dopiero czas i nasz wielki wysiłek dyplomatyczny pozwolił w końcu Europejczykom przywrócić wiarę w Amerykę.

Pomimo niezadowolenia sojuszników europejskich sześć lat stanowczości i cierpliwości przy stole negocjacyjnym zaczynało przynosić wyniki. Rosjanie nie tylko że otwarli drogę do eliminacji rakiet średniego zasięgu, lecz również wykazali gotowość do zredukowania strategicznych rakiet ofensywnych o 50 procent. Tylko radziecka polityka łączenia tych propozycji z SDI i układem ABM była przeszkodą dla porozumienia o szerszym zakresie. Biorąc to wszystko pod uwagę, spotkanie w Rejkiawiku można ocenić jako umiarkowany sukces, szczególnie z tego powodu, że uniknięto na nim katastrofalnego porozumienia o likwidacji wszystkich typów broni jądrowej. Nie zgodziliśmy się też na pozostawienie przytłaczającej przewagi ZSRR w broniach konwencjonalnych i nie pozwoliliśmy mu na wyciągnięcie korzyści z funkcjonowania w zamkniętym społeczeństwie, pozwalającym na ukrycie broni jądrowej.

Przygotowanie do szczytu w Waszyngtonie

Tygodnie i miesiące po spotkaniu w stolicy Islandii okazały się trudne. Rosjanie widząc, że ich inicjatywy z Rejkiawiku nie przyniosą szybko porozumień, byli sfrustrowani. Ich niechęć posunęła się aż tak daleko, że dali znać, iż w tym roku nie powtórzy się wymiana życzeń noworocznych między Gorbaczowem a Reaganem, która miała miejsce w 1986 roku. Mimo to 28 lutego 1987 roku nastąpił przełom. Związek Radziecki formalnie powiadomił nas, że nie będzie już łączył postępu w kwestii układu INF z SDI. Rosjanie musieli dojść do wniosku, że porozumienie z Reaganem będzie dla nich korzystne i że jedyne możliwe obecnie porozumienie dotyczy INF – sił jądrowych średniego zasięgu.

Krótko po tym sekretarz stanu Shultz pojechał do Moskwy, aby tam podjąć próbę wznowienia negocjacji. Jednak jego wysiłki zostały zahamowane przez wydarzenie niezwiązane z rokowaniami. Kilka miesięcy wcześniej odkryliśmy, że nowy budynek naszej ambasady w Moskwie, prawie na ukończeniu, został naszpikowany tysiącami radzieckich urządzeń podsłuchowych ukrytych w murach i belkach konstrukcyjnych. Miejscowe przedsiębiorstwa budowlane nie zezwoliły inspektorom amerykańskim na sprawdzenie budynku przed ukończeniem jego budowy. Teraz, gdy ambasada była już prawie gotowa, niestaranna robota radzieckich ekip pozwoliła na wykrycie tam wielu urządzeń podsłuchowych. Razem z Shultzem wspiąłem się na strych i sam zobaczyłem setki słabo ukrytych pluskiew.

Shultz był oburzony. Zainstalowanie podsłuchów w nowym budynku naszej ambasady zbiegło się tymczasem z odkryciem, że system telekomunikacyjny w starej ambasadzie również został naruszony przez podsłuchy, co jeszcze bardziej zaogniło sprawę. Aby zapewnić bezpieczną łączność, rząd USA wysłał samolotami ruchome stacje łączności, tzw. kontenery Winnebago. Umieszczono je w piwnicach nowego budynku, zabezpieczając specjalnymi osłonami, które miały uniemożliwić Rosjanom podsłuchiwanie tego, co dzieje się wewnątrz.

Penetracja była wcześniej tak daleko posunięta, że nawet nasze maszyny do pisania miały zainstalowane pluskwy. Wysyłka zaszyfrowanych informacji z Moskwy do Waszyngtonu wymagała sporządzania ich w rękopisie i przekazywania przez kuriera do Helsinek, gdzie przepisywano je na maszynie i wysyłano przez bezpieczne linie.

Latem 1987 roku zostałem zaproszony przez stronę radziecką na konferencję w czarnomorskim uzdrowisku Dagomys, gdzie przeprowadziłem niezwykle szczere dyskusje z ministrem Biessmiertnychem i generałem Czerwowem. Nasze pożegnalne spotkanie odbyło się w nocnym klubie, do którego wstęp mieli tylko *naczalnicy*. Dla nich było to wyróżnienie za przekroczenie planu w poprzednim roku. W klubie panowała zachodnia muzyka – rock & roll w wykonaniu dziesięcioosobowego zespołu, na pełne sto decybeli. Musieliśmy krzyczeć sobie do ucha. Oliwiliśmy przy tym gardła niezliczonymi kuflami piwa. Choć miejsce to nie było zbyt komfortowe, to przynajmniej żadni agenci KGB nie byli w stanie usłyszeć, o czym rozmawiamy. Powiedziałem Bessmiertnychowi i Czerwowowi, że radziecki zamiar utrzymania w Azji stu głowic atomowych na rakietach SS-20 może uniemożliwić Stanom Zjednoczonym podpisanie układu INF. Dodałem, że Azjaci, a szczególnie Japończycy, nie chcą być potraktowani jak obywatele drugiej kategorii. Uważają, że jeśli rakiety SS-20 mogą być zredukowane do zera w Europie, to powinny być zredukowane do zera również w Azji.

Czerwow – w całkowitym przeciwieństwie do wszystkiego, co Rosjanie mówili mi poprzednio – powiedział, abym się o to nie martwił. Stwierdził, że Gorbaczow już powziął decyzję, by osiągnąć porozumienie z Reaganem w sprawie INF i że radzieckie rakiety w Azji nie będą w tym przeszkodą. Japończycy też ogłosili swoje stanowisko kanałami dyplomatycznymi. Chińczycy przyłączyli się do dyplomatycznych nacisków na ZSRR, dając Rosjanom znać, że uważają rakiety SS-20 w Azji za zagrożenie swego bezpieczeństwa. W tym samym czasie Stany Zjednoczone nakłaniały swych europejskich sojuszników z NATO, by wywierali nacisk na Moskwę w sprawie eliminacji azjatyckich SS-20, wysuwając argument, że te rakiety mogłyby zostać łatwo przemieszczone z Azji na front europejski.

Nacisk ten – gdy go dodać do pragnienia Gorbaczowa, by zawrzeć układ INF – skłonił radzieckiego przywódcę do przezwyciężenia oporu swych doradców wojskowych i do powzięcia decyzji o likwidacji całego arsenału rakiet SS-20. 22 lipca 1987 roku w niezwykły sposób Gorbaczow zasygnalizował swoje zamiary – informując indonezyjskiego dziennikarza, że Związek Radziecki zrezygnuje ze swego żądania pozostawienia 100 głowic jądrowych na rakietach SS-20 w Azji.

Panika

Jednym z bardziej interesujących i przyjemniejszych obowiązków na moim stanowisku doradcy do spraw kontroli zbrojeń było informowanie byłych prezydentów USA o aktualnym stanie negocjacji z Rosjanami. Co najmniej raz w roku miałem przyjemność informowania o tym Richarda Nixona, który problematykę tę znał nadzwyczajnie i zawsze znajdował czas na przeczytanie dokumentów, które mu wysyłałem przed naszym spotkaniem.

Wiosną 1987 roku, wśród trwającej debaty na temat układu INF, spotkałem się z Nixonem w Nowym Jorku, w apartamencie należącym do jego córki – Tricii. Nixon sprawiał wrażenie pełnego energii i uważnego rozmówcy. Od razu powiedział mi, że zgadza się z siedmioma – na osiem – punktami do omówienia, zawartymi w dokumentach, lecz pragnie skupić naszą dyskusję na jednej sprawie, co do której ma wątpliwości. Nie było dla mnie zaskoczeniem, że Nixon nie zgadza się polityką administracji Reagana, polegającą na osobnym negocjowaniu kontroli zbrojeń, bez podejmowania prób łączenia postępu w tej dziedzinie z postępem w innych sprawach. Wyjaśniłem mu, że administracja Reagana działa w ten sposób, ponieważ wierzy, że całościowe porozumienia z Rosjanami są po prostu niemożliwe do wynegocjowania.

Nixon uważał, że prezydent Reagan popełnia wielki błąd, nie wiążąc prawie gotowego do podpisania układu INF z redukcjami radzieckich sił konwencjonalnych w Europie. Był także zatroskany z powodu klauzuli w układzie INF, która pozwalała obu stronom na utrzymywanie 100 rakiet średniego zasięgu poza europejskim teatrem wojennym, co czyniło weryfikację tego układu zadaniem prawie niewykonalnym. Jego rozumowanie było proste. Michaił Gorbaczow potrzebuje porozumienia z Zachodem, aby zmniejszyć napięcia i pozwolić sobie na realizację reform wewnętrznych. Dlaczego w tak korzystnej dla USA sytuacji mielibyśmy wchodzić w układ, który mógł niewiele uczynić dla zredukowania całkowitej zdolności ZSRR do zaatakowania Europy za pomocą broni konwencjonalnej bądź jądrowej? W samej rzeczy – powiedział mi Nixon – proponowany układ ponownie czyni Europę „polem wojny konwencjonalnej".

Krótko po moim spotkaniu z Nixonem, on i Henry Kissinger – po raz pierwszy współpracując ze sobą po odejściu Nixona z urzędu prezydenta – opublikowali wspólny komentarz w niedzielnym wydaniu *Los Angeles Times*, wysuwając w nim argumentację, że jeśli Stany Zjednoczone zrobią zły interes w negocjacjach nad układem INF, to skutkiem tego może być najgłębszy kryzys sojuszu NATO w całej jego czterdziestoletniej historii. Obaj doświadczeni mężowie stanu sugerowali, że możliwy do utrzymania układ INF wymaga nie tylko eliminacji 100 rakiet średniego zasięgu, które pozostawia obu stronom, lecz także winien powiązać zniszczenie radzieckich rakiet SS-20 i amerykańskich *Pershing II* z eliminacją ogromnej przewagi ZSRR w dziedzinie broni konwencjonalnych w Europie.

W dzień po ukazaniu się tego artykułu wielu anonimowych przedstawicieli administracji Reagana szybko skrytykowało komentarz Nixona – Kissingera jako nie dość mocno uargumentowany, aby stanowić podstawę do odrzucenia układu INF. Jeden z tych krytyków zapędził się tak daleko, że sugerował, iż jeśli mogliśmy dotąd żyć z konwencjonalną przewagą radziecką w Europie, przed rozmieszczeniem tam rakiet *Pershing II*, to ich usunięcie nie uczyni większej różnicy. Moim zdaniem było to uzasadnienie pozbawione głębszych podstaw. Oficjalna linia Białego Domu miała charakter bardziej dyplomatyczny, choć w pewnym sensie była pozbawiona szczerości. Rzecznik administracji Dan Howard oświadczył: – Naturalnie, jesteśmy za tym, by każdy mógł przedstawić swój pogląd w tej sprawie.

Kilka dni po publikacji wspólnego komentarza Nixona i Kissingera brałem udział w roboczym śniadaniu z dziennikarzami. Wiedzieli o tym, że niedawno informowałem Nixona o stanie negocjacji i zapytali, co myślę o jego krytycznym stosunku do planu kontroli zbrojeń proponowanego przez Reagana. Powiedziałem im, że prezydent Reagan długo podtrzymywał cel wyrażony w propozycji Nixona – Kissingera, lecz pragnął osiągnąć go innymi sposobami niż „wiązanie". Dodałem, że dwa główne punkty wymienione w artykule zostały solidnie przedyskutowane w administracji Reagana i że dla obu było znaczące poparcie.

I zaraz po tym zrobiłem błąd, przedstawiając dziennikarzom własny pogląd. Jako zawodowy oficer U. S. Army zawsze skłaniałem się do rozpatrywania porozumień o kontroli zbrojeń pod kątem ich wpływu na nasze bezpieczeństwo. Wysunąłem więc argument, że jeśli powodem do rozmieszczenia rakiet *Pershing II* w Europie była chęć w odstraszenia ZSRR przed atakiem konwencjonalnym, to do czasu usunięcia tego zagrożenia rakiety spełniają swą misję. Dodałem przy tym, że chociaż układ INF jest dla USA dobrym rozwiązaniem, Stany Zjednoczone powinny myśleć o kontroli zbrojeń w szerszym zakresie.

Następnego ranka rozpętało się piekło. Tytuł w *Los Angeles Times* głosił: *Współpracownik Reagana popiera krytykę planu kontroli zbrojeń.* A *New York Times* stwierdzał: *Krytyka strategii USA może skomplikować rozmowy*. Rzecznik prezydenta Marlin Fitzwater powiedział prasie, że moje uwagi *nie były szczególnie pomocne*, a urzędnicy rządowi byli *nieco zdenerwowani*. Prezydent Reagan okazał się bardziej powściągliwy, mówiąc dziennikarzom: – *W moim biurze spodziewam się rozmaitych opinii*.

O dziesiątej rano odebrałem oczekiwany telefon od senatora Howarda Bakera. Baker, który został niedawno mianowany szefem sztabu Reagana, poprosił mnie do swego biura na jedenastą. Gdy tam przybyłem, srogi gospodarz zapytał mnie, czy doniesienia prasowe są zgodne z prawdą. – Tak – powiedziałem mu, dodając, że w swej wypowiedzi dla prasy podkreśliłem, iż należy rozróżnić między moim osobistym poglądem a oficjalną polityką rządu.

– Do diabła! – odpalił mi Baker. – Kręcisz się po tym mieście dość długo, aby nie popełniać takich głupich błędów. Płacimy ci za popieranie polityki administracji; a jeśli się z nią nie zgadzasz, to powinieneś przyjść ze skargą do mnie, a nie do prasy.

Zapewniłem Bakera, że nie miałem zamiaru szkodzić administracji Reagana i że w przyszłości będę bardziej ostrożny.

– Do diabła, lepiej żebyś był! – skwitował wymianę zdań Baker.

Trzy lata później, w sierpniu 1990 roku, miesiąc po tym, jak opuściłem rządową posadę, przypadkiem spotkałem senatora Bakera na koktajlu. Powiedziałem mu wówczas, że doceniam delikatność, z jaką potraktował moje wykroczenie.

– Daj spokój, Ed! – rzekł Baker – Wymierzanie ci klapsów bolało mnie bardziej niż ciebie. Lecz jako wojskowy powinieneś rozumieć potrzebę zachowania dyscypliny, a ja miałem ci to przypomnieć.

Przygotowania

W październiku 1987 roku sekretarz Shultz i eksperci do spraw kontroli zbrojeń – a ja wśród nich – podróżowaliśmy do Moskwy, aby wypracować szczegóły porozumienia INF i ewentualnie osiągnąć postęp w rokowaniach START. Jak zwykle po drodze zatrzymaliśmy się na jeden dzień w Helsinkach, aby odpocząć po zmianie czasu spowodowanej lotem i poczynić ostatnie przygotowania. Gdy byliśmy gotowi do odlotu, Helsinki otoczyła gęsta mgła i musieliśmy łapać nocny pociąg do Moskwy. Nie mogliśmy poprosić Rosjan o zarezerwowanie dla nas wagonów, lecz naszemu ambasadorowi udało się załatwić z rządem Finlandii podstawienie dla nas specjalnego pociągu. Wagony były przyjemniejsze niż radzieckie, a na dodatek poczęstowano nas eleganckim obiadem. Mimo to Rosjanie nalegali na Finów, aby udostępnili osobny wagon dla eskorty, którą przydzielili naszej delegacji. Jeden z ochroniarzy powiedział mi, że KGB także woli fińskie pociągi.

Dla zabicia czasu jak zwykle wyciągnąłem harmonijkę ustną i zagrałem wiązankę amerykańskich i rosyjskich melodii ludowych. Niektórzy członkowie naszej delegacji przyłączyli się do mnie w śpiewie. Kiedy następnego dnia przyjechaliśmy do Moskwy, radziecka prasa opublikowała artykuł oskarżający mnie o to, że grałem przedrewolucyjne melodie. Nie miałem najmniejszego pojęcia, że mój repertuar zawiera jakieś przedrewolucyjne piosenki ani też nie wiedziałem, że Rosjanie będą się na nie boczyć.

W tym samym dniu natknąłem się na Giennadija Gierasimowa, znajomego sprzed lat, który był dziennikarzem *Prawdy*, a teraz otrzymał stanowisko doradcy Gorbaczowa. – Gorbaczow zdecydował – powiedział mi Gierasimow – że ważniejsze jest informowanie amerykańskiej opinii publicznej niż radzieckiej. – To była zapowiedź zmiany nastawienia Rosjan i innych wydarzeń, które miały nastąpić.

Spotkanie Shultza i Szewardnadzego nie przyniosło rezultatów. Gdy do ministrów spraw zagranicznych przyłączył się Gorbaczow, natychmiast podjął temat SDI, twierdząc, że nie będzie postępu w rokowaniach START, jeśli Stany Zjednoczone nie zmienią swego stanowiska w sprawie obrony strategicznej. Dodając, że nie ma sensu zwoływać spotkania na szczycie jedynie dla podpisania porozumienia INF, jeśli nie będzie znaczącego ruchu w sprawie START, Gorbaczow zdawał się podawać w wątpliwość pomysł zwołania szczytu. Gdy Shultz zasugerował, że on i Szewardnadze mogliby podpisać porozumienie INF sami, Gorbaczow zmienił taktykę. – Nie miałem na myśli, że nie chcę przyjechać – powiedział, dodając że chciałby odwiedzić Stany Zjednoczone.

Lecz chciałby tam przybyć jedynie wówczas, gdyby osiągnięto istotne wyniki, które uzasadniałyby zwołanie szczytu.

Niewątpliwie coś trapiło Gorbaczowa. Próbując wyjaśnić, dlaczego czuł się nieswojo, nasz ambasador w Moskwie, Jack Matlock, powiedział, że poprzedniego dnia doszło do konfrontacji na posiedzeniu Biura Politycznego: Jelcyn podważył zaufanie do sekretarza generalnego, ostro krytykując go za to, że nie przystąpił szybko do reform wewnętrznych.

26 października, trzy dni po tym jak Shultz opuścił Moskwę, Szewardnadze oświadczył, że chciałby przyjechać do Waszyngtonu, aby przedyskutować zwołanie szczytu. Gorbaczow musiał zmienić zdanie i zdecydować o udaniu się na szczyt, nawet jeśli miałby tam jedynie podpisać układ INF. Szewardnadze przybył do USA 30 października i – tego samego dnia – on i Shultz ogłosili, że Reagan i Gorbaczow zgodzili się na spotkanie w Waszyngtonie wyznaczone na 7 grudnia 1987 roku.

Tymczasem przez całą jesień 1987 roku nasi negocjatorzy ciężko pracowali w Genewie nad szczegółami układu INF. Rosjanie jak zwykle stosowali taktykę opóźniającą, licząc na bardziej korzystny dla nich układ. Wystąpili również z nowymi żądaniami, nalegając na przykład na to, abyśmy zniszczyli rakiety *Pershing II*, które zbudowaliśmy na prośbę rządu RFN, a które pozostawały nadal w amerykańskich magazynach. W odpowiedzi usztywniliśmy swoje stanowisko, przypominając, że nasze porozumienia dwustronne zawarte z innymi państwami nie mają wpływu na układy zawierane przez USA i ZSRR między sobą.

Do planowanego szczytu w Waszyngtonie pozostało zaledwie pięć tygodni, a trzydzieści sześć problemów nie zostało dotąd rozstrzygniętych. Podobnie jak w przeszłości, Rosjanie próbowali wykorzystać naszą zgodę na termin szczytu, przedstawiając żądania w ostatniej chwili i wprowadzając do rozmów nowe tematy. Minęły dalsze dwa tygodnie, a liczba nierozwiązanych problemów wzrosła do czterdziestu dwóch.

Nasz główny negocjator INF, Mike Glitman, razem z w pełni zaangażowanym zespołem pracowali dzień i noc przez trzy ostatnie tygodnie, aby dokończyć układ. Dopiero parę dni przed zaplanowanym wyjazdem naszej ekipy do Waszyngtonu zdołali zredukować liczbę nierozwiązanych problemów do czterech. Tego ranka Glitman udał się z wizytą do radzieckiej siedziby, mając nadzieję rozstrzygnąć ostatnie kwestie ze swoim odpowiednikiem – Aleksandrem Obuchowem. Gdy tam dotarł, powiedziano mu, że Obuchow wyjechał pojeździć sobie na nartach. Wieczorem sfrustrowany Glitman podążył tam raz jeszcze. Tym razem dowiedział się, że choć Obuchow już wrócił, jest zmęczony i zostawił polecenie, aby go nie niepokojono.

Nazajutrz, dwa dni przed datą wyjazdu obu negocjatorów do Waszyngtonu, Obuchow powiedział Glitmanowi, że w końcu otrzymał wytyczne z Moskwy. Przyznał się też, że wcale nie wyjeżdżał na narty. Pod koniec dnia obaj zdołali opracować trzy z czterech pozostałych problemów. Ostatnią przeszkodą była fotografia rakiety SS-20. Zgodnie z wymogami układu Związek Radziecki był zobowiązany ją dostarczyć. Obuchow powiedział, że w ogóle nie ma takich zdjęć, ponieważ rakiety SS-20 nigdy nie były pokazywane bez osłony. Jako substytut dał Glitmanowi fotografię zewnętrznej osłony, która miała zawierać rakietę SS-20. Glitman nie był zadowolony; powtórzył, że wymogi projektu układu przewidują uzyskanie zdjęcia samej rakiety. Obuchow odpowiedział, że rozmówca nie powinien się o to martwić, gdyż Rosjanie przekażą stronie amerykańskiej fotografię SS-20 po przybyciu do Waszyngtonu.

Szczyt w Waszyngtonie

Kiedy w poniedziałek wieczorem 7 grudnia radzieccy negocjatorzy dotarli do Waszyngtonu – krótko po przylocie Gorbaczowa i Szewardnadzego – pokazali nam zdjęcie osłony rakiety, takie samo, jak wcześniej próbowali przekazać Glitmanowi w Genewie. Tego wieczoru sekretarz Shultz zwołał nadzwyczajne posiedzenie amerykańskich ekspertów kontroli zbrojeń. Przedstawiciel Departamentu Stanu powiedział im, że tak trywialna sprawa nie powinna przeszkodzić w ceremonii podpisywania układu wyznaczonej na następny dzień. Ale przedstawiciel Departamentu Obrony miał odmienne zdanie. Senat – powiedział – nie zechce ratyfikować układu, którego podstawowe wymogi nie zostały spełnione. Sekretarz Shultz zdecydował, że ostateczna decyzja pozostanie w gestii prezydenta. Gdy sprawę przedstawiono Reaganowi, ten bez mrugnięcia okiem powiedział: – Nie ma kwitu, nie wydamy bielizny – nie ma zdjęcia, nie będzie układu. – Jego decyzja została przekazana ambasadzie ZSRR w Waszyngtonie.

Wielu z nas zastanawiało się, dlaczego podpisanie układu INF zostało zaplanowane w pierwszym dniu spotkania. Ponieważ miało to być główne wydarzenie szczytu, uważaliśmy takie rozwiązanie za niezwykłe. Tym bardziej że Rosjanie – tak jak to robili w przeszłości – zamierzali włożyć kij w szprychy na godzinę przed dwunastą. Podejrzewaliśmy, że data podpisywania układu została wybrana przez Nancy Reagan po konsultacji z jej osobistym astrologiem. Później dowiedzieliśmy się, że rzeczywiście tak było. Waszyngton czasami jest doprawdy dziwaczny.

We wtorek rano, 8 grudnia o godzinie 7:30, zaledwie kilka godzin przez planowanym podpisywaniem, ambasador Dubinin przyjechał do Departamentu Stanu z fotografią rakiety SS-20. Fotografia kiepskiej jakości najwyraźniej była kopią, przekazaną drogą elektroniczną z Moskwy. Przedstawiciel CIA zdecydował, że choć to marna kopia, to spełnia wymogi układu.

Jak mogliśmy się tego spodziewać, Rosjanie jeszcze raz spróbowali taktyki opóźniającej. O godzinie 11:00, trzy godziny przed wyznaczoną na 14:00 ceremonią podpisywania układu, podnieśli na nowo kwestię niemieckich rakiet przechowywanych w amerykańskich magazynach – którą uważaliśmy już za załatwioną w Genewie kilka miesięcy temu. Debata nad tą sprawą trwała dwie i pół godziny.

Podczas gdy eksperci, pracując w wariackim tempie, próbowali usunąć barierę postawioną przez Rosjan na drodze do układu, prezydent w towarzystwie licznych doradców udał się na lunch do ambasady ZSRR. Usłyszeliśmy później, że Reagan, chcąc złagodzić napięcie opowiedział Gorbaczowowi historyjkę o dwóch taksówkarzach – Amerykaninie i Rosjaninie. Obaj wyemigrowali: Amerykanin do Związku Radzieckiego, a Rosjanin – do Stanów Zjednoczonych. Zapytany, co zamierza robić w Waszyngtonie, radziecki taksówkarz powiedział, że jeszcze nie wie. Amerykanin, spytany w Moskwie o to samo, odrzekł: – Nie wiem, Biuro Polityczne nie powzięło jeszcze decyzji. – Powiedziano mi potem, że Gorbaczow nie był tym rozbawiony.

O godzinie 13:00, mając tylko trzydzieści minut do dyspozycji, sekretarz obrony Frank Carlucci przedstawił rozwiązanie problemu niemieckich rakiet. Przewidując, że Rosjanie mogą podnieść kwestię rakiet w ostatniej chwili, Carlucci przedyskutował ten problem dzień wcześniej z niemieckimi urzędnikami wysokiej rangi. Niemcy powiedzieli mu, że jeśli Rosjanie uznają ten problem za ważny, ale nie na tyle, by wstrzymać podpisanie układu, prawdopodobnie zgodzą się na rozwiązanie, które pozwoli zachować twarz obu stronom – radzieccy inspektorzy mogą odwiedzić miejsca, gdzie przeznaczone dla Niemiec rakiety są magazynowane. Ceremonia podpisywania układu rozpoczęła się z opóźnieniem zaledwie o kwadrans.

Tego wieczoru na oficjalnym bankiecie w Białym Domu nikt nie mógł podejrzewać uprzejmego i roześmianego Gorbaczowa o to, że wcześniej omal nie wykoleił układu INF. Kiedy Gorbaczow śpiewał z Van Cliburnem *Podmoskowskije wieczera*, zastanawiałem się nad tym, co mogłoby się wydarzyć, gdyby Carlucci nie wyciągnął swego królika z kapelusza. Czy Gorbaczow ustąpiłby i podpisał układ? Czy wyszedłby z sali i pozwolił spuścić go z wodą? Prawdopodobnie nie, ale nie byłem tego pewien. Gorbaczow miał nie tylko *„zęby z żelaza"*, ale posiadał także to, co jego radzieccy towarzysze nazywali *„flakami Stalina"* – stalowe nerwy.

Nazajutrz rano Gorbaczow – podczas jazdy do Białego Domu z wiceprezydentem Bushem po wspólnym śniadaniu w ambasadzie ZSRR – nagle rozkazał kierowcy zatrzymać wóz. Wyszedł z limuzyny na skrzyżowaniu Connecticut Avenue i L Street i zaczął ściskać dłonie zachwyconych gapiów. Gorbaczow założył sobie, że opanuje media i zapisze na swym koncie sukces propagandowy.

Tymczasem 9 grudnia spotykaliśmy się z radzieckimi ekspertami kontroli zbrojeń przez cały dzień – próbując popchnąć naprzód START. Spotkania te nie doprowadziły do niczego. Podobnie jak w Rejkiawiku Rosjanie trzymali się sprawy SDI. Pod koniec dnia, podejmując niezwykłą próbę zadowolenia obu stron, opracowaliśmy dwuznaczne oświadczenie. Mówiło o tym, że sygnatariusze będą *„przestrzegać układu ABM w formie podpisanej w 1972 roku, prowadząc dalej wymagane badania, rozwój i próby, dozwolone przez ten układ"*. Ten godny uwagi kawałek niegramatycznego, dwulicowego tekstu był potem interpretowany przez każdą ze stron tak, by służył jej własnym celom. Oświadczenie to było przedmiotem debaty przez wiele następnych miesięcy.

Szczyt moskiewski

Czwarte i ostatnie spotkanie Reagana z Gorbaczowem odbyło się w Moskwie mniej niż sześć miesięcy po szczycie waszyngtońskim. Administracja amerykańska poświęciła ten okres na próby osiągnięcia trzech podstawowych celów: ratyfikacji układu INF w Senacie, dokończenia porozumienia START i posunięcia naprzód szerokiego planu Reagana.

Chociaż układ INF był rzeczywiście korzystny dla Stanów Zjednoczonych, nie przeszedł gładko przez proces ratyfikacji. Po pierwsze, koalicja senatorów pod wodzą demokraty Josepha Bidena ze stanu Delaware oraz Sama Nunna z Georgii posłużyła się przesłuchaniami w sprawie ratyfikacji INF jako forum do realizacji własnych celów. Senatorzy ci próbowali zmusić rząd Stanów Zjednoczonych do przyjęcia wąskiej zamiast szerokiej interpretacji układu ABM po to, by zastopować SDI. Niewątpliwie był to temat przeznaczony na domowy użytek. To podejście opóźniło, ale nie zapobiegło ratyfikacji układu.

Druga próba zwłoki wiązała się z obawą innej grupy senatorów, że postanowienia układu INF nie są dostatecznie wiążące. Ta przeważnie konserwatywna koalicja pod wodzą senatora Dana Quayle'a z Indiany, z udziałem demokraty Jamesa Exxona z Nebraski i republikanów Johna Easta oraz Jesse Helmsa z Północnej Karoliny, chciała wyeliminować – lub przynajmniej naprawić – to, co uważała za wybiegi w zasadach weryfikacji układu. Senatorowie ci uważali za ważne, by układ INF nie posłużył jako niepożądany precedens dla przewidywanego porozumienia START. Byłem pod wrażeniem głębokiej wiedzy Quayle'a na temat tej problematyki, jak również jego zdolności do mobilizowania i przekonywania innych deputowanych.

Wielu senatorów i komentatorów prasowych było zaskoczonych tym, że mocno wsparłem INF podczas debaty w Senacie. Z powodu mojej aktywnej opozycji wobec układu SALT II uznawali mnie za nieprzejednanego jastrzębia i myśleli, że jestem z zasady przeciwny wszelkim porozumieniom o kontroli zbrojeń. Jednak moje stanowisko zawsze było jasne: byłem za wchodzeniem w porozumienia z Rosjanami, ale tylko wówczas, jeśli są równoprawne i możliwe do zweryfikowania. Układ INF spełniał te wymogi, więc z entuzjazmem poparłem go. Eliminował całą klasę rakiet balistycznych z Europy i Azji oraz wymagał, po raz pierwszy w historii, inspekcji w radzieckiej fabryce dokonującej ostatecznego montażu rakiet.

Kiedy prace nad układem INF zbliżały się do końca, przynajmniej dwudziestu, a prawdopodobnie nawet dwudziestu czterech senatorów wyrażało swoje zastrzeżenia co do jego postanowień. Prezydent Reagan, chcąc uniknąć tak wielu głosów przeciwko układowi, który uważał za dobry i za swoje osobiste osiągnięcie, obciążył mnie zadaniem zredukowania głosów przeciwnych do dziesięciu.

Przekonałem niektórych senatorów, że ich zastrzeżenia są bezzasadne. Wielu z nich, a najbardziej senator Helms, krytykowało wyłaniający się układ za to, że nie wymieniał, ile głowic z eliminowanych rakiet miało być zniszczone. Wyjaśniłem, że materiał nuklearny z tych głowic i tak nie ulega zniszczeniu, ale może być wykorzystany w inny sposób. Wyrzutnie rakiet i same rakiety, z wyjątkiem głowic, miały być oczywiście zniszczone. Pomogłem senatorom Malcolmowi Wallopowi i Danowi Quyale'owi w zredagowaniu zaleceń dla administracji prezydenckiej na temat tego, w jaki sposób można by zlikwidować luki w weryfikacji układu, zanim zostałby on ostatecznie opracowany. Na przykład Rosjanie zaproponowali, że zniszczą rakiety i po prostu oświadczą nam, że zostało to wykonane. Senatorzy nalegali, aby inspektorzy z USA faktycznie byli świadkami niszczenia rakiet. Strona radziecka zaproponowała również, aby Rosjanie mogli zatrzymać ruchome wyrzutnie rakiet SS-20, które można wykorzystać w pokojowych celach. Opracowano zasady, które zmuszały Rosjan do modyfikacji wyrzutni w taki sposób, aby nie mogły być ponownie użyte do wynoszenia rakiet. Rosjanie nie byli zbyt szczęśliwi z powodu naszych wymagań, lecz byliśmy w stanie przekonać ich, że współpraca jest konieczna dla przeprowadzenia ratyfikacji układu. W końcu tylko pięciu senatorów głosowało przeciwko układowi INF.

Pozostała część naszych wysiłków podejmowanych przed szczytem w Moskwie – posunięcie naprzód rokowań START – nie poszła tak gładko. Choć uważaliśmy, że większość pozostałych problemów stanowiących przeszkodę w wypracowaniu porozumienia została właściwie rozwiązana w Rejkiawiku, nie udało nam się skłonić Rosjan do skodyfikowania tych ustaleń na piśmie. Podczas naszych spotkań i na początku 1988 roku jedna rzecz okazała się bezsprzecznie jasna: Rosjanie pragnęli związać postęp w rokowaniach START z przyjęciem przez Stany Zjednoczone wąskiej interpretacji układu ABM. Krótko mówiąc, wciąż nalegali na to, by START stał się zakładnikiem restrykcji nałożonych na SDI.

W pierwszych miesiącach 1988 roku stało się jasne, że stronie radzieckiej nie spieszno do ukończenia porozumienia START. Moje nieoficjalne dyskusje z marszałkiem Achromiejewem i generałem Czerwowem przekonały mnie, że Rosjanie odczuwają potrzebę podkreślenia statusu ZSRR jako wielkiego mocarstwa. Zachowanie tego statusu przy szybko pogarszającej się sytuacji gospodarczej i zamieszaniu politycznym panującym w kraju wymagało – ich zdaniem – utrzymania w stanie nietkniętym wielkiego arsenału strategicznego.

Inne składniki potencjału militarnego ZSRR nie były postrzegane jako tak ważne jak systemy broni strategicznych. Wielu oficerów radzieckich sił zbrojnych wyrażało w rozmowach ze mną chęć zredukowania sił konwencjonalnych. Wynikało to z ich przekonania, że mniejsze siły wojskowe, rozlokowane w granicach ZSRR, są w stanie skutecznie bronić kraju. Ponadto biorąc pod uwagę, że utrzymanie sił konwencjonalnych jest siedmiokrotnie droższe niż utrzymanie sił strategicznych, upatrywali potencjalnych oszczędności w wymuszonych sytuacją gospodarczą redukcjach sił konwencjonalnych. Faktycznie radziecka hierarchia wojskowa wolałaby nie przeprowadzać żadnych cięć. Lecz zmuszeni do dokonania wyboru najwyżsi dowódcy wojskowi zdecydowali, że siły strategiczne dają im większy polityczny i militarny zysk za te same pieniądze.

Ze względu na rosnące nieprzejednanie Rosjan w Genewie prezydent Reagan powiedział reporterowi *Washington Post,* Lou Cannonowi, że amerykańska opinia publiczna nie powinna oczekiwać podpisania układu START na moskiewskim szczycie. Prezydent zdawał sobie sprawę z niechęci Rosjan do negocjowania redukcji sił strategicznych i chciał zaoszczędzić sobie przykrości z powodu niespełnionych nadziei Amerykanów. Było to mądre posunięcie polityczne.

Tymczasem sekretarz stanu Shultz, mając na uwadze wspieranie szerokiego planu prezydenta Reagana, próbował z całą energią rozwiązywać trudne problemy praw człowieka i spraw regionalnych podczas serii spotkań z ministrem spraw zagranicznych ZSRR Eduardem Szewardnadzem. Postęp w dziedzinie kontroli zbrojeń mógł poczekać. I rzeczywiście, takie podejście odzwierciedlało niezmienne stanowisko Reagana, który uważał, że jeśli uda się osiągnąć postęp w kwestiach podstawowych, to porozumienia o kontroli zbrojeń będą tego naturalnym następstwem.

Stały nacisk na ZSRR w kwestii przestrzegania praw człowieka zaczął przynosić niewielkie, lecz widoczne dywidendy. Rosjanie złagodzili restrykcje w wyjazdach za granicę i zezwolili na większą emigrację swych obywateli. Jednak w kwestii rozwiązywania problemów regionalnych postęp był mały, jeśli w ogóle nastąpił. Gdy Shultz i Szewardnadze próbowali się nawzajem przekonywać do swych racji, problemy zaogniały się. Mimo to każda ze stron potrafiła wyjaśnić swoje stanowisko i nakreślić podstawowe warunki dla osiągnięcia postępu, a także dowiedziała się, na czym stoi strona przeciwna.

Podczas spotkań Shultza z Szewardnadzem wiele czasu zabierała sprawa Afganistanu. Szewardnadze stał na czele specjalnej komisji Biura Politycznego do spraw Afganistanu. Przy wielu okazjach próbował skłonić Shultza do pomocy w wyplątaniu Związku Radzieckiego z wojny, która nie rokowała zwycięstwa. Ale Shultz, działając zgodnie z instrukcjami prezydenta Reagana, nie szedł na żadne porozumienia z Rosjanami w sprawie Afganistanu. – Wpakowali się w to bagno sami – mówił prezydent – to niech sami się z niego wyciągną. – Jednak Shultz podpisał z Rosjanami w Genewie 14 kwietnia 1988 roku porozumienie, w którym Stany Zjednoczone i Związek Radziecki gwarantowały niemieszanie się w sprawy Afganistanu. Lecz nawet podpisując to porozumienie, Shultz zdecydował się na lepsze zabezpieczenie. Powiedział Rosjanom, że mamy prawo dostarczać pomoc militarną powstańcom.

Choć nie było wątpliwości, że Gorbaczow miał zamiar dotrzymać swej obietnicy i wycofać radzieckie oddziały z Afganistanu, Reagan uważał, że USA nie powinny czynić żadnych ustępstw w zamian za naprawienie przez Rosjan zła, jakie wyrządzili Afgańczykom. Zaledwie miesiąc przed wyznaczonym terminem szczytu prezydent wygłosił przemówienie w Springfield w stanie Massachusetts, w którym powiedział, że Rosjanie *„zobowiązali się do wycofania swych oddziałów z Afganistanu w następnym miesiącu”*. Ale nie poprzestał na tym oświadczeniu, dodając, że *„dążenie do wolności pokonało dążenie do panowania”*. Gorbaczow natychmiast zareagował na uwagi Reagana, skarżąc się Shultzowi, że przemówienie jest *„nie do przyjęcia jako wygłoszone przez przywódcę, który za miesiąc planuje odwiedzić Związek Radziecki”*. Shultz, z którym nie konsultowano wystąpienia Reagana, robił, co tylko się dało, aby uładzić nastroszone pióra Gorbaczowa.

Wystąpienie prezydenta w Springfield uświadomiło mi jeszcze raz znaczącą rolę, jaką autorzy przemówień odgrywają w mobilizowaniu poparcia społecznego dla polityki prezydenckiej. Jedne z najostrzejszych batalii toczonych przez różne agencje rządowe – na ogół za kulisami – których byłem świadkiem przez wiele lat mojej służby w kolejnych rządach dotyczyły tego, co miało wejść do najważniejszych mów prezydenta. Kilka dni przed naszym odlotem do Moskwy kopia przemówienia, które Reagan miał wygłosić w Helsinkach znalazła się także na moim biurku. Oceniłem je jako świetny kawałek pisarskiej roboty, bardzo obrazowy i umacniający nasze podstawowe wartości. Wysłałem wówczas Tonyemu Dolanowi – głównemu autorowi tego przemówienia, „nadwornemu pisarzowi", notę z gratulacjami.

W samolocie do Helsinek ponownie prawiłem mu komplementy. Lecz Dolan czuł się zdruzgotany. – Proszę spojrzeć, co z tym zrobili! – pożalił się. Urzędnicy Departamentu Stanu wyrzucili z tekstu istotny fragment odnoszący się do *„dzwonów kościelnych, które słychać w całych Helsinkach"*. Pretekstem dla cenzorów stało się rzekomo niesmaczne porównanie wolności religijnej w Finlandii i jej braku w Związku Radzieckim. Ale przecież użycie takiego porównania było właśnie tym, co Reagan chciał wyrazić! Mało tego. Kiedykolwiek w tekście pojawiało się słowo *totalitarny*, „redaktorzy" z Departamentu Stanu opuszczali je, twierdząc, że stawia ono Gorbaczowa na równi z Hitlerem.

Nie zgadzałem się ze zmianami w przemówieniu i czułem, że oryginalny tekst Dolana jest nie tylko mocniejszy, ale i dokładniejszy. Prawdopodobnie, przypominając sobie słynne przemówienie Reagana zawierające określenie *imperium zła* urzędnicy Departamentu Stanu przedobrzyli w swych staraniach, by uniknąć wbijania szpilek w radzieckie czułe miejsca. Pomylili przy tym dyplomację z prawdą.

Starałem się pomóc Dolanowi, ale nie mogłem dostać się do sekretarza Shultza. Napisałem więc do niego notatkę, sugerując, że prawdopodobnie nie zapoznał się z oryginałem przemówienia i że jeśli znałby oryginał, to zachowałby tekst bez poprawek. Ku memu przyjemnemu zaskoczeniu – a mam nadzieję, że także dzięki mojej interwencji – prezydent wygłosił przemówienie przeważnie tak, jak napisał je Dolan. Jego wydźwięk był równie mocny, jak i tekst.

Przybyliśmy do Moskwy na ostatni szczyt Reagana w niedzielę 29 maja, o godzinie czternastej. Był to piękny i niezwykle ciepły dzień.

Czułem się zaskoczony, widząc tłumy moskwian korzystających ze słońca; wielu z nich brodziło w mętnych, brunatnych wodach strumieni i jeziorek. Rosjanie zadali sobie wiele trudu, by nadać miastu schludny wygląd. Po drodze z lotniska po obu stronach szosy spryskano trawę zieloną farbą. Ale w typowy dla siebie beztroski sposób radzieccy robotnicy spryskali zieloną farbą także chodniki, a nawet podstawy budynków. Jakby tego było mało, inni robotnicy, których zadaniem było pomalowanie murów, kończyli robotę, rozpryskując białą farbę na trawniki.

Na pierwszym spotkaniu tego szczytu Reagan zgodnie z planem poruszył kwestię praw człowieka. Jeśli Szewardnadze czuł się przyciśnięty do muru, gdy Shultz podnosił tę sprawę na spotkaniach przygotowawczych, to Gorbaczow zaskoczył wszystkich swym ofensywnym podejściem. Kiedy Reagan wspomniał o więźniach politycznych w ZSRR, Gorbaczow odparł zarzuty, nawiązując do niehumanitarnej kary śmierci, stosowanej w USA. Kiedy Reagan mówił o restrykcjach, które uniemożliwiają obywatelom wyjazd z ZSRR, Gorbaczow odparł cios twierdząc, że powstrzymywanie obywateli radzieckich przed emigracją z kraju nie jest bardziej niemoralne, niż uniemożliwianie Meksykanom imigrowania do Stanów Zjednoczonych. Gorbaczow próbował przedstawić ZSRR jako państwo równie moralne jak USA.

Gorbaczow sugerował, aby Reagan przedstawił mu katalog humanitarnych zażaleń na Związek Radziecki, a on w odpowiedzi przedstawi kompendium pogwałceń praw człowieka w Stanach Zjednoczonych. Obaj z Reaganem będą potem mogli wspólnie pracować nad zredukowaniem zażaleń z obu list. Tym razem Reagan zaniemówił, oburzony ułomnym sposobem, w jaki jego partner usiłował postawić oba narody i państwa na tej samej płaszczyźnie moralnej.

Prezydent skierował dyskusję na sprawy regionalne, podnosząc nie tylko kwestię Afganistanu, lecz także wojny iracko-irańskiej, Etiopii, Angoli i Ameryki Środkowej. W przeciwieństwie do porywczości, z jaką Gorbaczow perorował w sprawie praw człowieka, tym razem odpowiadał on raczej nieśmiało.

Niewątpliwie czując, że nadszedł czas złagodzić napięcie, Gorbaczow spróbował zachęcić Reagana do przełamania lodów, przytaczając coś na kształt dowcipu o taksówkarzach. Jego historyjka, nacechowana samokrytycyzmem, dotyczyła *pieriestrojki*. Kruk dostrzegł lisa biegnącego ścieżką przez las. – Dlaczego nie spróbować *pieriestrojki* – zawołał do lisa kruk. – Kiedy ja polecę do tyłu, ty też pobiegnij do tyłu. – Lis pobiegł tyłem i wpadł w otwartą paszczę wilka. Czując, że zaraz zostanie pożarty, krzyknął do kruka: – Oszukałeś mnie! – O, zapomniałem ci powiedzieć – odparł kruk – że *pieriestrojka* jest tylko dla tych, co latają wysoko. – Reagan zaśmiał się szczerze, a Gorbaczow, zadowolony z tego, że i on potrafi opowiadać historyjki, śmiał się razem z nim.

W przerwach między oficjalnymi spotkaniami prezydent Reagan, nie chcąc być gorszy od Gorbaczowa, który dał mu w Waszyngtonie lekcję „ściskania ciała", urządził sobie przechadzkę po Placu Czerwonym. Założył, że poszuka kilku kobiet i pogratuluje im *„odważnego wkładu w budowę radzieckiego społeczeństwa"*. Potem, pozując kamerzystom – jak przystało na wytrawnego polityka – ucałował także jakieś dziecko.

Ale najlepszy – przynajmniej ze względu na *public relations* – moment tej wizyty nastąpił później, po pamiętnym wystąpieniu Reagana na Uniwersytecie Moskiewskim. Tysiąc studentów, niewątpliwie dokładnie prześwietlonych przez KGB, zebrało się, by wysłuchać prezydenta USA. Byli przygotowani na to, że mają być uprzejmi, lecz nie powinni dać się przekonać. Reagan skrócił swe przemówienie zaplanowane na czterdzieści pięć minut do dwudziestu, pozostawiając więcej czasu na pytania i odpowiedzi. Była to uładzona, nienachalna pochwała zalet ustroju kapitalistycznego. Prosta elokwencja, jasność argumentacji i emanujące z niej przekonanie zrobiło wrażenie na słuchaczach. Lecz prawdziwie Reagan podbił ich nieco później, właśnie w trakcie pytań i odpowiedzi. Studenci przekonali się, że uczestniczą w niezwykłym wydarzeniu. Oto przywódca najpotężniejszego państwa na świecie, a przy tym osobnik, którego uczono ich nienawidzić jako największego wroga ZSRR, dawał im lekcję podstaw wiedzy obywatelskiej, o której nigdy wcześniej nie słyszeli i której nie mogli szybko zapomnieć.

Jeden ze studentów podał w wątpliwość zdolność niedoinformowanych grup obywateli do wybierania kandydatów. – Czy nie byłoby lepiej – spytał – gdyby działacze partyjni wpierw zbadali umiejętności potencjalnych przywódców i zdecydowali, którzy z nich mają najwyższe kwalifikacje? Reagan wyjaśnił, że nasz system prawyborów stanowi dobry proces sprawdzający. – Poza tym – powiedział – jeśli wybrana osoba nie spełni oczekiwań, wyborcy nie wybiorą jej na następną kadencję. – Inny student spytał, czy Sąd

Najwyższy Stanów Zjednoczonych nie jest po prostu rodzajem partii komunistycznej. Czy nie ma on ostatecznych uprawnień do dyktowania władzy wykonawczej i ustawodawczej, które z praw powinny być ludziom dane, a które im odebrać? Prezydent wyjaśnił, że Sąd Najwyższy nie jest instytucją właściwą dyktaturze, lecz jedynie różnorodną grupą niezależnie myślących ludzi, których zadaniem jest utrzymywanie w mocy konstytucji. To jest trzecia z tych grup – wyjaśnił – obok władzy ustawodawczej i wykonawczej, które zapewniają równowagę i zabezpieczają przed nadużywaniem władzy. – Studenci zadawali dobre pytania, a Reagan dawał im równie dobre odpowiedzi. Kiedy skończył, zgotowali mu owację, stojąc. Ja również klaskałem, bezwstydnie dumny z naszego prezydenta.

Poprzedniego wieczoru zostałem zaproszony na oficjalny bankiet wydany przez Gorbaczowa. Była to typowa rosyjska impreza – obfity posiłek, po którym następowały długie, nudne toasty. Całkowite przeciwieństwo dziękczynnego obiadu, wydanego przez prezydenta Reagana i Pierwszą Damę podczas ich ostatniego wieczoru spędzonego w Moskwie. Obiad ten był repliką oficjalnych przyjęć dla elity wydawanych w Waszyngtonie, które rozsławiły Reagana.

Kiedy goście zaczęli schodzić się na przyjęcie u Reagana, byłem zdumiony widząc, kto został zaproszony: radzieckie gwiazdy baletu, sportowcy, duchowni i dysydenci. Raisa Gorbaczowa nie ukrywała swego zdumienia. Czasami zdawało się, że robiła uniki i odwracała głowę, patrząc w drugą stronę, żeby tylko nie przywitać się z niektórymi gośćmi. Większości z nich nigdy dotąd nie spotkała i niewątpliwie nie życzyła sobie nigdy ich spotkać.

Przy moim stole siedzieli były minister spraw zagranicznych Andriej Gromyko i polityczny dysydent Andriej Sacharow – dziwny duet, jeśli w ogóle można ich ze sobą wiązać. Siedziała z nami balerina, zapaśnik, ksiądz i chirurg. Chirurgiem był doktor Światosław Fiodorow, radziecki okulista, który zarządzał „linią produkcyjną" w klinice, gdzie masowo operowano kataraktę. Szybko odrzuciłem jego ofertę zoperowania moich oczu, choć chciał wykonać zabieg następnego dnia rano i za darmo.

Obiad był typowo amerykański: małże duszone z jarzynami w stylu nowoangielskim, potem smażone na rożnie steki z Kansas City, zielone szparagi i pieczone ziemniaki z Idaho, w towarzystwie wybornej kolekcji win z Kalifornii. A na deser? Cóżby innego, jak nie gruba szarlotka i sery.

Nie było żadnych długich poobiednich przemówień. Reagan po prostu podziękował Gorbaczowowi i jego małżonce za ich gościnność i – zanim Gorbaczow zdołał mu odpowiedzieć – skinął na orkiestrę, która zaczęła grać. Reagan natychmiast poprosił Raisę do tańca, zmuszając zawstydzonego Gorbaczowa do niezdarnych obrotów na parkiecie z Nancy. Raisa spędziła większość wieczoru, starając się uciszyć zapaśnika posadzonego przy naszym stole. Zapaśnik przekonywał kelnera, aby mu przyniósł kolejną szklankę whisky Danielsa. Gorbaczowowie byli już na takim obiedzie w Waszyngtonie, ale jestem pewien, że nigdy nie spodziewali się uczestniczyć w podobnym w Moskwie. W odróżnieniu od radzieckiego przyjęcia, które zakończyło się krótko po jedenastej wieczorem, na naszym goście zostali grubo po północy, długo po wyjściu państwa Gorbaczowów.

Mieliśmy do dyspozycji tylko jeden ranek, aby wypracować treść wspólnego komunikatu końcowego, który miał być wydany po zakończeniu spotkania na szczycie. Obie strony łatwo zgodziły się na wzajemne gratulacje z powodu podpisania układu INF, ale było wiele przepychanek, gdy decydowano o tym, jak odnieść się do START. Nie mogąc osiągnąć porozumienia w tej sprawie, zapisano różnice zdań. Żadna ze stron nie chciała zostać obarczona odpowiedzialnością za brak postępu w sprawie redukcji broni strategicznych.

Najtrudniejsza część komunikatu dotyczyła życzenia Gorbaczowa, by umieścić w nim sformułowanie *„pokojowe współistnienie"*. Gorbaczow pragnął pokazać, że Związek Radziecki oficjalnie osiągnął status supermocarstwa, a Stany Zjednoczone przyjęły leksykon radzieckiej polityki zagranicznej.

Problem pogłębiło wcześniejsze potknięcie Reagana, gdy nieopatrznie dał do zrozumienia, że akceptuje tę koncepcję. Gorbaczow stwierdził, że polityką ZSRR jest *„pokojowe współistnienie"*. Na co Reagan odpowiedział, że *„Stany Zjednoczone chcą żyć w pokoju ze Związkiem Radzieckim"*. Pani Rosanne Ridgway z Departamentu Stanu przekonała prezydenta, że użycie sformułowania *„pokojowe współistnienie"* w komunikacie końcowym byłoby poważnym błędem. Sytuacja była niezręczna. Mając związane ręce, Reagan zlekceważył Gorbaczowa, mówiąc, że źle go zrozumiał. – Termin „pokojowe współistnienie" – powiedział Reagan – jest nie do przyjęcia w komunikacie. – Debatowali nad tym przez trzydzieści minut, przekraczając czas wyznaczony na końcową ceremonię. Reagan otoczony doradcami uparcie nalegał, że te słowa nie powinny znaleźć się w tekście. Była to próba woli, w której prezydent USA w końcu zwyciężył. Gorbaczow – rozgniewany i czerwony na twarzy – mamrocząc coś do siebie, ustąpił.

Lata Reagana

Po ośmiu latach bliskiej znajomości i współpracy czułem satysfakcję z powodu moich stosunków z prezydentem Reaganem i z powodu tego, co zostało osiągnięte. Szanowałem jego poglądy i byłem zadowolony, że przyjął wiele z moich. Zanim opuścił najwyższy urząd, wspaniałomyślnie obdarował mnie Prezydenckim Medalem Zasługi Obywatelskiej (Presidential Citizen's Medal). Dedykacja na tym medalu głosi: *Edward L. Rowny był jednym z czołowych architektów amerykańskiej polityki pokoju przez siłę. Jako negocjator kontroli zbrojeń i doradca prezydenta, służył wydatnie, odważnie i szlachetnie sprawie pokoju i wolności.* Żadne słowa nie sprawiły mi nigdy większej przyjemności. Gdy Reagan opuszczał urząd, mógł zasłużenie twierdzić, że jego nowe podejście do Związku Radzieckiego przyniosło sukces. Usunął sprawę kontroli zbrojeń z centrum stosunków amerykańsko-radzieckich i mimo to potrafił osiągnąć postęp w redukcji broni jądrowej. Odniósł sukces, skłaniając Rosjan do zgody na układ INF, który wymagał eliminacji wszystkich naziemnych rakiet średniego zasięgu oraz rakiet o krótszym zasięgu i przekonał Senat do ratyfikowania układu INF przy zaledwie pięciu głosach przeciwnych. Zapobiegł też wysiłkom Rosjan, pragnących zlikwidować SDI. Choć układ START pozostał nadal odległym celem, Reaganowi udało się nakłonić Rosjan do zgody na redukcję głowic jądrowych, a nie tylko wyrzutni rakiet. Udało mu się również skłonić Rosjan do akceptacji inspekcji terenowych jako efektywnej metody weryfikacji porozumień o kontroli zbrojeń. Reagan zdołał też przekształcić w sukces bliskie katastrofy spotkanie w Rejkiawiku. Po krótkim okresie flirtu z marzeniem o szybkiej eliminacji całej broni jądrowej odłożył ten pomysł na bok, czyniąc z niego cel ostateczny, a nie natychmiastowy.

Co najważniejsze, udało mu się skłonić Rosjan do zajęcia się jego szerokim programem. Rosjanie zaczęli czynić postępy w przestrzeganiu praw człowieka i poważnie traktować szereg problemów regionalnych, z których najważniejszy był Afganistan. Reagan zapoczątkował cały proces przenoszenia stosunków Wschód – Zachód na nową i właściwą płaszczyznę. To była wygodna spuścizna, pozostawiona przez niego prezydentowi George'owi Bushowi (seniorowi), który miał ją wykorzystać w sposób, jakiego nikt z nas w tym czasie nie potrafił przewidzieć.

ROZDZIAŁ VII

Prezydent Bush: brak przekonania

Podczas prezydenckich prawyborów w 1988 roku przeważająca część społeczeństwa była zdumiona oceną George'a Busha, wygłoszoną przez byłą ambasador przy ONZ, panią Jeane Kirkpatrick, która powiedziała wówczas: *„Po czterech i pół roku pracy w kierowniczym zespole do spraw polityki zagranicznej administracji Reagana i po udziale w spotkaniach z wiceprezydentem nadal nie wiem, co myśli on o większości problemów świata, i nie wiem, jakie jest jego stanowisko"*. Jednak pani Kirkpatrick miała rację. Pomimo ścisłej, prawie dziesięcioletniej współpracy z Bushem ja również nie mogłem z pewnością stwierdzić, że poznałem jego stanowisko w większości istotnych spraw. Nawet w mojej dziedzinie zawodowej – kontroli zbrojeń – nie mogłem przewidzieć kierunku jego polityki, nie mówiąc już o ocenie, czy będzie ona skuteczna. Ta sprawa bardzo mnie martwiła. Po ośmiu latach spędzonych na stanowisku głównego negocjatora rokowań START i specjalnego doradcy prezydenta do spraw kontroli zbrojeń powinienem przecież wyrobić sobie jakieś pojęcie o tym, co sądzi wiceprezydent o tych kluczowych sprawach.

I rzeczywiście, przejście od administracji Reagana do administracji Busha było szorstkie i pełne udręki – to najtrudniejsza zmiana administracji rządowej, jakiej byłem świadkiem. Prawie natychmiast po wyborach w jeszcze reaganowskim Białym Domu powtarzano za

Richardem Darmanem, że ci, którzy pracowali dla prezydenta Reagana, nie powinni liczyć na ponowną nominację. Powtarzano sobie też powiedzenie Busha, że szuka nowych twarzy. To miała być administracja jego – Busha Pierwszego a nie administracja Reagana Trzeciego.

Proces przekazywania władzy w Białym Domu był niezwykle powolny i nużący, a w Departamencie Stanu tzw. zespół przejściowy z udziałem Dennisa Rossa, Roberta Zoellecka i Margaret Tutwiler był skryty, bezosobowy i arogancki. Odniosłem wrażenie, że wstępujący zespół Jamesa Bakera czuje się niepewnie i z tego powodu nie szuka rady. Ludzie związani z ustępującym sekretarzem stanu Shultzem także podzielali ten pogląd. Zespół Bakera nie skorzystał z okazji, by porozmawiać z odchodzącym sekretarzem stanu czy z jego sztabem, ponieważ – jak powiedział mi członek tego zespołu – to Shultz powinien odwiedzić Bakera, a nie odwrotnie. Ta sytuacja nie wróżyła powodzenia dla mojej ewentualnej roli w administracji Busha.

W okresie drugiej kadencji Reagana uczestniczyłem we wszystkich spotkaniach jego gabinetu odnoszących się do kontroli zbrojeń. Wiceprezydent Bush sprawiał na nich wrażenie czujnego i uważnego słuchacza, lecz wyczuwałem, że celowo unika aktywnego udziału w dyskusjach. Zabierał głos, jedynie prosząc o przedstawienie większej liczby szczegółów albo dla wyjaśnienia specyficznych kwestii. Kiedy zapytałem, dlaczego nie odgrywa bardziej aktywnej roli w tych debatach, odpowiedział, że pragnie, aby prezydent wysłuchał opinii zaangażowanych w te sprawy agencji i nie chce zabierać cennego czasu na wygłaszanie własnych sądów. Odpowiedział też, że woli udzielać prezydentowi rad prywatnie. Chociaż przyjąłem do wiadomości jego wyjaśnienie, nigdy nie byłem w stanie określić, w jakim stopniu dzieli się swymi poglądami z prezydentem.

Kiedy sprawował urząd wiceprezydenta, Bush wielokrotnie zapraszał mnie na wspólne, robocze śniadania. Chciał się upewnić, że rozumie podstawowe problemy kontroli zbrojeń i zwykle zadawał mi serię inteligentnych i szczegółowych pytań. Po każdym spotkaniu byłem prawie pewien, że Bush pojmuje podstawy tego, co razem przedyskutowaliśmy. Lecz nawet podczas prywatnych rozmów rzadko wyjawiał mi własne myśli. Gdy mówiłem mu o swym stanowisku w jakiejś ważnej kwestii i pytałem, czy się zgadza ze mną, zwykł odpowiadać jakimś ogólnikiem, w rodzaju *Tak, oczywiście* albo *Pewnie*. Gdy naciskałem go dalej i pytałem, czy zwróci uwagę na ten punkt prezydentowi, wycofywał się i nie chciał się angażować. Takie zachowanie było jaskrawym przeciwieństwem stylu bycia prezydenta. Nigdy nie miałem wątpliwości co do tego, jakie stanowisko zajmuje Ronald Reagan w każdej sprawie. W przypadku George'a Busha zaś nigdy nie mogłem ustalić, czy jego niechęć do wyrażania własnych opinii wynika z przekonania, że jako wiceprezydent nie powinien być widziany i słuchany, czy jest to po prostu sprytny sposób na utrzymanie otwartych opcji na wypadek politycznych sporów. Z upływem czasu coraz bardziej skłaniałem się do myślenia, że chodzi o to drugie. I coraz bardziej byłem przekonany, że wiceprezydent nie ma własnego strategicznego światopoglądu.

Bush trzymał się w cieniu nawet wówczas, gdy sam był zaangażowany w kilka spraw o znaczeniu kluczowym, szczególnie w polityce zagranicznej. Ku wielkiej konsternacji ówczesnego sekretarza stanu – Alexandra Haiga, który uważał, że kryzysy w polityce zagranicznej należą do zakresu jego odpowiedzialności, w marcu 1981 roku prezydent Reagan mianował Busha szefem Zespołu Zarządzania Kryzysem w swojej administracji. Misja tego zespołu, którego nazwę przemianowano potem na Grupę ds. Sytuacji Specjalnych, polegała na szybkim zbieraniu i integrowaniu propozycji różnych agencji rządowych w celu jak najbardziej efektywnego przezwyciężania kryzysów międzynarodowych. W październiku 1983 roku, gdy premier karaibskiego państewka – wyspy Grenady – Maurice Bishop został obalony i zamordowany przez członków własnego marksistowskiego rządu, Organizacja Państw Karaibskich poprosiła Stany Zjednoczone o interwencję wojskową w celu przywrócenia prawa i porządku na wyspie. Jako przedstawiciel Reagana w Grupie ds. Sytuacji Specjalnych, Bush przewodził opracowaniu różnych planów i opcji, które miały rozwiązać kryzys i doprowadzić do uratowania prawie tysiąca amerykańskich studentów pozostawionych bez pomocy na Grenadzie. Grupa zarekomendowała wysłanie w rejon Karaibów batalionu piechoty morskiej (U. S. Marines) i grupy zadaniowej Marynarki Wojennej dowodzonej z pokładu lotniskowca *Independence* oraz przygotowanie planu na wypadek konieczności inwazji. Choć odpowiedzialnym za powzięcie ostatecznej decyzji o interwencji wojskowej był prezydent, a Reagan znajdował się wówczas daleko od Waszyngtonu, wiceprezydentowi Bushowi przypada zasługa zaplanowania i wykonania operacji ratowniczej na Grenadzie.

Po części z uwagi na swe doświadczenie na stanowisku dyrektora CIA w administracji Forda Bush był często powoływany na doradcę lub kierownika grup, których zadaniem było zbieranie informacji wywiadowczych lub egzekwowanie prawa w skali międzynarodowej. Ponadto Bush stał na czele dwóch ważnych dla państwa sił do zadań specjalnych: pierwszej – do walki z terroryzmem i drugiej – do walki z nielegalnym handlem narkotykami. Wiceprezydent odegrał również istotną rolę w przekonaniu niechętnej Europy Zachodniej do przyjęcia amerykańskich rakiet jądrowych średniego zasięgu. Wreszcie przewodził staraniom o przyjęcie międzynarodowego układu o zakazie broni chemicznej i biologicznej. W trakcie sprawowania wszystkich tych funkcji Bush zawsze przestrzegał zasady, by nie podważać kompetencji prezydenta Reagana.

To, że Bush odgrywał role, jakich od niego oczekiwano, nie było żadną niespodzianką – miał bowiem zwyczaj wiązać swoją przyszłość polityczną z wschodzącą gwiazdą ludzi potężniejszych i wybitniejszych od niego. Czasami taktyka ta przynosiła mu porażki, jak wówczas, gdy w nieudanej kampanii wyborczej, startując z Teksasu do Senatu w 1964 roku, związał się z kampanią prezydencką Barry'ego Goldwatera, z góry skazaną na niepowodzenie. Jednak jego lojalna i dyskretna służba była przeważnie nagradzana.

Gdy druga kadencja prezydenta Reagana dobiegała końca, początkowo zamierzałem pozostać na politycznej drugiej linii i nie angażować się w nadchodzące wybory. Po spędzeniu wielu lat w służbie wojskowej nie potrafiłem pozbyć się nawyku apolityczności. Moja decyzja o zaangażowaniu się w kampanię wyborczą Reagana była wyjątkiem od tej zasady – i nie chciałem potem czynić dalszych wyjątków. Lecz kiedy gubernator stanu Massachusetts, Michael Dukakis, zwyciężył w rywalizacji o nominację na kandydata Partii Demokratycznej, zostałem zmuszony do ponownego przemyślenia swej decyzji. Wiedziałem, że propozycje Dukakisa ułożenia stosunków ze Związkiem Radzieckim oraz jego poglądy na kwestie obrony mogłyby poważnie zaszkodzić sprawie bezpieczeństwa Stanów Zjednoczonych. Z tego powodu czułem się zmuszony do poparcia kandydatury George'a Busha.

Bush służył Reaganowi przeważnie za kulisami, a do czasu kampanii wyborczej 1988 roku Amerykanie wiedzieli niewiele o jego poglądach na kluczowe sprawy. Z tych powodów zarówno konserwatyści, jak i liberałowie zaczęli publicznie kwestionować to

– jeśli *to* w ogóle istniało – za czym miał opowiadać się Bush. Te same cechy osobowe i polityczne, które inspirowały dobre recenzje jego działalności jako wiceprezydenta, teraz zwróciły się przeciwko niemu. Nawet Lee Atwater, przyjaciel Busha i szef jego kampanii wyborczej, mawiał, że Bush będzie prezydentem przejściowym. Prawdziwy sens tej opinii sprowadzał się do tego, że Bush byłby przywódcą bez wyrazu, który wcześniej działał w cieniu Reagana, a sam nie miał niezależnego instynktu przywódczego. Choć czułem, że Bush będzie lepszym prezydentem niż Dukakis, to cechy jego charakteru i źle zdefiniowane cele polityczne pozostawiały wiele wątpliwości co dokładnie Bush mógłby zrobić, gdyby wybrano go na prezydenta.

Moja rola zmienia się

Mimo że Bush gładko pobił Dukakisa, przejął urząd prezydenta bez jasno określonego publicznego mandatu. Po kampanii wyborczej, prawie zupełnie pozbawionej treści, George Bush wydawał się zadowolony z faktu, że może zacząć swą pierwszą kadencję od utrzymania *status quo*. Nie było to zaskoczeniem, jako że urzędowanie rozpoczynał człowiek, który kiedyś tak przedstawił swoją dewizę: *„Jeśli coś nie jest zepsute, nawet nie myśl o naprawie"*.

Krótko po wyborze Busha na prezydenta poproszono mnie o napisanie memorandum o tym, jak sobie wyobrażam podejście nowej administracji do Związku Radzieckiego w ogóle, a do procesu kontroli zbrojeń w szczególności.

Kilka dni po inauguracji dostarczyłem memorandum generałowi Brentowi Scowcroftowi, doradcy Busha do spraw bezpieczeństwa narodowego. W dokumencie napisałem, że prezydent Bush powinien kontynuować podejście do ZSRR przyjęte przez prezydenta Reagana w jego drugiej kadencji, podkreślając znaczenie problemów regionalnych, praw człowieka i stosunków dwustronnych. Jeśli problemy te udałoby się rozwiązać – napisałem dalej – następną sprawą do załatwienia powinna być kontrola zbrojeń. W krótkiej dyskusji ze Scowcroftem powiedziałem, że powinniśmy popierać *głasnost'* i *pieriestrojkę* Gorbaczowa, ale nie wiązać się za bardzo z samym Gorbaczowem. Przywódcy Związku Radzieckiego przychodzą i odchodzą; powinniśmy popierać nie ludzi, lecz oświeconą politykę. Sugerowałem również, że Bush powinien poprzeć zjednoczenie Niemiec, które niewątpliwie nastąpi w ciągu kilku lat.

Nieco później Scowcroft zadzwonił do mnie i powiedział, że on sam i prezydent przeczytali moje memorandum, zgodzili się z większością jego stwierdzeń i uznali je za pomocne. Scowcroft powiedział także, że jedyna rzecz, z którą prezydent Bush się nie zgadza, to rychłe zjednoczenie Niemiec. – Niemcy – twierdził Bush – nie zjednoczą się w tym stuleciu.

Zgodnie z procedurą obowiązującą podczas zmiany administracji, obejmującą osoby nominowane decyzją polityczną, zgłosiłem swą rezygnację ze stanowiska specjalnego doradcy prezydenta do spraw kontroli zbrojeń. Jednak przez kilka tygodni nie otrzymałem żadnej odpowiedzi. Podobnie nie otrzymał odpowiedzi co do swej przyszłości mój odpowiednik, Paul Nitze, który również złożył rezygnację. Niezadowolony z tego Nitze zaczął naciskać i zażądał od sekretarza stanu Jamesa Bakera, aby wyjaśnił jego status. Wkrótce okazało się, że Baker nie chce, aby Nitze nadal pozostawał jego głównym doradcą do spraw kontroli zbrojeń w Departamencie Stanu. I Nitze odszedł, nie ukrywając swego rozgoryczenia.

Pragnąc wyjaśnić również swój status, próbowałem spotkać się z Bakerem, ale powiedziano mi, że jest zajęty i że powinienem rozmawiać z jego zastępcą, Larrym Eagleburgerem. Tak się złożyło, że Eagleburgera znałem od wielu lat, a stosunki między nami były otwarte i szczere. Eagleburger powiedział mi, że zarówno sekretarz Baker, jak i prezydent Bush chcą, abym pozostał na stanowisku i nadal im doradzał na temat kontroli zbrojeń, ale różnią się od sekretarza Shultza i prezydenta Reagana co do sposobu wykonywania tego doradztwa. Baker chciał, aby wszelkie rady dotyczące kontroli zbrojeń przechodziły wpierw przez jednego z jego głównych zastępców, Reginalda Bartholomewa. Eagleburger zapytał mnie, czy nie będzie to dla mnie problemem. Odpowiedziałem, że wolałbym pracować bezpośrednio z sekretarzem stanu, ale w świetle życzenia wyrażonego przez Bakera chętnie wypróbuję i inny sposób. Bartholomew potwierdził mi, że Baker pragnie skupić u siebie wszystkie opinie o kontroli zbrojeń powstające w Departamencie Stanu i – na tej podstawie przekazywać później swe rekomendacje prezydentowi. Zaproponował też, że w przypadku gdy moje poglądy na daną sprawę będą rozbieżne z jego poglądami, powinienem przedstawić swoje odrębne stanowisko jako załącznik do jego rekomendacji, a on nie będzie starał się zmienić, czy w jakikolwiek sposób komentować moich opinii. Powiedziałem Bartholomewowi i Eagleburgerowi, że jest to raczej niespotykany sposób prowadzenia spraw i odbiega daleko od idealnego rozwiązania. Mimo to – dodałem – jeśli sekretarz stanu chce tak działać, mógłbym spróbować.

Inny sygnał zmiany mojego statusu pojawił się na początku marca 1989 roku, gdy Larry Eagleburger zapytał mnie, czy to prawda, że zjadłem lunch z Johnem Sununu, szefem sztabu Białego Domu.

– Tak – odparłem.

– A więc nie rób tego więcej – powiedział Eagleburger. – Baker nie znosi zachodzenia go od tyłu.

– Wcale nie zaszedłem go od tyłu – wyjaśniłem. – Z Sununu i innymi głównymi urzędnikami gabinetu spotkałem się z powodów kurtuazyjnych, aby poinformować ich o ogólnych problemach, które stoją przed nami.

– No tak, ale Baker tego nie lubi – skwitował naszą rozmowę Eagleburger. – Więcej tego nie rób!

Po tym dniu odbyłem tylko jedną rozmowę z Sununu. Zapytałem go wprost, czy powinienem pozostać na stanowisku, czy zrezygnować.

Co tyczy się moich przyszłych stosunków z prezydentem Bushem Eagleburger powiedział mi, że powinienem nadal pełnić funkcję w zasadzie w ten sam sposób jak przy prezydencie Reaganie. Jeśli nie zgadzam się z sekretarzem Bakerem w konkretnej sprawie, dotyczącej kontroli zbrojeń, powinienem przekazać swoją kontrpropozycję prezydentowi przez Brenta Scowcrofta. Jednak nadal nie będę uczestniczył w posiedzeniach rządu. Eagleburger powiedział mi, że prezydent Bush będzie rzadko, jeśli w ogóle, zwoływał posiedzenia swego gabinetu w sprawach kontroli zbrojeń, a w tych posiedzeniach będą brali udział jedynie sekretarz stanu, sekretarz obrony, przewodniczący Kolegium Połączonych Szefów Sztabów i doradca do spraw bezpieczeństwa narodowego. Poglądy agencji rządowych na temat kontroli zbrojeń, także moje poglądy, będą przedyskutowane, podsumowane na piśmie i przekazywane Scowcroftowi przez jego zastępcę, Roberta Gatesa. Oczywiście, będę mógł uczestniczyć w spotkaniach zastępców, organizowanych przez Gatesa, razem z Bartholomewem i głównymi zastępcami szefów innych kluczowych agencji rządu.

Powiedziałem Eagleburgerowi, że moim zdaniem jest to najbardziej niezwykła forma wypełniania przeze mnie obowiązków specjalnego doradcy prezydenta. Bo faktycznie miałbym doradzać biurokracji, a nie szefowi państwa. Następnie udałem się do Scowcrofta i powiedziałem mu, że jeśli prezydent nie życzy sobie moich rad, to raczej przejdę na emeryturę, niż będę pionkiem w jego sztabie. Scowcroft potwierdził mi to, co wcześniej powiedzieli Eagleburger i inni urzędnicy Białego Domu: prezydent Bush nie lubi szerokich i częstych posiedzeń gabinetu. Obstawał jednak przy tym, że prezydent chciałby znać moje poglądy na temat spraw najważniejszych, a moje rady będą potraktowane z taką samą powagą, jakbym udzielił ich prezydentowi osobiście.

Przez następne kilka miesięcy zachowywałem tylko dla siebie swoje zastrzeżenia co do tej procedury i pracowałem tak, jak Bush i Baker sobie życzyli. Dotrzymując słowa, Bartholomew przekazywał mi kopie swych rekomendacji przeznaczonych dla sekretarza Bakera, a gdy się z nimi nie zgadzałem, załączałem swoje odmienne opinie. Przekonałem się, że nie zgodziłem się tylko z jedną z rekomendacji na cztery czy pięć, lecz moje odmienne zdanie dotyczyło istotnych kwestii takich jak sposób definiowania nowych typów i udźwigu rakiet. Podobnie różniliśmy się w poglądach na temat tego, jak potraktować „załadowanie" głowic, to znaczy radziecką propozycję rozmieszczania mniej licznych głowic na tzw. rakietach MIRV (z wieloma niezależnie naprowadzanymi na cel głowicami jądrowymi) bez niszczenia dodatkowych głowic jądrowych, które rakiety te były zdolne przenosić.

Na spotkaniach zastępców organizowanych przez Gatesa – jak wcześniej sygnalizowali mi Eagleburger i Scowcroft – proszono mnie o przedstawienie poglądów za każdym razem, gdy nie zgadzałem się z opiniami Departamentu Stanu lub innej agencji rządowej. Potem przekazywałem swoje opinie na piśmie generałowi Scowcroftowi, lecz za każdym razem adresując je do prezydenta. Scowcroft powiedział mi, że zawsze przekazywał moje odmienne poglądy prezydentowi, a przy okazji otrzymywałem notki od Busha z podziękowaniem za uwagi. Od czasu do czasu szedłem na spotkanie z doradcą prezydenta do spraw bezpieczeństwa narodowego, aby wzmocnić lub rozwinąć swe poglądy. Chociaż zawsze byłem traktowany z szacunkiem, Scowcroft rzadko mówił mi o tym, co ma zamiar rekomendować prezydentowi. Ta raczej zawiła droga udzielania rad nie przynosiła mi żadnej satysfakcji, nawet wówczas gdy prezydent korzystał z moich wskazówek w wielu rozstrzygających sprawach, najczęściej dotyczących SDI (Strategicznej Inicjatywy Obronnej), a najrzadziej z mojego z uporem ponawianego postulatu, aby Rosjanom zakazać przeprowadzania prób z ciężkimi rakietami.

Stale czułem się wyobcowany – i miałem ku temu poważne powody. W lipcu 1989 roku przybył do Waszyngtonu Szewardnadze z grupą ekspertów kontroli zbrojeń, aby próbować posunąć naprzód rokowania START. Wieczorem gdy miało się rozpocząć spotkanie, zauważyłem, że moja teczka zaproszeń na briefingi nie zawiera przepustki na ósme piętro Departamentu Stanu, gdzie miały się odbywać rozmowy z Rosjanami. Sądząc, że jest to administracyjne przeoczenie, poleciłem swemu asystentowi, by zadzwonił do Stapletona Roya, administratora Departamentu Stanu. Lecz nie było to przeoczenie. Stapleton powiedział, że moje nazwisko w ogóle nie pojawiło się na liście zaproszonych. Powiedział też, że aby znaleźć się na tej liście, trzeba uzyskać zgodę kogoś z głównego biura sekretarza Bakera.

Następnego ranka poszedłem spotkać się z Reginaldem Bartholomewem. Powiedział mi, że decyzja w sprawie wyboru osób, które mają znaleźć się na liście zaproszonych, przekracza jego kompetencje. Powiedziałem, że to śmieszne, gdyż to on właśnie jest głównym koordynatorem w sprawach kontroli zbrojeń. Mimo to Bartholomew nie interweniował. Następnie udałem się do biura Eagleburgera, lecz go nie zastałem.

Zdecydowałem więc wziąć byka za rogi i sam poszedłem do sali imienia Bena Franklina w Departamencie Stanu, gdzie zbierali się Rosjanie. Strażnik usiłował mi przeszkodzić, ale przemknąłem obok niego i podszedłem do rosyjskich gości, aby z nimi porozmawiać. Później, gdy zasiedliśmy na pierwszym plenarnym spotkaniu, jeden z asystentów Stapletona Roya przyniósł mi przepustkę, przepraszając za pomyłkę. Oczywiście wiedziałem już, że nie była to żadna pomyłka. Uznałem to za ostrzeżenie: sekretarz Baker eliminuje zewnętrzne wpływy i konsoliduje swoje panowanie nad procesem ustalania polityki zagranicznej nowej administracji.

Tego samego dnia marszałek Siergiej Achromiejew, wiceminister obrony ZSRR, powiedział mi, że obawia się puczu przeciwko Gorbaczowowi, zorganizowanego przez wojskowych i partyjnych konserwatystów. Był to pierwszy sygnał, że radzieccy wojskowi mogą wystąpić przeciwko Gorbaczowowi. Poinformowałem o tym natychmiast Departament Stanu i CIA, ale obie agencje rządowe nie potraktowały tej wiadomości poważnie. Departament Stanu zlekceważył moje zaniepokojenie. Uważano tam, że marszałek Achromiejew chciał po prostu wzbudzić współczucie dla Gorbaczowa, mając nadzieję, że przez to złagodzimy swoje stanowisko i zaoferujemy Rosjanom dodatkowe koncesje w układzie START.

Dwie odmienne rady

Na początku swej prezydentury Bush otrzymywał sprzeczne ze sobą rady od dwóch głównych grup doradców. Rady te dotyczyły aktywnego lub pasywnego podejścia do kontroli zbrojeń. Jedna grupa, której przewodził sekretarz stanu Baker, uważała, że porozumienia o kontroli zbrojeń są ważne dla osiągania celów naszej polityki zagranicznej i dlatego powinny być energicznie posuwane naprzód. Druga grupa pod przewodnictwem sekretarza obrony Dicka Cheneya wskazywała na to, że Związek Radziecki nadal wydaje 25 procent swego dochodu narodowego brutto na siły zbrojne, podczas gdy nasze wydatki na ten cel, poniżej 6 procent, stawiają nas w gorszej od ZSRR pozycji przetargowej. Lepiej więc zaczekać – uważała ta druga grupa – aż upadek radzieckiej gospodarki zmusi ZSRR do zredukowania sił zbrojnych, a dopiero potem naciskać Rosjan, by zgodzili się na porozumienia rozbrojeniowe. Prezydent – zajęty obsadzaniem stanowisk w nowej administracji i próbujący wysondować opinię publiczną co do tego, w jakim kierunku powinien pójść – nie robił nic. Bierna postawa Busha była zgodna z moją oceną jego zachowań: gdy miał wątpliwości, wolał siedzieć na płocie i czekać.

Te same dwie grupy przedstawiały prezydentowi rozbieżne poglądy na temat stopnia poparcia, jakiego powinien udzielać Gorbaczowowi. Grupa wywodząca się z Departamentu Stanu dowodziła, że *pieriestrojka* odnosi sukcesy i dlatego trzeba chwalić Gorbaczowa i zachęcać go do jej kontynuacji. Członkowie grupy wywodzącej się z Departamentu Obrony uważali, że reformy Gorbaczowa nie są dość głębokie, by mogły przynieść rzeczywiste zmiany w ZSRR i z tego powodu poparcie USA dla przywódcy Związku Radzieckiego powinno być ograniczone. Prezydent Bush w charakterystyczny dla siebie sposób próbował z tych przeciwstawnych koncepcji stworzyć syntezę. Jego wczesne oświadczenia wskazywały, że jest zwolennikiem poglądów pierwszej grupy. Lecz w miarę upływu czasu Bush stawał się *„ostrożny i rozsądny"* – to jego dwa ulubione słowa. Swą późniejszą koncepcję podsumował w przemówieniu wygłoszonym 21 maja 1990 roku:

„Jeśli Rosjanie wysuną konstruktywne i solidne plany pokojowe, wówczas powinniśmy dać im wiarę tam, gdzie to możliwe. Jesteśmy świadkami głębokich zmian zachodzących w Związku Radzieckim, zmian, które obiecują trwałość i mogą się zakorzenić. Równocześnie w epoce nadzwyczajnych przemian mamy obowiązek utemperować nasz optymizm – a ja jestem optymistą roztropnym".

Oto i cały Bush.

Bush jako człowiek

Przez całą dekadę obcowania z Georgem Bushem, moje wcześniej uformowane opinie o jego charakterze, stylu i osobowości stale się potwierdzały. Robił wrażenie człowieka od dawna bogatego, z rodu o błękitnej krwi, WASP-a [białego Anglosasa, protestanta – przyp. tłum.] z Nowej Anglii, dla którego służba Bogu, Ojczyźnie i Wall Street była przyrodzonym prawem. O ile Bush był człowiekiem ambitnym i ciężko pracującym, to jego energia często rozlewała się w wątpliwych kierunkach. Przykładem może być kampania prezydencka w 1988 roku, której miałkość zawstydziła nawet politycznych weteranów. Bush wydawał się całkowicie pozbawiony silnego poczucia celu, tak charakterystycznego dla Reagana. Gdy dochodziło do szczegółów, trudno było zmusić go do decyzji. Był nieokreślony – aż do stanu całkowitej próżni, wyniosły – aż prawie nieosiągalny. W pewnych aspektach był anachroniczny, w swej życiowej filozofii cofnięty do burzliwych lat po II wojnie światowej, kiedy wzlotem Ameryki ku politycznej świetności sterowali tacy luminarze jak Averell Harriman, Robert Lovett i Dean Acheson, dla którego mentorem i wzorcem był czcigodny Henry Stimson, sekretarz wojny u Roosevelta. W książce *The Wise Men: Six Friends and a World They Made* (*Mędrcy: Sześciu przyjaciół i świat, który stworzyli*) Walter Issacson i Evan Thomas opisują tych wybitnych ludzi jako *„postrzegających wizję służby publicznej jak dumne powołanie i mających awersję do polityki partyjnej. I w pragmatyczny i solidny sposób preferują-*

cych „realpolitik" miast ideologii". Autorzy ci z równą łatwością mogliby opisać George'a Busha.

Krótko po tym jak zdecydowałem się pozostać na stanowisku doradcy do spraw kontroli zbrojeń, powziąłem decyzję, by poszukać kluczy, które mogłyby mi pomóc w rozszyfrowaniu charakteru Busha i w rozpoznaniu, czy mógłby on zmienić się w trakcie sprawowania urzędu prezydenta. Im więcej dowiadywałem się o jego przeszłości – rozmawiając z osobami, które go znały wiele lat – tym bardziej utwierdzałem się w przekonaniu, że Bush w swym sposobie postępowania jest raczej niereformowalny.

Pochodząc z rodziny o tradycji patrycjuszowskiej, George Bush, podobnie jak jego ojciec Prescott, wierzy, że dług, jaki jego klasa społeczna zaciągnęła u społeczeństwa, powinien być spłacany w służbie publicznej. Wiele ze swego idealizmu zawdzięcza matce, która odcinała się od materialnych i politycznych interesów męża, poświęcając się wychowaniu dzieci, chroniąc je i podkreślając rolę moralności i religii w ich życiu. Nauczyła swego syna nigdy nie chwalić się ani też nie mówić na swój temat w pierwszej osobie, o czym zawsze pamiętał. Dopiero w 1988 roku, podczas kampanii prezydenckiej, Bush na usilną prośbę autorów swych przemówień zaczął używać zwrotu *ja*.

Jako młody człowiek George Bush poszedł w ślady ojca. Wpierw wstąpił do Phillips Andover Academy i odłożył pójście do college'u, aby odbyć służbę wojskową jako lotnik w U. S. Navy. Podobnie jak ojciec – odznaczony za zasługi w I wojnie światowej – młody Bush wyróżnił się, walcząc w drugiej. Utrzymując uszkodzony bombowiec na kursie do celu na wyspie Chichi Jima na Pacyfiku, George Bush po raz pierwszy odkrył w sobie cechę, która później stała się jedną z jego niezwykle ważnych zalet: daje z siebie najwięcej w sytuacjach kryzysowych. Historia jego służby wojskowej jako zawodowego pilota U. S. Navy jest przykładna. Odbył 58 lotów bojowych, dwa razy był zestrzelony, za służbę w strefie operacji wojennych na Pacyfiku otrzymał trzy Medale Lotnicze (Air Medals) i Krzyż Wybitnej Zasługi Lotniczej (Distinguished Flying Cross).

Po wojnie Bush wstąpił na Uniwersytet Yale, świetne miejsce do nawiązania wielu osobistych kontaktów, które miały odegrać wielką rolę w zapewnieniu mu przyszłych sukcesów. Był dobry w sporcie i w nauce, kończąc studia z wyróżnieniem jako Phi Beta Kappa. Również z wyróżnieniem obronił dyplom z ekonomii w 1948 roku. Zdecydowany podkreślać swą niezależność i nie korzystać z przywilejów swego urodzenia, Bush odrzucił ofertę pracy w prestiżowej firmie swego ojca na Wall Street i zaczął działać na własną rękę w Teksasie. Duch pionierski, który cechował odejście Busha z względnie bezpiecznego establishmentu Wschodniego Wybrzeża ku trudnym warunkom na Południowym Zachodzie, był dość powszechnym zjawiskiem bezpośrednio po zakończeniu II wojny światowej. Wojna zmieniła Amerykę. Weterani tacy jak Bush ożywieni dumą, że udało im się przeżyć, często ignorowali tradycyjne więzy społeczne i szukali nowych wyzwań w nowym otoczeniu. Ale historia Busha nie była podobna do kariery Horatio Algera. Wspomożony pokaźną pożyczką od swego wuja George Bush założył wydobywcze przedsiębiorstwo naftowe. Intensywnie poszukując firmy, która przyniosłaby mu sukces, Bush zaryzykował całe pieniądze i poparł Richarda LeTourneau, pioniera podmorskich wierceń. LeTourneau, który w 1942 roku był także moim przełożonym w Afryce Zachodniej, powiedział mi, że Bush był niezwykle pracowity i miał niezachwiane przekonanie, iż odniesie sukces. Ryzyko przyniosło mu świetne wyniki: w 1954 roku był już prezydentem Zapata Off-Shore Company. W ciągu jednej dekady zabezpieczył się już finansowo na tyle, że mógł rozpocząć karierę polityczną.

Pracując w Teksasie w połowie lat 50., George Bush powiedział swemu przyjacielowi i partnerowi w biznesie – Fredowi Chambersowi: *„Faktycznie czuję, że chciałbym wstąpić do służby publicznej. Myślę, że najlepiej będzie, jeśli wejdę do rządu. Nie wiem, czy pragnę być politykiem, ale chciałbym piastować stanowiska"*. Były bliski doradca Busha wyjaśnił mi jego skłonność do przeciwieństw: *„Zasadniczo wzbrania się być politykiem. To w złym guście. Jako polityk musi robić rzeczy, które wprawiają go w okropne zakłopotanie, a on uważa je za wstrętne, lecz także pożyteczne jako trening współzawodnictwa"*. Dylemat Busha był oczywisty. Z jednej strony silne pożądanie stanowisk publicznych, z drugiej – równie silna niechęć do zajmowania się praktycznymi aspektami polityki.

Sprzeczności i skomplikowana natura Busha przejawiają się w różny sposób. Na niewielkich spotkaniach towarzyskich zachowuje się uprzejmie i z gracją, ale był zawsze nieśmiały i czuł się skrępowany, mając do czynienia z tłumem nieznanych mu ludzi. Jest aż do przesady lojalny i oczekuje tej samej lojalności od swych podwładnych. Gdy lojalności nie pozyskiwał, jego wielkoduszna i miła natura ustępowała, a na czoło wysuwał się inny George Bush – człowiek nieprzejednany i mściwy. W 1980 roku, gdy wyszło na jaw, że nie zdobędzie nominacji na prezydenta w Partii Republikańskiej, wielu zwolenników opuściło jego polityczny okręt. W tym momencie, cytując Lyndona Johnsona, Bush powiedział: – Pomalowali sobie tyłki na biało i uciekli jak antylopy. Zapamiętam to sobie i będę pamiętał, kim są niektórzy z nich.

Od najwcześniejszych dni w polityce jego styl podejmowania decyzji pozostawał pod silnym wpływem ojca. Prescott Bush miał dobrą reputację w Senacie z powodu szlachetnego postępowania, ale wykazywał niezwykłą ostrożność w podejmowaniu decyzji prawodawczych. Stary Bush rzadko podejmował decyzję, zanim nie zbadał dokładnie wszystkich opcji i zanim nie został zmuszony do oddania głosu. Unikał partyjnych rozgrywek, a wejścia do izby wyższej Kongresu nie zapewniła mu zwycięska kampania wyborcza, lecz polityczne mianowanie na wakat po śmierci senatora Briana McMahona.

George Bush był prawie identyczną kopią swego ojca. Czuł się najbardziej skrępowany, gdy przyszło mu podejmować decyzje. Jego pierwsze zetknięcie z ostrą rywalizacją polityczną nastąpiło w 1964 roku, gdy kandydował do Senatu ze stanu Teksas. Po raz pierwszy w życiu Bush musiał brodzić po kolana w partyjnym błocie i otwarcie deklarować swe poglądy. W nieco naiwnej próbie wykazania republikańskich zalet Bush zaprzeczył swym umiarkowanym skłonnościom i związał się z nieszczęsną kampanią prezydencką ultrakonserwatysty Goldwatera. Jednak z ogromną przewagą wygrał wybory Lyndon Johnson, a Bush razem z innymi zwolennikami Goldwatera poniósł sromotną klęskę. Jak na ironię, mimo że z własnej woli podpisał się pod ultrakonserwatywnym programem Goldwatera, Bush później doszukiwał się przyczyn klęski w środowisku *„zwariowanych, marginalnych zelotów"* Partii Republikańskiej. Na ironię zakrawa też fakt, że w 1992 roku Bush czuł się zmuszony do delikatnego balansowania między frakcjami swej własnej partii i zawsze obawiał się ataku z jej prawicowego skrzydła.

Dwa lata po nieudanym kandydowaniu do Senatu Bush ponownie wystartował w Teksasie w wyborach do Kongresu. Tym razem pomógł mu wydatnie senator John Tower, a Bush przyrzekł sobie, że mu to kiedyś wynagrodzi. Tower miał także spory udział w opracowaniu zwycięskiej południowej strategii Busha na republikańskie prawybory w 1988 roku. Po zdobyciu prezydentury Bush próbował spłacić polityczny dług, mianując Towera sekretarzem obrony, ale Senat zablokował tę nominację.

W wyborach do Kongresu Bush był ostrożniejszy niż poprzednio w staraniach o fotel senatora. Kandydując jako umiarkowany, łatwo zwyciężył. Zwycięstwo zapewniło „przesiedleńcowi" z Nowej Anglii ogólnonarodowy prestiż i w 1970 roku, po kolejnej nieudanej próbie dostania się do Senatu – tym razem decyzją Richarda Nixona – został mianowany ambasadorem Stanów Zjednoczonych przy ONZ. Nixon zamierzał wpierw odpłacić Bushowi za lojalne poświęcenie swego mandatu kongresmana na rzecz stanowiska średniej rangi w Białym Domu. Bush jednak lobbował za stanowiskiem dla siebie w ONZ, używając jako przynęty swojej wysokiej pozycji w establishmencie Wschodniego Wybrzeża. Nixon z reguły był w konflikcie z „Republikanami z Komisji Trójstronnej" w Nowym Jorku na Wall Street, lecz zawsze zdawał sobie sprawę z potrzeby pozyskania ich poparcia, jeśli jego polityka miała być realizowana. Wiedząc o tym, Bush podkreślił swe naturalne związki z tą grupą i zaoferował Nixonowi wejście do wpływowego kręgu nowojorskich uczestników koktajli i przyjęć.

Bush zdobył doświadczenie w polityce zagranicznej podczas pełnienia obowiązków ambasadora przy ONZ. Jego kadencja nie wyróżniała się niczym szczególnym, poza tym co niektórzy uważali za zwrot w kwestii przyznania członkostwa w ONZ Chinom komunistycznym. Choć poprzednio Bush był wyraźnym poplecznikiem Tajwanu jako prawowitego reprezentanta narodu chińskiego, szybko zmienił stanowisko, aby wesprzeć politykę dwóch Chin Nixona. Jego lojalność została zauważona nie tylko przez Nixona, lecz także przez wiceprezydenta Geralda Forda.

W 1972 roku, pod naciskiem krytyki z powodu skandalu Watergate, rozpaczliwie poszukując sojuszników politycznych, Nixon mianował Busha przewodniczącym Republikańskiego Komitetu Krajowego (Republican National Committee). Choć Bush bronił się przed tym stanowiskiem, jego naturalna skłonność do służenia na wezwanie prezydenta była zbyt silna do przezwyciężenia. Nawet jego żona, Barbara, próbowała wpłynąć, aby odrzucił tę propozycję. Rozważając kryzys Watergate w ostatnich latach, Bush przyznał, że gdyby wówczas zasiadał w Kongresie, to w świetle dowodów ujawnionych przez śledztwo parlamentarne prawdopodobnie głosowałby za usunięciem (*impeachment*) prezydenta Nixona. We wrześniu 1974 roku, zaledwie miesiąc po tym jak został prezydentem, Ford nagrodził wierną służbę Busha, mianując go przedstawicielem USA w Chińskiej Republice Ludowej.

Na tym stanowisku Bush dorzucił nowe przykłady do swej reputacji człowieka, który nie lubi kołysać łodzią. Gdy zapytałem o to osoby, które znały Busha w tym okresie, nie przypomniały sobie ani jednego przypadku, żeby Bush zajął twarde stanowisko w jakiejkolwiek sprawie. Później, zapytany o to, ile samodzielności miał na swym stanowisku w Chinach, Bush odparł dosadnie: – *Żadnej*.

W 1976 roku prezydent Ford mianował go dyrektorem Centralnej Agencji Wywiadowczej (CIA), czyli na stanowisko, które w pewnym sensie pasowało mu jak ulał. Nominacja do CIA postawiła Busha na czele organizacji, która miała charakter Ivy League (uniwersyteckiej organizacji elitarnej) i która z definicji wzmacniała jego pozycję jako zakulisowego doradcy i tajnego menedżera. Bush uwielbiał pracę w CIA i jemu przypisuje się zasługę przywrócenia morale w tej skorumpowanej agencji w najtrudniejszym okresie jej historii. Kiedy liczni członkowie CIA zostali oskarżeni o kłamstwa pod przysięgą podczas przesłuchań w Kongresie na temat tajnych operacji CIA w Chile, Bush walczył z Departamentem Sprawiedliwości, który miał zamiar przeprowadzić śledztwo. I chociaż prezydent Ford ostatecznie nakazał Bushowi przedstawić śledczym informacje, których żądali, akcje Busha w CIA ogromnie wzrosły.

Filozofia Busha

Po tym jak Jimmy Carter został wybrany na prezydenta w 1976 roku, Bush zdecydował, że skupi się na wygraniu nominacji na kandydata republikanów w wyborach prezydenckich w 1980 roku. Bush wygrał na lokalnych sejmikach, lecz największy test czekał go w prawyborach w stanie New Hampshire. W ogólnokrajowej debacie wypadł jednak blado i to Reagan wygrał prawybory w New Hampshire wynikiem dwa do jednego. Bush odzyskał energię po swej wygranej w stanie Michigan. Lecz ogólnie biorąc, Reagan przewyższał Busha stopniem poparcia wiernych mu republikanów. Kiedy stało się oczywiste, że Reagan wygra wybory, Bush wycofał się z wyborczego wyścigu i został wiceprezydentem u Reagana, a w 1988 roku – jego następcą.

Poza raczej ogólnikowym internacjonalizmem republikanina z establishmentu Bush konsekwentnie okazywał brak strategicznej wizji świata. Po wygranej kampanii o miejsce w Białym Domu jeden z długoletnich działaczy Partii Republikańskiej zauważył: *„W tej kampanii przekonaliśmy się, że George Bush lubi wygrywać. Pozostaje pytanie: W imię czego?"* Kadencje Busha w Kongresie i jego następne stanowiska ambasadora USA przy ONZ, przedstawiciela w Chinach i dyrektora CIA nie bardzo pomogły odpowiedzieć na to pozornie proste pytanie. Bush ma niezwykle silną wiarę w wielkość amerykańskiej demokracji, lecz ma zwyczaj rozciągać tę wiarę na kraje, które są bardzo różne od naszego, zarówno ideologicznie, jak i kulturowo. Kiedyś opisał swą podstawową filozofię jako promowanie demokracji wszędzie. Początkowo niezupełnie rozumiałem, o co mu chodzi. Jednak jego przemówienie wygłoszone 24 maja 1989 roku do Akademii Straży Wybrzeża (Coast Guard Academy) pozwala nieco tę filozofię objaśnić:

„Demokracja nie jest naszym tworem, jest naszym dziedzictwem. I nie możemy przypisywać sobie zasług za demokrację, lecz tylko przyjąć ten wielki dar wolności, zachować go i przekazywać dalej, tak jak moje pokolenie czyni teraz, a wasze również uczyni pewnego dnia. I być może – pod warunkiem, że wykorzystamy dane nam możliwości, będziemy mogli pomóc innym w osiągnięciu tej wolności, którą się cieszymy".

Po pewnym czasie doszedłem do wniosku, co Bush miał na myśli: chciałby ujrzeć przywódców w innych krajach wybieranych w wolnych wyborach i sprawujących władzę przez *consensus*. Wydawało się, iż z góry zakłada, że jakiś kraj jest zdolny przyswoić sobie i zaadaptować naszą skomplikowaną filozofię demokracji. Bush wykazywał przy tym trwałe zaufanie do racjonalności światowych przywódców i – jak się wydaje – sądził, że inne społeczeństwa podzielają ideały amerykańskiej klasy średniej. Ignorował przy tym odporne na zmiany różnice kulturowe i historyczną wrogość. Kierując się idealizmem, Bush zakładał, że wszystko będzie możliwe, jeśli tylko ogłosi swe szerokie zamiary, a szczegóły pozostawi współpracownikom. Zawsze uważałem niezdolność Busha do widzenia świata w realnych wymiarach za jedną z jego największych słabości. Wyobcowanie Busha z codziennych problemów wydawało się być jego cechą wyróżniającą.

W naszych najwcześniejszych rozmowach Bush wiele opowiadał mi o tym, co sam nazywał swoją polityką włączania. Potem dowiedziałem się, że włączanie jest terminem używanym do określenia tego, co większość ludzi nazywa działaniem w sieci. Od początku swej kariery politycznej, jeszcze w Teksasie, Bush założył, że najlepszą drogą do osiągnięcia sukcesu będzie zaangażowana osobista dyplomacja i kultywowanie szerokiego kręgu przyjaciół. Nawet wówczas ludzie żartowali sobie, że należą do tysiąca najbliższych przyjaciół Busha. Jego teoria polegała na tym, że jeśli uda mu się poznać dostatecznie wiele ważnych i wpływowych osób, to przyjacielskie stosunki z nimi umożliwią mu potem robienie kariery. Najpewniej wierzył, że jeśli pozna odpowiednich ludzi, nie będzie później martwił się o rozwiązywanie trudnych problemów. Jednym z jego ulubionych powiedzonek było: *„Przyjaciele nie kłócą się, tylko idą na kompromis"*. Czasami Bushowi udawało się wdrożyć tę teorię w życie w Białym Domu, co przynosiło mu wielkie dywidendy. Umiejętność wyciągania korzyści z dobrych stosunków ze światowymi przywódcami pomogła mu obalić Manuela Noriegę w Panamie i zawiązać międzynarodową koalicję niezbędną dla pokonania armii Saddama Husajna w Iraku. Bush zdawał się jednak nie dostrzegać, że dla prowadzenia racjonalnej polityki potrzeba czegoś więcej niż nawiązywania osobistych więzi.

Konsekwentny w swej skłonności do działania w sieci Bush stale rozglądał się za możliwościami nawiązania nowych osobistych kontaktów z wpływowymi ludźmi w urzędzie prezydenckim i poza nim. Przykładem tego może być jego wizyta w Polsce, w lipcu 1989 roku, kiedy nalegał na spotkanie z Lechem Wałęsą, który wówczas stał na czele Solidarności.

Spora część polityki włączania i budowania koalicji odbywa się u Busha przez telefon. Bush potraktował dosłownie slogan reklamowy AT&T [amerykańskiego koncernu telekomunikacyjnego – przypis tłumacza] *Sięgaj daleko i dotykaj* i zastosował go wobec światowych liderów. Codziennie telefonował – nawet pięć czy sześć razy. Jego rozmówcami byli tacy luminarze jak premier Wielkiej Brytanii Margaret Thatcher, kanclerz Niemiec Helmut Kohl, prezydent Francji François Mitterrand, premier Kanady Brian Mulroney i papież Jan Paweł II. Ta intensywna osobista dyplomacja, którą jeden z przybocznych Busha nazwał *„dyplomacją książki telefonicznej"*, miała swoje zalety, ale i wady. Pracownicy gabinetu Busha musieli stale uważnie studiować zapisy jego rozmów telefonicznych, aby uchronić go przed przypadkowymi lub wprowadzającymi w błąd oświadczeniami politycznymi. W rezultacie Bush czasami zmieniał lub korygował na piśmie to, co wcześniej powiedział przez telefon. Na przykład propozycja odbycia szczytu na

Malcie w grudniu 1989 roku, którą Bush zainicjował podczas rozmowy telefonicznej z Gorbaczowem w czerwcu, wymagała wyjaśnienia jego stanowiska w trzech kolejnych odręcznych listach. Współpracownicy prezydenta powiedzieli mi, że listy, wysłane po rozmowach telefonicznych Busha, pełne były zwrotów w rodzaju: *„To, co miałem na myśli, oznacza..."*

Często zastanawiałem się nad tym, jak inni światowi przywódcy reagowali na tę osobistą dyplomację. W rozmowie z jednym z jego podwładnych dowiedziałem się, że Brytyjczycy, Kanadyjczycy i Niemcy lubili nieformalną drogę komunikowania się Busha, podczas gdy Francuzi, Japończycy i Rosjanie czuli się bardzo niezręcznie z powodu tej odbiegającej od protokołu formy rozmów. Moi radzieccy znajomi powiedzieli mi, że Gorbaczow uważał brak oficjalności ze strony Busha za wysoce niepokojący.

Przy nadarzającej się okazji Bush czynił następny nieformalny krok. Lubił urządzać spotkania ze swoimi gośćmi w niekonwencjonalnych warunkach, nawet wówczas jeśli prowadziło to do żenujących sytuacji. Na przykład gdy wiosną 1989 roku prezydent Egiptu, Hosni Mubarak przyjechał z wizytą do USA, Bush zaprosił go na mecz baseballowy rozgrywany przez drużynę Baltimore Orioles. Mubarak był bardzo zmieszany. Potem w tym samym roku Bush zaprosił François Mitterranda, który lubił pompatyczność i odpowiednie do tego otoczenie, do swego letniego domu w stanie Maine. Mitterrand, jak potem opowiadano, w tak pospolitym otoczeniu czuł się fatalnie.

Bush uwielbia także pisać i przesyłać odręczne notki – zawsze ma pod ręką stos karteczek. Trawiąc codzienną porcję sześciu porannych gazet, wysyłał odręczne liściki zarówno do przyjaciół, jak i do osób nieznajomych, które – jego zdaniem – zasługiwały na jego poparcie i uznanie. Rzadko mijał dzień – jak mi opowiadano – bez wysłania kilkunastu takich liścików. Powracając do domu z podróży po Europie w maju 1989 roku, Bush wysłał ponad czterdzieści takich notek do członków swego sztabu, którzy pomagali mu podczas pobytu za granicą. Kiedy urzędnicy ci porównali ze sobą otrzymane notki, odkryli, że prezydent zadał sobie trud, aby każda z nich miała akcent osobisty. Ja również dostawałem wiele takich notek, często po wspólnych spotkaniach przy śniadaniu z prezydentem.

Żona prezydenta, Barbara Bush, także wyróżnia się osobistym ciepłem i ludzkim zachowaniem. Słyszałem opowieści o tym, że włączano ją do dyskusji o strategii w Białym Domu, a ona dawała tam decydujące, stalowe rady swemu mężowi i jego najbliższym współpracownikom, ale nigdy nie byłem tego świadkiem. Pewnego razu, gdy wraz z żoną uczestniczyłem w przyjęciu w domu wiceprezydenta Busha, kolejka gości do powitania z gospodarzami była tak długa, że moja małżonka, zmęczona, musiała usiąść. Kiedy zbliżyłem się do czoła kolejki, pani Bush zapytała:

– A gdzie Rita?

– Nie mogła tak długo stać w kolejce i usiadła po drugiej stronie salonu – odparłem.

Pani Bush natychmiast zawołała dwóch ochroniarzy z Secret Service i kazała im torować przejście przez tłum oczekujących gości, przepychając się ku mojej żonie. Potem usiadła obok niej i przez następne pięć minut, podczas których długa kolejka czekała na jej powrót, prowadziła przyjacielską pogawędkę. Później w październiku 1988 roku, zaledwie kilka godzin po śmierci Rity, do drzwi naszego domu zapukał kurier z odręcznie napisaną notą kondolencyjną od wiceprezydenta i jego małżonki.

Na arenie międzynarodowej pozbawiony kierunku styl Busha wykluczał prowadzenie polityki, opartej na długoterminowym strategicznym planowaniu i trosce jak osiągać i utrzymać wymykający się spod kontroli porządek świata, który – o czym Bush sam zapewniał – miał być jego celem. Przykładem braku planowania może być zbyt szybkie zakończenie wojny w Zatoce Perskiej w 1991 roku. Nie ma dotąd pewności, czy Bush będzie w stanie wykorzystać sukces militarny USA i zapewnić większą stabilność w tym regionie [w roku 1991, dziś wiemy, że to się nie udało ani George'owi Bushowi, ani jego następcom – uwaga tłumacza].

Chociaż w tym czasie nie pracowałem już dla rządu, zdarzyło mi się odwiedzić przyjaciela w Białym Domu dwa dni po rozpoczęciu lądowej inwazji w Iraku. Wielu dziennikarzy negatywnie komentowało zachowanie się oddziałów USA, które ostrzeliwały wycofujące się irackie pojazdy. Komentatorzy ci co prawda nie zauważyli, że Irakijczycy mogli uniknąć ognia, wywieszając białe flagi lub opuszczając swoje czołgi i pojazdy opancerzone . Ale krytyczne uwagi tak naruszyły poczucie *fair play* Busha, że – jak mi powiedziano – stały się ważnym czynnikiem, który wpłynął na decyzję prezydenta o szybkim zakończeniu wojny. W ten oto sposób poszukiwanie nowego rozwiązania dla odwiecznego konfliktu na Bliskim Wschodzie spełzło na niczym, mimo ogromnego nakładu czasu i politycznego kapitału. Jego podejście *ad hoc* i nieumiejętność rozwinięcia i realizacji konkretnych zamiarów w ramach ogólnego planu będzie jeszcze większą przeszkodą, gdy Bush stanie przed koniecznością rozwiązywania stale narastających międzynarodowych problemów ekonomicznych.

Bush wierzy w politykę łączenia, która jest w zgodzie z jego wychowaniem. Lecz nie jest to polityka łączenia stosowana przez Nixona, która prowadziła do tego, że Rosjanie mieli współdziałać z USA w sprawie zakończenia wojny w Wietnamie w zamian za współpracę USA z ZSRR w dziedzinie kontroli zbrojeń. Polityka łączenia, uprawiana przez Busha, była czymś w rodzaju dżentelmeńskiego *quid pro quo* (coś za coś): *„Ty podrap mnie w plecy, a ja podrapię ciebie"*. Oto przykład: Bush miał zamiar zmienić długo utrzymywane stanowisko negocjacyjne USA zabraniające ZSRR dalszych prób z ciężkimi rakietami balistycznymi (ICBM), nie precyzując dokładnie, czego oczekuje od Rosjan w zamian. Skutkiem tego była sytuacja, w której my zgodziliśmy się na dalsze próby radzieckich ciężkich rakiet balistycznych (ICBMs), nie otrzymując w zamian żadnego ustępstwa od ZSRR. Krytycy Busha uważają, że jego widoczna skłonność do poświęcania długo utrzymywanych i ważnych punktów w stanowisku USA wobec ZSRR jest kolejnym dowodem na to, że zabrakło mu przekonania.

Faktem jest, że Bush jest człowiekiem bez planu. Nie jest politykiem – architektem, który wypracowuje długoterminową strategię; on jest kimś, kto doraźnie rozwiązuje problemy i kto wolno i z uporem zbiera dane, sięga po opinie do różnych źródeł i ostrożnie waży opcje. Podejmuje decyzje tylko wtedy, gdy jest do tego zmuszony, ostrożnie poruszając się od kryzysu do kryzysu. Jest majstrem, który bardziej poszukuje pragmatycznych krótkoterminowych rozwiązań niż integrujących elementów wielkiego planu. Woli, aby rozwiązanie jednego problemu prowadziło go do następnego, który się pojawia.

Dan Murphy, emerytowany admirał, który był pierwszym szefem personelu wiceprezydenta Busha, porównał później jego traktowanie prezydenckich obowiązków do sposobu postępowania kapitana okrętu:

„Kapitan nie został postawiony na mostku, by tworzyć tam strategię.

On ma już gotową strategię, zanim znajdzie się na morzu. Kiedy tam jest i panuje nad sytuacją, nie obchodzą go nowe pomysły i inicjatywy. Zacznie się tym zajmować, gdy wykona zadanie".

Murphy oczywiście zakładał, że głównym zadaniem prezydenta jest sterowanie nawą państwa. Jednak w rzeczywistości prezydent powinien równocześnie wykonywać dwa różne zadania. Poza sterowaniem państwem musi określić, dokąd sam dąży. Jest to zadanie, do którego trzeba przystąpić, zanim uda się „na morze". Posługując się językiem współczesnych menedżerów powiem, że Bush woli być głównym wykonawcą niż głównym zarządzającym. Lecz ludzie, którzy wybierają prezydenta, oczekują od niego wypełniania obu tych ról.

Bush posiada jednak także zaletę, która pomaga mu łagodzić brak długoterminowej strategii. Podobnie jak Nixon i Reagan, a w przeciwieństwie do Cartera, ma dobre rozeznanie roli siły w prowadzeniu spraw międzynarodowych. Ten atrybut mógł wziąć się z jego doświadczenia jako pilota walczącego w II wojnie światowej i – być może – z obserwacji doświadczeń Reagana z Rosjanami podczas zimnej wojny. Chociaż musiał ciężko pracować nad przezwyciężeniem stygmatu wcześniejszego wizerunku mięczaka, jego niezachwiane przekonanie o odpowiedzialności za sprawy międzynarodowe pomaga mu stawić czoła wyzwaniu, gdy sytuacja wymaga użycia siły. Tak więc ogólnie niezdecydowany w działalności politycznej Bush – bardziej niż jego poprzednicy – potrafi sprostać zadaniu wymagającemu użycia sił zbrojnych dla wsparcia dyplomacji i zaprowadzenia porządku międzynarodowego. Ten aspekt jego charakteru odegrał rolę w kryzysie panamskim, a potem w szybkim wysłaniu wojska do Zatoki Perskiej po najeździe Saddama Husajna na Kuwejt.

Pomimo zawężonej wizji strategicznej zdarzały się przypadki, gdy Bush zaskakiwał nas swym trafnym przewidywaniem przyszłości. Taka sytuacja wydarzyła się na początku 1989 roku, kiedy zażądał od Departamentu Stanu dokonania przeglądu amerykańskiej polityki bezpieczeństwa. Po czterech miesiącach intensywnych studiów urzędnicy Departamentu Stanu doszli do nieśmiałego stwierdzenia, że nasze stosunki z Moskwą powinny być przestawione na *status quo plus*, bez określania, czym ma być ten *plus*. Reporter *New York Timesa,* Thomas L. Friedman napisał potem, że po ciężkich bólach Departament Stanu urodził mysz. Bush był niezadowolony z braku wyobraźni okazanej przez podwładnych. Powiedział, że chce czegoś nowego i twórczego, co pomogłoby mu uzyskać przewagę nad Gorbaczowem, który zbierał liczne wyrazy poparcia za propozycje przyśpieszenia procesu rokowań nad CFE. [CFE to trwające rokowania o redukcji sił konwencjonalnych w Europie – przyp. tłumacza].

Gorbaczow zaproponował jednostronne wycofanie sprzętu wojskowego i radzieckich wojsk z Europy Wschodniej. Dowiedzieliśmy się po fakcie, że Bush zareagował na tę inicjatywę, zwołując mały zespół doradców, który miał zagwarantować tajność i wykluczyć z procesu podejmowania decyzji waszyngtońską biurokrację. Grupa robocza składała się z szefa personelu Białego Domu Johna Sununu, Brenta Scowcrofta, Jamesa Bakera, Dicka Cheneya i admirała Williama Crowe'a – przewodniczącego Kolegium Szefów Połączonych Sztabów. W ciągu mniej niż dwóch tygodni wyszli oni z projektem redukcji wojsk, który różnie potem opisywano jako *„zwracający uwagę, dramatyczny, radykalny i oślepiający"*. 11 maja, na krótko przed planowanym szczytem NATO, Baker przedstawił zarysy tego planu Gorbaczowowi w Moskwie. Gorbaczow odpowiedział, że jest skłonny plan przyjąć, dając Bushowi zielone światło, na które czekał. 14 maja na spotkaniu w Białym Domu Bush poprosił ten sam niewielki zespół o przygotowanie szczegółowej propozycji, która mogłaby zostać przedstawiona członkom NATO. Scowcroft rekomendował 20-procentowe cięcia w stanie osobowym wojsk amerykańskich, a Baker uważał, że 25-procentowa redukcja byłaby bardziej atrakcyjna. W imieniu służb wojskowych admirał Crowe powiedział, że szefowie sztabów mogliby zaakceptować tylko 20-procentową redukcję. Następnie Bush zapytał sekretarza obrony Dicka Cheneya, czy cięcie 20-procentowe wystarczy. Gdy Cheney zgodził się, Bush powiedział:
– Okay, mamy consensus. Do roboty.

Propozycja została wypełniona szczegółami przez zespół roboczy i przedstawiona NATO. Ci z nas, którzy znaleźli się poza kręgiem dopuszczonych do tajemnicy, byli zaskoczeni inicjatywą Busha, szczególnie że Biały Dom wcześniej zapowiadał, iż jedyne cięcia, na jakie zgadzają się Stany Zjednoczone, to redukcje broni, a nie stanu osobowego wojsk.

Akcja ta pokazała raz jeszcze niechęć Busha do waszyngtońskiej biurokracji. Bush wolał pracować z garstką starannie wybranych doradców, co pokazywało też jego obsesję na punkcie tajności.

Jego zajadła wręcz nienawiść do przecieków jest prawie legendarna. Na przykład Bush chciał, aby decyzja o odbyciu spotkania z Gorbaczowem w 1989 roku na Malcie pozostała ściśle tajna. Nawet sekretarz obrony Dick Cheney podobno nie wiedział o tych planach do czasu, kiedy ujawnił je *Washington Post* w artykule Davida Hoffmana. Bush był wściekły i – próbując dojść do źródła przecieku – zaczął coś, co opisano jako wielkie polowanie na czarownice.

Kiedy byłem negocjatorem, również nie znosiłem przecieków, ale skłonność Busha do pracy w małych grupach ma przecież poważne wady. Odcina go od poznania odmiennych poglądów i daje mało okazji do starannej oceny różnych opinii, którą może zapewnić jedynie większa grupa doradców. Tajny sposób pracy może też wpłynąć na zmniejszenie poparcia dla decyzji prezydenta ze strony najbardziej wpływowych członków agencji rządowych i Kongresu.

Przyjęty przez Busha sposób dojścia do propozycji redukcji wojsk ujawnia jego zamiłowanie do działań z zaskoczenia. Zanim powziął decyzję, Bush lubił utrzymywać w tajemnicy własne poglądy nawet przed najbliższymi doradcami. Widzieliśmy tę cechę w jego niespodziewanym wyborze senatora Dana Quayle'a jako kandydata do wspólnego startu w wyborach. Choć ma predyspozycje do ostrożności i rozsądku, Bush – od czasu do czasu – wychodzi ze śmiałym uderzeniem. Czasem myślałem, że robi to, by przeciwstawić się publicznemu wizerunkowi człowieka bez wyobraźni, nadmiernie ostrożnego i powolnego. Ta gra Busha jest jednak bardzo ryzykowna, gdyż zwykle jest w niej niewiele miejsca na błędy.

Bush jest przeważnie powściągliwy i emocjonalnie oderwany od spraw, którymi się zajmuje. Ale kilkakrotnie zdawał się działać na podstawie szczerego przekonania, na przykład angażując się w amerykańską politykę dotyczącą broni chemicznej i biologicznej (CBW). W 1984 roku prezydent Reagan powziął decyzję, by nadać wyższą rangę problematyce CBW, wysyłając swego wiceprezydenta na konferencję w Genewie, poświęconą ograniczeniu tych rodzajów broni. Choć oczekiwałem, że Bush podejdzie do tego zadania poważnie, nie spodziewałem się, że przystąpi doń z taką pasją. Gdy pokazywał zdjęcia ofiar broni chemicznej z wojny iracko-irańskiej, widok ich sprawiał, że dusił w sobie gniew, a z oczu płynęły mu łzy. – To jest złe – mówił – podobne do wojny jądrowej. Musi być coś, co możemy uczynić, aby ludzie zdali sobie sprawę, że tak niszcząca broń jest w zasięgu nieobliczalnych przywódców Trzeciego Świata.

Kiedy inni współpracownicy Reagana – i ja również – tłumaczyliśmy mu, że zakaz broni chemicznych i biologicznych jest praktycznie nie do weryfikacji, powiedział nam, że jesteśmy tchórzliwi i pozbawieni wyobraźni. Napominał nas i zarzucał nam, że traktujemy ten problem zbyt powierzchownie. Nigdy nie widziałem, aby z taką pasją pracował nad jakimś innym zagadnieniem. Wymógł na Biurze ds. Zarządzania i Budżetu znalezienie pieniędzy na badania nad tym, w jaki sposób można by weryfikować zakaz broni chemicznej i biologicznej. Powiedział sekretarzowi stanu, żeby nasi ambasadorzy poruszyli ten problem na najwyższych szczeblach i osobiście zaostrzył ton oświadczeń, które miały być wygłoszone na konferencji w Genewie. Zdawał się być człowiekiem ogarniętym osobistą misją pozbawienia świata broni, którą opisywał jako afront wobec ludzkości. Zastanawiałem się, czy aby na pewno to jest ten sam człowiek – człowiek pozbawiony pasji i przekonania, co tak często u niego obserwowałem.

Po wielu latach współpracy z George'em Bushem doszedłem do wniosku, że prezydent nie lubi przedstawiać szczegółowego uzasadnienia swej polityki. Kiedy sam pojmie, o co chodzi – co przychodziło mu zwykle z łatwością – od razu zakłada, że inni także to zrozumieli. Jego niechęć do żmudnego wyjaśniania lub powtarzania swych poglądów była postrzegana jako dowód na to, że Bush nie ma własnego wyrobionego zdania i nie jest siebie pewny. Jednak teraz jestem przekonany, że postrzega siebie w inny sposób. Joseph C. Whelan z Biblioteki Kongresu określił to bardzo trafnie, pisząc o stylu Busha:

„[Bush]...zakłada, że posiadł szczególną i unikalną wiedzę i kompetencje, przewyższające zwykłych ludzi, rodzaj wiary w boskie prawo przywódcy, i jest przekonany, że ojciec wie najlepiej, co prowadzi do obniżenia poziomu średniej inteligencji w dyplomacji, lecz patrycjuszowskiej elicie daje aureolę specjalnego oświecenia. Taki jest, pokrótce jego styl, bardziej elitarny niż populistyczny, bardziej arystokratyczny niż demokratyczny..."

Sądzę, że prezydent uważa za ważniejsze być rozjemcą niż adwokatem. Od dzieciństwa, kiedy przylgnęło do niego przezwisko Pół na pół – bo nalegał, aby dzielić swoje zabawki z bratem – Bush wyszkolił się w tradycji kompromisu.

Zimna wojna a odwilż

W pierwszej połowie 1989 roku stało się jasne, że komunizm upada. Związek Radziecki nie robił już wrażenia zagrażającej nam potęgi. Układ Warszawski był w trakcie rozpadu, a Rosjanie z politycznej i ekonomicznej konieczności rozpoczęli wycofywanie swych wojsk z Europy Środkowej. Wydawało się, że najwyższy czas, by prezydent Bush przejął inicjatywę i ostro przystąpił do wynegocjowania z Rosjanami korzystnego dla USA porozumienia o kontroli zbrojeń. Zamiast to zrobić, Bush pozostał niewzruszony; po prostu zlecił sekretarzowi stanu Bakerowi rozpoznanie razem z ministrem spraw zagranicznych Szewardnadzem, czy postęp jest możliwy.

Wczesną jesienią 1989 roku Baker zaprosił Szewardnadzego do Jackson Hole w stanie Wyoming na pięciodniowe rozmowy. Podobnie jak jego szef Baker uważał, że jeśli uda mu się odciągnąć swego radzieckiego partnera od stołu konferencyjnego na szerokie przestrzenie amerykańskiego Zachodu, zdoła poprawić ich wzajemne osobiste stosunki, a to z kolei mogłoby wpłynąć na postęp w rozwiązywaniu pozostałych problemów kontroli zbrojeń. Sekretarz Baker zaprosił mnie do wyjazdu z nim i do uczestniczenia w spotkaniach ekspertów kontroli zbrojeń. Miejsce spotkania zostało wybrane wspaniale, a pogoda sprzyjała, oferując kilka ciepłych jesiennych dni, które Rosjanie nazywali babim latem, a my – indiańskim latem. Pozwoliło to ministrom spraw zagranicznych na odbywanie większości spotkań pod gołym niebem.

Baker i Szewardnadze, obaj w świetnym nastroju, informowali nas o osiągnięciu pewnego postępu. Rosjanie odstąpili od nalegania, że trzeba podpisać osobny układ o obronie przeciwrakietowej w przestrzeni okołoziemskiej, który wcześniej związali z zakończeniem prac nad układem START. Mimo to zastawili jedną ze swych typowych pułapek. Opcja wiązania zostanie uchylona – powiedzieli nam – jeśli obie strony będą nadal przestrzegały układu ABM w formie podpisanej w 1972 roku . Rosjanie znów stosowali taktykę opóźniającą, nalegając na wąską interpretację traktatu ABM. To był ich sposób na zwrócenie nam uwagi, że nie zamierzali rezygnować z polityki powstrzymania rozwoju amerykańskiej obrony strategicznej (SDI). Szewardnadze powiedział nam również, że – niezależnie od układu START – Rosjanie są gotowi zawrzeć porozumienie o SLCM – rakietach *cruise* wystrzeliwanych z morza. Ale tu znowu był haczyk. Szewardnadze powiedział, że sprawę SLCM można potraktować w taki sam sposób, jak rozwiązano sprawę bombowca *Backfire* w układzie SALT II. Powinien jednak zdawać sobie sprawę z tego, że jego propozycja nie rokowała powodzenia: nie zamierzaliśmy dopuścić do kolejnej wersji rozwiązania *Backfire*, która po prostu wyłączyłaby SLCM z układu.

Pomimo tych propozycji naszpikowanych warunkami korzystnymi dla Rosjan, Baker chwalił to, co nazywał pozytywnymi efektami. Był to typowy język dyplomatów, stosowany wówczas gdy robią dobrą minę do złej gry, mając nadzieję, że sytuacja poprawi się, jeśli tylko przedstawi się ją w korzystnym świetle. Przez lata trudnych rokowań, Stany Zjednoczone i Związek Radziecki wypracowały cały słownik określeń, które kamuflowały rzeczywisty charakter toczonych negocjacji. Na przykład stwierdzenie, że osiągnięto porozumienie co do zasad, oznaczało faktycznie, że żadne porozumienie nie zostało dotąd skodyfikowane. Wyrażenie *szczere dyskusje* zwykle znaczyło, że obie strony ostro się ze sobą nie zgadzają i porozumienie jest niemożliwe. Fraza *rzeczowa wymiana [argumentów]* zwykle oznaczała solidne, lecz pozbawione wyniku rokowania. W Wyoming Baker posunął się o krok naprzód. Oświadczył: – Moim zadaniem, najpierw przeszliśmy od konfrontacji do dialogu, a teraz do współpracy. Szewardnadze, zachwycony hiperbolą Bakera i nie chcąc być gorszy, stwierdził: – Powiem, bez przesady, że te rozmowy usytuowały na nowej płaszczyźnie dialog radziecko-amerykański. Zarówno Baker, jak i Szewardnadze mocno przesadzili.

Na zakończenie rozmów Baker wydał obfity obiad z pieczeniem mięsa na rożnie, i podarował każdemu z członków delegacji radzieckiej kolorową chustę i teksański kapelusz z szerokim rondem. Baker obdarował Szewardnadzego dodatkowo parą uszytych na miarę kowbojskich butów. Szewardnadze, który wcześniej dowiedział się, że Baker zadał sobie trud zdobycia jego wymiarów dla szewca, odwdzięczył się niezwykłym podarunkiem. Podarował mu starą i niewątpliwie drogocenną ikonę, mówiąc przy tym, że wie, iż Baker jest głęboko wierzący. Zakrawało na ironię, że zaprzysięgły ateista obdarza dewocyjnym upominkiem osobę, która otwarcie przyznaje się do wiary w Boga. Choć Szewardnadze rozpływał się w podziękowaniach za buty, zdumiony Baker prawie zaniemówił i przyjął ikonę z prostym dziękuję.

Rosjanie pełni zapału korzystali z rozrywek, jeżdżąc konno i robiąc piesze wycieczki po pięknych okolicach stanu Wyoming.

Niektórzy nawet udali się na rozpoznanie supermarketu w centrum miasteczka Jackson Hole. Iwan Złotnicz, jeden z radzieckich tłumaczy, był zachwycony, że w tej dziczy mógł znaleźć świeże jarzyny, owoce, ryby i mięso, a nawet mrożonki. Zainteresowany przywiezieniem do domu podarunków, zapytał młodą sprzedawczynię z Wyoming:

– Czy mówi pani po rosyjsku?

– Nie – odpowiedziała dziewczyna – znam tylko jedno słowo: *wodka*.

– Czy naprawdę nigdy nie słyszała pani o *pieriestrojce*? – spytał.

– Nie, nigdy. – odparła zaskoczonemu tym Złotniczowi – Jestem abstynentką.

Kiedy opowiedziałem tę prawdziwą historyjkę senatorowi Malcolmowi Wallopowi z Wyoming, zapewnił mnie, że nie każdy obywatel jego stanu jest takim ignorantem w sprawach polityki międzynarodowej.

Nie w tym stuleciu

W październiku 1989 roku, gdy w Bonn jadłem obiad z moim przyjacielem Vernonem („Dickiem") Walterem, ambasadorem USA w RFN, powiedział mi, że zjednoczenie Niemiec zbliża się szybko. Odparłem na to, że powinien być ostrożniejszy, przypominając sobie przy okazji stwierdzenie Scowcrofta z rozmowy telefonicznej ze mną: – *„Niemcy nie zjednoczą się w tym stuleciu"*.

– Nie jestem tym zaskoczony. – rzekł Walters. Opowiedział mi, że przynaglał Departament Stanu do opracowania planu zjednoczenia, lecz oznajmiono mu, że nie nastąpi to przed upływem pięciu lat. – Powiedziałem im – ciągnął Dick – że to się wydarzy nie później niż za pięć miesięcy. Opowiedział mi też, że wyjawił swe poglądy na spotkaniu z dziennikarzami. Gdy reporterzy zapytali Departament Stanu, czy Walters mówił o polityce USA, zaprzeczono. – Walters mówił tylko w swoim imieniu. Niecały miesiąc później, 8 listopada 1989 roku, runął Mur Berliński. Przez wiele lat prezydent Reagan publicznie podkreślał, że mur w Berlinie powinien być zburzony, a teraz nagle dojrzała polityczna śliwka spadła prosto w podołek Busha. Radzieckie wojska wkrótce miały opuścić okupowane kraje Układu Warszawskiego, marzenie o wolnej i demokratycznej Europie Wschodniej i Środkowej niebawem miało stać się rzeczywistością. Bush mógł teraz zebrać zboże zasiane kiedyś przez Reagana. W dniu, gdy runął Mur Berliński, doradziłem Białemu Domowi, aby prezydent udał się do Berlina i powiedział tam coś w rodzaju *Ich bin ein Berliner*, jak John Kennedy prawie trzy dekady wcześniej. Stwierdziłem, że Bush powinien podkreślić zbliżające się zjednoczenie Niemiec i wyrazić poparcie dla niezawisłości Polski, Węgier i Czechosłowacji.

Powiedziano mi, że prezydent nie pojedzie do Berlina i że nie chciałby nadawać większego rozgłosu obaleniu Muru Berlińskiego, ponieważ nie zamierza prowokować Gorbaczowa ani popychać go do szybszego działania. Uważałem, że zmarnowano okazję. Cała Europa oczekiwała na reakcję Stanów Zjednoczonych. Kiedy ta wreszcie nastąpiła, była przesadnie ostrożna i powściągliwa, ale jak widać typowa dla stylu tego prezydenta.

Najpoważniejsze potencjalne zagrożenie dla bezpieczeństwa Stanów Zjednoczonych – eskalacja wojny konwencjonalnej w Europie w kierunku konfrontacji jądrowej między USA a ZSRR – zostało bardzo ograniczone z powodu kruszenia się imperium radzieckiego. ZSRR szybko zmieniał się z groźnego mocarstwa, które choćby z najwyższym wysiłkiem trzeba było powstrzymywać, w kraj na progu zapaści pod własnym ciężarem. Lecz zdaniem Busha niestabilność, jaka mogła nastąpić po możliwym rozpadzie ZSRR, stanowiła większe zagrożenie dla pokoju w świecie niż *status quo ante*.

Jesienią 1989 roku Hugo Sidey z magazynu Time stwierdził, że prezydent zaczął pisywać noty do Gorbaczowa regularnie, miast ograniczać je tylko do okresów kryzysu. Listy zawierały subtelne aluzje, że Bush mógłby otwarcie opowiedzieć się za kremlowskim reformatorem. Pod koniec listopada, kilka tygodni po upadku Muru Berlińskiego, Bush wreszcie zdecydował się, co ma zrobić. W telewizyjnym orędziu do narodu, w Święto Dziękczynienia, powiedział: – *„Kontaktuję się z Michaiłem Gorbaczowem, prosząc go o współpracę, aby usunąć ostatnie bariery przeszkadzające w budowie nowego świata wolności"*.

Z powodu szybko następujących wydarzeń w Europie prezydent Bush zdecydował, że nadszedł odpowiedni czas na odbycie pierwszego spotkania z Gorbaczowem. Podobnie jak pierwsze spotkanie Reagana z przywódcą radzieckim w 1985 roku, ten szczyt miał być okazją do poznania się obu przywódców i celowo został tak zaplanowany, by uniknąć dyskusji merytorycznych. Zgodnie z propozycją Busha spotkanie odbyło się na Malcie w trzech pierwszych dniach grudnia 1989 roku. Pomysł spotkania na Malcie podsunął George'owi Bushowi jego starszy brat William, który był pod wrażeniem uroków tej wyspy. William, międzynarodowy biznesmen, którego nazywano „Bucky" (Nadziany), został wysłany na Maltę kilka miesięcy wcześniej jako osobisty przedstawiciel prezydenta. George Bush uważał, że odbycie spotkań na pokładach okrętów wojennych USA i ZSRR zapewni prywatność i obroni przed hordą dziennikarzy, którzy zwykle obsługują takie spotkania. Ponieważ sprawa kontroli zbrojeń nie miała być przedmiotem szczegółowych dyskusji i jako że na krążowniku U. S. Navy *Belknap* miejsca nie było za dużo, ci z nas, którzy doradzali Bushowi w sprawach kontroli zbrojeń, mieli pozostać w Waszyngtonie. Mieliśmy dyżurować przy telefonach na wypadek, gdyby pojawiły się jakieś pytania. Chociaż Gorbaczow podniósł na Malcie kilka spraw związanych z kontrolą zbrojeń, nie zatelefonowano do nas ani razu.

I bardzo dobrze, że nie pojechaliśmy na Maltę, bo zła pogoda wyrządziła duże szkody w planowanych zajęciach. Wyspa przeżyła sztorm, jakiego nie widziano na Morzu Śródziemnym od dziesięciu lat. W dniu otwarcia szczytu burzliwe morze i wichura o sile prawie 100 km na godzinę uniemożliwiły Bushowi przebywającemu na krążowniku *Belknap* udział w zaplanowanym spotkaniu z Gorbaczowem, który przebywał na radzieckim okręcie *Sława*. Następnego dnia niecierpliwy Bush, nie zważając na silny wiatr i wysokie fale, wypłynął na spotkanie, które pospiesznie na nowo uzgodniono pomimo złej pogody. Ich pierwsza rozmowa miała się odbyć na pokładzie radzieckiego statku wycieczkowego *Maksym Gorki*. Krytycy Busha powiedzieli potem, że decydując się stawić czoło fatalnej pogodzie, pragnął zmazać przypisywany mu wizerunek mięczaka. Admiralska barka, którą Bush popłynął, była widoczna na ekranach telewizorów, jak kołysała się z boku na bok w porcie niczym korek w wannie. Po pięciu nieudanych próbach wejścia na pokład *Maksyma Gorkiego*, Bush spróbował szósty raz. Mógł zaoszczędzić sobie trudu, gdyż Gorbaczow wcale nie zamierzał ryzykować i nie opuścił bezpiecznej *Sławy*. Nicholas Brady, stary przyjaciel Busha i jego sekretarz skarbu, wspominał później podobny przypadek, kiedy kilka lat wcześniej odbył rejs na ryby z przyszłym prezydentem u wybrzeży Florydy. Brady napisał: *„Cholerne fale miały dwa i pół metra wysokości i oczy każdego z nas zrobiły się wielkie jak spodki. Ale to, jak się zdaje, Bushowi wcale nie przeszkadzało"*.

Gdy obaj przywódcy wreszcie spotkali się, Bush natychmiast zaczął wspierać Gorbaczowa, w ZSRR i na świecie. Upewniając się, że reporterzy znajdują się w zasięgu jego głosu, powiedział do Gorbaczowa: – Ma pan do czynienia z administracją, która chce dostrzegać sukces w tym, co pan robi... Świat będzie lepszym miejscem, jeśli *pieriestrojka* się uda. Gorbaczow odpowiedział mu przez swego rzecznika, Giennadija Gierasimowa, że rozmowy były świetne i że zimna wojna skończyła się. To było pierwsze oficjalne oświadczenie każdej ze stron, ogłaszające koniec zimnej wojny. Jednak niektórym doradcom Busha oświadczenie to wydawało się przedwczesne i przesadnie optymistyczne; wszak istniało jeszcze wiele ognisk konfliktu. Przerażony tym, że przesadna retoryka Busha mogłaby zaszkodzić sprawie, John Sununu podjął kroki, by przytłumić euforię. Powiedział kilku reporterom, na których mógł liczyć, że przekażą jego zdanie Rosjanom, iż amerykańska oferta pomocy dla *pieriestrojki* może wyparować, jeśli Rosjanie nie zaprzestaną dywersyjnych działań w Ameryce Środkowej.

Bush pierwotnie zamierzał unikać merytorycznych dyskusji na temat kontroli zbrojeń, ale Gorbaczow sam podjął temat broni strategicznych (START) i sił konwencjonalnych w Europie. Dyskusje na temat START były bezładne i skończyły się przyznaniem się obu przywódców, że nie osiągnięto żadnego postępu, gdyż ważne problemy pozostały nierozwiązane. Co się tyczy dyskusji na temat sił konwencjonalnych, tu wyniki były lepsze. Bush przyjął sugestię Gorbaczowa, że należy zorganizować w Berlinie konferencję dwudziestu trzech państw, by usunąć pozostałe jeszcze przeszkody w układzie CFE (układzie nt. sił konwencjonalnych w Europie).

Pod koniec spotkania na Malcie Baker i Szewardnadze przez trzy godziny próbowali opracować wspólne oświadczenie w sprawie START, wskazujące na pewien postęp. Ale nic z tego nie wyszło, ponieważ tak naprawdę żadnego postępu nie było. W atmosferze raczej ponurej, poza nadzieją na postęp w CFE pojawił się jeszcze drugi, mały promyczek słońca. Osiągnięto nieco pozytywnych wyników w dziedzinie bliskiej sercu Busha: w sprawie broni chemicznej. Obaj przywódcy zobowiązali się zaprzestać produkcji CBW (broni biologicznej i chemicznej) i zniszczyć większość posiadanych zapasów w okresie dziesięciu lat. Jednak Bush nalegał na przyjęcie pozycji wyczekującej. Stany Zjednoczone miały utrzymać 500 ton broni chemicznej do czasu, gdy wszystkie pozostałe państwa zdolne do produkowania broni chemicznej podpiszą porozumienia o jej zakazie. Pomysł utrzymania tych zapasów nie spodobał się krytykom w USA i zagranicą. Kilka tygodni później prezydent Bush ustąpił pod naciskiem opinii publicznej i zrezygnował ze swego pomysłu, by USA utrzymały rezerwę broni chemicznej. Zamiast tego ogłosił prowadzenie polityki, która wzmacniała jego *public relations*, ale zarazem była dość bezpieczna. Stany Zjednoczone miały zniszczyć wszystkie swoje zapasy broni chemicznej, jeśli inne kraje produkujące tę broń podpisałyby możliwy do zweryfikowania układ zakazujący jej posiadania. Była to bezpieczna propozycja, ponieważ musiałoby upłynąć nieco czasu, zanim możliwy do zweryfikowania układ zostałby opracowany, jeśli w ogóle miałoby to nastąpić.

Obaj przywódcy uzgodnili, że Baker i Szewardnadze mieliby spotkać się w styczniu 1990 roku, aby próbować usunąć trzy największe przeszkody w rokowaniach START: niezgodę co do zasad liczenia rakiet *cruise* wystrzeliwanych z samolotu; sprawę rakiet nierozmieszczonych i problem szyfrowania telemetrii rakiet. Jednak intencje przywódców nie zostały spełnione; na styczniowym spotkaniu ministrowie spraw zagranicznych nie osiągnęli żadnego postępu. Prezydent jeszcze raz zrobił błąd, wierząc, że Gorbaczow, zagrożony upadkiem komunizmu w Europie, będzie się spieszył z zawarciem układu o kontroli broni strategicznych. Bush powiększył nawet skalę tego błędu, przedwcześnie ogłaszając, że układ START zostanie parafowany na czerwcowym szczycie w 1990 roku . Nie posłuchał rady tych z nas, którzy mieli za sobą doświadczenia SALT II. W przeszłości sytuacja wewnętrzna w ZSRR miała mały albo wręcz zerowy wpływ na stronę radziecką i wcale nie determinowała jej podejścia do przyspieszenia porozumień o kontroli zbrojeń. Teraz też istniało niewiele dowodów na to, że Rosjanie zmienią swe dotychczasowe przyzwyczajenia. Ustalenie daty szczytu ponownie wywarło natomiast nacisk na amerykańskich negocjatorów, by poczynili ustępstwa.

W lutym 1990 roku sekretarz Baker planował wizytę w Moskwie i rozmowy z Szewardnadzem na temat START. Ja wraz z innymi ekspertami pomogłem przygotować dokumenty na ten wyjazd i naturalnie miałem nadzieję, że będę włączony do delegacji.

Wieczorem, przed odlotem grupy z Waszyngtonu, nie było jednak mojego nazwiska na liście. Zakłopotany, poszedłem szukać Eagleburgera. Okazało się, że wyjechał z jakąś misją. Próbowałem spotkać się z sekretarzem Bakerem, lecz powiedziano mi, że jest zajęty. Napisałem do niego notatkę, prosząc o wyjaśnienie powodów, które sprawiły, że nie znalazłem się na liście. Choć zapewniono mnie, ze Baker moją notatkę przeczytał, nigdy na nią nie odpowiedział. A ja nie pojechałem do Moskwy.

Teraz, bardziej niż kiedykolwiek przedtem, byłem pewien, że Baker będzie prowadził negocjacje inaczej niż jego poprzednicy. Zamiast zabrać na spotkania z radzieckim ministrem spraw zagranicznych zespół złożony z przedstawicieli wielu agencji rządowych, Baker polegał jedynie na Bartholomewie i jego doradcach z Departamentu Stanu. To, że zostałem mianowany doradcą sekretarza stanu i prezydenta, nie miało w ogóle znaczenia.

Ten incydent oznaczał początek końca mojej pracy w charakterze specjalnego doradcy prezydenta i sekretarza stanu. Prezydent Bush sprawę realizacji polityki w dziedzinie kontroli zbrojeń przekazał prawie wyłącznie w ręce Bakera. Wykluczenie mnie z wyjazdu do Moskwy było oczywistą oznaką, że odpowiedzialność za kontrolę zbrojeń została przesunięta od „imperialnego" prezydenta i wszystkich jego doradców do „imperialnego" sekretarza stanu.

Baker reaguje na artykuł Safire'a

Inny przykład imperialnego traktowania zauważyłem w maju 1990 roku, kiedy sekretarz stanu Baker zawołał mnie do swego biura. Gdy tam wszedłem, zauważyłem, że Baker jest bardzo zdenerwowany; stawy jego palców były białe, a ręce trzęsły się.

– Czy widział pan felieton Safire'a w dzisiejszym porannym wydaniu *New York Timesa*? – spytał mnie.

– Tak – odparłem. (Safire poddał ostrej krytyce postępowanie Bakera podczas ostatniego spotkania z Szewardnadzem w sprawie START. Napisał, że Baker ugiął się przed podstawowymi żądaniami Gorbaczowa i to na całej linii.)

– Nie podoba mi się ten przeklęty artykuł – oświadczył Baker. – Czy to nie pan udzielił mu tych informacji?

– Nie, to nie ja – odparłem.

– Ale zna pan Safire'a – dodał. – Miał pan pisać komentarze i brać udział w audycjach telewizyjnych dla poparcia wizerunku administracji.

– Nie miałem takiej okazji – odpowiedziałem. – Ostatnie sześć zaproszeń do programów telewizyjnych i ostatnie dwa artykuły, które napisałem, zostały odrzucone przez pańskie biuro.

– Czy to prawda? – Baker zwrócił się do swego zastępcy, Eagleburgera, który był z nami w jego gabinecie.

– Tak – odparł Eagleburger.

– A więc przestań krępować Rownego. Pozwól mu przedstawić pogląd administracji w tych sprawach.

Mimo to nic nie zmieniło się. Moje następne prośby o zezwolenie na wystąpienie w programach telewizji, jak i komentarz, który przedstawiłem do oceny, zostały bez reszty odrzucone.

Dalsze wydarzenia

Pomimo moich zastrzeżeń co do zasadności organizowania następnego spotkania Busha z Gorbaczowem obaj przywódcy spotkali się na szczycie w Waszyngtonie między 30 maja a 3 czerwca 1990 roku. Jak przewidywałem w styczniu, spotkanie to nie przyniosło żadnego przełomu i układ START nie został parafowany. Tymczasem Bush, zdecydowany uczynić ze spotkania z Gorbaczowem ważne wydarzenie w kategorii *public relations*, zaskoczył nas, zapowiadając działania w celu zwiększenia skali handlu amerykańsko-radzieckiego. Przed szczytem Bush roztropnie ogłosił, że nie podejmie żadnych kroków dla polepszenia stosunków handlowych z ZSRR, jeśli to państwo nie przyjmie prawodawstwa kodyfikującego prawa obywateli radzieckich do swobodnej emigracji i zanim nie ustanie polityczny nacisk na dążące do niepodległości republiki bałtyckie. Tymczasem na szczycie chcąc szybko pokazać swe poparcie dla Gorbaczowa, Bush wycofał się z wcześniej ogłoszonych warunków wstępnych. Teraz tak bardzo mu zależało na wsparciu Gorbaczowa, że dał mu konkretny prezent, który mógł pomóc upadającej gospodarce radzieckiej.

Mimo że Gorbaczow był wdzięczny za pomoc Busha w rozwiązywaniu swych wewnętrznych problemów, nie odwdzięczył mu się bardziej otwartą postawą wobec kontroli zbrojeń. Poprzednio przywódca radziecki podnosił kwestię kontroli zbrojeń; tym razem zrobił to Bush. Lecz Gorbaczow wzgardził jego zabiegami, więcej – kategorycznie odrzucił zaproszenie do odwiedzenia prezydenta w letnim domu w Kennebunkport w stanie Maine. Wobec tego Bush poprosił

Gorbaczowa, aby spędził z nim kilka dni w rządowej rezydencji w Camp David. Radziecki przywódca znów sprzeciwił się, wyrażając zgodę jedynie na dziesięciogodzinne rozmowy i podkreślając, że musi wrócić do Waszyngtonu, by tam załatwić inne ważne sprawy. Nigdy nie wyjaśniło się, o jakie inne sprawy chodzi – cóż mogło być ważniejszego od spotkania z prezydentem Stanów Zjednoczonych? Prawdziwym powodem odmowy mogły być trudności Gorbaczowa ze swym Biurem Politycznym i wojskowymi. Cokolwiek było tego przyczyną, grał teraz rolę trudno osiągalnego.

Podczas mojej służby w administracji Busha kontynuowałem praktykę zainicjowaną w okresie administracji Reagana, informując papieża Jana Pawła II o stanie kontroli zbrojeń. Ponieważ wielu katolickich biskupów w Stanach Zjednoczonych wyrażało sprzeciw wobec amerykańskiej polityki wojskowej, uważałem za korzystne wyjaśnianie papieżowi racji przemawiających za naszym stanowiskiem.

Na pierwszym spotkaniu z Jego Świątobliwością w 1990 roku w Watykanie próbowałem zrobić na Janie Pawle II wrażenie, rozmawiając w jego ojczystym języku. Przedtem rozmawiałem po polsku z moją babką, u której od czasu do czasu zamieszkiwałem, gdy byłem w wieku od sześciu do szesnastu lat. Choć zapomniałem większość tego, czego mnie nauczyła, pomyślałem sobie, że po kilku ćwiczeniach będę w stanie wymówić po polsku cztery czy pięć okrągłych zdań. Nauczyłem się ich na pamięć. Ale zaciąłem się już w środku drugiego lub trzeciego zdania i bezwiednie przeszedłem na rosyjski – język, który studiowałem w Yale i którym posługiwałem się podczas negocjacji w Genewie.

Papież, udając gniew, wstał i rzekł do mnie surowym głosem: – *Et maintenant, mon general, nous parlerons en anglais* (A teraz, mój generale, porozmawiamy po angielsku). Nieco później – wiedząc o moich ciągłych bataliach z katolickimi biskupami w Ameryce, toczonymi z powodu ich nawoływań do zamrożenia zbrojeń jądrowych, papież spytał mnie:

– A jak, mój drogi generale, układa się panu z pańskimi biskupami?

– Ojcze Święty – odpowiedziałem – myślałem, że to są wasi biskupi.

– Bardzo dobrze – pochwalił mnie papież po polsku.

Moje odejście

Na początku czerwca po waszyngtońskim spotkaniu na szczycie odczułem, że moja przydatność jako doradcy prezydenta w dziedzinie kontroli zbrojeń staje się marginalna. Choć między mną a prezydentem nie było jasno określonych różnic zdań co do ważniejszych problemów, nie podobał mi się sposób, w jaki proszono mnie o rady. Czułem, że już nie jestem liczącym się graczem w drużynie prezydenta, a moich poglądów dość często nie brano pod uwagę. Byłem pewien, że administracja życzy sobie mojego odejścia, ale prawdopodobnie nie proszą mnie o złożenie rezygnacji, ponieważ byłoby to kłopotliwe dla konserwatystów.

Udałem się po radę do Johna Sununu, wówczas szefa personelu prezydenta. Powiedział mi, że nie dziwi się moim odczuciom, dodając, że jest zdumiony, że w tak nieprzyjemnych warunkach pełniłem swoje obowiązki tak długo. Dodał, że sekretarz Baker jest głównym, czasami jedynym doradcą Busha w dziedzinie kontroli zbrojeń i tym, który usunął w cień innych pierwszoplanowych doradców takich jak Brent Scowcroft, Richard Cheney i szef Kolegium Połączonych Sztabów Colin Powell. Kiedy zapytałem Sununu, czy jest sposób na poprawienie mojej sytuacji, odpowiedział, że jego zdaniem – nie. Oświadczyłem więc, że w tych okolicznościach złożę rezygnację z datą 30 czerwca 1990 roku. Sununu wielce ulżyło, gdy zapowiedziałem, że odchodząc ze stanowiska, nie będę stwarzał problemów i że nie pójdę z tym do prasy. Uznał to za mądrą decyzję. Dodał, że jeśli chciałbym zrezygnować na znak protestu przeciwko złemu traktowaniu, administracja poczyni symboliczne kroki, aby zakamuflować rzeczywiste powody dymisji, lecz na dalszą metę i tak nic się nie zmieni. W ostatnim dniu mojego urzędowania sekretarz prasowy Białego Domu, Marlin Fitzwater, po prostu ogłosił moją rezygnację. Wielu dziennikarzy zadało mu pytania, a on odesłał ich po odpowiedź do mnie. Zapytany, czy zrezygnowałem na znak protestu albo z powodu poważnych różnic poglądów z administracją Busha, odpowiadałem tylko, że nadszedł czas, aby odejść. Reakcja prezydenta Busha była do przewidzenia. Posłał mi notkę, dziękując za wkład w amerykańską politykę kontroli zbrojeń.

Końcowe rundy START

Jesienią 1990 roku i we wczesnym okresie 1991 roku prezydent Bush był zajęty Operacją Pustynna Burza i prace nad pozostałymi problemami START zostały odłożone na bok. 15 grudnia

1990 roku Szewardnadze nagle zrezygnował i na stanowisku ministra spraw zagranicznych zastąpił go Aleksandr Biessmiertnych, dotychczasowy ambasador ZSRR w Stanach Zjednoczonych. Cały wysiłek Bakera, by urobić sobie Szewardnadzego, spełzł na niczym. Baker powinien wiedzieć lepiej, że nasze stosunki ze Związkiem Radzieckim – jak i z innymi państwami – nie opierają się głównie na osobistych relacjach między urzędnikami wysokiej rangi. Stosunki te są przede wszystkim funkcją podstawowych interesów narodowych.

Prezydent Bush zaplanował swe spotkanie na szczycie z Gorbaczowem na początku stycznia 1991 roku. Choć nie należałem już do członków administracji, dałem znać wielu swym przyjaciołom, bliskim prezydentowi, że uważam taki wybór daty spotkania za niefortunny. Związek Radziecki niedawno użył siły, próbując złamać ruchy niepodległościowe na Litwie i w Łotwie. Uważałem, że prezydent Bush powinien wyrazić swą dezaprobatę, nie spotykając się z Gorbaczowem. Prezydent rzeczywiście odwołał spotkanie, ale podał inny powód: był zbyt zajęty rozwiązywaniem kryzysu spowodowanego wojną w Zatoce. Choć byłem zadowolony, że Bush nie spotkał się z Gorbaczowem, uważałem, że wysłał zły sygnał do niego i do społeczności międzynarodowej.

Kilka dni później Związek Radziecki próbował wziąć udział w wojnie w Zatoce przez różne manewry polityczne. Chociaż Rosjanie nie wystawili swych oddziałów do walki, próbowali zwołać spotkanie, na którym chcieli odegrać główną rolę jako rozjemcy między Irakiem a koalicją. Prezydent Bush, który odgadł ich intencje, zręcznie i stanowczo zastopował te wysiłki. Odmawiając zgody na rozpatrzenie radzieckich żądań, zepchnął ZSRR na boczny tor. Był to dyplomatyczny triumf USA.

Po ustaniu walk, administracja wypuściła w kierunku ZSRR balon próbny. Marlin Fitzwater powiedział, że Bush byłby skłonny oficjalnie spotkać się z Gorbaczowem, bez względu na to, czy układ START będzie gotowy do podpisu.

Pomysł organizowania spotkań na szczycie w rutynowy sposób, niezależnie od postępów w kontroli zbrojeń, był polityką, którą konsekwentnie preferowałem. Moim zdaniem lepiej było nie łączyć spotkań na szczycie z nadziejami na sukces w negocjacjach rozbrojeniowych, ponieważ Rosjanie niezmiennie wykorzystywali nasze przesadne nadzieje na osiągnięcie porozumienia jako sposób wymuszania ustępstw. Jednak przywódcy waszyngtońskiego establishmentu zainteresowanego kontrolą zbrojeń mieli inne zdanie i natychmiast poinformowali media, że Bush powinien postawić jako warunek wstępny spotkania na szczycie przygotowanie całości układu START. Kilka godzin po tym oświadczeniu Fitzwater zmienił ton i oświadczył, że prezydent woli wziąć udział w szczycie, gdy układ START będzie gotowy do podpisu. Następnego ranka dziennikarze spytali Busha, któremu oświadczeniu jego rzecznika powinni wierzyć. – Oba oświadczenia Fitzwatera są zgodne z prawdą – powiedział im Bush.

Później, wiosną 1991 roku, prezydent wydał wiele oświadczeń, zapewniając w nich opinię publiczną, że pozostałe nierozstrzygnięte problemy rokowań START są tylko techniczne. W rzeczywistości problemy te miały zasadnicze znaczenie; dotyczyły takich spraw jak inspekcja podejrzanych obiektów wojskowych oraz sposobu definiowania nowych typów rakiet. Oświadczenia prezydenta wzbudziły wątpliwości, czy był on dokładnie informowany o istotnych różnicach pomiędzy stanowiskami negocjacyjnymi USA i ZSRR.

W połowie czerwca 1991 roku, Waszyngton był pełen pogłosek na temat zbliżającego się spotkania na szczycie. Ale pełniący obowiązki głównego negocjatora rokowań START Linton Brooks podkreślał, że nadal oczekuje na rozwiązanie około sześćdziesiąt problemów, w większości drobnych, ale w kilku przypadkach bardzo istotnych.

Na początku lipca, parę dni przed otwarciem ekonomicznego szczytu G-7 w Londynie, prezydent Bush napisał do Gorbaczowa, prosząc go, żeby wysłał do Waszyngtonu swego przedstawiciela wysokiej rangi, upoważnionego do powzięcia ostatecznych decyzji w sprawie nierozwiązanych problemów START. Ku całkowitemu rozczarowaniu naszego zespołu negocjacyjnego w Genewie, Bush zatelegrafował do Gorbaczowa, że pragnie szybko zakończyć prace nad układem START i – jak mówiono – przekazał mu nasze ostateczne stanowisko w głównych sprawach. Gorbaczow wysłał do Waszyngtonu ministra spraw zagranicznych Biessmiertnycha na spotkanie z sekretarzem stanu Bakerem. W tych warunkach nie było zaskoczeniem, że gdy Bush wyruszył w podróż do Londynu, wszystkie z wyjątkiem jednego problemy rokowań START zostały rozwiązane. Przeszkoda, która pozostała, dotyczyła sposobu definiowania nowych typów rakiet. Rosjanie wydawali się gotowi do porozumienia, lecz celowo odwoływali się do „publiczności na galerii", aby siać wątpliwości i podkreślać znaczenie szczytu. W ostatniej chwili, podczas lunchu po spotkaniach G-7, Bush i Gorbaczow zgodzili się na definicję nowych typów. Dwaj przywódcy złożyli deklarację, że ostatnia przeszkoda w rokowaniach START została usunięta i że układ zostanie podpisany na szczycie w Moskwie, który odbędzie się w dniach 29 – 31 lipca 1991 roku.

Układ START rzeczywiście został podpisany w Moskwie 31 lipca. W mediach wzbudził niewielkie zainteresowanie, ponieważ większość obsługi prasowej i telewizyjnej skupiała uwagę na wysiłkach Gorbaczowa budującego polityczne poparcie dla swych reform gospodarczych. Podczas konferencji prasowej zwołanej po podpisaniu układu prezydent Bush scharakteryzował to porozumienie jako pierwsze tego rodzaju, ponieważ zawierało wymóg rzeczywistej redukcji broni strategicznych. Gorbaczow również pochwalił układ, lecz ostrzegł, że może natrafić na trudności w procesie ratyfikacji. W ciągu dwudziestu czterech godzin po jego podpisaniu historia START zeszła z czołówek większości gazet. Kilku autorów wstępniaków zdążyło pochwalić dokument za redukcję broni. Jak zwykle inni uważali, że w arsenałach obu państw pozostało jeszcze tyle broni jądrowych, iż w gruncie rzeczy układ START niewiele znaczy.

Wielka niespodzianka Busha

Niecałe dwa miesiące po podpisaniu układu START, Bush zgotował jeszcze jedną niespodziankę. 28 września 1991 roku wystąpił w telewizji z oświadczeniem, że wydarzenia w ZSRR zmniejszyły zagrożenie dla bezpieczeństwa USA i wymienił po kolei jednostronne amerykańskie inicjatywy rozbrojeniowe. Wydał też rozkaz odwołania alertu strategicznego dla floty bombowców *B-52 i B-1* i naszej formacji 450 rakiet strategicznych *Minuteman II*. Oświadczył, że zamierza wycofać z Europy – i zniszczyć – wszystkie jądrowe pociski artyleryjskie i rakiety balistyczne krótkiego zasięgu, uzbrojone w głowice jądrowe. Obiecał także wycofać i umieścić w magazynach 50 procent taktycznych broni jądrowych, w tym rakiety *cruise* uzbrojone w głowice jądrowe (SLCMs) z amerykańskich okrętów nawodnych i wyznaczonych do ataku łodzi podwodnych. Zastopował też budowę naszych ruchomych rakiet naziemnych i zaoferował zniszczenie naziemnych systemów MIRV (rakiet z wieloma głowicami niezależnie naprowadzanymi na cel) pod warunkiem, że Gorbaczow pójdzie w jego ślady.

Wystąpienie telewizyjne Busha zostało natychmiast przyjęte z aprobatą przez światowych przywódców jako śmiała i obdarzona wyobraźnią inicjatywa. Amerykańscy prawodawcy obu partii szybko dołączyli do pochwalnego chóru.

Gorbaczow odpowiedział następnego dnia. Oświadczył, że choć jego pierwsza reakcja była pozytywna, potrzebuje więcej czasu na bliższe zapoznanie się z propozycjami, zanim przekona się do nich ostatecznie. Lecz, w następnym zdaniu, przypomniał światu, że jest twardym negocjatorem. Zaapelował do Stanów Zjednoczonych, by zrezygnowały z prób z bronią jądrową i powiedział, że każda znacząca redukcja radzieckich naziemnych systemów rakietowych (MIRV) będzie musiała spotkać się z podobną redukcją amerykańskich morskich systemów rakiet MIRV (czyli SLBM).

Inicjatywa Busha była utrzymana w stylu jego propozycji z maja 1991 roku o wycofaniu amerykańskich systemów broni i wojsk z Europy. Jak wtedy prezydent utrzymywał swe inicjatywy w całkowitej tajemnicy i konsultował je tylko z kilkoma najważniejszymi doradcami. Jego umiłowanie niespodzianek i dramatyczne zadęcie tymczasowo rozbroiło potencjalnych krytyków i odciągnęło uwagę od treści tej propozycji. Pozostało kluczowe pytanie: czy plan Busha przejdzie próbę dokładnej analizy? W każdym razie sposób, w jaki propozycja została wysunięta, wskazywał na to, że prezydent poświęca ewentualne korzyści z negocjacji, przedwcześnie odkrywając nasze intencje.

Po niecałym tygodniu Gorbaczow przekazał swoją formalną odpowiedź. W oświadczeniu zredagowanym w zwięzłym stylu przebił propozycje Busha. Zamiast redukcji arsenału głowic jądrowych do 6000, jak wymaga układ START, zaproponował redukcję radzieckich strategicznych głowic jądrowych do 5000. Ale jak zwykle w propozycji był ukryty haczyk. Stany Zjednoczone miałyby zlikwidować swoją broń jądrową z rozmieszczonych w wysuniętych w pobliże ZSRR baz lotnictwa taktycznego, które stanowią naszą gwarancję bezpieczeństwa europejskiego.

Propozycje i kontrpropozycje wyszły daleko poza wymagania układu START i znacznie umniejszyły jego znaczenie. Ale pod koniec listopada 1991 roku, administracja Busha przedłożyła układ Senatowi, gdzie [w 1991-1992 roku – uwaga tłum.] jego los pozostaje niepewny. Poza innymi powodami, wielu liczących się senatorów uważa, że układ START został zdezaktualizowany przez rozwój wydarzeń. Porozumienie to podpisał prezydent już nieistniejącego rządu i odnosi się ono do broni, która obecnie jest przedmiotem sporów i została podzielona pomiędzy cztery nowe państwa.

Przez cały dotychczasowy okres swej kadencji Bush podejmował świadome decyzje łączenia politycznej gwiazdy Gorbaczowa z własną, podkreślając znaczenie ich wzajemnych osobistych stosunków. Próbowałem wyjaśnić mu, że jest to błąd. Przyjęte założenia sugerowały przecież rolę Busha jako obrońcy *status quo*, a nie jako głównego obrońcy wolności; ponadto uzależniał on inicjatywy USA od losu samego Gorbaczowa.

Podejmując próbę zmiany tego wizerunku, 1 sierpnia 1991 roku Bush pojechał z wizytą na jeszcze radziecką Ukrainę, aby wyjaśnić swoje stanowisko przed parlamentem tej republiki. Ale jego wystąpienie tylko pogorszyło sprawę. Przemawiając do deputowanych w Kijowie, Bush ostrzegł Ukraińców przed tymi, którzy dążą do niepodległości, aby zastąpić odległą tyranię lokalnym despotyzmem. Była to oczywista i nieprzyjemna sugestia, że dalszy związek Ukrainy z Gorbaczowem byłby lepszy niż wołanie o suwerenność. To wystąpienie skłoniło wielu domagających się niepodległości Ukraińców, zarówno z kraju, jak i z emigracji, do podważania kompetencji Busha w sprawie oceny rozwoju wydarzeń oraz do kwestionowania jego rzeczywistego poparcia dla prawdziwie demokratycznych reform w Związku Radzieckim. Pod koniec listopada 1991 roku, wkrótce przed ukraińskim referendum w sprawie niepodległości, Bush przestawił biegi i oświadczył, że bezzwłocznie uzna niepodległość Ukrainy. Gdy ludność ukraińska przegłosowała kwestię niepodległości w proporcji głosów 9 do 1, to dokonane w ostatniej chwili nawrócenie się Busha wydawało się rozpaczliwie spóźnione.

W końcu 1991 roku po nieudanym sierpniowym zamachu stanu przeciwko Gorbaczowowi ZSRR rozpadł się i został wskrzeszony w postaci Wspólnoty Niezależnych Państw (WNP). Ponadto w kraju, gdzie kiedyś rządził Lenin, przestała istnieć Komunistyczna Partia

Związku Radzieckiego (KPZR). Gorbaczow, w którego Bush tak wiele zainwestował, został bezceremonialnie pozbawiony władzy.

Przesadne poleganie Busha na Gorbaczowie jako jedynym polityku zdolnym wprowadzić ZSRR w XXI wiek urągało logice, obnażało jego błędne rozpoznanie i opaczne rozumienie politycznych przemian w Związku Radzieckim. Preferowanie osobistej dyplomacji ignorowało prawdziwe źródło politycznych przemian w Związku Radzieckim – jego obywateli. Ludność ZSRR musiała znosić jarzmo siedemdziesięciu pięciu lat skorumpowanych i błędnych rządów komunistycznych. Lecz tylko ona była zdolna do odwrócenia losów byłego imperium w kierunku korzystnej dla niej i trwałej demokratycznej przyszłości. Chociaż zdolny, charyzmatyczny i oddany sprawie przywódca może pełnić znaczącą rolę w promowaniu demokratycznych przemian, byłoby mądrzej pokładać więcej wiary w siłę ideałów wolności. Koniec końców to lud pokazał przez swoje działania, że jest siłą sprawczą przemian.

Dzisiaj nikt nie wierzy, że WNP ma przed sobą przyszłość. Wiosną 1992 roku wydaje się, że Wspólnota Niepodległych Państw jest tylko mechanizmem powołanym dla rozwiązania byłego Związku Radzieckiego, po czym powinna zniknąć. Na początku czerwca 1992 roku, prezydenci Bush i Jelcyn osiągnęli zasadniczy przełom w redukcjach broni strategicznych. Przez następne dziesięciolecie liczba jednostek broni strategicznych ma być zmniejszona do 3500 – 4000. Co ważniejsze, obie strony zgodziły się na wyeliminowanie wszystkich naziemnych rakiet wielogłowicowych (MIRVed). To są wielkie osiągnięcia. Jednak, tak długo jak Federacja Rosyjska będzie posiadać arsenał broni nuklearnych zdolnych do zniszczenia Stanów Zjednoczonych, nie możemy sobie pozwolić na pobłażliwość. Rozsądek wymaga, byśmy prowadzili politykę, która wzmacnia nasze bezpieczeństwo i zapewnia międzynarodową stabilność.

Ocena Busha

Bush jest człowiekiem zasad, które zostały mu wpojone w dzieciństwie; wierzy, że jego obowiązkiem jest służenie ludziom. Ale nie wydaje mi się, aby jego przekonania sięgały dalej. Bush czuje się niezręcznie, gdy ma rozwiązywać problemy wewnętrzne kraju, wydaje się, że jest niezdolny do przewodzenia narodowi, gdy – po raz pierwszy na przestrzeni ostatnich dziesięcioleci – największe problemy Ameryki dotyczą spraw wewnętrznych, a nie zagranicznych. Lecz nawet w sprawach międzynarodowych – którymi Bush interesuje się najbardziej – brak mu strategicznego instynktu i nie ma żadnej klarownej koncepcji, czym powinien być nowy porządek świata. Nie umie też stymulować swych doradców, by pomogli mu zdefiniować tę wizję. Zamiast tego wybrał poleganie na kilku bliskich współpracownikach, którzy generują ograniczone poglądy jako podstawę dla jego polityki. Z wyjątkiem przypadków, gdy zdarza się kryzys międzynarodowy, Bush często bywa ambiwalentny lub przesadnie ostrożny, wówczas gdy szybkim działaniem można by wpłynąć na bieg wydarzeń. Pomimo swej głębokiej wiary i szerokiego zaangażowania w demokrację nie ma silnych ideologicznych przekonań, polegając przeważnie na normach etycznych, które powinny kierować nim w podejmowaniu decyzji. Ale w końcu uważa, że wszystko jest do wynegocjowania, Szkoda tylko, że w ramach źle określonych parametrów. Jego nieprzekraczalna linia rzadko jest wytyczana. Jak wytknął mu komentator *New York Timesa*, James Feston:

„[Bush] *zawsze wydaje się odnosić wielkie zwycięstwa, a potem zastanawia się – jeśli w ogóle – co z nich dla niego wynika. Najechał Panamę i ma Manuela Noriegę, a teraz nie wie, co ma z nim zrobić....* [ma] *Saddama Husajna,* [ale] *ten łajdak nadal jest prezydentem zrujnowanego Iraku, razem z jego programem jądrowym".*

Brak przekonania u prezydenta Busha objawił się nie tylko w jego rozgrywkach ze Związkiem Radzieckim dotyczących kontroli zbrojeń, lecz także w polityce wobec Chin, której cele są niezgodne z działaniami. Mimo że Bush oficjalnie popiera wolność i demokrację, równocześnie odnowił Chinom status najbardziej uprzywilejowanego kraju. To nie oznacza bynajmniej że zaaprobował masakrę na placu Tiananmen albo późniejsze represje wobec chińskich dysydentów, lecz kolejny raz udowodnił, że jest człowiekiem, który potrafi poświęcać długoterminowe cele dla krótkotrwałych politycznych korzyści.

Uważam, że Bushem kieruje nieustanna wewnętrzna walka pomiędzy tym, co uważa za dobre w dłuższej perspektywie, a tym, co uważa za najlepsze w danym momencie. Czasami z powodu okoliczności swych narodzin i wychowania zachowuje się jak idealista. Innym razem z racji swego doświadczenia w szkole twardej walki politycznej zachowuje się jak realista. Z jednej strony często wydaje się odczuwać, że wystarczy po prostu przyswoić sobie zbiór ogólnych wysokich ideałów. Wierzy, że wyznając te ideały i czasami tłumacząc je innym w swej kwiecistej retoryce, posiadł już to wszystko, czego wymaga się od przywódcy kraju obdarzonego obfitością bogactw naturalnych i silnych instytucji demokratycznych. Z drugiej strony, ponieważ brak mu głębi i przekonania, zwykle reaguje na wydarzenia w sposób sugerujący, że ma instynkt realisty, który myśli na krótki dystans. Sprzeczne ze sobą idealistyczne przekonania i realistyczne czyny prezydenta Busha nigdzie indziej nie ujawniły się lepiej niż w jego procesie rządzenia i metodzie ubiegania się o urząd. Sprzeczności te wprawiły Amerykanów w zdumienie, kim naprawdę jest i w co naprawdę wierzy George Bush. Ja muszę przyznać, że mimo dziesięciu lat współpracy z nim, nadal sam się nad tym zastanawiam. [Ocena z 1992 roku – przyp. tłumacza]

ROZDZIAŁ VIII

Negocjonowanie w zmiennym świecie

Uważam, że książka ta pokazała, iż w negocjacjach dotyczących kontroli zbrojeń prowadzonych ze Związkiem Radzieckim przedstawiciele Stanów Zjednoczonych, a nasi prezydenci w szczególności, słabo dawali sobie radę. Jednak mimo porażek w rokowaniach, amerykańska polityka powstrzymywania ZSRR, wsparta siłą wojskową i odstraszaniem jądrowym, uniemożliwiła Związkowi Radzieckiemu realizację ekspansjonistycznych celów typowych dla historii tego państwa. Amerykańska polityka pokoju przez siłę, szczególnie konsekwentna w latach prezydentury Reagana, dała Związkowi Radzieckiemu niezbędny czas na upadek pod własnym ciężarem. Z powodu potęgi wojskowej USA Rosjanie nie byli w stanie obrócić na swoją korzyść naszych słabości w negocjacjach i ustrzegli nas przed konsekwencjami naszej własnej niekompetencji przy stole rokowań. Przykro jest jednak stwierdzić, że amerykańscy przywódcy polityczni i wyznaczeni przez nich przedstawiciele pomimo kilku dziesięcioleci doświadczeń tak mało się nauczyli i słabo orientowali się, jak należało prowadzić negocjacje z przywódcami radzieckimi, by odnieść w nich sukces.

Przez ponad czterdzieści lat osią polityki światowej były stosunki dwustronne między Stanami Zjednoczonymi a Związkiem Radzieckim. W tym czasie wiele państw dobrowolnie uznało prymat USA we wszystkich ważnych sprawach, traktując to jako logiczne rozszerzenie naszego parasola atomowego. Obecnie niepokój z powodu możliwości wybuchu wojny jądrowej został w dużej mierze zastąpiony przez pilniejsze kłopoty polityczne i gospodarcze coraz bardziej wielobiegunowego świata. Groźba konfrontacji jądrowej supermocarstw przestała być spoiwem, które wiąże ze sobą sprzymierzone państwa Zachodu. Koniec zimnej wojny i rozczłonkowanie Związku Radzieckiego spowodowały konieczność zdefiniowania na nowo międzynarodowych priorytetów USA.

Nasi negocjatorzy muszą nauczyć się działania w bardziej skomplikowanym i konkurencyjnym świecie. W świecie, który się obecnie wyłania, negocjacje staną się bardziej, a nie mniej ważne. Jest więc sprawą niezmiernie istotną, abyśmy nauczyli się lepiej bronić swych interesów niż podczas wielu lat negocjacji rozbrojeniowych między dwoma supermocarstwami.

Nowy świat polityczny

Wyłaniający się nowy kształt świata różni się bardzo od wyobrażeń o przyszłości sprzed zaledwie kilku lat. Zapytany kiedyś, jaka jest szansa, że Związek Radziecki wyrzeknie się komunizmu, Nikita Chruszczow zażartował: – Ci, którzy tego oczekują, muszą poczekać, aż krewetka nauczy się gwizdać. – A tymczasem 6 listopada 1991 roku, w przededniu 74 rocznicy rewolucji bolszewickiej, zaledwie kilka miesięcy po nieudanym zamachu stanu w Moskwie, który ostatecznie przypieczętował los ZSRR, Borys Jelcyn podpisał edykt delegalizujący działalność Komunistycznej Partii Związku Radzieckiego (KPZR) na terenie Federacji Rosyjskiej. Krewetka nauczyła się gwizdać, a świat dotarł do punktu zwrotnego.

Przez dziesięciolecia walka między Wschodem a Zachodem nie tylko tworzyła podstawę amerykańskiej polityki wojskowej, zagranicznej i gospodarczej, lecz była głęboko wplątana w codzienność naszego życia. Dziatwa szkolna uczyła się reguł postępowania na wypadek ataku jądrowego; tysiące Amerykanów zginęło na wojnach, które toczyliśmy ze sprzymierzeńcami ZSRR; tryliony dolarów z kieszeni naszych podatników poszło na powstrzymywanie agresywnego przeciwnika. Zimna wojna była jak soczewka, przez którą Stany Zjednoczone i inne uprzemysłowione państwa demokratyczne oglądały świat.

Dojście do władzy Michaiła Gorbaczowa i jego sześcioletnie rządy coraz bardziej zacierały kontury tej walki. Polityka *głasnosti* i *pieriestrojki* stała się dla niego fundamentem wizji przyszłego, nowocześniejszego i bardziej dynamicznego Związku Radzieckiego. Gorbaczow zamierzał skłonić swój naród do spojrzenia w głąb własnej duszy, by dokonać rachunku sumienia i przezwyciężyć korupcję i zgniliznę, którą spowodowały ekscesy jego poprzedników. Lecz nowy radziecki przywódca nie zdawał sobie sprawy, że lekarstwo na choroby kraju miało uśmiercić jego partię. Kiedy rzeczywistość w końcu zaprzeczyła błędnej ideologii, która od dawna utraciła wartość dla narodów Związku Radzieckiego, skutek mógł być tylko jeden.

W listopadzie 1989 roku, kiedy runął złowrogi symbol represji politycznej – Mur Berliński, uruchomione zostały masowe ruchy niepodległościowe w Europie Środkowej i Wschodniej. [Wcześniej przełomem stały się rokowania z NSZZ Solidarność przy okrągłym stole i częściowo wolne wybory w Polsce w czerwcu 1989 roku – przyp. tłumacza]. Rywalizacja ustrojów została zakończona, a amerykańska polityka *pokoju przez siłę* sprawdziła się w praktyce. Ale wówczas mało kto zdawał sobie sprawę, że upadek Muru Berlińskiego jest początkiem końca Związku Radzieckiego. Nadal wydawało się, że świat przywykł do jądrowego pata w rywalizacji między supermocarstwami. Myśl o tym, że za dwa lata ZSRR przestanie istnieć, wydawała się tak absurdalna, jak dziś wydaje się nam oczywista.

W tym czasie nadal jeszcze uważano, że ideologiczną walkę między Wschodem a Zachodem można co prawda złagodzić, lecz nadal pozostanie ona osią polityki światowej. George Bush nieświadomie nawiązał do tego przekonania, gdy ogłosił formowanie koalicji międzynarodowej dla odparcia najazdu Iraku na Kuwejt. Wskrzesił wówczas starą koncepcję prezydenta Wilsona o *„nowym ładzie światowym"*. Ten *„nowy ład"* prezydenta Busha opierał się na zdecydowanie starych założeniach. Jego podstawową hipotezą było to, że Związek Radziecki przetrwa w jakiejś zmodyfikowanej, a więc mniej wojowniczej formie. A mocarstwa będą nadal działać, wspólnie i w porozumieniu, prowadząc świat ku bardziej oświeconej i pokojowej przyszłości. George Bush nie brał w ogóle pod uwagę takiej możliwości, że wkrótce na placu boju pozostanie tylko jedno supermocarstwo, a sam termin *supermocarstwo* będzie wymagał zdefiniowania na nowo. Tymczasem, w mgnieniu oka, zimna wojna skończyła się, sygnalizując koniec ery supermocarstw i zarazem kres stosunków amerykańsko-radzieckich jako najważniejszego problemu polityki światowej.

Jednak nagłe przekształcenie się Związku Radzieckiego we Wspólnotę Niepodległych Państw i powstanie niezależnych i suwerennych republik jest tylko pierwszym krokiem w kierunku rozwiązywania problemów pozostałych po byłym ZSRR. Ponad siedem dziesięcioleci totalitarnych rządów komunistycznych wywarło piętno na politycznym, gospodarczym i duchowym życiu całego regionu. Ruch ku wolności politycznej pobudził jednocześnie do życia wielowiekowe antagonizmy etniczne, religijne i narodowe, które zostały stłumione w erze zcentralizowanych rządów Moskwy. Demokracja i reformy gospodarcze – urzekające obietnice nowych przywódców – w praktyce okazują się niełatwe do spełnienia i ulotne.

Obawa, że ten nowy, odważny eksperyment polityczny zdegeneruje się w kierunku wojny domowej podobnej do jugosłowiańskiej, jest stale obecna. Produktem ubocznym politycznego i gospodarczego zamętu zazwyczaj jest przemoc. Dlatego Stany Zjednoczone powinny rozwinąć nowe krótko- i długofalowe strategie, aby poradzić sobie ze zmiennym politycznym krajobrazem poradzieckim, a równocześnie wziąć pod uwagę fakt, że nie możemy uczynić dla innych tego, czego – będąc nieprzygotowani – nie potrafią oni uczynić sami dla siebie.

Ważne jest, aby podstawowym celem polityki USA stała się pomoc w skodyfikowaniu zmian struktur politycznych, które mają obecnie miejsce w dawnym Związku Radzieckim. Inaczej niż sądził pierwotnie prezydent Busha w okresie schyłku Związku Radzieckiego, nie będą służyć naszym najlepszym interesom zachęty do politycznej i ekonomicznej kontroli państw poradzieckich opartej na dominacji Federacji Rosyjskiej. Musimy być bardzo wyczuleni na ruchy odśrodkowe, które występują w poszczególnych republikach i nie powinniśmy okazywać ślepej preferencji dla Federacji Rosyjskiej kosztem innych, dążących do niepodległości republik. Przyszła stabilizacja regionu zależy zarówno od politycznego i gospodarczego rozwoju, jak i od decentralizacji władzy. Jak wykazał Henry Kissinger, w interesie Stanów Zjednoczonych byłoby wyłonienie się – w miejsce ZSRR – takiej konfederacji, która byłaby dostatecznie silna, aby zapewnić bezpieczeństwo narodom dawnych republik, lecz nie na tyle spójna, by móc inicjować agresję.

Najbardziej kłopotliwym i trudnym do rozwiązania problemem jest kontrola nad strategicznym arsenałem jądrowym regionu obejmującego obszar byłego ZSRR. Choć broń jądrowa znajduje się pod wspólną kontrolą Jelcyna i przywódców pozostałych trzech państw posiadających broń strategiczną – Kazachstanu, Białorusi i Ukrainy – jedynie Jelcyn ma dostęp do szyfrów, które umożliwiają jej uruchomienie. Nadal jednak jesteśmy dalecy od pewności, że zostaną wypracowane odpowiednie procedury i środki kontrolne, które zapewnią maksymalne ograniczenie możliwości użycia broni nuklearnej. Minie nieco czasu, zanim wszystkie strategiczne bronie jądrowe rozmieszczone poza Federacją Rosyjską zostaną zniszczone lub przekazane pod kontrolę Moskwy. [Strategiczna broń jądrowa została później wycofana z innych państw b. ZSRR do Rosji i częściowo zniszczona. – przyp. tłumacza].

Dodatkowe problemy stwarzają przesadnie wielkie siły konwencjonalne pozostające w regionie. Co prawda niektóre z byłych republik radzieckich poprosiły o przyjęcie do NATO [Litwa, Łotwa i Estonia zostały przyjęte w 2004 roku – przyp. tłumacza] i nadal istnieją takie organizacje jak Konferencja Bezpieczeństwa i Współpracy w Europie (KBWE). Nie ma jednak jasności co do tego, czy instytucje te są zdolne sprostać wewnętrznym i zewnętrznym zagrożeniom, które stwarza obecność wielkich sił wojskowych na terenie byłego ZSRR. Jedną z możliwości złagodzenia tego potencjalnego zagrożenia mogłoby być zaangażowanie amerykańskich instytucji wojskowych do pomocy państwom regionu w zarządzaniu i logistyce procesu redukcji sił wojskowych. Nasze doświadczenia w budowie i utrzymywaniu całkowicie ochotniczej armii, gwardii narodowej i jednostek rezerwy mogłyby okazać się bardzo wartościowe dla krajów, które muszą się z tym uporać. Nie powinniśmy jednak mieć złudzeń, że problem ten da się szybko rozwiązać. Niewiele innych spraw jest tak drażliwych lub bardziej podatnych na podszyty nacjonalizmem upór niż transformacja tradycyjnych narodowych struktur bezpieczeństwa. Takie wysiłki będą wymagały o wiele lepszej wzajemnej komunikacji i zaufania. A to można osiągnąć tylko na drodze intensywnych negocjacji, opartych na większej wyobraźni.

Rozczłonkowanie byłego ZSRR komplikuje również problem proliferacji jądrowej. Wiele doniesień prasowych wskazuje na to, że nie tylko byli radzieccy naukowcy i inni specjaliści jądrowi są wystawiani na sprzedaż, lecz sprzedaje się także materiały jądrowe. [A nawet gotową broń – przyp. tłumacza]. Wiemy, że Borys Jelcyn i inni przywódcy nowych państw mają zamiar zapobiec rozproszeniu arsenału jądrowego byłego Związku Radzieckiego. Lecz posiadając około 27 000 jednostek broni nuklearnej różnego typu rozproszonych na ogromnym obszarze ponad 22 milionów km^2., nie można wykluczyć ewentualnego zagubienia części tych broni lub – co gorsza – jej bezprawnego zagarnięcia. Dlatego konieczne jest podjęcie zdeterminowanych i kompleksowych działań dla identyfikacji, lokalizowania, a następnie niszczenia broni jądrowych, zanim wpadną w niewłaściwe ręce. Niemożliwe jest oczywiście wtłoczenie *„jądrowego dżinna”* z powrotem do butelki, lecz w interesie Stanów Zjednoczonych i państw powstałych z byłego Związku Radzieckiego leży podjęcie wspólnych działań dla zapobiegania proliferacji.

Możliwość niekontrolowanego rozprzestrzeniania broni jądrowych jest jednym z najważniejszych problemów polityki zagranicznej, któremu muszą stawić czoła Stany Zjednoczone. Wejście w posiadanie broni masowego rażenia przez tzw. kraje niejądrowe stanowiło zagrożenie USA od samego początku, od rozbicia jądra atomu. Już dwie dekady wcześniej eksperci przewidywali, że do 1990 roku dwadzieścia pięć do trzydziestu krajów będzie posiadało broń jądrową. Szczęśliwym trafem prognozy te okazały się mocno zawyżone. Dziś [w roku 1991 – przyp. tłumacza] pięć państw posiada broń jądrową, a co do pięciu dalszych przypuszcza się, że ją mają. Ostatnie szacunkowe dane CIA wskazują jednak na to, że około dwudziestu krajów może w niedalekiej przyszłości zbudować lub nabyć tę broń. Utrzymywanie na niskim poziomie liczby państw posiadających broń nuklearną jest trudnym wyzwaniem dla amerykańskich polityków i negocjatorów.

Podobnym wyzwaniem dla USA jest ograniczenie rozpowszechnienia broni chemicznej i biologicznej w skali światowej. Ta *„broń jądrowa biedaków”* może być dziś produkowana przez każdy kraj, który posiada przemysł farmaceutyczny. Według ostatnich szacunkowych obliczeń ponad siedemdziesiąt krajów osiągnęło już zdolność do produkcji broni chemicznej i biologicznej (CBW). Pod koniec lat 80. prezydent George Bush podejmował energiczne działania na rzecz zakazu tych rodzajów broni, proponując zniszczenie całych jej zapasów również w USA. Lecz istnieje ważna przeszkoda: te same technologie wykorzystywane do produkcji broni chemicznej i biologicznej mają zastosowanie pokojowe, istotne dla polepszania poziomu życia mieszkańców wielu krajów. Międzynarodowy zakaz produkcji broni CBW jest też w praktyce niemożliwy do weryfikacji. Pomimo tych trudności zaniechanie prób ograniczenia, jeśli nie całkowitej likwidacji, rozpowszechniania tych broni byłoby sprzeczne z sumieniem Amerykanów.

Nie mniej ważne, a równie skomplikowane, są potrzeby związane z zapobieganiem produkcji i proliferacji rakiet balistycznych średniego zasięgu. Dla uświadomienia sobie, dlaczego jest to aż tak ważne, wystarczy wspomnieć, jak wielkim szokiem dla świata było wystrzelenie przez reżim Saddama Husajna dość prymitywnych, lecz straszliwych rakiet SCUD na Izrael i Arabię Saudyjską podczas wojny w Zatoce Perskiej w 1991 roku. Chiny, Korea Północna i inne kraje produkują już rakiety balistyczne i oferują je na rynku międzynarodowym. Poza tym, że śledzenie takich transakcji jest ogromnie trudnym wyzwaniem dla wywiadu, istnieje jeszcze jedna komplikacja. Technologie, stosowane do budowy rakiet balistycznych, mają także legalne zastosowania cywilne, takie jak rozwój techniki satelitów meteorologicznych i komunikacyjnych. Wynegocjowanie porozumień między Stanami Zjednoczonymi i ich sprzymierzeńcami a państwami byłego Związku Radzieckiego i jego dawnymi sojusznikami w celu ograniczenia, a przynajmniej monitorowania rozpowszechniania tych technologii powinno otrzymać wysoki priorytet.

Negocjacje będą również potrzebne przy rozwiązywaniu odżywających na nowo w Trzecim Świecie konfliktów etnicznych, które były przeważnie utrzymywane pod kontrolą podczas zimnej wojny. Obawa przed eskalacją jądrową skłaniała supermocarstwa do rozbrajania kryzysów regionalnych, zanim osiągnęły masę krytyczną. Po zakończeniu konfrontacji między dwoma supermocarstwami irredentyzm i gwałtowny nacjonalizm będą się prawdopodobnie ostro nasilały. Atak Saddama Husajna na Kuwejt może być tego przykładem. Powszechna uwaga skupiona na dwustronnych stosunkach amerykańsko-radzieckich przez ostatnie czterdzieści lat pozostawiła nas nieprzygotowanych wobec szeroko rozpowszechnionych, różnorodnych i wciąż tlących się antagonizmów. Koniec zimnej wojny i nacisk poważnych kwestii gospodarczych spowodowały, że niektórzy w Stanach Zjednoczonych nawołują do wycofania się Ameryki ze sceny międzynarodowej. Argumentują, oni że powinniśmy skupić się na problemach naszego kraju, a innym zostawić swobodę rozwiązywania własnych problemów. Niech nasi sprzymierzeńcy i przyjaciele sami płacą za pokój, który zapewnialiśmy im przez ostatnie czterdzieści lat. Pogląd ten jest krótkowzroczny, a zarazem prowadzi do klęski. Przesłanki ekonomiczne rzeczywiście wymagają, aby Ameryka nie działała z takim samym międzynarodowym rozmachem, jak poprzednio, ale izolacjonizm nie jest właściwą odpowiedzią. Jak niedawno wykazała operacja Pustynna Burza [w Iraku, 1991 – przyp. tłumacza], USA są jedynym państwem zdolnym zmobilizować polityczne, ekonomiczne i militarne środki, niezbędne do przeprowadzania selektywnych akcji, by przeciwstawić się zagrożeniom dla bezpieczeństwa międzynarodowego i ładu gospodarczego. Powinniśmy nadal być czujni i zdawać sobie sprawę, że przyszłe konflikty regionalne mogą wymagać amerykańskiej interwencji i że musimy utrzymywać odpowiedni poziom sił zbrojnych oraz ich zdolność do przemieszczania się tam, gdzie są potrzebne. Wycofywanie się w czasach, gdy jesteśmy pierwszym i na razie jedynym światowym mocarstwem, byłoby nie tylko błędne, lecz również nieodpowiedzialne.

Nowy świat gospodarczy

Podczas gdy zmiany polityczne kształtują na nowo nasze życie, – świat zmienia się w jeszcze bardziej dramatyczny sposób w dziedzinie ekonomicznej. Szybki rozwój komunikacji, który przyniosła rewolucja w technologiach satelitarnych i komputerowych, uczynił z naszej planety globalną wioskę. Informacje i idee przemieszczają się po świecie sposobami, o których mogliśmy tylko marzyć dziesięć lat temu. Żaden punkt na ziemi nie jest już bardziej odległy niż o dwadzieścia cztery godziny lotu odrzutowcem, a czas ten może zostać niebawem skrócony o połowę. Budowa ogromnych tankowców i kontenerowców znacznie zmniejszyła koszty transportu morskiego, zwiększając jednocześnie szybkość, z jaką surowce, paliwa i produkty fabryczne są przewożone po całym świecie. Surowce i półprodukty są szybko i tanio przemieszczane do miejsc, gdzie tani wytwórcy przerabiają je na produkty końcowe przeznaczone do światowej konsumpcji. Świat stał się jednym wielkim i wzajemnie zależnym rynkiem.

W tym samym czasie, gdy pogrobowcy radzieckiego imperium odkrywają na nowo swe poczucie narodowe, Europa zbliża się do momentu, kiedy granice państw staną się reliktem przeszłości. Burząc regionalne bariery przeszkadzające w handlu, Unia Europejska jest u progu podstawowych zmian w tradycyjnych zasadach handlu międzynarodowego. Zmiany następują również w Azji. Nawet Japonia – kraj, którego kultura daje pierwszeństwo potrzebie zachowania porządku, a nie korzyściom z chaotycznego, niczym nieskrępowanego rynku – z oporami, lecz konsekwentnie otwiera się na nowy ekonomiczny dynamizm światowego systemu handlowego. Japończycy zaczynają rozumieć, że muszą nie tylko eksportować produkty końcowe, ale także je importować.

Przekształcenia te rzucają poważne wyzwanie amerykańskiej konkurencyjności gospodarczej. Wskazują też na fakt, że koniec ery supermocarstw oznacza m. in. koniec tradycyjnych koncepcji siły narodowej. Potęga wojskowa nie jest już podstawowym wyznacznikiem siły. Przyszłość zdominują te kraje, które odnajdą właściwe proporcje między gospodarczą witalnością a polityczną i społeczną spójnością. Stany Zjednoczone muszą poradzić sobie z tą zmianą zarówno u siebie, jak i za granicą. Powinniśmy dokładnie przemyśleć strategie negocjacyjne i wykształcić negocjatorów, którzy potrafiliby skutecznie działać w nowym świecie ekonomicznym.

Jeśli dziesięć zasad, które opracowałem dla potrzeb negocjacji ze Związkiem Radzieckim prawdopodobnie pozostanie użyteczne w rokowaniach z nowymi, niezależnymi republikami byłego ZSRR, to w kontaktach z innymi krajami tylko niektóre z nich będą pożyteczne. Stopień ich wykorzystania w praktyce będzie zależeć od kultury i systemów wartości różnych narodów, z którymi będziemy negocjować. Trzy najważniejsze zasady będą nadawały się do zastosowania we wszystkich negocjacjach, w których Stany Zjednoczone wystąpią w charakterze strony: potrzeba stawiania sobie jasno określonych celów, wykazywanie cierpliwości i utrzymywanie tajemnicy w trakcie rokowań.

W negocjacjach ze Związkiem Radzieckim na temat kontroli zbrojeń nasi prezydenci dali wiele przykładów nieumiejętności wyznaczania jasno określonych celów. Na przykład prezydent Nixon założył sobie zawarcie układu SALT II. Jednak często wiązał ten cel z innym: z zakończeniem wojny w Wietnamie. Prezydent Reagan stawiał na redukcję destabilizujących systemów broni. Ale w trakcie negocjacji stracił z oczu te cele i zastąpił je marzeniem o uwolnieniu świata od broni jądrowej w ogóle. To życzenie Reagana zostało na szczęście pokrzyżowane przez bieg wydarzeń w Rejkiawiku.

Gdy negocjuje się rozwiązania problemów politycznych, często jest się zmuszonym do myślenia o bliskich i dalszych celach równocześnie. Na przykład w przypadku międzynarodowego zatargu granicznego najpilniejszym zadaniem jest wynegocjowanie zmniejszenia napięć, aby nie dopuścić do gwałtownej eskalacji konfliktu, dopiero potem strony mogą przejść do trudniejszego i bardziej dalekosiężnego przedsięwzięcia, czyli do rozwiązywania pozostałych problemów politycznych, które doprowadziły do kryzysu.

To samo podejście sprawdza się w negocjacjach o międzynarodowych sprawach gospodarczych, choć w tych przypadkach trudno jest uzyskać i utrzymać równowagę celów krótko- i długoterminowych. Na przykład pierwszym i krótkoterminowym celem amerykańskich firm jest maksymalizacja kwartalnych zysków akcjonariuszy, lecz cel ten często kłóci się z założeniem długoterminowym, czyli z rozwojem nowych produktów, które pozwolą firmie zdystansować konkurentów. To z kolei nie zgadza się z celem rządu USA, który ma utrzymywać i rozwijać gospodarkę kraju, zachęcając korporacje do reinwestowania zysków dla uzyskania przyszłych korzyści i do tworzenia nowych miejsc pracy. Angażując się w międzynarodowe negocjacje ekonomiczne, sektor prywatny i sektor publiczny muszą ze sobą współpracować, zażegnując konflikty i ustanawiając wspólne, jasno sformułowane cele.

Trudności w wypracowaniu krótko- i długoterminowych planów nigdy nie objawiły się tak wyraźnie, jak podczas wizyty prezydenta Busha w Japonii w styczniu 1992 roku. Jego początkowo ogłoszonym celem długoterminowym było zniesienie barier handlowych i promocja wolnego handlu. Lecz zabierając ze sobą w podróż dwudziestu jeden najważniejszych amerykańskich przemysłowców, w tym prezesów trzech największych firm samochodowych, prezydent Bush przesunął punkt ciężkości ku celom krótkoterminowym, którymi były *„praca, praca, praca"* – zatrudnienie dla Amerykanów w czasie recesji. Końcowym wynikiem było zamieszanie, które mogło doprowadzić prezydenta do politycznej katastrofy.

Inną, wyraźnie amerykańską cechą jest niecierpliwość, która często uniemożliwia Stanom Zjednoczonym osiąganie długoterminowych celów. Ożywieni pionierskim duchem naszych przodków od wczesnych lat uczymy się, że żadna przeszkoda nie jest zbyt wielka, jeśli przystąpimy do jej pokonania z amerykańską pomysłowością i włożymy w to wiele ciężkiej pracy. My, Amerykanie, jesteśmy zaprzysięgłymi rozwiązywaczami problemów – i nikt nie powstrzyma nas przed wykonaniem zadania od ręki. Jeśli postęp w negocjacjach staje się ofiarą nieprzejednania naszych partnerów, jesteśmy sfrustrowani i czasami tracimy z oczu cel, z jakim usiedliśmy do stołu rokowań. Licząc na naszą niecierpliwość, Rosjanie mnożyli przeszkody, zmuszając do ustępstwa za ustępstwem. Obawiając się, że moglibyśmy stracić satysfakcję z ubicia interesu i bojąc się odpowiedzialności za brak porozumienia, traciliśmy z oczu nasze cele i ustępowaliśmy Rosjanom zbyt wiele. Rezultatem był układ SALT II, którego ratyfikacji – na szczęście – Senat USA odmówił. W odróżnieniu od negocjatorów z innych kultur, nasi postrzegali proces rokowań w terminach dni i tygodni, a nie miesięcy, lat, a nawet dziesięcioleci. Jest więc konieczne, by przyszli amerykańscy negocjatorzy zdali sobie sprawę z tego, że istnieje bezpośredni związek między wykazywaniem cierpliwości a osiąganiem celów długoterminowych.

Kluczowym elementem każdych udanych negocjacji jest przestrzeganie tajemnicy rokowań. Amerykanie z natury mają trudności z utrzymaniem sekretów. Skłaniamy się ku otwartości i szczerości, a pod wpływem naszej historii, kultury i formy rządów czujemy się nieswojo, gdy trzeba dochować tajemnic. Lecz żaden czyn nie może bardziej skutecznie rozbić toczących się negocjacji, niż przedwczesne ujawnienie naszego ostatecznego stanowiska. Być może najbardziej dobitnym przykładem tej amerykańskiej wady było postępowanie sekretarza stanu Cyrusa Vance'a, który w marcu 1977 roku przekazał Rosjanom zarówno nasze ostateczne stanowisko negocjacyjne, jak i naszą pełną propozycję. Był to początek długiego łańcucha stałych amerykańskich ustępstw, a jego produkt finalny stanowił układ SALT II.

Lekceważenie poufności w negocjacjach stawia nas w pozycji mniej korzystnej. Nie oznacza to, że powinniśmy zrezygnować z naszych uświęconych wartości, takich jak uczciwość, otwartość i szczerość. Sugeruję jednak, aby amerykańscy negocjatorzy uświadomili sobie ujemne strony zbytniej otwartości; warto też pamiętać, że doświadczeni i zręczni negocjatorzy mogą osiągać cele, nie poświęcając wartości. Czasem rozsądne milczenie jest najlepszą polityką.

Znaczenie różnic kulturowych

Jeśli trzy zasady: wyznaczanie celów, cierpliwość i utrzymywanie tajemnicy mają powszechne zastosowanie, to moich pozostałych siedem zasad odnoszących się do rokowań z Rosjanami powinno zostać zmodyfikowanych i dostosowanych do różnych sytuacji. Jakiekolwiek byłyby to modyfikacje, należy w nich przede wszystkim wziąć pod uwagę kulturową drażliwość tych, którzy zasiadają po drugiej stronie stołu. Na przykład Azjaci są szczególnie wyczuleni na obronę swej starożytnej kultury i czują się dotknięci, jeśli próbuje się im narzucać zachodnie wartości, naruszając ich jedyne w swym rodzaju normy społeczne. Nadal żywe w Azji wspomnienia zachodniego kolonializmu mogą mieć nieoczekiwany wpływ na stosunek do amerykańskich negocjatorów. Chińczycy na przykład, często oczekują od przedstawicieli Zachodu specjalnego traktowania, uważając to za naturalną rekompensatę za polityczny i ekonomiczny wyzysk, którego Chiny doznały w dziewiętnastym wieku. Nauczyli się, że wpajanie ludziom z Zachodu poczucia winy może służyć jako potężne narzędzie nacisku, przydatne do wymuszania ustępstw. Szczególnie narażone na tę chińską taktykę są korporacje międzynarodowe, jako że antykolonialne uprzedzenia panujące w większości krajów Trzeciego Świata, łączą się bezpośrednio ze społeczną pamięcią doznanych krzywd. Dlatego jeśli negocjatorzy z Zachodu pragną sukcesu, nie powinni czuć się zobowiązani do płacenia za błędy swych przodków.

Po opuszczeniu wojska, a przed zatrudnieniem się w administracji Reagana, zacząłem pracować w międzynarodowej firmie konsultingowej. Wówczas naocznie przekonałem się o tym, jak wielki wpływ na negocjacje mogą wywierać cechy kulturowe innych narodów oraz wyznawane przez nie wartości. Moim zadaniem było zbadanie możliwości przedłużenia połączeń lotniczych pewnej amerykańskiej firmy do Seulu i Moskwy. Wpierw zdecydowałem się pojechać do Moskwy. Radzieccy urzędnicy przywiązujący wielką uwagę do formalności potrzebowali aż kilku tygodni, aby załatwić mi spotkania z przedstawicielami władz. Gdy przyjechałem na miejsce, odebrał mnie z lotniska przewodnik Inturistu i zaraz powiadomił, że moje pierwsze spotkanie zostało odwołane i nie odbędzie się wcześniej niż za dwa dni. Lecz był to dopiero początek kłopotów. W pierwszych rozmowach radzieccy urzędnicy oświadczyli mi bez ogródek, że nie są zainteresowani stwarzaniem konkurencji wobec ich narodowej linii lotniczej, Aerofłotu. Pasażerowie, którzy chcieliby kupić bilety na samolot linii amerykańskiej powinni udać się na drugie piętro hotelu „Rossija", dokąd dostęp dla zwykłych obywateli ZSRR był utrudniony. Dalej, strona radziecka mogłaby zgodzić się na sprzedaż biletów na amerykańskie samoloty tylko wówczas, jeśli w danym dniu sprzedano by wszystkie miejsca w samolotach Aerofłotu. I wreszcie powiadomiono mnie, że wszystkie bilety na samoloty linii amerykańskiej powinny być kupowane wyłącznie za twardą walutę. Możliwości zawarcia umowy okazały się, mówiąc oględnie, niezbyt obiecujące.

W Korei – wręcz przeciwnie. W Seulu załatwienie wszystkich spotkań zajęło mi mniej niż tydzień. Na lotnisku powitał mnie wiceminister handlu i umieścił w hotelu pierwszej klasy, na koszt ministerstwa. Zanim przyjechałem Koreańczycy zasięgnęli o mnie dokładnych informacji i potraktowali jak bohatera wojennego, ponieważ byłem jednym ze sztabowców, którzy zaplanowali desant na Inczon (we wrześniu 1950 roku podczas wojny koreańskiej – przyp. tłumacza). Tego samego wieczoru koreańscy gospodarze poczęstowali mnie kolacją i winem, unikając przy tym dyskusji o interesach. Następne trzy dni spędziłem na polu golfowym, kończąc każdy dzień na coraz to obfitszych przyjęciach. O interesach nadal nie wspomniano ani razu. Czwartego dnia po krótkiej dyskusji koreańscy gospodarze zaskoczyli mnie mówiąc, że udzielą zgody na lądowanie samolotów mego klienta w Seulu. Szczegóły – powiedzieli – uzgodni się później.

Mimo że mój klient – amerykańska linia lotnicza – nie zdecydował się w końcu na przedłużenie lotów ani do Moskwy, ani do Seulu, epizod ten na długo zapamiętałem. Oczywiście Rosjanie i Koreańczycy mieli zupełnie inne podejście do negocjacji. Koreańczycy kładli nacisk nie tyle na dyktowanie warunków i mozolne opracowanie szczegółów umowy, ile na rozwinięcie dobrych stosunków. Uważali, że jeśli uda nam się wspólnie pracować nad podobnymi celami, szczegóły są drugoplanowe. I dlatego większość czasu przeznaczyli na rozpoznanie, czy ewentualne partnerstwo jest rzeczywiście możliwe.

Dla Rosjan zaufanie i dobra wola nie liczyły się prawie w ogóle, mimo że są to podstawowe elementy wzajemnych stosunków w całej reszcie świata. W Europie Zachodniej są równie ważne jak w Ameryce. W Azji mają nawet większe znaczenie. I w konsekwencji pierwszym krokiem w negocjacjach z Azjatami powinno być rozpoznanie, czy można liczyć na osobiste stosunki.

Japończycy w typowy dla nich sposób natychmiast uruchamiają bogaty program rozrywkowy przygotowany dla swych partnerów. Kiedyś spytałem japońskiego przyjaciela, jak uzasadni wydatki na tak hojne przyjęcia i rozrywki. Odpowiedział mi, że Japończycy nie płacą swoim menedżerom tak dobrze jak Amerykanie. Poza tym ich budżet na reprezentację nie jest większy niż nasz budżet na prawników. I wreszcie – dodał – Japończycy, lepiej niż Amerykanie, bawią się za te same pieniądze. Podczas fazy rozrywkowej negocjacji, próbując lepiej poznać swych partnerów, Japończycy zadają im rozbrajające pytania. Nie dążą przy tym do uzyskania konkretnych informacji; używają tej metody dla poszerzenia dyskusji i po to, by – krętymi drogami – lepiej poznać poglądy drugiej strony oraz zmierzyć poziom przekonania, z jakim adwersarze je głoszą.

Równocześnie Japończycy rozpoczynają proces poszukiwania consensusu. Odbywa się ono na dwóch poziomach: pomiędzy sobą oraz między Japończykami a ich zagranicznymi partnerami. Wewnętrzny proces budowania porozumienia wśród Japończyków bardzo odbiega od naszych praktyk. W Stanach Zjednoczonych mamy struktury hierarchiczne, w których decyzje biegną z góry na dół. Ale typowa japońska korporacja (albo ministerstwo) generuje jedność poglądów w skomplikowanym procesie, który nosi nazwę „*ringi*". W ramach tego procesu wysyła się w obieg memoranda, a dyskusje toczą się kolejno na różnych poziomach. Japończycy dążą do uzyskania takiego rozwiązania, które uwzględniałoby wszystkie punkty widzenia i odpowiadałoby różnym potrzebom grupy. Choć proces ten jest długotrwały, daje on Japończykom jednoczące ich narzędzie, które pasuje do ich kultury i systemu wartości. Przez cały czas, kiedy są oni zaangażowani w proces „*ringi*", my musimy wykazywać maksymalną cierpliwość; oznaki jej braku mogą poważnie zaszkodzić negocjacjom. Ale gdy Japończycy osiągną consensus między sobą, oznacza to, że są gotowi do kontynuowania rokowań.

Jeśli Japończycy uznają, że osiągnięcie porozumienia z nami jest dla nich niemożliwe, zwykle sygnalizują swe niezadowolenie w taki sposób, aby żadna ze stron nie straciła twarzy. Często czynią to jedynie przez subtelne aluzje wyrażające ich uczucia. Zamiast otwarcie się kłócić wolą ogródkami zasugerować alternatywny kierunek postępowania. Albo po prostu milczą przez dosyć długi czas, mając nadzieję, że zauważymy sami, iż mają opory w podejmowaniu dalszych działań.

Budowanie wzajemnych stosunków wymaga więcej niż ustalenia, czy partner negocjacji jest godny zaufania. Samo pojęcie zaufania jest skomplikowane i wymyka się spod definicji. Często zaufanie opiera się na wierze, iż osoba nim obdarzona będzie zachowywała się tak, jak tego od niej oczekujemy. Lecz sposoby rozumowania, szczególnie w Azji, są całkowicie odmienne od naszych. Dlatego, mając do czynienia z Azjatami, Amerykanie nie powinni od razu wnioskować, że różnice stylu oznaczają, iż nie możemy zaufać partnerom. Musimy próbować zrozumieć te różnice kulturowe, mimo że jest ich wiele i są trudne do zgłębienia – próbować nawet wówczas, gdy długie i zaawansowane studia nie pozwolą nam poznać ich wszystkich. Amerykański negocjator winien podejść do tego niełatwego zadania z przekonaniem, że próbując zrozumieć swego azjatyckiego partnera musi być także czujny, elastyczny i cierpliwy.

Silne przekonanie Azjatów, a szczególnie Japończyków, że należy unikać nieporozumień, często skłania ich do wysyłania sygnałów, których niedoświadczeni amerykańscy negocjatorzy nie rozumieją i które uważają za sprzeczne. Amerykanie powinni być ostrożni, gdy słyszą jak Japończycy mówią *hai*, co dosłownie znaczy *tak*. Ale słowo to może być również niedokładnym odpowiednikiem naszego *go on* („proszę dalej") albo *I hear you* („słucham pana"). Tak więc *hai* jest często używane przez Japończyków po prostu dla podtrzymania rozmowy, jako sygnał, że słuchają tego, co się do nich mówi. Takie wyrażenia jak *so desu ne* („to prawda") oraz *wakarimashita* („rozumiem") są także stosowane w podobnym celu. Kiedy Japończycy pragną dać nam znak, że się zgadzają, zwykle mówią *kekko desu* („uzgodniono") albo używają innego, równie jednoznacznego wyrażenia. Amerykanie powinni więc uważnie ich słuchać.

W przeciwieństwie do ludzi Zachodu, Japończycy w trakcie negocjacji rzadko zachowują się zawadiacko albo teatralnie. Jeśli w ogóle Japończyk wybucha słownie, jest to oznaką, że adwersarz nie wykazał dość zrozumienia dla jego potrzeb i posunął się zbyt daleko. Dobry amerykański negocjator powinien wyczuć, kiedy to nastąpi i szybko starać się rozładować napiętą sytuację, zanim doprowadzi ona do poważnego załamania.

Chociaż zazwyczaj lepiej jest unikać gwałtownych zachowań, kiedy ma się do czynienia z Japończykami, to – jak zwykle – od reguły są wyjątki. W bardzo rzadkich przypadkach okazanie gniewu przez doświadczonego negocjatora może mieć zbawienne skutki. Tak zdarzyło się w Genewie w roku 1978 podczas rozmów na temat Wielostronnego Układu Handlowego (MTA). Robert Strauss, później nasz ambasador w Moskwie, a wówczas szef amerykańskiej delegacji handlowej, sądził, że osiągnął już zgodność poglądów ze swym japońskim partnerem. Ale Japończyk nagle zapowiedział, że „*takiego*" porozumienia nie będzie. Strauss, zaskoczony i wzburzony, chwycił karafkę ze stołu konferencyjnego i rozbił ją o ścianę. Japoński negocjator wytrącony z równowagi nagłym wybuchem Straussa szybko zmienił zdanie. Powiedział, że podtrzymuje poprzednie uzgodnienia i przeprosił za nieporozumienie. To odstępstwo od oczekiwanych zwyczajowych reguł zachowania pokazało, że cierpliwość Amerykanów ma swoje granice. Lecz takiego podejścia można próbować jedynie wówczas, gdy nasz negocjator jest pewny swego. Strauss poświęcił wiele uwagi budowaniu dobrych stosunków ze swym japońskim kontrpartnerem i był całkowicie przekonany, że druga strona ma zamiar to porozumienie zawrzeć.

Nawet doświadczony prezydent Nixon, który znał się na subtelnościach negocjacji międzynarodowych, miał trudności z tradycyjnym azjatyckim stylem negocjacji. Swego czasu spotkał się z japońskim premierem, Eisaku Sato, na rokowaniach w sprawie importu tekstyliów. Za każdym razem, gdy Sato natykał się na punkt, z którym nie mógł się zgodzić, uśmiechał się i mówił po prostu „*zenssho shimasu*" („zrobię, co w mojej mocy"). Nixon, błędnie interpretując to jako wyrażenie zgody, wpadł potem w gniew, kiedy dowiedział się, że japoński eksport do USA nadal wzrasta. W odpowiedzi prezydent wydał polecenie ograniczenia importu japońskich tekstyliów. Nixon nie zrozumiał, że słowa „*zrobię, co w mojej mocy*" wcale nie oznaczały wyrażenia zgody, lecz były tylko użytym przez Sato sposobem na powiadomienie, że nie jest on władny podjąć decyzję, o którą chodziło. Takie nieporozumienia często zatruwają stosunki handlowe między USA a Japonią.

Chińscy negocjatorzy postępują w podobny sposób jak japońscy, lecz istnieją tu subtelne różnice. Chińczycy przez ostatnie kilka dziesięcioleci nie będąc tak bardzo związani handlowo z Zachodem negocjują w tradycyjnym, rytualnym stylu. Nawet wyżej niż Japończycy cenią sobie przyjaźń i uważają, że wiąże się ona z obowiązkiem okazywania wzajemności. Ponadto mają głębiej niż Japończycy zakorzenione pojęcie szerokiej rodziny. Stare chińskie przysłowie głosi: *Pod niebem jedna rodzina*. Są więc skłonni poszukiwać takich rozwiązań, które przyniosą korzyści nie tylko im, lecz również innym Chińczykom. Interesującym przykładem może być poszukiwanie w Chinach przez amerykańską firmę farmaceutyczną nowego źródła zaopatrzenia po tym, jak dostawy lukrecji z Afganistanu zostały odcięte przez radziecką inwazję w 1979 roku. Prezes firmy w towarzystwie dwu innych Amerykanów i chińskiego pośrednika wynajął w Chinach czterdziestomiejscowy samolot za 4000 dolarów, by polecieć nim do miejscowości Lining i na miejscu przeprowadzić inspekcję drzew, z których korzeni otrzymuje się ekstrakt lukrecji. Amerykanie chcieli natychmiast udać się na plantację, lecz urzędnicy miejscy nalegali, aby spędzili z nimi wiele godzin na obfitym lunchu, gdzie także wygłaszano toasty. Wreszcie doszło do inspekcji i Amerykanie zaoferowali Chińczykom wysoką cenę za spory zakup ekstraktu. Kiedy grupka Amerykanów wróciła na lotnisko, ku ich zaskoczeniu dowiedziała się, że chińska linia lotnicza sprzedała pozostałe 36 miejsc w wyczarterowanym samolocie swoim pasażerom, którzy już rozlokowali się wewnątrz. Górne półki, miejsca pod fotelami i przejścia pełne były tobołków, melonów, a nawet żywych kurczaków. Prezes amerykańskiej firmy odmówił wejścia na pokład. Wynajął przecież cały, czterdziestomiejscowy samolot i nie miał zamiaru dzielić go z innymi. Wtedy miejscowi urzędnicy pokazali mu kopię umowy, gdzie napisano małymi literami, że chińska linia lotnicza może wziąć na pokład innych pasażerów, jeśli nie przeszkadza to misji lotu czarterowego. Amerykański prezes ustąpił, mówiąc że pozwoli Chińczykom na lot wynajętą maszyną, jeśli linia lotnicza zwróci mu pieniądze za 36 biletów. Dla zasady nie chciał pozwolić na to, aby chińska linia podwójnie zarobiła na tym samym locie. Przedstawiciele przewoźnika jednak nie ustąpili i Amerykanie do samolotu nie wsiedli. Tymczasem zrobiło się późno, a samolot musiał wystartować za dnia, gdyż pas startowy w Liningu nie miał sztucznego oświetlenia. W tej sytuacji urzędnicy nakazali chińskim pasażerom opuścić samolot, który w końcu wystartował tylko z Amerykanami na pokładzie. Szef firmy był z siebie zadowolony. Myślał, że zrobił dobry interes na zakupie lukrecji i, na dodatek, wygrał spór o zasady z linią lotniczą. Ale interes z lukrecją nigdy nie został zrealizowany. Decydujący okazał się fakt, że linia lotnicza nie mogła sprzedać biletów swoim pasażerom, a Chińczycy są solidarni jak jedna wielka rodzina. Epizod ten jest dobrym przykładem na to, jak bardzo cenią sobie oni grupowy interes. To swoiste przywiązanie do rodziny wyjaśnia także, dlaczego Chińczycy wyrażają swą dezaprobatę, gdy chwali się jednego z nich. Uważają człowieka za próżnego, jeśli pomyli wyrażenie uprzejmości z osobistym komplementem. Nasi negocjatorzy nigdy nie powinni chwalić pojedynczego Chińczyka, lecz raczej zachować swoje komplementy dla grupy jako całości.

Negocjowanie w Europie Wschodniej to całkiem inna historia, jak dowodzi moje doświadczenie. W 1980 roku, kiedy nie byłem już na posadzie rządowej, zgłosił się do mojego biura jeden z wiodących producentów mrożonek rybnych, który chciał zaangażować mnie jako konsultanta. Wcześniej zawarł umowę z polskim Ministerstwem Handlu Zagranicznego na comiesięczny zakup dużych partii filetów rybnych. Jednak gdy nadeszła pierwsza partia towaru, zamiast filetów zawierała tylko rybie głowy i ogony. Kiedy spojrzałem na kontrakt, natychmiast wykryłem przyczynę. W umowie były wymienione *ryby*, a nie *filety rybne*. Polacy, stosując praktyki radzieckie, umieścili w kontrakcie pułapkę, która pozwalała im sprzedawać mojemu klientowi produkt gorszej jakości za tę samą cenę. Moja rada jest prosta: zanim podpiszesz umowę z negocjatorami działającymi na sposób radziecki, przeczytaj to, co napisano w niej drobnym drukiem.

Kiedy opowiedziałem o tym zdarzeniu jednemu z moich japońskich przyjaciół, powiedział, że miał już podobne przykre doświadczenia, handlując z krajami zza żelaznej kurtyny. Zapewnił mnie, że Japończycy nigdy nie poniżyliby się do stosowania pułapek w zawieranych umowach. Na podstawie własnych doświadczeń jestem gotów mu wierzyć.

Kilka porad

Do negocjacji międzynarodowych Amerykanie powinni przystępować z większą rezerwą niż do negocjacji w kraju. Mając na przykład do czynienia z Azjatami, Amerykanie często domagają się rozmowy o interesach podczas rozrywkowej fazy rokowań. Azjaci interpretują to jako zbyt materialistyczne podejście; przynosi ono szkodę bardziej tradycyjnym, stopniowym postępom w dyskusji, preferowanym w Azji.

Jeśli na początku negocjacji można porozmawiać o błahostkach – gdyż jest to niezbędny komponent budowania wzajemnych stosunków – warto wiedzieć, że niektóre tematy, o których Amerykanie swobodnie rozmawiają z nieznajomymi u siebie, nie nadają się do prowadzenia rozmów za granicą. Na przykład w kulturach arabskich uważa się rozmowę o żeńskich członkach rodziny za nieprzyzwoitą. Dla kontrastu, w Ameryce Łacińskiej ludzie uwielbiają rozmawiać o swych rodzinach, a szczególnie o żonach i dzieciach. Choć może się to wydawać trywialne, przekonałem się, że rozmowy o pogodzie są bezpiecznym tematem wszędzie na świecie.

Odpowiednie formy zwracania się do innych oraz przestrzeganie miejscowej etykiety to sprawy bardzo ważne. Europejczycy i Azjaci tolerują nazywanie ich po imieniu dopiero wtedy, gdy ktoś zdobędzie ich całkowite zaufanie. Zazwyczaj podejrzliwie traktują motywy rozmówców, którzy nie zwracają się do nich pełnym oficjalnym tytułem i nazwiskiem. Amerykańscy negocjatorzy powinni dołożyć starań, by okazać szacunek dla pozycji i statusu swych zagranicznych rozmówców. Tym bardziej, że nasza egalitarna kultura powoduje, iż jesteśmy mniej przeczuleni w tych sprawach. W Europie i w Azji na przykład okazuje się więcej szacunku osobom starszym. Młodszy człowiek, który poskąpi szacunku starszemu, nawet wtedy, gdy obaj cieszą się podobnym statusem w społeczeństwie, zwykle naraża się na reprymendę. Niemcy często ociągają się z prowadzeniem negocjacji na ważne tematy z kimś, kto liczy sobie mniej niż sześćdziesiąt lat. Dla obejścia tej przeszkody Amerykańcy oficjele i biznesmeni zabierają ze sobą do Niemiec starszych partnerów albo emerytowanych wspólników, aby odbyli za nich bezpośrednie spotkania z niemieckimi partnerami.

Amerykanie z reguły postrzegają stół negocjacyjny jako miejsce, gdzie wypracowuje się porozumienie. Oczekujemy, że zasiądziemy i zajmiemy się targowaniem. Traktujemy ten proces jak ćwiczenie, w którym strony dążą do uzyskania mniej więcej równych korzyści. Ale w życiu bywa inaczej. Azjaci najczęściej nie lubią przesiadywać za stołem i angażować się w sztywne negocjacje; wolą przeprowadzać większość rozmów o interesach w swobodnej atmosferze. U Japończyków, bez względu na to, gdzie toczą się rozmowy, podejrzenie, że Amerykanie stosują podstępy, może nieodwracalnie zaszkodzić rokowaniom. Azjaci uważają takie zachowanie za beznadziejnie głupie i nie do przyjęcia. Amerykańscy negocjatorzy muszą zdać sobie sprawę, że Azjaci czasami postrzegają normalne zachowanie się ludzi Zachodu za niedopuszczalnie agresywne i konfrontacyjne.

W krajowych rozmowach o interesach Amerykanie zwykle występują na początku ze stanowiskiem dość bliskim oczekiwanego wyniku negocjacji. Lubimy pozostawiać sobie nieco miejsca na dawanie i otrzymywanie w zamian, ale niezbyt wiele, ponieważ chcemy, by uważano nas za ludzi szczerych i rozsądnych. Europejczycy postępują według podobnych wzorców. Natomiast Azjaci zwykle otwierają negocjacje z pozycji nawet bliższej ostatecznemu wynikowi, ponieważ wychowano ich tak, by unikali społecznych konfliktów. Zupełnie odwrotnie robią Rosjanie. Otwierają negocjacje z pozycji krańcowej, takiej, która prawie nieuchronnie wywoła konflikt. Podczas gdy negocjatorzy amerykańscy wolą wpierw zaproponować rozwiązanie i dopiero potem wchodzą w szczegóły, Azjaci w ogóle unikają takiego podejścia, rozpoczynając rozmowy od przedstawienia zasad, które mają doprowadzić do rozwiązania.

Amerykańscy i europejscy negocjatorzy uważają podpisane porozumienie za ostateczne i zobowiązujące: *„a deal is a deal”* („umowa stoi!”). Azjaci zwykle nie traktują podpisanego porozumienia jako ostateczne, tym bardziej, jeśli potem dojdą do wniosku, że nie uzyskali odpowiednich korzyści. W takich przypadkach szukają nowej okazji i próbują osiągnąć porozumienie na innych warunkach. Azjaci nie podzielają naszej wiary w świętość kontraktów.

Podobnie jak moi byli radzieccy adwersarza, Azjaci są mistrzami negocjacji toczonych w ostatniej chwili. Lecz ich motywacja do prowadzenia rozmów za pięć dwunasta jest zgoła inna. Negocjatorzy radzieccy czekali do ostatniej minuty z powodu celowo przyjętej taktyki wymuszania ustępstw. Natomiast Azjaci po prostu poświęcają większość czasu na budowanie ze swymi partnerami relacji osobistych, bo uważają je za podstawę udanych negocjacji.

Wszystkie te przykłady pokazują, że negocjatorzy amerykańscy i ci z innych kultur działają na podstawie odmiennych zbiorów zasad.

Dlatego nasi przedstawiciele, pragnąc odnieść sukces na poziomie międzynarodowym, powinni studiować historię, zgłębiać wartości społeczne i kulturę krajów swych partnerów.

Międzynarodowe negocjacje w przyszłości

To jasne: środek ciężkości świata przesuwa się – i w sensie politycznym, i militarnym, i gospodarczym. Na arenie politycznej będziemy potrzebowali negocjacji dla podtrzymywania przyjaźni, umacniania sojuszów i budowania koalicji. W sferze militarnej będziemy potrzebowali kolejnych negocjacji z tymi krajami, które posiadają broń strategiczną. Celem tych rozmów będzie budowa zaufania i wzmacnianie stabilności międzynarodowej. Będziemy potrzebowali negocjacji także po to, by zapobiegać proliferacji broni jądrowej, zredukować skalę rozpowszechnienia rakiet balistycznych, jak również by osiągnąć światowy zakaz broni chemicznych i biologicznych. Lecz przede wszystkim, będziemy musieli lepiej negocjować w międzynarodowych sprawach gospodarczych, żeby zapewnić Amerykanom sprawiedliwy udział w eksploatacji dóbr – na równi z Unią Europejską i krajami Azji – w świecie coraz bardziej nasilającej się konfrontacji ekonomicznej. Mam nadzieję, że ujawnimy w tym lepsze umiejętności niż te, które wcześniej wykazywaliśmy w rokowaniach z ZSRR. Na pewno powinniśmy je udoskonalić, ponieważ tym razem stawką jest nasza przyszłość gospodarcza. Nasze zdolności negocjacyjne nie będą już – być może – decydować o naszym przeżyciu, ale o amerykańskich miejscach pracy i naszym dobrobycie. Musimy więc stale pamiętać, że choć my tak nie uważamy, niektórzy nadal sądzą, iż *„do tanga wystarczy jeden"*.

EPILOG

Moje życie i Polska

Mur Berliński zburzony

9 listopada 1989 roku był w Stanach Zjednoczonych wielkim świętem: tego dnia zburzono Mur Berliński – symbol podziału Europy na dwa wrogie obozy. Nieoczekiwanie szybko spełniło się wezwanie Ronalda Reagana z 12 czerwca 1987 roku: – *Panie Gorbaczow, niech pan zburzy ten mur!* My wszyscy, pracujący dla prezydenta, wierzyliśmy, że kiedyś tego muru nie będzie, ale nikt z nas nie przypuszczał, że runie on tak prędko. Przypominam sobie, że przewidywałem to wydarzenie, ale miało nastąpić najwcześniej w 2006 roku. Datę wybrałem nieprzypadkowo. W 1936 roku studiowałem na Uniwersytecie Jagiellońskim w Krakowie i wówczas interesowałem się Kopernikiem. Według jego teorii każdy wielki moment zmian (tzw. Wielki Rok Gwiezdny) następuje po 1003 latach, a więc kolejny powinien zacząć się w roku 2006. Innym powodem mego wyboru było to, że w roku 2006 rozpoczyna się Era Wodnika (nastaje *„Świt Ery Wodnika"*, jak śpiewano w klasycznym utworze rockowym) Arcybiskup Józef Życiński wspominał niedawno mój wykład wygłoszony w Krakowie w 1987 roku. Napisał wówczas: *sędziwy generał, dumny ze swych polskich korzeni, powiedział nam, że obecne pokolenie będzie świadkami innej Europy, Europy bez historycznych sporów i ideologicznych murów.* Dodał, iż oznajmiłem wtedy sceptycznym słuchaczom (spośród których jeden westchnął *Ten stary jest chyba niespełna rozumu...*), że Polska wkrótce przystąpi do NATO.

Nasze przekonanie o tym, że ZSRR przeżywa swe ostatnie dni, było oparte na trzech podstawowych przesłankach. Pierwszą z nich stanowiła polityka pokoju przez siłę, prowadzona przez Reagana. Spełnienie marzenia prezydenta o tym, że zwyciężymy w *„trzeciej wojnie światowej”* – tej zimnej wojnie bez jednego wystrzału – było już w zasięgu ręki. Druga przesłanka to przyjęcie przez przywódcę radzieckiego Michaiła Gorbaczowa polityki *pierestrojki i głasnosti.* Nam, Amerykanom, wydawało się jasne i oczywiste, że system komunistyczny nie wytrzyma naporu zmian spowodowanych tą polityką i wkrótce sam upadnie. Ponadto wiedzieliśmy z historii, że kiedy narody poczują smak wolności, tego dżinna nie można już ponownie zamknąć w butelce. Trzecią przesłanką były odważne działania, które zaczęły się od narodzin Solidarności w Polsce w roku 1980 i które wkrótce rozeszły się po całej środkowej i wschodniej Europie. I w końcu groźba Armageddonu została oddalona.

Zburzenie Muru Berlińskiego przyspieszyło debatę między Europą a USA w sprawie zjednoczenia Niemiec. Wielu polskich polityków, w tym Lech Wałęsa, uważało wówczas, że będzie ono zagrożeniem dla wolnej Polski i dla Europy. Pogląd ten podzielała również administracja prezydenta George’a Busha. Mimo to kanclerz Helmut Kohl postawił na swoim i Niemcy zjednoczyły się ponownie 15 sierpnia 1990 roku.

Paderewski

W książce tej wspomniałem już, że w 1992 roku spełniłem zamiar, który nosiłem w sercu przez 50 lat: zwróciłem Polsce ciało Ignacego Jana Paderewskiego. Miałem nadzieję, że symboliczny powrót wirtuoza do Ojczyzny odbędzie się 29 czerwca 1991 roku, w 50 rocznicę jego śmierci. Gdy jednak kilka miesięcy wcześniej prezydent RP Lech Wałęsa odwiedził Waszyngton, zaskoczył nas stwierdzeniem, że nie jest jeszcze gotowy. Powiedział, że jego władza nie została dostatecznie utrwalona, aby tę ceremonię odpowiednio przygotować i przeprowadzić. Z tego powodu zmieniłem plany, ustanawiając datę ceremonii na 29 czerwca 1992 roku. Tymczasem w USA nastąpiło kilka dramatycznych wydarzeń. Po pierwsze, Clarence Paderewski – jeden z dwóch spadkobierców I. J. Paderewskiego – został pozwany do sądu w stanie Nowy Jork przez State Department Watch [agencję rządową strzegącą publicznego interesu USA za granicą – przypis tłumacza]. Urząd ten uznał, że prawowitym miejscem pochówku Ignacego Jana Paderewskiego powinna być... Francja, gdzie miałby spocząć obok żony i syna. Kiedy Clarence Paderewski zdecydowanie oświadczył przed sądem, że ciało Ignacego Jana Paderewskiego, zgodnie z prawem, należy do Polski – pozew oddalono. Ale State Department Watch pozwał z kolei mnie do sądu w stanie Wirginia. Sędziowie oświadczyli, że Paderewski dla Amerykanów jest bohaterem i dlatego jego ciało musi pozostać w USA. Przejrzałem dokumenty w Bibliotece Kongresu, lecz w testamencie Paderewskiego nie znalazłem odniesienia do miejsca, w którym chciał być pochowany. Odkryłem jednak, że na dzień przed jego śmiercią siostra zanotowała jego życzenia. Powiedział jej, że chciałby, podobnie jak kiedyś Chopin, aby serce i ciało spoczęły w dwóch osobnych miejscach. Wolą Fryderyka Chopina było pochowanie serca w Polsce, a ciała we Francji: Ignacy Jan Paderewski pragnął, aby jego ciało spoczęło w Polsce, a serce – w Stanach Zjednoczonych. Przedstawiłem sądowi argument: jeśli Paderewski wyraził życzenie, aby jego serce pozostało w USA, to jest logiczne, że ciało miałoby zostać pochowane gdzie indziej. Sędzia przyjął ten argument i pozew został oddalony.

Na początku 1992 roku poinformowano mnie z Białego Domu, że prezydent George Bush wyraził życzenie, by jego długoletni przyjaciel – były kongresman Edward Derwiński – stanął na czele komitetu, który zorganizuje powrót ciała Paderewskiego do Polski. Derwiński i Bush (senior) zaprzyjaźnili się, gdy ich biura przylegały do siebie w Izbie Reprezentantów. Derwiński stanął na czele komitetu, a ja zostałem mianowany jego honorowym przewodniczącym, nadal zajmując się przygotowaniami. Mniej więcej w tym samym czasie nastąpił drugi kryzys. Podczas gdy żyjący spadkobiercy Paderewskiego – Clarence i drugi kuzyn – pragnęli, aby jego ciało spoczęło w polskim panteonie narodowym na Wawelu, kardynał Józef Glemp wyraził wolę, by Paderewski został pochowany w Warszawie. Pojechałem z tą sprawą do Watykanu, lecz tam powiedziano mi, że papież Jan Paweł II nie zmieni decyzji prymasa Glempa.

Ciało Ignacego Jana Paderewskiego powróciło do Polski z wielką pompą i ceremoniałem. Po uroczystej mszy na cmentarzu Arlington pod Waszyngtonem trumna została przewieziona na lawecie, ciągnionej przez konie. Tysiące żołnierzy piechoty, marynarki i lotnictwa asystowały konduktowi po drodze, oddając honory. Następnie trumnę umieszczono na karawanie i przewieziono do Andrews – bazy lotnictwa USA w stanie Maryland, gdzie odbyła się pożegnalna ceremonia wojskowa. Po salwie honorowej z 21 dział wystartował prezydencki samolot Air Force One z trumną. Poza Clarencem Paderewskim dziesięć osób wyznaczonych przez prezydenta Busha asystowało trumnie podczas tego lotu do Polski. Na warszawskim Okęciu kompania honorowa Wojska Polskiego przeniosła ją do otwartego samochodu, którym – pod eskortą wojskową – przewieziono ciało do Zamku Królewskiego. Pozostawało tam przez trzy dni, podczas gdy dygnitarze i zwykli ludzie z Warszawy i z całej Polski oddawali Paderewskiemu hołd, przechodząc przed katafalkiem.

Kilka dni później prezydent George Bush przyleciał do Polski i oficjalnie przekazał ciało bohatera obu narodów prezydentowi Lechowi Wałęsie. Trzysta tysięcy osób zgromadzonych na Placu Zamkowym i na przyległych ulicach wysłuchało przemówień obu prezydentów. Później Wałęsa podziękował mi osobiście za starania o powrót Paderewskiego do Ojczyzny i podarował biało-czerwoną flagę, którą była przykryta trumna. Przekazałem tę flagę polskiemu muzeum w Chicago. Dał mi też księgi pamiątkowe, do których zagraniczni dygnitarze wpisywali kondolencje. Przekazałem je Amerykańskiemu Ośrodkowi Kultury Polskiej w Waszyngtonie.

Choć ciało Paderewskiego zostało oddane Polsce, jego serce pozostaje w Stanach Zjednoczonych. To fascynujące, że po śmierci tego wspaniałego pianisty i męża stanu pewna związana z nim tajemnica pozostawała długo niewyjaśniona: gdzie właściwie znajduje się jego serce? Kiedy ciało oddano ziemi na cmentarzu Arlington, serce z niego wyjęto i pochowano osobno, lecz nikt nie wiedział, w którym miejscu. Dopiero w 1969 roku odnaleziono je na jednym z nowojorskich cmentarzy. W latach osiemdziesiątych zostało stamtąd przeniesione i umieszczone w kaplicy Naszej Pani Częstochowskiej w Doylestown w stanie Pensylwania. A ciało Jana Ignacego Paderewskiego spoczywa dziś w archikatedrze św. Jana w Warszawie.

Polska wchodzi do NATO

W 1997 roku przyłączyłem się do grupy Amerykanów polskiego pochodzenia, którzy podjęli próbę przekonania administracji Billa Clintona i Senatu USA, że Polska powinna stać się członkiem NATO. Osobą, która odegrała największą rolę w przekonaniu do tego odpowiednich władz, był Jan Nowak-Jeziorański. Szeroko znano go w Stanach Zjednoczonych jako legendarnego „Kuriera z Warszawy”, który od początku drugiej wojny światowej służył jako łącznik pomiędzy okupowaną Polską a emigracyjnym rządem RP w Wielkiej Brytanii; potem zaś uczestniczył w Powstaniu Warszawskim. Po wojnie, jako szef Rozgłośni Polskiej Radia Wolna Europa przez kilkadziesiąt lat podtrzymywał nadzieje Polaków na odzyskanie niepodległości. Osiadł później w USA, gdzie aktywnie włączył się w życie amerykańskiej Polonii jako dyrektor Kongresu Polsko-Amerykańskiego (Polish-American Congress – PAC) i uznany intelektualny i duchowy przywódca. Drugim wybitnym Amerykaninem zabiegającym o przyjęcie Polski do NATO był Zbigniew Brzeziński; urodzony w Polsce, wychował się wpierw w Kanadzie, gdzie jego ojciec był ambasadorem RP, a potem w USA. Z czasem stał się wybitnym profesorem Uniwersytetu Columbia i służył rządowi USA jako doradca prezydenta Cartera do spraw bezpieczeństwa narodowego. Podobnie jak Nowak, Brzeziński był (i jest) uznanym intelektualnym i duchowym przywódcą amerykańskiej Polonii.

Moja rola w staraniach o przyjęcie Polski do NATO sprowadzała się do działania na dwóch frontach. Po pierwsze, wykorzystywałem swoje stosunki w administracji prezydenckiej, aby przekonać otoczenie Clintona o konieczności włączenia tej sprawy do bieżących celów polityki zagranicznej Stanów Zjednoczonych. Po drugie, zająłem się lobbingiem w Senacie, starając się przekonać poszczególnych senatorów do poparcia starań Polski. Jako główny negocjator USA w rokowaniach START i specjalny doradca do spraw kontroli zbrojeń prezydenta Ronalda Reagana, a potem George'a Busha – wielokrotnie stawałem przed Senatem na przesłuchaniach i nawiązałem przyjazne stosunki z wieloma senatorami. Dwóch z nich: Richard Lugar (republikanin z Indiany) oraz Joseph Biden (demokrata z Delaware) odegrało kluczową rolę we wsparciu tych zabiegów. Polska przyłączyła się do NATO w marcu 1999 roku, stając się sojusznikiem Zachodu i zapewniając sobie bezpieczeństwo.

11 września 2001 roku

W tym dniu Stany Zjednoczone otrzymały druzgocący cios, gdy terroryści dwoma porwanymi samolotami zaatakowali bliźniacze wieże nowojorskiego Światowego Centrum Handlu (WTC), a trzecim – Pentagon; próbowali też ataku na Waszyngton, co skończyło się katastrofą czwartego samolotu w Pensylwanii. Atak ten nie był dla mnie tak wielkim zaskoczeniem, jak dla większości Amerykanów. W 1993 roku po pierwszym zamachu terrorystycznym na wieże WTC, zostałem jednym z członków-założycieli Grupy Analizowania Sytuacji Krytycznych (CIAG). CIAG jest organizacją pozarządową, której przewodniczy John Otho Marsh Jr., były kongresman i sekretarz stanu do spraw armii (1981-1989). Organizacja ta postawiła sobie za cel dokonanie niezależnej analizy wszystkich okoliczności ataku terrorystycznego z 1993 roku oraz przewidywanie i analizowanie ewentualnych następnych ataków. Oczywiście w ciągu ośmiu lat nastąpiło wiele znaczących aktów terroru, a rekomendacje CIAG pomagały ostrzegać administrację prezydencką i Kongres o skali problemu i informować o środkach zaradczych. Jako grupa analityków wnieśliśmy znaczny wkład do tzw. Raportu Harta-Rudmana, który przewidywał, że w roku 2001 dokonany zostanie duży zamach terrorystyczny w USA. Przewidując atak, nie wiedzieliśmy oczywiście, że nastąpi on 11 września 2001 roku i że terroryści-samobójcy użyją samolotów linii cywilnych do uderzeń na nasze ośrodki finansowe i polityczne.

Na ataki z 11 września prezydent George W. Bush zareagował z wielką mocą, zapowiadając stanowczą odpowiedź na terroryzm w skali światowej. Natychmiast przyłączył się do niego premier Wielkiej Brytanii – Tony Blair. Władze USA i amerykańska Polonia były bardzo usatysfakcjonowane oświadczeniem prezydenta Aleksandra Kwaśniewskiego, wygłoszonym 12 września 2001 roku. Prezydent RP był przywódcą pierwszego państwa na kontynencie europejskim, które przyłączyło się do walki USA ze światowym terroryzmem. Polska wysłała wojsko do Afganistanu, gdzie świetnie wykonało ono swe zadania. Poparcie Busha przez Kwaśniewskiego w kolejnej wojnie w Iraku było śmiałym krokiem, gdyż Francja i Niemcy – kraje, z którymi Polska ma rozbudowane stosunki gospodarcze i polityczne – odniosły się do tej wojny z rezerwą, uważając, że obalenie reżimu Husajna nie jest istotne dla walki z terroryzmem. Ponadto większość Polaków nie aprobowała decyzji prezydenta Busha. Polski oddział specjalny GROM wyróżnił się w kampanii irackiej, zajmując kluczowy port Umm Kasr i platformy naftowe. Odważna decyzja prezydenta Kwaśniewskiego nie tylko umocniła sojusz Polski z USA, lecz także przysporzyła Polsce wiele podziwu i szacunku w świecie. Bez wątpienia wdrożenie tej decyzji było kosztowne, lecz przyniosło również korzyści. Gdy – po zwycięstwie w Iraku – Polska zadeklarowała wysłanie do tego kraju większej liczby żołnierzy i stanęła na czele międzynarodowych oddziałów, została jednym z liderów koalicji państw zdecydowanych walczyć z terroryzmem. Wojsko Polskie nadal jest czynne w Iraku i w Afganistanie, bierze też udział w misji pokojowej w Libanie i w wielu innych misjach rozjemczych na świecie. To powód do dumy. I amerykański sekretarz obrony Donald Rumsfeld wcale nie żartował, mówiąc o Polsce jako *przywódcy Nowej Europy*.

Polska w Unii Europejskiej

Decyzja o poparciu polityki USA i wysłaniu wojska do Iraku pomogła zyskać przychylność Stanów Zjednoczonych dla przyjęcia Polski do Unii Europejskiej. Jednak nie było łatwo przekonać rząd i Kongres do wsparcia tych starań. Amerykańscy przywódcy mieli wiele poważnych zastrzeżeń i wątpliwości, czy Polska poradzi sobie z przeprowadzeniem niezbędnych reform, które pozwolą sprostać wymogom Unii. Wątpliwości dotyczyły też zdolności polskiej klasy politycznej do zrzucenia z siebie złych nawyków rodem z systemu komunistycznego i do otwarcia kraju dla wolnego handlu i konkurencji. Dlatego wyzwanie, przed którym stanęła Polonia amerykańska okazało się tym razem o wiele trudniejsze niż starania o przyjęcie Polski do NATO. Pojawiły się też wątpliwości, czy rzeczywiście Ameryka powinna popychać Polskę w kierunku Unii, nawet jeśli akcesji chce większość polskich obywateli. Mimo to część Polonii podjęła się niełatwego zadania. Jedenego z głównych argumentów, który wykorzystałem na rzecz starań o przyjęcie Polski do Unii, dostarczył mi wieloletni przyjaciel – dr Mieczysław Karczmar. Ów profesor międzynarodowych stosunków ekonomicznych wyemigrował swego czasu z Polski do USA, gdzie zatrudnił go Deutsche Bank. W latach 90. awansował do rangi głównego ekonomisty tego banku i cieszył się zasłużenie wysoką reputacją. Poradził mi, abym jako argument wykorzystał doświadczenia Hiszpanii, podkreślając korzyści, jakie ten kraj uzyskał z tytułu członkostwa we Wspólnocie. Hiszpania i Polska są państwami o podobnej powierzchni, liczbie ludności i strukturze społecznej. Kiedy Hiszpania przystąpiła do Unii Europejskiej w roku 1986, dochody na jednego mieszkańca w tym kraju i w Polsce były prawie równe. W roku 2000, głównie z powodu członkostwa w Unii, dochód na głowę w Hiszpanii czterokrotnie przewyższył dochód w Polsce. Ten argument okazał się mocny i skuteczny.

Ale mieliśmy jeszcze jedną przeszkodę do pokonania. Kierownictwo Polish American Congress (PAC), największej i najstarszej (założonej w 1944 roku) organizacji Polonii amerykańskiej, było przeciwne wstąpieniu Polski do Unii Europejskiej. Po pierwsze, przywódcy PAC starali się przemawiać w imieniu większości amerykańskich Polaków, która nie wierzyła, że Polska zyska gospodarczo na akcesji. Po drugie, uważali, że zdolność Polski i Polaków do samodzielnego określania swego losu zostanie ograniczona przez potężną machinę biurokratyczną w Brukseli. Choć w obu tych argumentach było nieco prawdy, przekonywaliśmy amerykańską Polonię, że perspektywiczne interesy Polski przemawiają za przyłączeniem się do Unii.

Mimo wielu trudności, akceja nastąpiła w 2004 roku. Polska gospodarka rozwija się szybko i wkrótce może osiągnąć najwyższy wskaźnik wzrostu w całej Europie. Wcześniejsze obawy, że kraj znajdzie się pod kontrolą biurokratów z Brukseli okazały się płonne. Również dlatego, że Polska wysłała tam swych najlepszych przedstawicieli. Wysoką pozycję w krajach Unii Europejskiej ma – na przykład – profesor Bronisław Geremek, były doradca Solidarności i minister spraw zagranicznych RP (1997-2000), którego świetne prace *Myśli o Europie jako o wspólnocie* oraz *Europa a świat* przyniosły Polsce i Polakom wiele szacunku. Wybitnym członkiem władz unijnych jest obecnie pani profesor Danuta Huebner – komisarz Unii Europejskiej, odpowiedzialna za politykę regionalną.

Moje wizyty w Polsce po 1990 roku

W 1990 roku z wielką uwagą śledziłem drogę do władzy Borysa Jelcyna w Federacji Rosyjskiej i liczne próby Michaiła Gorbaczowa zawarcia traktatów z republikami w celu przyznania innym narodom ZSRR większej autonomii. Gorbaczow wpierw zanegował prawo republik związkowych do wystąpienia z ZSRR, potem je przywrócił. Dalej poruszał się zygzakiem. W grudniu 1990 roku, gdy spytano go, czy kieruje się na lewo, czy na prawo, podobno odpowiedział: – *Poruszam się w koło*. Rok 1991 okazał się jeszcze bardziej dramatyczny. Wybór Jelcyna na prezydenta Federacji Rosyjskiej, areszt domowy Gorbaczowa i nieudany zamach stanu przeprowadzony przez komunistów w sierpniu, przyczyniły się do ostatecznego rozbicia ZSRR. Był to okres wielkiego zamętu w samym Związku Radzieckim, jak również w innych państwach byłego bloku radzieckiego.

W połowie 1990 roku, po wycofaniu się z administracji rządowej i przejściu na emeryturę, nadal zajmowałem się sprawą redukcji arsenału jądrowego ZSRR. Od roku 1961 byłem członkiem Rady Atlantyckiej – ciała doradczego w Waszyngtonie, które miało na celu promocję silnych związków z NATO. Opuszczenie posady rządowej dało mi więcej możliwości pracy na rzecz Rady, która – wśród innych programów – postawiła sobie za cel przekonanie władz ZSRR do redukcji broni jądrowych. Działalność w Radzie Atlantyckiej umożliwiła mi odbycie kilku podróży do ZSRR, do Rosji i na Ukrainę w latach 1991, 1993 i 1995 – wraz z członkami komitetu Rady, w którym zasiadałem. Po każdej wizycie w Moskwie i Kijowie korzystałem z okazji, by odwiedzić Warszawę.

W 1991 roku większość czasu pochłonęło mi koordynowanie z nowo utworzonym rządem polskim przygotowań do zwrócenia Polsce ciała Paderewskiego. W 1990 roku Lech Wałęsa został wybrany na prezydenta RP, ale rząd wydawał się nie posiadać trwałego zaplecza. Znajomi mówili mi, że obawiają się, iż Polacy będą musieli przejść przez wiele trudności zanim władzom uda się ustabilizować gospodarkę. Z jednej strony przepełniała Polaków radość z odzyskania wolności. Z drugiej – nie byli pewni, czy uda się im zarobić na następny posiłek. Ich nastroje pogorszyły się na wieść, że gospodarka zostanie poddana terapii szokowej, podobnej do zastosowanej wcześniej w Chile przez dr. Jeffreya Sachsa. I chociaż taka operacja na długą metę niewątpliwie była najlepszym rozwiązaniem, Polacy obawiali się o warunki swej codziennej egzystencji. Jednak mądre rady profesora Leszka Balcerowicza zyskały poparcie rodaków i reformy przeprowadzono.

W przeciwieństwie do Stanów Zjednoczonych, Polska nie miałą rozbudowanego systemu prywatnej dobroczynności, na którym mogłaby polegać. Lecz Polacy zachowali stare tradycje wzajemnego wspierania się, otrzymywali też pomoc z zagranicy dla uzupełnienia własnych starań. Jako przykład pomocy amerykańskiej można tu wspomnieć działalność byłej sekretarz ds. transportu w rządzie USA, pani Elisabeth Dole, która czyniła wiele, by wesprzeć polski rząd w budowaniu systemu zabezpieczeń socjalnych.

Moja następna wizyta w Polsce przypadła na rok 1992, kiedy uczestniczyłem w powrocie do Polski ciała Ignacego Jana Paderewskiego, co już opisałem wcześniej. Podczas pobytu w Warszawie pomagałem kilku dużym amerykańskim firmom prawniczym założyć swe oddziały w Polsce. Głównym zadaniem tych firm było udzielanie wsparcia amerykańskim inwestorom i kierownictwu przedsiębiorstw w przełamywaniu oporów polskiej biurokracji. Zająłem się też Polsko-Amerykańskim Funduszem Przedsiębiorczości (PAEF). Fundusz ten, ustanowiony przez Kongres USA w 1989 roku, miał pomagać małym prywatnym polskim firmom, które rozpoczynały działalność na rynku, pożyczając im pieniądze na rozwój. Pomysł chwycił i z zadowoleniem odnotowałem postępy w działalności PAEF przez dalsze lata. Fundusz okazał się bardzo skuteczny. Po jego rozwiązaniu, w roku 2003 wniósł on do amerykańskiego skarbu zysk 120 milionów dolarów.

W 1993 roku, podczas kolejnej podróży do Polski, zauważyłem, że nastroje znacznie się poprawiły. Chociaż życie było nadal trudne, ludzie nie głodowali, a znajomi mówili mi, że *„widzą światełko na końcu ciemnego tunelu"*. W atmosferze wolności gospodarczej małe rodzime firmy zaczęły rozkwitać. Puste niedawno sklepowe półki wypełniły się towarami. Na rynku znajdowało się teraz o wiele więcej towarów pierwszej potrzeby. Polska gospodarka rzeczywiście minęła trudny zakręt.

Po raz ostatni odwiedziłem Polskę w 1995 roku. Gospodarka nadal rozwijała się dobrze, a Polacy wydawali się bardziej optymistyczni. Przeszedłem się po supermarketach, gdzie pojawiły się towary luksusowe. Zauważyłem, że jeśli poprzednio można je było nabywać tylko za dolary, teraz dawało się je kupować za złotówki. Ale Wałęsa nie zdołał umocnić Solidarności i użyć związku zawodowego jako bazy dla swej prezydentury. Aleksander Kwaśniewski – były komunistyczny działacz młodzieżowy – wygrał wybory i został prezydentem RP. Sieć organizacyjna tworzona przez kilka dziesięcioleci rządów komunistycznych zdołała przekonać wyborców, że będzie im lepiej. Oczekiwano, że nowa władza umocni demokrację, będzie promowała wolny rynek i przeciwdziałała korupcji, zapewniając Polsce stabilizację polityczną i wzrost gospodarczy. Sytuacja polityczna istotnie ustabilizowała się, a Polacy – mimo wysokiego bezrobocia – wydawali się ufni w swą lepszą przyszłość.

Potem już nad Wisłę nie przyjeżdżałem z powodu utraty wzroku i z braku zobowiązań zawodowych. Wieści o zmianach, trudnościach i sukcesach Polski i Polaków czerpię z prasy, z rozmów telefonicznych i kontaktów przez Internet, także ze spotkań z Polakami odwiedzającymi Waszyngton. Sprawy Polski są mi nadal bardzo bliskie.

Jednoczenie Polonii

Rada Atlantycka odnotowała skromny sukces, przekonując Rosję do ograniczenia i lepszego zabezpieczeniaj arsenału jądrowego na Ukrainie, gdzie rozmontowano systemy broni strategicznych. Z tego powodu nasze wyjazdy do Moskwy i do Kijowa skończyły się i nie miałem więcej okazji odwiedzać Warszawy. Przeniosłem swą uwagę na próby jednoczenia Polonii w Stanach Zjednoczonych i na wywieranie wpływu na politykę rządu USA w kierunku poprawy stosunków amerykańsko-polskich. W roku 2002 przyłączyłem się do działaczy, którzy założyli Polsko-Amerykańską Radę Doradczą (Polish-American Advisory Council – APAC). Głównym celem Rady miało być organizowanie możliwie najliczniejszej reprezentacji politycznej spośród dziesięciomilionowej rzeszy Amerykanów polskiego pochodzenia, przeważnie obojętnych politycznie i podzielonych. APAC jest organizacją społeczną o charakterze niezarobkowym i dwupartyjną. Dwudziestka jej założycieli wybrała na przewodniczącego byłego ambasadora Stanów Zjednoczonych w Polsce, Nicholasa Reya (potomka Mikołaja Reja z Nagłowic), członka Partii Demokratycznej. Jako członek Partii Republikańskiej zostałem jej wiceprzewodniczącym. Dwupartyjność Rady odzwierciedla jej zarząd: Marilyn Pirurik, demokratka, jest naszym sekretarzem, a Zbigniew Adam Cymerman, republikanin, jest naszym skarbnikiem. Wkrótce APAC rozrosła się – liczy obecnie ponad 4000 członków z wielu stanów. Jednym z celów organizacji jest propagowanie filozofii Paderewskiego: wolność i demokracja przez wykształcenie i sztukę. Misją APAC jest dążenie do tego, by Amerykanie polskiego pochodzenia przemawiali w sprawach publicznych coraz silniejszym i lepiej słyszalnym głosem. Dlatego Rada tworzy ogólnokrajową sieć aktywnych obywateli, którzy poświęcają swą wiedzę i doświadczenie dla rozwoju lokalnych społeczności i polepszania publicznego wizerunku Polonii.

APAC postawiła sobie trzy główne cele:

1. zwiększenie udziału, aktywności i wpływów Amerykanów polskiego pochodzenia w sprawach publicznych USA.
2. przyciągnięcie liczniejszych członków Polonii do czynnej działalności politycznej
3. usprawnienie kontaktów między tymi Amerykanami polskiego pochodzenia, którzy piastują stanowiska publiczne z mianowania

lub wyboru albo są zaangażowani w służbie publicznej, kampaniach wyborczych i przy realizacji polityki społecznej.

APAC organizowała już seminaria w miastach skupiających liczną Polonię. Poza sprawami istotnymi dla Polonusów przedmiotem obrad była pomoc dla Polski, na przykład inwestowanie w Polsce, ożywianie wymiany naukowej i wspieranie badań naukowych oraz działania na rzecz stosunków amerykańsko-polskich. Wiosną 2004 roku APAC opracowała siedmiopunktowy program, zawierający elementy interesujące zarówno Polonię, jak i Polskę. Program ten stał się wytyczną dla prowadzenia kampanii polonijnej w wyborach prezydenckich 2004 roku. Znalazły się w nim tak ważne sprawy jak zniesienie wiz do USA dla obywateli RP, zmiany w polityce imigracyjnej i zwiększenie amerykańskiej pomocy finansowej dla Polski. Z inicjatywy 300 organizacji polonijnych zorganizowałem spotkanie w Białym Domu, na którym Zbigniew Cymerman przekazał postulaty APAC. Po tym dwuipółgodzinnym spotkaniu w Białym Domu i dwu godzinach rozmów w Krajowym Komitecie Republikanów (RNC) prezydent George W. Bush odpowiedział na nasze postulaty pozytywnie, a Narodowy Komitet Republikanów (RNC) wykorzystał program APAC i odpowiedzi prezydenta jako materiał propagandowy dla przyciągnięcia wyborców polskiego pochodzenia. Kierując się zasadą dwupartyjności, prezes APAC ambasador Nicholas Rey oraz Zbigniew Cymerman przedstawili następnie program naszej organizacji kandydatowi demokratów na prezydenta, senatorowi Johnowi Kerry'emu, który zaaprobował go z myślą o wyborcach polskiego pochodzenia głosujących na Partię Demokratyczną.

W wyborach prezydenckich jesienią 2004 roku wzięło udział więcej niż zazwyczaj obywateli o polskich korzeniach. Po zwycięstwie prezydent Bush zaczął realizować niektóre punkty programu APAC: zainicjował zmiany w przepisach imigracyjnych, skierował do Kongresu sprawę zniesienia wiz i wyszedł z propozycją przyznania Polsce 100 milionów dolarów dodatkowej pomocy. APAC śledzi realizację swych postulatów, dokonuje zmian programowych i nadal prowadzi prace nad uzyskaniem dla nich aprobaty w administracji prezydenckiej i Kongresie.

Poza działalnością w APAC zająłem się również innymi sprawami dotyczącymi Polski. Nadal współpracuję z Centrum Międzynarodowych Studiów Strategicznych (CSIS) w Waszyngtonie, promując wymianę naukową między USA a Polską. Pomagam Henrykowi Martince, dyrektorowi Międzynarodowego Konkursu Pianistycznego im. Paderewskiego w promocji tego konkursu w USA. Następny odbędzie się w roku 2007, a jego dyrekcja zbiera pamiątki po Paderewskim, by urządzić wystawę w Polsce. Pomogłem też zorganizować uroczysty koncert w Bibliotece Kongresu, chcąc zilustrować rolę sztuki w dyplomacji. Niedawno założyłem Fundusz Stypendialny imienia Paderewskiego, który umożliwia młodym naukowcom z Polski przyjazd na studia do USA. Pierwszą stypendystką Funduszu została w 2005 roku absolwentka Uniwersytetu Jagiellońskiego, przyszła dyplomatka, Joanna Maria Orzechowska. Fundusz zdobył środki, pozwalające zaprosić do Stanów Zjednoczonych dalszych stypendystów w latach 2006, 2007 i dalszych. W 2006 roku, w 65 rocznicę śmierci Ignacego Jana Paderewskiego koordynowałem uroczystości w USA i w Polsce. Obecnie prowadzę prace nad utworzeniem pełnego rejestru wszystkich muzeów, instytucji, miejsc i stowarzyszeń imienia Paderewskiego w Polsce, w USA i na świecie.

Giganci odchodzą

Piątego czerwca 2004 roku Biały Dom zawiadomił mnie o śmierci prezydenta Reagana. Straciłem w nim wiernego i prawdziwego przyjaciela. Byłem dumny, że nazwał mnie jednym z głównych architektów polityki pokoju przez siłę. Byłem również dumny z tego, że Ronald Reagan był wielkim przyjacielem Polski i Polaków, a jego poparcie dla Solidarności doprowadziło do upadku komunizmu. Ostatni raz odwiedziłem prezydenta w lutym 1994 roku, krótko po jego 83. urodzinach. Przed końcem tego roku Reagan napisał i opublikował wzruszający list, ogłaszając, że cierpi na chorobę Alzheimera. Podczas moich odwiedzin w jego domu był jeszcze przytomny i przyłączył się do mnie, gdy zagrałem mu *Happy Birthday To You*. Obaj graliśmy ten utwór na harmonijkach ustnych. Zapytał mnie wtedy, jak się sprawuje rząd prezydenta Wałęsy. Reagan wyraził nadzieję, że transformacja Polski z ustroju komunistycznego do wolnego rynku będzie przebiegała pomyślnie i nie przysporzy Polakom zbyt wielu cierpień. Napomniał mnie też, bym nadal rozpowszechniał filozofię Paderewskiego promującą wolność i demokrację przez wykształcenie i sztukę. Pytał także o zdrowie papieża Jana Pawła II przypominając, że obaj przeżyli próby zamachu na swe życie, a potem nadal mocno wspierali Solidarność

Nie upłynął jeszcze rok od śmierci Reagana, gdy dowiedzieliśmy się, że 2 kwietnia 2005 roku zmarł Jan Paweł II. Papież odegrał bardzo ważną, a niektórzy twierdzą, że decydującą rolę w przywróceniu Polsce wolności. Podobnie jak On, Reagan dostrzegał w świecie nie tylko wartości materialne. Sprawa wolności stanowiła sedno jego politycznego przesłania, podobnie jak w duchowym przesłaniu papieża dla świata. W radiowych wystąpieniach Reagana, zanim został wybrany na prezydenta, przewijała się myśl o tym, że bez wolności wartości duchowe nie mają szans rozkwitnąć. Zwierzył mi się, że jego pasja walki o prawa człowieka wzmocniła się po przemówieniu Jana Pawła II w ONZ w 1979 roku. Podczas drugiej kadencji Reagan rzeczywiście przeniósł nacisk na ZSRR z kwestii dążenia do redukcji broni strategicznych na realizację praw człowieka. Szczęściem dla Polski istniała synergia między jego politycznym przesłaniem a przesłaniem moralnym papieża-Polaka. Ta koalicja – papieża i prezydenta – pozostawiła nam lepszy świat, w którym możemy krzewić nadzieję i wolność pod opieką Bożej Opatrzności.

Ku przyszłości Polski

Kiedy piszę te słowa, jesienią 2006 roku, wolna i niepodległa Polska weszła w siedemnasty rok swego odrodzonego bytu. Od pierwszych, niezupełnie jeszcze wolnych wyborów w czerwcu 1989 roku, oznaczających koniec komunizmu, Polacy przebyli długą drogę. Przez minione lata kraj stopniowo zmieniał się i umacniał swój system polityczny. Odnowa gospodarki narodowej była jeszcze skuteczniejsza. Jednak przejście z komunistycznej, znacjonalizowanej i kontrolowanej gospodarki do wolnorynkowego kapitalizmu trwało długo i kosztowało obywateli wiele wyrzeczeń. To tłumaczy, dlaczego wyborcy głosowali na postkomunistów, których rządy – niezależnie od pewnych osiągnięć – nie zapobiegły wzrostowi biurokracji i nie przezwyciężyły korupcji.

Dobiega też rok od ostatnich wyborów parlamentarnych i prezydenckich, które przyniosły zwycięstwo konserwatywnej partii Prawo i Sprawiedliwość Jarosława Kaczyńskiego i wyniosły na urząd prezydenta RP jego brata-bliźniaka, profesora Lecha Kaczyńskiego. Wolą większości wyborców było zakończenie rządów postkomunistów, naprawa Rzeczypospolitej i przywrócenie wiary Polaków w lepszą przyszłość Ojczyzny. Jak pokazuje miniony rok, realizacja tych celów nie będzie łatwa. Prawo i Sprawiedliwość, które nie utworzyło powszechnie oczekiwanej koalicji z Platformą Obywatelską, nie ma zdecydowanej większości w Sejmie, a spory wśród jego koalicjantów i niezadowolenie społeczeństwa mogą doprowadzić do przedwczesnych wyborów w 2007 roku.

Nie jestem ekspertem w sprawach polskiego rządu i gospodarki. I nie chciałbym ich komentować. Mimo to, jako Amerykanin polskiego pochodzenia, jestem szczerze i głęboko zainteresowany przyszłością Polski. I dlatego chciałbym przedstawić kilka osobistych uwag i obserwacji na temat kierunku, w którym – moim zdaniem – nowe władze powinny zmierzać.

Po pierwsze, struktury polityczne w Polsce wymagają głębokiej przebudowy, która uczyni je prostszymi i bardziej skutecznymi. Stopniowe redukowanie liczby partii politycznych w Sejmie powinno ustabilizować scenę polityczną, ułatwić prowadzenie debaty i rozwiązywanie trudnych problemów. Silna większość w Sejmie i Senacie, wspierająca rząd, i zdeklarowana programowo opozycja ułatwiłyby współpracę parlamentu z prezydentem, przyczyniając się do konstruktywnych rozwiązań. Wydaje się jednak, że dążenie do systemu dwupartyjnego w Polsce napotka duże opory. Najlepsi prawnicy i politolodzy powinni częściej pisać i mówić o konieczności reform, których realizacji stale przeszkadza apatia społeczeństwa i cynizm polityków.

Polacy powinni bardziej interesować się wyborem swych władz na wszystkich szczeblach, a po wyborach mieć więcej zaufania do własnego rządu i do swych przywódców politycznych. Jeśli ich decyzje okazałyby się słuszne, powinni też być z nich dumni. Jednak obecna ordynacja faworyzuje miernych i wiernych działaczy różnych partii, którzy z mandatu w Sejmie czy Senacie czynią sobie stałe zajęcie albo nawet zawód. Posłowie i senatorowie obejmują funkcje rządowe, pozostając członkami parlamentu. Taka sytuacja powoduje konflikty interesów i niedobre dla demokracji sprzężenie władzy ustawodawczej z wykonawczą, obecne w ustroju komunistycznym. Propartyjna ordynacja pozbawia wyborców możliwości rozliczania posłów, senatorów czy radnych z ich działalności. Dlatego Polska potrzebuje ordynacji większościowej i okręgów jednomandatowych, w których wybiera się osobę, a nie nazwisko z listy partyjnych kandydatów. W Stanach Zjednoczonych co dwa lata odbywają się wybory 100 procent Izby Reprezentantów i 1/3 składu Senatu. Nie wiem, czy taki system przyjąłby się w Polsce, lecz jedno jest pewne: Polacy muszą mieć rzeczywiste prawo wyboru swych przedstawicieli (nie tylko partii) i możliwość ich kontrolowania. Parlamentarzyści powinni odpowiadać przed swymi wyborcami za działania i za zaniechanie działań na ich rzecz. Nie jest to sprzeczne z funkcjonowaniem partii politycznych, lecz gwarantowałoby lepszą jakość pracy Sejmu i Senatu. Poza tym, czy potrzeba Polsce aż 460 posłów i 100 senatorów? Dla porównania Stany Zjednoczone, które mają prawie dziesięć razy więcej mieszkańców (300 milionów) wybierają mniej niż Polska posłów i senatorów (435 do Izby Reprezentantów i 100 do Senatu). Ostrzejsza walka wyborcza o mniejszą liczbę miejsc w obu izbach wyszłaby polskiemu parlamentowi na zdrowie.

Po drugie, Polska potrzebuje szybkiego wzrostu gospodarczego w granicach 5 – 6 procent rocznie. Wydaje się, że po okresie spadku dochodu krajowego brutto do 2,8 procent w poprzednich latach, teraz następuje dobra koniunktura. Wiele zależy jednak od uczciwych i sprawnych rządów, od wyeliminowania biurokracji i korupcji. System emerytalny i prawo pracy także wymagają głębokich i radykalnych zmian. Uprościć i udoskonalić trzeba system podatkowy i politykę fiskalną państwa, która hamuje rozwój gospodarczy i generuje bezrobocie. Pisałem już wielokrotnie, że Polska posiada ogromny kapitał, którym są ludzie wykształceni i wykwalifikowana siła robocza. Niestety, z powodu złej polityki społecznej i gospodarczej najlepsze umysły i najsprawniejsze ręce uciekają na emigrację. To musi się definitywnie zmienić. Polska ma jednych z najlepszych w świecie matematyków, informatyków oraz wybitnych naukowców w takich dziedzinach jak biomedycyna, telekomunikacja i metalurgia. Ale nauka jest słabo finansowana i źle zorganizowana. Bezrobocie, przekraczające jeszcze niedawno 18 procent, teraz nieco spadło, ale jego trwałe ograniczenie będzie nadal bardzo trudne. Dobrym punktem startu dla zwiększenia liczby nowych miejsc pracy jest rozwój przemysłu i usług w tych dziedzinach, w których Polska jest konkurencyjna wobec innych krajów europejskich. Ale nie można tego osiągnąć bez ograniczenia regulacji krępujących wolny rynek i bez radykalnej reformy systemu podatkowego. Uwolnienie potencjału przedsiębiorczości Polaków, ich konkurencyjności, spowoduje nie tylko szybki wzrost PKB, lecz również obniży poziom zadłużenia wewnętrznego i zewnętrznego kraju. Lepsze wykorzystanie osiągnięć naukowych pozwoli Polakom na dołączenie do czołówki światowej. Polska ma wszelkie szanse stać się liderem gospodarczym w Europie i konkurować z najlepszymi.

Po trzecie – polskie sądownictwo. Jest archaiczne i – według standardów zachodnich – nieefektywne. To nie znaczy, że Polska ma złe prawo. Prawo pisane jest coraz lepsze, ale brak mechanizmów jego wdrażania i gwarancji przestrzegania. Korupcja przeważnie uchodzi bezkarnie. Żadne społeczeństwo, także amerykańskie, nie jest wolne od nieuczciwych polityków i biznesmenów. Lecz w USA silny system niezależnego sądownictwa jest w stanie wymusić przestrzeganie przepisów. W Polsce – jak dotąd – nie. Ponadto zbyt mała liczba sędziów i nadmierne obciążenie sądów nie sprzyjają rozstrzyganiu sporów gospodarczych. Przeciętny 92-miesięczny czas trwania procesów jest cztery do pięciu razy dłuższy niż w innych państwach kapitalistycznych. Taki stan sądownictwa nie tylko ogranicza produktywność, ale też odstrasza krajowy i zagraniczny kapitał. Prawo i porządek są jak koń i wóz, sprzężone razem.

Po czwarte, Polska potrzebuje przywrócenia honoru i uczciwości w każdej dziedzinie życia. Jako Amerykanin polskiego pochodzenia spuszczam głowę ze wstydu, czytając, że – według rankingu Transparency International – pod względem zabezpieczenia przed korupcją Polska jest na 70. miejscu wśród takich państw jak Burkina Faso czy Lesoto. Przez ponad 40 lat narzucony Polakom system komunistyczny kpił sobie z uczciwości i przejrzystości. Robotnicy udawali, że pracują, państwo (w zasadzie jedyny pracodawca) udawało, że płaci, a nieuczciwa nomenklatura dzieliła profity i przywileje.

Dopóki przywódcy polityczni, urzędnicy państwowi, biznesmeni i nauczyciele, lekarze i inni nie będą przestrzegali wysokich norm moralnych, władze nie będą szanowane, firmy będą upadać, a społeczeństwo będzie pozbawione zdrowych podstaw. Trzeba Polsce silnych liderów, którzy nie tylko mówią o przywróceniu honoru i uczciwości, lecz sami dają przykład. Powinni otrzymać mocne wsparcie Kościoła, sądownictwa, wolnej prasy i społeczności akademickiej. Odbudowa zachwianych wartości jest trudniejsza od reform organizacyjnych czy uchwalania prawa. Jeśli Polska nie powróci do uczciwości i nie zapanuje w niej sprawiedliwość, ich brak podzieli społeczeństwo, a państwo polskie nie zyska szacunku w wolnym świecie.

Po piąte, Polska potrzebuje przebudowy systemu oświaty. Dla przykładu, przez minione siedemnaście lat wolności liczba studentów w Polsce wzrosła pięciokrotnie i obecnie sięga dwóch milionów. Ale przyrost ilościowy nie idzie w parze ze wzrostem poziomu studiów. Z wyjątkiem takich uczelni jak Uniwersytet Warszawski i Jagielloński, a także kilku czołowych politechnik i kilku najlepszych szkół prywatnych, polski system studiów wyższych ma niską rangę w skali światowej. Polacy przodują w naukach humanistycznych i ścisłych, ale nie w dziedzinie nowych technologii i praktyki ekonomicznej. Zmiana tego stanu pozwoli Polsce na szybki rozwój i sprostanie wymogom coraz bardziej konkurencyjnego świata. Równie ważne jest wychowanie młodzieży do uczciwego życia, od przedszkola po uniwersytet.

Przedstawiłem kilka obszarów, które wymagają reform. Istnieje jednak sfera, w której Rzeczpospolita Polska radzi sobie zupełnie dobrze: polityczne, wojskowe i gospodarcze stosunki ze Stanami Zjednoczonymi. Duże zasługi położyli na tym polu byli prezydenci RP – Wałęsa i Kwaśniewski. Prezydent Kwaśniewski szczególnie umocnił te więzy, nie tylko przez odważne decyzje o włączeniu Polski do wojny z terroryzmem, lecz także przez współdziałanie z USA w innych dziedzinach, takich jak szeroko pojęta polityka międzynarodowa. Dzięki temu Polska stała się strategicznym partnerem Ameryki na Starym Kontynencie, co przynosi pożytek obu krajom. Stany Zjednoczone mogą liczyć na poparcie Polski w nie zawsze im przyjaznej Europie, a Polska zyskuje na bliskim przymierzu z jedynym na świecie supermocarstwem. Mam nadzieję, że prezydent Lech Kaczyński nada stosunkom polsko-amerykańskim wysoki priorytet, który je jeszcze bardziej umocni.

Wszyscy Amerykanie dzielą z dziesięciomilionową Polonią cześć i szacunek dla wielkich Polaków: Kościuszki, Pułaskiego i Paderewskiego. Bliskie więzy z USA nie tylko zapewniają Polsce bezpieczeństwo, lecz również są źródłem amerykańskich inwestycji. Nie ma żadnego powodu, by więzy te nie mogły być jeszcze mocniejsze. Po ostatnich wyborach w 2005 roku Polska znów stanęła na rozdrożu. Może się nadal wolno rozwijać, jak poprzednio, ale może też zerwać z niedobrą przeszłością i dokonać wielkiego skoku cywilizacyjnego, który zapewni Polakom dobrobyt i trwałe miejsce w czołówce narodów świata. Urodziłem się w roku 1917, kończę moje wspomnienia, mając 89 lat. Całe życie poświęciłem służbie swojej ojczyźnie – Stanom Zjednoczonym, nie zapominając jednak nigdy o Polsce – kraju mego pochodzenia. Mam szczerą i mocną nadzieję, że Polska *„wybije się na niepodległość”* ze swej trudnej historii i wykorzysta swój cały potencjał narodowy dla budowania lepszej przyszłości. Im szybciej to zrobi – tym lepiej.

SŁOWNICZEK
terminów wojskowych i kontroli zbrojeń

ABM – *(antiballistic missile) system, ABM Treaty*
rakieta przechwytująca, system obrony przeciwrakietowej, układ o obronie przeciwrakietowej
ACDA – *Arms Control and Disarmament Agency*
Agencja ds. Kontroli Zbrojeń i Rozbrojenia (USA)
ACN – (*Arms control negotiations)*
negocjacje w sprawie kontroli zbrojeń
Backfire – amerykańska nazwa radzieckiego bombowca strategicznego TU-22MS
B-1 – bombowiec strategiczny USA B1-B Lancer
BM – (*Ballistic missiles)*
rakiety balistyczne
Bus – kontener na głowice rakietowe (np. typu MIRV)
CBW – (*Chemical and biological weapons)*
bronie chemiczne i biologiczne
CFE – (*Conventional forces in Europe)*
siły konwencjonalne w Europie; rokowania nt. sił konwencjonalnych w Europie
Cruise – rakiety manewrujące; typy:
ALCM *Airlaunched cruise missiles* (odpalane z powietrza),
GLCM *Ground-launched cruise missiles* (odpalane z ziemi),
SLCM *Sea-launched cruise missiles* (odpalane z morza)
D & S – (*Defense and Space)*
„Obrona i Kosmos", temat rokowań o kontroli zbrojeń
Defferal option – tzw. opcja uległości w rokowaniach o kontroli zbrojeń
Deterrence – odstraszanie nuklearne, strategia odstraszania

ERW – (*Enhanced Radiation Weapon*)
broń jądrowa o podwyższonym promieniowaniu, inaczej – broń neutronowa, bomba neutronowa
Downloading – „załadowanie" głowic na rakietach MIRV
(mniej głowic – propozycja radziecka)
FBS – (*Forward-based system*)
system wysuniętych baz nuklearnych (np. amerykańskich w Europie)
FBTAU – (*forward-based tactical aviation units*)
jednostki lotnictwa taktycznego USA w wysuniętych bazach
Final position – ostateczne stanowisko w rokowaniach
o kontroli zbrojeń
HML – (*Heavy missiles limitation*)
ograniczenie ciężkich rakiet balistycznych
ICBM – (*Intercontinental ballistic missiles*)
międzykontynentalne rakiety balistyczne (największe, najcięższe
i najbardziej destabilizujące)
INF – (*Intermediate-range nuclear forces*)
siły nuklearne średniego zasięgu
INF Treaty – Układ nt. ograniczenia sił nuklearnych
średniego zasięgu (1991-1994)
JCS – (*Joint Chiefs of Staff*)
Kolegium Połączonych Szefów Sztabów (USA)
MAD – (*Mutual assured destruction*)
strategia wzajemnego gwarantowanego zniszczenia przy użyciu całej potęgi nuklearnej. Stała się podstawą doktryny odstraszania (*deterrence*)
Manhattan Project – kryptonim programu budowy bomby
atomowej w USA (lata 40.)
MBFR – (*Mutual and Balanced Force Reductions*)
wzajemne i zrównoważone redukcje sił wojskowych; rozmowy
rozbrojeniowe o redukcji wojsk w Europie Środkowej, prowadzone
w Wiedniu od 1973 r.
MIRV– (*Multiple independently-targetable*
reentry vehicles) zestawy indywidualnie naprowadzających się [na cel] głowic bojowych na rakietach strategicznych (Głowice nuklearne zostają wyniesione jedną rakietą balistyczną poza obszar atmosfery ziemskiej i odpalone wracają, godząc w wybrane cele na ziemi lub na morzu. Np. amerykańskie Mk-21, w kontenerze [*bus*] typu LGM-118A *Peacekeeper*. Także ogólna nazwa technologii wielogłowicowej *MIRV*)
MLBM – (*Massive load ballistic missiles*)
ciężkie rakiety balistyczne
NTM – (*National technical means*)
krajowe środki techniczne (weryfikacji porozumień)
OSI – (*On-site inspection*)
inspekcja na miejscu (weryfikacja porozumień)

PNE – (*Peaceful Nuclear Explosions*)
tzw. pokojowe próby jądrowe (obecnie zakazane)
RPV – (*Remotely piloted vehicles*)
zdalnie sterowane samoloty (np. zwiadowcze)
SALT I, II (*Strategic Arms Limitation Talks*)
rokowania USA i ZSRR w Genewie na temat ograniczenia broni strategicznych (1970 – 1979), układy SALT I (1972) i SALT II (1979)
START I, II, III – (*Strategic Arms Reduction Talks*)
rokowania USA – ZSRR i USA – Rosja na temat redukcji broni strategicznych, od 1983; Układ START I – 1991, START II – 1993, START III – rokowania trwają. Do 2007 r. USA i Rosja zmniejszą liczbę swych głowic atomowych z 3000 i 3500 o połowę. Dalsze redukcje są negocjowane.
SCUD – przyjęta przez NATO nazwa taktycznych
rakiet radzieckich typów R-11, R-300 Elbrus
SDI – (*Strategic Defense Initiative, „Star Wars"*)
strategiczna inicjatywa obronna prezydenta Reagana (1983 r.), popularnie „Gwiezdne wojny" (System amerykańskiej obrony kosmicznej, nadal w fazie prób).
SDS – (*Strategic delivery systems*)
strategiczne systemy rażenia (potencjał nuklearno-rakietowy niektórych państw)
SLBM – (*Sea-launched ballistic missiles*)
rakiety balistyczne odpalane z morza (z okrętów nawodnych albo z łodzi podwodnych)
SNDVs – (*Strategic nuclear delivery vehicles*)
strategiczne nośniki ładunków jądrowych
SS-20 – radzieckie rakiety średniego zasięgu
(terminologia NATO-wska, radziecka np. RT-21M Pionier)
throw-weight – zdolność rakiety do przenoszenia ciężaru głowic nuklearnych (np. typu MIRV)

Indeks nazwisk

Acheson, Dean 29, 280
Achromiejew, Siergiej 83, 236-241, 261, 278, 279
Adelman, Kenneth 204, 228, 244
Agnew, Spiro 46, 93
Allen, Richard 164
Allison, Royal B. 74
Almond, Edward („Ned") 29, 30, 196
Andropow, Jurij 204, 207
Arbatow, Gieorgij 147, 153, 236
Atwater, Lee 274

Baker James 184, 186, 187, 199, 213, 253, 271, 275-279, 292, 295, 296, 300-303, 305-307
Baker, Howard 168, 170, 171
Balcerowicz, Leszek 343
Bartholomew, Reginald 275-278, 302
Beam, Jacob 64
Beria, Ławrientij 113
Biden, Joseph 259, 339
Bieleckij, Iwan 61, 62, 79, 80, 81, 112, 158, 189
Biessmiertnych, Aleksandr 230, 250, 306, 307
Bishop, Maurice 272
Blair, Tony 340
Boatner, Hyden 35, 36
Borchgrave, Arnaud de 166
Bradley, Bill 169
Brady, Nicolas 299
Breżniew, Leonid 39, 61, 65, 67, 69-71, 74, 85, 86, 90, 91, 97, 100, 101, 103, 107, 114, 116, 124, 139, 142, 147, 162, 163, 176, 177, 190, 204, 218
Brodie, Berdnard 25
Brooks, Linton 307
Brown, George 130-134, 148
Brown, Harold 131-137, 145-146
Brzeziński, Zbigniew 135, 136, 137, 141, 142, 154, 160, 172, 339
Buchanan, Patrick 166
Burt, Richard 200, 201
Bush, William („Bucky") 299
Bush, Barbara 284, 288
Bush, George 258, 269-275, 277, 280-295, 297-313, 316, 319, 323, 336-340, 346
Bush, Prescott 281, 283
Byrd, Robert 174

Cannon, Lou 261
Carbaugh, John 164, 173
Carlucci, Frank 182, 257, 258
Carnesale, Al 139
Carter, Amy 150, 151
Carter, Jimmy 125, 127-136, 138-141, 143, 145-148, 150, 151, 153, 154, 161-163, 167, 168, 170, 171, 174, 176-178, 181, 185, 186, 188, 194, 208, 285, 291, 339
Casey, Bill 166, 167, 168, 171, 182-185, 187, 195, 213, 217, 219
Chambers, Fred 282
Cheney, Dick 279, 292, 293, 305
Chomejni, Ruhollah 185
Chruszczow, Nikita 89, 315
Church, Frank 165, 169, 170, 173, 174
Clay, Lucius 26
Clements, Bill 57, 58
Cliburn, Van 258
Clinton, Bill 338, 339
Collins, J. Lawton 32
Coors, Joseph 167, 183
Crowe, William 292
Cymerman, Zbigniew A. 345, 346
Czernienko, Konstantin 207
Czerwow, Nikołaj 231, 237-240, 250, 261

Danforth, John 168
Daniloff, Nicholas 232
Darman, Richard 184, 186, 187, 199, 271
Deane, John R. 26
Deaver, Michael 184, 186, 187, 199
Derwiński, Edward 337
Dietinow, Nikołaj 189
Dobrynin, Anatolij 43, 44, 49,59, 61, 62, 63, 65, 70, 104, 230
Dolan, Tony 263
Dole, Elizabeth 343
Donaldson, Sam 30
Doolittle, Jimmy 107
Dubinin, Jurij 236
Dukakis, Michael 273, 274

Eagleburger, Larry 57, 275-278, 301, 303
Earle, Ralph 149, 154, 160, 161
East, John 259
Eisenhower, Dwight 43, 56
Escher, M.C. 175
Exxon, James 259

Falin, Walentin 236
Fallaci, Oriana 54
Fiodorow, Światosław 266
Fitzwater, Marlin 253, 305-307
Ford, Gerald 92-97, 103-105, 116-127, 222, 273, 284
Fosdick, Dorothy 137
Fox, William T. R. 25
Friedman, Thomas L. 291

Gaffney, Frank 164
Garn, Jake 168, 169, 213
Garthoff, Raymond 60
Gates, Robert 276, 277
Gelb, Leslie 138, 150
Geremek, Bronisław 342
Gierasimow, Giennadij 254, 300
Glemp, Józef 337
Glenn, John 168, 170, 174
Glitman, Mike 208, 255, 256
Goering, Herman 39
Goldwater, Barry 273, 283
Goodpaster, Andrew 23, 24, 25, 56
Gorbaczow, Michaił 83, 194, 207, 214, 216, 217, 219-225, 227-230, 232-237, 240-247, 249-251, 254-259, 262-268, 274, 278, 279, 288, 292, 293, 298-301, 303-304, 306-311, 316, 335, 336, 342
Gorbaczow, Raisa 223, 224, 266, 267
Gromyko, Andriej 57, 63, 65, 67, 70, 89, 97, 100, 104, 114, 125, 138, 140-143, 150, 154, 161, 162, 172, 191, 208, 219, 224, 266
Gruenther, Alfred 37

Haig, Alexander 58, 182, 184, 186, 187, 196-199, 201, 240, 272
Haig, Pat 198
Handy, Thomas 24
Harriman, Averell 280
Hatfield, Mark 169
Havel, Vaclav 226
Hayakawa, Samuel 137, 138
Helms, Jesse 164, 165, 168, 173, 174, 201, 213, 259, 260
Hitler, Adolf 20, 51, 263
Hoffman, David 293
Howard, Dan 252
Howe, Sir Geoffrey 201, 238
Howze, Hamilton („Ham") 37
Huebner, Danuta 342
Humphrey, Gordon 164
Hyland, Bill 57

Inman, Bobby 185
Issacson, Walter 280

Jackson, Henry („Scoop") 19, 36, 40, 58, 66, 67, 72, 73, 100, 101, 132, 136, 137, 141, 153, 161-166, 171, 174, 179, 182, 184, 186, 200
Jakeš, Miloš 225
Jan Paweł II 194, 287, 304, 337, 347, 348
Jaruzelski, Wojciech 226
Javits, Jacob 172, 173
Jelcyn, Borys 311, 315, 318, 319, 342
Johnson, Harold K. 38
Johnson, Lyndon 64, 72, 119, 283
Johnson, U. Alexis 55, 74, 76, 77, 80, 110,112
Jones, David 160
Jordan, Hamilton 130
Joshua, Winifred 118
Joy, C. Turner 36

Kaczyński, Jarosław 348
Kaczyński, Lech 348, 352
Kalb, Bernard 55
Kalb, Marvin L. 55
Kampelman, Max 208, 244
Karczmar, Mieczysław 341
Karpow, Wiktor 109, 143, 149, 150, 161, 189, 190, 191, 207, 210, 236
Kaufman, William 25
Kennedy, John Fitzgerald 53, 226, 298
Kirkland, Lane 164
Kirkpatrick, Jeane 184, 185, 270
Kissinger, Henry 40-68, 70-74, 83-89, 91-97, 99-105, 114, 117-125, 134, 135, 138, 184, 196, 251, 252, 317
Klein, Herb 71
Klimova, Rita 226
Klosson, Boris 61
Knorr, Klauss 25
Kohl, Helmut 204, 287, 336
Kopernik, Mikołaj 335
Kopit, Arthur 175
Kraemer, Britta 51, 52
Kraemer, Fritz 51, 52, 53, 56, 58, 164
Kraemer, Sven 51, 164, 165, 174
Kwaśniewski, Aleksander 340, 344, 352
Kwicinski, Julij 205,210

Laird, Melvin 47, 56, 67, 93, 115, 116
Laxalt, Paul 167, 213, 217, 219
Lemnitzer, Lyman 135
Lenin, Włodzimierz 114, 223, 310
LeTourneau, Richard 282
Lincoln, George („Abe") 21, 23, 24

Linhart, Robert 244-246
Lovett, Robert 280
Lucier, Jim 164
Lugar, Richard 172, 339

MacArthur, Douglas 24, 25, 28-34, 194, 196, 229
Makarow, Siergiej 82
Malik, Jakow 30
Marsh, John O. 340
Marshall, George Catlett 21, 23, 24
Martinka, Henryk 346
Mathias, Charles 111, 168, 169
Matlock, Jack 255
McCloy, John 184
McFarlane, Robert („Bud") 212, 213
McGovern, George 73, 165, 169, 172, 173
McMahon, Brian
McNamara, Robert 37,135
Middendorf, William 182
Meany, George 193
Mitterrand, François 287, 288
Moorer, Thomas 40,67
Morris, Roger 53
Morrow, Douglas 28, 34
Moynihan, Daniel Patrick 169
Mubarak, Hosni 288
Mulroney, Brian 287
Murphy, Dan 290, 291
Muskie, Edmund 165, 172

Nakasone, Yasuhiro 230, 241
Nessen, Ron 104
Nicholson, Harold 190
Niemczyk, Jay 225
Nitze, Paul 204, 205, 208-213, 237, 239-241, 244, 245, 275
Nixon, Richard 40-50, 54-61, 63-67, 69-74, 84, 87-97, 99, 104, 117, 120, 126, 129, 132, 134, 194, 196, 198, 218, 222, 251, 252, 284, 290, 291, 322, 329
Nixon, Tricia 251
Noonan, Peggy 202
Noriega, Manuel 287
Norstad, Lauris C. 25, 37
Nowak-Jeziorański, Jan 338, 339
Nunn, Sam 168, 171, 259

Obuchow, Aleksandr 210, 256
Ogarkow, Nikołaj 107, 206, 236
Orzechowska, Joanna M. 347

Paderewski, Clarence 336-338
Paderewski, Ignacy Jan 226, 336-338, 343, 345, 347
Patton, George 51, 194
Pawliczenko, Władimir 109
Pell, Claiborne 165, 169, 171, 173
Percy, Charles 186
Perle, Richard 137, 164, 200-202, 237, 238, 244-246
Peron, Ewa 197
Pipes, Richard 175
Pirurik, Marilyn 345
Powell, Colin 305
Proxmire, William 169
Puller, Lewis („Chesty") 34

Quayle, Dan 259, 260, 293

Reagan Ronald 129, 146, 151, 166, 167, 177-188, 192-200, 202-203, 207, 209, 210, 212-230, 232-235, 240-249, 251-253, 255-257, 259-269, 271-275, 280, 285, 291, 293, 294, 297, 298, 304, 314, 322, 323, 335, 336, 339, 347, 348
Reagan, Nancy 182, 216, 223, 224, 257, 266, 267
Regan, Donald 184, 187, 232
Reston, James 312
Rey, Nicholas 345
Richardson, Elliot 88
Rickover, Hyman 139
Ridgway, Rosanne 218, 267
Rockefeller, Nelson 53, 54, 55, 94, 123
Rogers, Bernard 160
Rogers, William 43, 45, 56
Ross, Dennis 271
Rostow, Eugene 186, 204
Rowny, Rita 289
Roy, Stapleton 278
Rumsfeld, Donald 96, 122, 125, 184, 341

Sacharow, Andriej 266
Sachs, Jeffrey 343
Saddam Husajn 287, 291, 312, 320, 340
Safire, William 55, 302
Sato, Eisaku 329
Schlesinger, James 88, 96, 100, 103, 108, 118-122
Scowcroft, Brent 58, 121, 124, 274-277, 292, 297, 305
Seignious, George 154
Shultz, George 196, 199-202, 208-214, 234, 241, 244-247, 249, 253-256, 261-264, 271, 275

Sidey, Hugo 298
Siemionow, Władimir 61, 70, 71, 76, 79, 108, 110, 111, 113, 149, 150, 189
Silberman, Lawrence 182
Slocombe, Walter 133, 138
Smith, Gerard 60, 61, 67-72, 74
Sokołow, Oleg 218
Sołżenicyn, Aleksandr 124
Sonnenfeld, Helmut 57, 60
Starodubow, Wiktor 189
Steinhoff, Johannes 39, 40,
Stennis, John 165
Stimson, Henry 155, 280
Stockman, David 184
Stoessel, Walter 196
Stone, Richard 172, 174
Strauss, Robert 329
Sullivan, Dave 164
Sununu, John 276, 292, 300, 305
Szczukin, Aleksandr 151, 155, 205, 206
Szewardnadze, Eduard 230, 234, 244-256, 261, 262, 264, 278, 295, 296, 300-302, 306

Teller, Edward 181
Thatcher, Margaret 287
Thieu, Nguyen Van 73
Tho, Le Duc 73
Thomas, Evan, 280
Thomas, Helen 30
Tower, John 164, 174, 183,184, 208, 209, 283
Truman, Harry 23
Trusow, Konstantin 79, 80, 99, 102, 103, 107, 108, 111,112, 115, 126, 144, 152, 158,189
Turner, Stansfield 182
Tutwiler, Margaret 271

Vance, Cyrus 38, 130, 131, 133-136, 138, 140-143, 150, 154-157, 160-163, 167, 172, 324

Walker, Walton K. 30
Wallop, Malcolm 213, 260, 297
Walters, Vernon („Dick") 297
Wałęsa, Lech 185, 226, 287, 336, 338, 343, 347, 352
Warnke, Paul 137, 138, 148, 149, 153, 154, 160, 167
Weinberger, Caspar 182-184, 187, 194-196, 198, 200, 201, 214, 228, 240
Werbel, Gerard 146
Westmoreland, William 38
Wheeler, Earle („Bus") 38
Whelan, Joseph C. 294
Wielichow, Jewgienij 236, 238
Williams, Edward Bennett 184
Willoughby, Charles A. 30, 33, 34
Wolfers, Arnold 25
Wood, Joseph ("Smokey Joe") 21, 22

Zhou Enlai 194
Złotnicz, Iwan 297
Zoelleck, Robert 271

Życiński, Józef 335